基于物联网技术的现代物流管理研究

邹娟平　胡月阳　李艳　著

中国海洋大学出版社
·青岛·

图书在版编目(CIP)数据

基于物联网技术的现代物流管理研究／邹娟平，胡
月阳，李艳著. -- 青岛：中国海洋大学出版社，2019.6（2021.4重印）
ISBN 978-7-5670-2259-1

Ⅰ. ①基… Ⅱ. ①邹… ②胡… ③李… Ⅲ. ①互联网
络-应用-物流管理-研究②智能技术-应用-物流管理
-研究 Ⅳ. ①F252-39

中国版本图书馆 CIP 数据核字（2019）第 116754 号

出版发行	中国海洋大学出版社			
社　　址	青岛市香港东路 23 号		**邮政编码**	266071
出 版 人	杨立敏			
网　　址	http：//pub. ouc. edu. cn			
责任编辑	邹伟真		**电　　话**	0532-85902533
印　　刷	北京虎彩文化传播有限公司			
版　　次	2019 年 10 月第 1 版			
印　　次	2021 年 4 月第 2 次印刷			
成品尺寸	185 mm×260 mm			
印　　张	16			
字　　数	390 千			
印　　数	1-500			
定　　价	68.00 元			
订购电话	0532-82032573（传真）			

发现印装质量问题，请致电 18600843040，由印刷厂负责调换。

前言

21世纪是信息化的时代，物联网是当前信息化时代发展的重要阶段，也是互联网应用的拓展，物联网为我们提供了全面感知物质世界的能力，也为产业发展提供了前所未有的机遇。近年来，随着物联网中的RFID、传感技术等核心技术的发展与广泛应用，物联网成为国内外关注的热点话题。应用是物联网发展的基础，发展物联网技术就是要将网络化技术与现代物流行业、制造业等多种产业进行深度融合，实现物品的自动识别、非接触处理和信息实时共享，可以在任何时间、地点，对任何物品进行监控与自动化管理，对物流行业的发展具有重要的意义。

现代物流是物联网发展的基础，也是物联网应用的重要领域，积极探索物联网技术在现代物流行业中的应用十分必要。随着经济一体化的发展，物流行业对网络化水平的要求与日俱增，传统的物流管理模式已经不能适应社会的发展，物联网技术在现代物流管理中的应用势在必行。物联网技术与现代物流具有天然的适应性，将物联网技术应用到现代物流管理的全过程，使物联网技术与现代物流管理有机结合，从而形成基于物联网技术的物流管理体系。在此背景下，作者精心总结了多年的理论研究经验和工程实践成果，编写了《基于物联网技术的现代物流管理研究》一书。

本书一共分为十一章，大致可以分为两大部分。第一部分（第一章到第二章）主要从物联网的基础知识入手，对现代物流及其管理的概念、现代物流与物联网的关系、物流信息平台关键技术等内容进行简要分析和论述，为物联网在现代物流管理中的应用埋下伏笔。第二部分（第三章到第十一章）主要从基于物联网的物流信息管理、仓储管理、运输管理、配送管理、成本管理、质量管理、网络管理、供应链物流管理、智能物流集成与管理九个方面，对基于物联网技术的现代物流管理进行系统分析和论述，为现代物流管理提供了新的思路。

本书之所以能够在众多优秀的现代物流著作中独树一帜，主要源于以下特色：

第一，观点新颖。纵观市面上关于现代物流管理的书籍屡见不鲜，但大多数书籍要么观点陈旧，缺乏创新，要么内容单一，不利于读者的学习和阅读。本书避免了这些缺陷，以物联网为背景，对现代物流管理的相关知识进行论述和探讨。例如，基于物联网的物流信息管理系统、仓储管控系统、配送管理系统、供应链管理系统、安全管理系统、国际物流管理系统等内容是物联网融入现代物流管理的真实写照，也是观点新颖的具体体现。

第二，实用性强。众所周知，纯理论的知识都是枯燥、乏味、难懂的，不利于读者的理解和掌握。而本书在论述物联网与现代物流及管理的基础上，对成本管理中的物联网技术、质量管理中的物联网技术、基于物联网的农产品物流、国际物流等进行论述，是物联网应用于现代物流管理的具体体现。

第三，内容全面。本书站在物联网的视角对现代物流管理展开论述。首先，是对物联网、现代物流的基础知识进行解读；其次，是将物联网贯穿到现代物流管理的各个领域，体现了内容全面的特点。

本书在写作过程中，查阅了很多国内外资料和文献，吸收很多与之相关的最新研究成果，借鉴了大量学者的观点，在此表示诚挚的谢意！由于个人水平及时间有限，再加上物联网产业的迅速发展，相关技术和管理理念不断更新，书中难免存在不足或疏漏之处，请广大读者批评指正！

目 录

第一章　物联网与现代物流概述

物联网被称为继计算机、互联网之后的世界信息产业的第三次浪潮，现已成为万众瞩目的焦点。2009年，物联网被正式列为国家五大新兴战略产业之一，写入政府工作报告。而物流行业作为国家十大产业振兴规划之一，也是信息化及物联网应用的重要领域。《物流业调整和振兴规划》中将成都市定位为全国九大物流区域、十大物流通道中的中心城市和枢纽城市、21个全国性物流节点城市之一。因此，基于物联网的物流产业发展将会成为经济发展的新动力。本章就对物联网以及现代物流的相关概念进行论述。

第一节　物联网相关知识解读

一、物联网的定义

物联网的定义目前争议很大，还没有被各界广泛接受的定义。各个地区或组织对于物联网都有自己的定义。以下是一些地区或组织关于物联网的定义。

中国物联网校企联盟将物联网定义为：当下几乎所有技术与计算机、互联网技术的结合，实现物体与物体之间的环境和状态信息的实时共享以及智能化的收集、传递、处理、执行。广义上说，当下涉及信息技术的应用，都可以纳入物联网的范畴。[1]

国际电信联盟（ITU）发布的《ITU互联网报告2005：物联网》，对物联网做了如下定义：通过二维码识读设备、射频识别（RFID）装置、红外感应器、全球定位系统和激光扫描器等信息传感设备，按约定的协议，把任何物品与互联网相连接，进行信息交换和通信，以实现智能化识别、定位、跟踪、监控和管理的一种网络。

EPC基于"RFID"的物联网定义：物联网是在计算机互联网的基础上，利用RFID、无线数据通信等技术，构造一个覆盖世界上万事万物的"Internet of Things"。在这个网络中，物品（商品）能够彼此进行"交流"，而无须人的干预。其实质是利用RFID技术，通过计算机互联网实现物品（商品）的自动识别和信息的互联与共享。[2]

我国中科院基于传感网的物联网定义：随机分布的集成有传感器、数据处理单元和通信单元的微小节点，通过一定的组织和通信方式构成的网络，是传感网，又叫物联网。[3]

按照上述定义，目前比较流行、能够被各方所接受的物联网定义为：通过RFID、红

① 海涛. 计算机网络通信技术［M］. 重庆：重庆大学出版社，2015.
② 崔萌. 计算机网络通信技术研究［M］. 成都：电子科学技术大学出版社，2014.
③ 孙鸿昌，胡欣宇，马勇. 计算机网络通信技术［M］. 西安：西北工业大学出版社，2016.

外感应器、全球定位系统、激光扫描器等信息传感设备，按约定的协议，把任何物品与互联网连接起来，进行信息交换和通信，以实现智能化识别、定位、跟踪、监控和管理的一种网络。其目的是让所有的物品都与网络连接在一起，方便识别和管理，核心是将互联网扩展应用于我们生活的各个领域。

由物联网的定义，可以从技术和应用两个方面来对它进行理解。

（1）技术理解：物联网是物体通过感应装置，将数据/信息经过传输网络，传输到达指定的信息处理中心，最终实现物与物、人与物的自动化信息交互与处理的智能网络。

（2）应用理解：物联网是把世界上所有的物体都连接到一个网络中，形成"物联网"，然后又与现有的互联网相连，实现人类社会与物体系统的整合，达到以更加精细和动态的方式去管理生产和生活。

从物联网产生的背景及物联网的定义中，我们可以大概地总结出物联网的几个特征。

（1）全面感知：利用 RFID、二维码、传感器等随时随地获取物体的信息。

（2）可靠传递：通过无线网络与互联网的融合，将物体信息实时准确地传递给用户。

（3）智能处理：利用云计算、数据挖掘以及模糊识别等人工智能，对海量的数据和信息进行分析和处理，对物体实施智能化控制。

二、物联网的体系结构

目前，物联网的体系结构还没有统一的标准，人们普遍接受的体系结构就是物联网的三层体系结构，即认为物联网的体系结构通常可以分为三个层次：感知层、网络层和应用层。

（一）感知层

感知层主要用于采集物理世界中发生的物理事件和信息，包括各类物理量、标识、音频、视频等。感知层在物联网中如同人的感觉器官对人体系统的作用，主要是用来感知外界环境的温度、湿度、压强、光照度、气压、受力情况等信息，通过采集这些信息来识别物体和感知物理相关信息。作为物联网应用和发展的基础，感知层涉及的主要技术包括RFID 技术、传感器和控制技术、短距离无线通信技术等。

一维条码和二维条码作为比较廉价而又实用的技术，在今后一段时间还会在各个行业中得到应用。然而，由于其所能包含的信息有限，而且在使用过程中需要用扫描器以一定的方向近距离地进行扫描，这对于未来在物联网中动态、快读、大数据量以及有一定距离要求的数据采集、自动身份识别等有很大的限制，因此基于无线技术的射频标签将发挥越来越重要的作用。

WSN（无线传感器网络）作为一种有效的数据采集设备，在物联网感知层中扮演了重要角色。现在传感器的种类不断增多，出现了智能化传感器、小型化传感器、多功能传感器等新技术传感器。

（二）网络层

网络层是在现有的通信网和因特网的基础上建立起来的，其关键技术既包括现有的通信技术又包括终端技术，为各类行业终端提供通信能力的通信模块等。网络层不仅能使用户随时随地获得服务，更重要的是通过有线与无线的结合、移动通信技术和各种网络技术的协同，为用户提供智能选择接入网络的模式。

有线通信网络可分为中、长距离的广域网络（Wide Area Network，WAN，包括PSTN、ADSL 和 HFC 数字电视 Cable 等），短距离的现场总线（Field Bus. 也包括电力线载波等技术）。无线通信网络也可分为长距离的无线广域网（Wireless Wide Area Network，WWAN）、中、短距离的无线局域网（Wireless Local Area Network，WLAN），超短距离的无线个人局域网（Wireless Personal Area Network，WPAN）。移动通信技术包括 2G、3G 及 4G 技术。

网络层用于实现更加广泛的互联功能，相当于人的神经系统，能够无障碍、高可靠性、高安全性地传送感知到的信息，需要传感器网络与移动通信技术、互联网技术相互融合。经过十余年的快速发展，移动通信、互联网等技术已比较成熟，基本能够满足物联网数据传输的需要。

（三）应用层

应用层包括了各种不同业务或者服务所需要的应用处理系统。这些系统利用感知的信息进行处理、分析、执行不同的业务，并把处理的信息再反馈以进行更新，对终端使用者提供服务，使得整个物联网的每个环节更加连续和智能。

物联网把周围世界中的人和物都联系在网络中，应用涉及生产生活的方方面面。我国物联网在安防、电力、交通、物流、医疗、环保等领域已经得到应用，且应用模式正日趋成熟。在安防领域，视频监控、周界防入侵等应用已取得良好效果；在电力行业，远程抄表、输变电监测等应用正在逐步拓展；在交通领域，面向公共交通工具、基于个人标识自动缴费的移动购票系统、电子导航、路网监测、车辆管理等应用正在发挥积极作用；在物流领域，物品轨迹实时查询、物品运输调度、实时监控等应用广泛推广；在医疗领域，身份标识和验证、身体症状感知以及数据采集系统、个人健康监护、远程医疗等应用日趋成熟。

物联网应用涉及行业众多，涵盖面宽泛，总体可分为政府应用系统、社会应用系统和企业应用系统。物联网通过人工智能、中间件、云计算等技术，为不同行业提供应用方案。

三、物联网环境下的控制理论

（一）自适应控制

自适应控制的定义：不论外界发生巨大变化或系统产生不确定性，控制系统能自行调整参数或产生控制作用，使系统仍能按某一性能指标运行在最佳状态的一种控制方法。

自适应控制的理论原理：自适应控制是一种基于数学模型的控制方法，它所依据的关于模型和扰动的先验知识比较少，需要在系统的运行过程中去不断提取有关模型的信息，使模型逐步完善。

具体地说，可以依据对象的输入输出数据，不断地辨识模型参数，这个过程称为系统的在线辨识。随着生产过程的不断进行，通过在线辨识，模型会变得越来越准确，越来越接近于实际。既然模型在不断改进，显然，基于这种模型综合出来的控制作用也将随之不断地改进。在这个意义下，控制系统具有一定的适应能力。比如说，当系统在设计阶段，由于对象特性的初始信息比较缺乏，系统在刚开始投入运行时可能性能不理想，但是只要经过一段时间的运行，通过在线辨识和控制以后，控制系统逐渐适应，最终将自身调整到一个满意的工作状态。再比如某些控制对象，其特性可能在运行过程中发生较大的变化，但通过在线辨识和改变控制器参数，系统也能逐渐适应。

自适应控制系统的类型主要有自校正控制系统，模型参考自适应控制系统，自寻最优控制系统，学习控制系统等。

（二）鲁棒控制

鲁棒控制（Robust Control）在过去的 20 年中，一直是控制理论的研究热点。所谓"鲁棒性"，是指控制系统在一定（结构，大小）的参数摄动下，维持某些性能的特性。根据对性能的不同定义，可分为稳定鲁棒性和性能鲁棒性。以闭环系统的鲁棒性作为目标设计得到的固定控制器称为鲁棒控制器。

由于工作状况变动、外部干扰以及建模误差的缘故，实际工业过程的精确模型很难得到，而系统的各种故障也将导致模型的不确定性，因此可以说模型的不确定性在控制系统中广泛存在。如何设计一个固定的控制器，使具有不确定性的对象满足控制品质，也就是鲁棒控制，成为国内外科研人员的研究课题。

鲁棒控制的理论原理：鲁棒控制在设计控制器时尽量利用不确定性信息来设计一个控制器，使得不确定参数出现时仍能满足性能指标要求。

鲁棒控制的算法原理：鲁棒控制认为系统的不确定性可用模型集来描述，系统的模型并不唯一，可以是模型集里的任一元素，但在所设计的控制器下，都能使模型集里的元素满足要求。鲁棒控制的一个主要问题就是鲁棒稳定性，目前常用的有以下三种方法：

（1）当被研究的系统用状态矩阵或特征多项式描述时一般采用代数方法，其中心问题是讨论多项式或矩阵组的稳定性问题。

（2）李雅普诺夫方法，对不确定性以状态空间模式出现时是一种有力工具。

（3）频域法从传递函数出发研究问题，有代表性的是 Hoo 控制，它用作鲁棒性分析的有效性体现在外部扰动不再假设为固定的，而只要求能量有界即可。这种方法已被用于工程设计中，如 Hoo 最优灵敏度控制器设计。

一般鲁棒控制系统的设计是以一些最差的情况为基础，因此一般系统并不工作在最优状态。常用的设计方法有：INA 方法，同时镇定，完整性控制器设计，鲁棒控制，鲁棒PID 控制以及鲁棒极点配置，鲁棒观测器等。

鲁棒控制方法适用于以稳定性和可靠性作为首要目标的应用，同时过程的动态特性已知且不确定因素的变化范围可以预估。飞机和空间飞行器的控制是这类系统的例子。

（三）非线性控制

非线性控制是复杂控制理论中一个重要的基本问题，也是一个难点课题，它的发展几乎与线性系统平行。

非线性控制的理论原理：控制系统有线性和非线性之分。严格地说，理想的线性系统在实际中并不存在。在分析非线性系统时，人们首先会想到使用在工作点附近小范围内线性化的方法，当实际系统的非线性程度不严重时，采用线性方法去进行研究具有实际意义。但是，如果实际系统的非线性程度比较严重，则不能采用在工作点附近小范围内线性化的方法去进行研究，否则会产生较大的误差，甚至会导致错误的结论。这时应采用非线性系统的研究方法进行研究。

非线性系统的分析方法大致可分为两类。运用相平面法或数字计算机仿真可以求得非线性系统的精确解，进而分析非线性系统的性能，但是相平面法只适用于一阶、二阶系统；建立在描述函数基础上的谐波平衡法可以对非线性系统做出定性分析，是分析非线性系统的简便而实用的方法，尤其在解决工程实际问题上，不需求得精确解时更为有效。

非线性控制的算法原理：古典理论中的"相平面"法只适用于二阶系统，适用于含有一个非线性元件的高阶系统的"描述函数"法也是一种近似方法。由于非线性系统的研究缺乏系统的、一般性的理论及方法，于是综合方法得到较大的发展，主要有以下几种。

（1）李雅普诺夫方法。是迄今为止最完善、最一般的非线性方法，但是在用来分析稳定性时欠缺构造性。

（2）变结构控制。由于其滑动模态具有对干扰与摄动的不变性，到 20 世纪 80 年代受到重视，是一种实用的非线性控制的综合方法。

（3）微分几何法。在过去的 20 年中，微分几何法一直是非线性控制系统研究的主流，它为非线性系统的结构分析、分解以及与结构有关的控制设计带来极大方便。用微分几何法研究非线性系统是现代数学发展的必然产物，正如意大利教授 Isidori 所指出的，用微分几何法研究非线性系统所取得的成绩，就像 20 世纪 50 年代用拉氏变换及复变函数理论对单输入单输出系统的研究，或用线性代数对多变量系统的研究。但这种方法也有它的缺点，体现在它的复杂性、无层次性、准线性控制以及空间测度被破坏等。因此最近又有学者提出引入新的、更深刻的数学工具去开拓新的方向，例如，微分动力学、微分拓扑与代数拓扑、代数几何等。①

非线性控制理论作为很有前途的控制理论，将成为 21 世纪的控制理论的主旋律，将为人类社会提供更先进的控制系统，使自动化水平有更大的飞越。

（四）物联网环境下的信息论

信息论是运用概率论与数理统计的方法研究信息、信息熵、通信系统、数据传输、密码学、数据压缩等问题的应用数学学科。信息论的研究经历了三个研究阶段，即经典信息论、网络信息论和感知信息论。物联网的理论基础之一就是信息论，感知信息论即是在物联网环境下的信息论。

在人们今天的生活中，信息几乎在每个领域都扮演着重要角色。克劳德·香农于 1948 年奠定了信息论的基础。基于这一理论产生了数据压缩技术、纠错技术等各种应用技术，这些技术提高了数据传输和存储的效率。信息论将信息的传递作为一种统计现象来

---

① 王永刚，柴天佑．强制循环蒸发系统的非线性自适应解耦 PID 控制［J］．控制理论与应用，2011（9）：1146-1153.

考虑，给出了估算通信信道容量的方法。信息传输和信息压缩是信息论研究中的两大领域。这两个方面又由信息传输定理、信源—信道隔离定理相互联系。[①]

感知信息论中的一个重要问题就是通过传感器的信息获取，并进行编码。而感知信息论又是在物联网语境下对各种行业特定需求的问题提炼，如：智能电网、智能交通、现代农业、节能减排、国家安全等。随着研究的深入，感知信息论必将有长足的发展。

（五）物联网环境下的网络科学

网络科学分别经历了规则网络理论、随机网络理论和复杂网络理论。

追溯网络科学发展的历史，规则网络理论的发展得益于图论和拓扑学的发展。柯尼斯堡七桥问题是图论中的著名问题，由此逐渐形成了图论。在图论中解决最短路径问题的 Dijkstra 算法和 Floyd 算法、解决网络中带负权边的逐次逼近算法、网络最大流问题算法、网络最小费用最大流问题算法等都得到极为广泛的应用。用图论的语言和符号可以精确简洁地描述各种网络，图论不仅为数学家和物理学家提供了描述网络的共同语言和研究平台，而且至今，图论中的许多研究思想、技巧、成果和结论仍然能够自然地被移植到现在的复杂网络的研究中，成为一种有力的研究方法和工具。

匈牙利著名的数学家 Edos 和 Renyi，在 20 世纪 50 年代末和 20 世纪 60 年代建立了著名的随机图理论，用相对简单的随机图来描述网络，简称 ER 随机图理论。他们最重要的发现是 ER 随机图中许多重要性质都是随着网络规模的增大突然涌现的。[②]

近年来，学界关于复杂网络的研究正方兴未艾。特别是，国际上有两项开创性工作掀起了一股不小的研究复杂网络的热潮。一是 1998 年 Watts 和 Strogatz 在 Nature 杂志上发表文章，引入了小世界（Small-World）网络模型，以描述从完全规则网络到完全随机网络的转变。小世界网络既具有与规则网络类似的聚类特性，又具有与随机网络类似的较小的平均路径长度。二是 1999 年 Barabasi 和 Albert 在 Science 上发表文章指出，许多实际的复杂网络的连接度分布具有幂律形式。由于幂律分布没有明显的特征长度，该类网络又被称为无标度（Scale-Free）网络。而后科学家们又研究了各种复杂网络的各种特性，所使用的主要方法是数学上的图论、物理学中的统计物理学方法和社会网络分析方法。

第二节 现代物流及管理基本概念

一、现代物流的基本概念

关于现代物流与经济增长的关系，理论界普遍认为现代物流的发展能够促进经济的发展即现代物流是经济发展的加速器，因此，本部分就现代物流的基本概念进行论述。

（一）物流的定义

物流虽已被广泛应用，但由于所处的立场和观点不同，对物流的理解也不尽相同，到

---

① 雷敏. 物联网安全实践 [M]. 北京：北京邮电大学出版社，2017.
② 李新明. 复杂信息网络安全概论 [M]. 北京：国防工业出版社，2015.

目前为止，日本、美国有关的经济组织对物流所给的定义都不同。[①]

（1）美国营销协会在 20 世纪 50 年代对物流的定义为：物流是对从生产阶段到消费或利用阶段的物资移动及货物处理活动的管理。这里物流理解为一种管理活动。

（2）美国物流管理协会在 20 世纪 80 年代对物流的定义为：物流是将原材料、半成品及产品由生产地送达消费地的所有流通活动。其内容包括用户服务、需求预测、情报信息联系、物料搬运、订单处理、选址、采购、包装、运输、装卸、废弃物处理及仓储管理。这个定义将物流解释为更为宽泛的管理活动。

（3）日本物流调查会 20 世纪 60 年代对物流的定义为：物流是制品从生产地到最终消费者的物理性转移活动，具体是由包装、装卸、运输、保管以及信息等活动组成。这个定义将物流的内容及服务对象限定在生产企业的产品上，而将个体及流通行业排除在外。

（二）我国对于物流的解释

（1）王之泰教授 1995 年 6 月在《现代物流学》中对物流定义的描述为：

物流是物质资料从供给者到需求者的物理性运动，主要创造时间价值和场所价值，有时也创造一定加工价值的活动。

（2）崔介何教授 1997 年 8 月在《物流学概论》中对物流的定义为：

物流是物质资料从供应者到需要者的物理性流动，是创造时间和空间价值的经济活动。

以上定义都仅仅是从物流的物理性感知上加以认识的。

（3）我国信息产业部的标准：我国 2001 年 4 月 17 日颁布的《物流术语》国家标准中，对物流的定义为："物品从供应地向接收地的实体流动过程。根据实际需要，将运输、储存、装卸、搬运、包装、流通加工、配送、回收、信息处理等基本功能实施有机的结合。"这个定义中，物流涵盖的范畴非常大，只要与物品流动的环节与过程有关联，就认为是物流。按这样的定义理解，传统的运输、仓储、包装、装卸是物流，码头作业和港口作业也是物流，物流园区、物流基地或物流中心是物流；快递是物流，邮政是物流，配送是物流，信息部也是物流，甚至交通道路建设和通信基础设施建设都可以归属于物流。这些虽然属于物流范畴，但是并非都是真正意义上的物流。

从上面的定义我们可以看出，物流是涵盖了与物品流动相关联的所有过程与环节，是一个完整的体系，它其实是包含了运输、仓储、包装、装卸、流通加工、配送及信息系统在内的庞大系统，这其中的每一项内容都是原本自成体系，而物流则是涵盖了这样七个子系统的大系统。

（三）现代物流的含义

现代物流（modern logistics）是相对于传统物流而言的。它是在传统物流的基础上，引入高科技手段，即运用计算机进行信息联网，并对物流信息进行科学管理，从而使物流速度加快，准确率提高，减少库存、降低成本，以此延伸和放大传统物流的功能。在中国，许多专家学者认为："现代物流是根据客户的需要，以最经济的费用，将物资从供给

① 陈勇. 现代物流［M］. 银川：阳光出版社，2012.

地向需求地转移的过程。它主要包括运输、储存、加工、包装、装卸、配送和信息等活动。" 2001 年 3 月，当时的国家六部委（国家经贸委、铁道部、交通部、信息产业部、外经贸部、民航总局）在《加快物流发展若干意见》的通知中，对现代物流的定义是这样表述的："原材料、产成品从起点至终点及相关信息有效流动的全过程。它将运输、仓储、装卸、加工、整理、配送、信息等方面有机结合，形成完整的供应链，为用户提供多功能、一体化的综合性服务。"①

（四）现代物流产业

著名物流专家徐寿波院士提出了"大物流产业论"：整个国民经济是由物的生产、物的流动和物的消费三大领域组成的，即整个国民经济是由生产、物流和消费三大支柱产业群组成的。物流是一个支柱产业群，涉及运输、仓储、配送、包装、流通加工、物流信息、物流设备制造、物流设施建设、物流科技开发、物流教育、物流服务、物流管理等产业。②

现代经济中的物流产业，是利用现代信息技术进行货物存储、交易、卸运的运作方式和管理机制。信息化技术的突飞猛进，是现代物流产业发展的巨大推动力。在促进物流产业加速发展的几个基本条件中，电子商务是最重要的因素。网上购物的兴起、信用制度的完善，使相应货品配送的服务需求量越来越大。专家预言，21 世纪的物流与配送是把握市场的关键所在。

目前国际上流行的趋势，是使涉及运输、仓储、装卸搬运、包装、流通加工、配送、流通信息处理等七个方面的现代物流企业，逐步向规模化、网络化、利用信息技术为客户提供低成本服务方向发展。有关研究者认为，未来电子商务运作模式基于计算机网络间的信息交换，供应商、制造商及客户间通过信息网络交换货品订单等多项商务内容，直接由配送中心、物流企业来衔接生产、批发、零售和销售各环节。现代物流业不仅能使更多的企业实现"无仓库、无车队"运作，使更多商品实现"不停留、不留地"卸运，而且能提高现有交通运输设施的使用效率，实现高效低耗的物流过程。

（五）现代物流的基本特征

现代物流业具有以下基本特征：

1. 物流过程一体化

现代物流具有系统综合和总成本控制的思想，它将经济活动中所有供应、生产、销售、运输、库存及相关的信息流动等活动视为一个动态的系统总体，关心的是整个系统的运行效能与费用。

物流一体化的一个重要表现是供应链（supply chain）概念的出现。供应链把物流系统从采购开始经过生产过程和货物配送到达用户的整个过程，看作是一条环环相扣的"链"条，物流管理以整个供应链为基本单位，而不再是单个的功能部门。在采用供应链管理时，世界级的公司力图通过增加整个供应链提供给消费者的价值、降低整个供应链的

---

① 蒋长兵，吴承健. 现代物流理论与供应链管理实践 [M]. 杭州：浙江大学出版社，2006.
② 李严峰. 现代物流管理 [M]. 沈阳：东北财经大学出版社，2009.

成本的方法来增强整个供应链的竞争力，其竞争不再仅仅是单个公司之间的竞争，而上升为供应链与供应链的竞争。

2. 物流技术专业化

物流技术专业化表现为现代技术在物流活动中得到了广泛的应用。例如，条形码技术、射频识别技术、EDI 技术、自动化技术、网络技术、智能化和柔性化技术等等都得到了广泛的应用。运输、装卸、仓储等也普遍采用专业化、标准化、智能化的物流设施设备。这些现代技术和设施设备的应用大大提高了物流活动的效率，扩大了物流活动的领域。

3. 物流管理信息化

物流信息化是整个社会信息化的必然需求。现代物流高度依赖于对大量数据、信息的采集、分析、处理和即时更新。在信息技术、网络技术高度发达的现代社会，从客户资料取得和订单处理的数据库化、代码化，物流信息处理的电子化和计算机化，到信息传递的实时化和标准化，信息化渗透至物流的每一个领域。为数众多的无车船和无固定物流设备的第三方物流者正是依赖其信息优势展开全球经营的。从某种意义上来说，现代物流竞争已成为物流信息的竞争。

4. 物流服务社会化

物流服务社会化突出表现为第三方物流与物流中心的迅猛发展。随着社会分工的深化和市场需求的日益复杂，生产经营对物流技术和物流管理的要求也越来越高。众多工商企业逐渐认识到依靠企业自身的力量不可能在每一个领域都获得竞争优势。它们更倾向于采用资源外取的方式，将本企业不擅长的物流环节交由专业物流公司，或者在企业内部设立相对独立的物流专业部门，而将有限的资源集中于自己真正的优势领域。专业的物流部门由于具有人才优势、技术优势和信息优势，可以采用更为先进的物流技术和管理方式，取得规模经济效益，从而达到物流合理化——在产品从供方到需方的全过程中，达到环节最少、时间最短、路程最短、费用最省。

5. 物流活动国际化

在产业全球化的浪潮中，跨国公司普遍采取全球化战略，在全世界范围内选择原材料、零部件的来源，选择产品和服务的销售市场。因此，其物流的选择和配置也超出国界，着眼于全球大市场。大型跨国公司普遍的做法是选择一个适应全球分配的分配中心以及关键供应物的集散仓库；在获得原材料以及分配新产品时使用当地现存的物流网络，并且把这种先进的物流技术推广到新的地区市场。例如，耐克公司通过全球招标采购原材料，然后在中国台湾或东南亚生产（中国大陆也有生产企业），再将产品分别运送到欧洲、亚洲的几个中心仓库，然后就近销售。同样，全球采购原材料和零部件，大大降低了汽车的成本，改变了汽车生产线的位置。

（六）现代物流发展的重要意义

下面从微观（产品）、中观（企业）、宏观（国民经济）三个层面分析现代物流发展的重要意义。

1. 现代物流发展对产品价值的贡献

一般来讲，企业为消费者或其客户创造的产品或服务的四种价值是形态价值、空间价值、时间价值和占有价值。如果产品或服务不能在客户所希望的时间、地点提供给客户，就没有价值。

（1）形态价值。形态价值是通过加工、包装等改变物品的形状性质创造出来的一种价值。

在当今的经济环境中，某些物流活动也提供形态价值。例如，通过改变配送中心的分拣和产品搭配组合活动的装运规模和包装特点，改变了产品的形态，产生了产品的形态效用。

（2）空间价值。物流的作用之一是将产品从供给地输送到需求地。通过运输、搬运、装卸等环节，物流消除了供需之间的空间距离，创造了产品或服务的空间价值。

（3）时间价值。客户或消费者不仅要在需要的地点获得产品或服务，而且必须在他们需要的时间内获得。通过储存和保管等环节，物流消除了供需之间的时间距离，创造了产品或服务的时间价值。

（4）占有价值。产品或服务的占有价值是通过营销、技术和财务部门创造的。通过广告、技术支持、销售等手段，企业帮助客户或消费者获得产品或服务。在商品经济中，物流依赖占有价值而存在。只有当客户对产品或服务有需求时，提供时间价值和空间价值才有意义。

总之，综合策划的物流组合服务通过创造的产品或服务的形态价值、时间价值、空间价值实现了产品价值的提升。

2. 现代物流发展对企业的作用

许多生产流通企业在加强技术开发和推进全面质量管理的同时，已把寻求成本优势和价值优势的目光转向物流领域。

（1）现代物流是生产流通企业的"第三利润源泉"。20世纪六七十年代，发达国家的企业大多把追求利润的竞争焦点放在生产领域，千方百计地降低物资资源消耗以获取企业的"第一利润源泉"，千方百计地提高劳动生产率以获取"企业的第二利润源泉"。然而，生产领域的这两个利润源泉受到科学技术发展水平的制约，在生产机械化、自动化程度不断提高和生产工艺日趋程序化、规范化的新形势下，技术趋同性的增强使这两个利润源泉的产出越来越少。

进入20世纪80年代，面对全球激烈的市场竞争挑战，人们开始把探寻利润的目光从生产领域转向非生产领域。因为物流贯穿生产和流通的全过程，所以，合理、高效的物流能够为企业的整个生产和流通结构的协调与完善带来巨大的利润。物流作为企业的"第三利润源泉"，成为市场竞争的一个新焦点，受到理论界和实业界的高度重视。[①]

（2）现代物流是企业获取竞争优势的重要源泉。20世纪七八十年代，随着企业的经营理念从产品导向过渡到市场导向，"为顾客创造价值"逐渐成为时代的主旋律。

一个具有卓越物流能力的企业，可以通过向客户提供优质的服务获得竞争优势；一个物流管理技术娴熟的企业，如果在存货的可得性、递送的及时性和交付的一贯性等方面领先于同行业的平均水平，就能成为有吸引力的供应商和理想的业务伙伴。放眼世界500强企业，它们都具有世界一流的物流管理能力，通过向顾客提供优质服务获得竞争优势。可

---

① 张建明. 现代物流管理［M］. 武汉：武汉大学出版社，2013.

以说，物流管理已成为当今工商企业最具挑战性的领域之一。发展物流、强化物流管理不仅能使企业获取"第三利润源泉"，而且是企业获取竞争优势的重要源泉。现代物流管理已被纳入企业战略管理的范畴，甚至成为企业发展战略的基石。

3. 现代物流在国民经济中的价值

（1）物流产业是国民经济中的动脉系统，连接社会经济的各部分，并使之成为一个有机整体。在现代经济中，由于社会分工的日益深化和经济结构的日趋复杂，各产业、部门、企业之间的交换关系和相互依赖程度也越来越错综复杂，物流产业是维系这些复杂交换关系的纽带和血管，因此，物流产业是经济运行中不可或缺的重要组成部分。

（2）物流产业通过对各种物流要素的优化组合和合理配置，实现物流活动效率的提高和社会物流总成本的降低。当物流活动分散在不同企业和部门时，各物流要素很难充分发挥其应有的作用，如仓储设施的闲置等。随着物流活动从生产和流通领域中分化出来，各物流要素也逐渐成为市场资源，专业化物流企业可以根据各种物流活动的要求，在全社会范围内对各种物流要素进行整体的优化组合和合理配置，从而最大限度地发挥各种物流要素的作用，提高全社会的物流效率。

（3）物流产业可以为全社会提供更加全面化、多样化的物流服务，并在物流全过程及其各环节实现价值增值。在物流活动从生产和交易过程中独立出来后，物流已不是一个简单的成本因素，而是一个为生产、交易和消费提供服务的价值增值因素，蕴藏着巨大的商业潜力。专业化物流企业不仅可以提供货物运输、配送、流通加工等有形服务，而且可以提供物流方案设计、物流信息管理等无形服务，这是商业企业、运输企业、仓储企业等传统流通部门难以企及的。相对于产品的生产过程而言，物流服务创造的是产品的空间价值和时间价值，是产品价值的重要组成部分。由此可见，物流产业作为国民经济中创造价值的产业部门，正在成为全球经济发展中的热点和新的经济增长点。

二、物流管理的基本概念

（一）物流管理的定义

在 2006 年颁布的《物流术语》中，物流管理是指为了以最低的成本达到客户所满意的服务水平，对物流活动进行的计划、组织、协调与控制。换句话说，物流管理是根据物质实体流动的规律，应用物流管理的基本原理和科学方法，对物流活动进行计划、组织、指挥、协调、控制和监督，使各项物流活动实现最佳协调与配合，通过降低物流成本和满足市场需求来提高社会效益和经济效益的过程。

现代营销之父菲利普·科特勒在《市场营销管理》一书中对物流管理作了这样的表述：物流是物的流通过程，是指计划、执行与控制原材料和最终产品从产地到使用地的实际流程，并在盈利的基础上满足顾客的需要。

综上所述，本书认为，物流管理是为实现商品的价值，使物质实体从供应地到接收地转移的物理性经济活动。具体地说，是通过对采购、运输、保管、搬运、包装、流通加工、回收、信息活动等过程的计划、组织、指挥、协调与控制，使这一过程实现物的价值增值和组织目标。

（二）物流管理的内容

从基本过程、组成要素和管理职能等方面来看，物流管理的主要内容应当包括以下三大部分。

（1）对物流活动过程各环节的管理，包括采购、运输、储存、搬运、包装、流通加工、配送、回收等实体环节的管理。

（2）对物流各活动过程中诸要素的管理，即对其中人、财、物、设备、方法和信息等六大要素的管理。

（3）对物流活动中具体职能实施的管理，主要包括对物流计划、质量、技术、经济等职能的管理。

（三）物流管理的特征

物流业是经济发展到一定阶段、社会分工不断深化的产物。传统上，物流活动分散在不同的经济部门、不同的企业以及企业组织内部不同的职能部门之中。随着经济的快速发展、科学技术水平的提高以及工业化进程的加快，大规模生产、大量消费使得经济中的物流规模日趋庞大和复杂，传统的、分散进行的物流活动已远远不能适应现代经济发展的要求，物流活动的低效率和高额成本，已经成为影响经济运行效率和社会再生产顺利进行的制约因素，并被视为"经济的黑暗大陆"。20世纪50～70年代，围绕企业生产经营活动中的物资管理和产品分销，发达国家的企业开始注重和强化对物流活动的科学管理，在降低物流成本方面取得了显著成效。进入80年代以后，随着经济全球化持续发展、科学技术水平不断提高以及专业化分工进一步深化，在美国和欧洲的一些发达国家，开始了一场对各种物流功能和要素进行整合的物流革命。首先是企业内部物流资源整合和一体化，形成了以企业为核心的物流系统，物流管理也随之成为企业内的一个独立部门和职能领域。在此之后，物流资源整合和一体化不再仅仅局限于企业层面，而是转移到相互联系、分工协作的整条产业链上，形成了以供应链管理为核心的社会化物流系统，物流活动逐步从生产、交易和消费过程中分离出来，成为一种专业化的、由独立的经济组织承担的新型经济活动。在此基础上，发达国家经济中出现了为工商企业和消费者提供专业化物流服务的企业，即"第三方物流"企业。各种专业化物流企业的大量涌现及其表现出来的快速发展趋势表明，专业化物流服务作为一个新的专业化分工领域，已经发展成为一个新兴产业部门和国民经济的重要组成部分。

随着现代物流的发展，现代物流管理表现出许多特点，可归纳为以下几个方面。

1. 物流管理方法的现代化

管理科学是随着经济和社会的进步不断发展起来的，随之也产生了各种先进的管理方法，如供应链管理。因此，在物流管理中，应随时掌握管理方法的新进展，并应用先进的技术。例如，格兰仕公司应用先进的物流管理技术（包括信息技术、系统规划技术、智能决策技术等），取得了良好的效益。

2. 物流管理目标的整体化

物流管理的目标是实现物流系统整体最优，而不是单个目标最优。它是通过统筹、协调和合理规划物流管理的各要素，控制整个商品的流动，达到效益最大和成本最小的目的，同时满足用户需求不断变化的客观要求。这样，可以形成一个高效、通畅、可调控的流通体系，可以减少流通环节，节约流通费用，避免各要素之间的矛盾与冲突，实现科学的物流管理，提高流通的效率和效益。

3. 物流管理组织的网络化

物流的网络经济特性是指随着运输网络的扩大，网络的生产能力迅速提升，业务组织成本不断下降，需求快速增长，供给能力的增长和需求互相激励，形成企业规模经济和行业规模经济。具体包括物流线路密度经济和物流网络的幅员经济，如特定产品的线路密度经济，多产品的线路通过密度经济、载运工具载运能力经济、车（船、机）队规模经济、港站（枢纽）处理能力经济、线路延长的运输距离经济和由物流网络范围扩大带来的多产品经济。物流网络要有网点，网点间必须通过共同的业务目标联系起来。国内领先的物流企业都有遍布全国乃至全世界的网络运营体系。

物流网络化的基础是信息化。这里所说的网络化有两层含义：第一层含义是指物流配送系统的计算机通信网络，主要指物流配送中心与供应商、制造商以及下游顾客之间的联系实现计算机网络化。例如，物流配送中心向供应商提交订单的过程就可以通过网络自动实现，物流配送中心通过计算机网络收集下游客户订单的过程也可以自动完成。第二层含义是指组织的网络化，主要包括企业内部组织的网络化和企业之间的网络化。

随着市场竞争的加剧，越来越多的生产企业显现出集中化趋势，采取低成本扩张等方式迅速壮大企业实力。一方面，企业生产规模越来越大，产品要经过各种途径送达全国乃至全世界的客户手中，需要网络化的物流企业作为其分销网络的组成部分帮助销售和拓展市场；另一方面，竞争导致产品本身成本的压缩空间减小，希望通过物流企业的规模效益和综合服务降低物流的总成本，从而提高市场竞争力。因此，构建具有网络化和信息化特征的综合物流体系成为历史发展的必然。

很多物流企业自建物流网络存在较大的困难，往往通过资源整合和联盟的方式，扩大自己的服务网络。

4. 物流管理运作的柔性化

柔性化原本是为实现"以顾客为中心"的宗旨在生产领域提出的，但要真正做到柔性化（真正根据消费者需求的变化灵活调节生产工艺），没有配套的柔性化物流系统是不可能的。20 世纪 90 年代，国际生产领域纷纷推出了柔性制造系统、计算机集成制造系统、敏捷制造、企业资源计划、大规模定制以及供应链管理的概念和技术。这些概念和技术的实质是将生产和流通进行集成，根据需求方的需求组织生产，安排物流活动。柔性化的物流正是适应生产、流通与消费的需求而发展起来的一种新型物流模式。这就要求物流配送中心根据"多品种、小批量、多批次、短周期"的消费需求特点，灵活组织和实施物流作业。[①]

5. 物流管理组织的标准化

物流标准化是以物流为一个大系统，制定系统内部设施、机械装置、专用工具等各个分系统的技术标准；制定系统内各分领域（如包装、装卸、运输等方面）的工作标准；以系统为出发点，研究各分系统与分领域中技术标准、工作标准的配合性，并按配合性的

---

① 杨广君. 物流管理 [M]. 北京：对外经济贸易大学出版社，2004.

要求，统一整个物流系统的标准；研究物流系统与相关其他系统的配合性，进一步谋求物流大系统标准的统一。随着全球经济一体化的不断发展，各国都很重视本国物流与国际物流相衔接，在本国物流管理的发展初期就努力做到本国物流标准与国际物流标准化体系一致。否则，不但会加大国际交往的技术难度，而且在本来就很高的关税及运费基础上又增加了因标准化系统不统一而造成的损失，使外贸成本增加。因此，物流管理标准化问题将日益受到重视，能够得到很好的解决。

（四）物流管理的学说理论

从人们认识物流活动的发展过程看，人们尝试从不同的角度认识物流，由此形成了关于物流的学说与观点。这些学说与观点概括起来主要有商品分离说、"黑大陆"说、"冰山"说、"森林"说等。①

1. 商品分离说

商品从生产领域到消费领域的转移过程称为商品流通。在这个过程中，商流和物流的活动表现为：一是商品价值的转移，即商品所有权转移；二是商品使用价值的转移，即商品实体的转移。前者称为商流，后者称为物流。商流和物流的统一，构成了商品流通。

随着商品经济的发展，商流与物流产生了分离，即商业流通和实物流通各自按照自己的规律和渠道独立运动。

商流与物流产生分离，究其根本原因是商流运动的基础——资金流和实物移动具有相对独立性。实物的运动是通过资金的运动来实现的，也就是说资金的分配是实物运动的前提，两者的运动渠道、运动形态不同。商物分离实际是商品流通中的专业分工、职能分工的产物，是通过这种分工实现大生产式的社会再生产的产物，这是物流科学中重要的新概念。物流科学正是在商物分离基础上才得以对物流进行独立的科学考察，进而形成的科学。

总之，商流和物流构成了商品流通的两个支柱。商流搞活了，能加速物流的速度，给物流带来活力；而物流的畅通无阻能使商品源源不断地被送到消费者手中。商流与物流分离的积极意义是充分发挥资金运动和实物运动的各自规律性和有效性，从而推动商品流通向更现代化的方向发展。

2. "黑大陆"说

著名管理学权威彼得·德鲁克认为，流通是经济领域里的"黑暗大陆"。这是因为流通领域中物流活动的模糊性尤其突出，物流是流通领域中人们认识不清的领域。"黑大陆"说认为物流这个领域未知的东西太多了，理论和实践都不成熟，它也意味着物流可以产生的利润空间极大。

从某种意义上讲，"黑大陆"说是一种未知学的研究结论，是战略分析的结果，带有哲学的抽象性。这一学说对研究物流这一领域起到了启迪和动员的作用。

3. "冰山"说

物流的"冰山"说是日本早稻田大学西泽修教授提出来的。他是在专门研究物流成本时发现当时的财务会计和会计核算方法（由于其分门别类设立账目）不可能掌握物流

---

① 李严峰. 现代物流管理 [M]. 沈阳：东北财经大学出版社，2009.

费用的实际情况，因此，人们对物流费用的了解是一片空白，甚至有很大的虚假性，很像沉在水面下的冰山一样，露出水面的那部分仅仅是冰山的一小部分，而沉在水面下的是我们所看不到的、很有挖掘潜力的部分。

西泽修教授用物流成本的具体分析，论证了德鲁克的"黑大陆"说，用以说明物流领域的方方面面对我们来说不清楚和未知的东西太多。黑大陆的未知区域和冰山的水下部分，正是物流需要开发的领域，也是物流的潜力和吸引人之处。

4. "森林"说

物流的"森林"说是美国学者提出来的，该学说认为物流整体效应如同森林，包括一系列活动，如运输、储存、包装、配送、流通加工等等。在物流过程中不应单纯地追求各项功能要素优化，更主要的是追求整体效果的有机联系，即追求总体效果最优。

美国学者提出"物流是一片森林而非一棵棵树木"，用物流森林的结构概念来表述物流的整体观点，指出物流是一种"结构"，对物流的认识不能只见功能要素不见结构要素，即不能只见树木不见森林，物流的总体效果是森林的效果。①

物流"森林"说强调的是总体观念。在物流理论中，还有很多提法也反映了类似的观念，如物流系统论、多维结构论、物流一体化观念、综合物流观念和物流供应链理论等。

第三节　物联网与现代物流的关系

物联网是现代物流的神经系统，是现代物流的智慧大脑。现代物流是物联网，特别是RFID技术的典型和主要应用领域，物联网对物流信息化有着深刻、广泛的影响，是物流信息化的发展方向。物流业是物联网最早应用的行业之一，很多先进的现代物流系统已经具备了信息化、数字化、网络化、集成化、智能化、柔性化、敏捷化、可视化、自动化等先进技术特征。当前，物联网发展正推动着中国智能物流的变革，中国智能物流将迎来大发展的时代。

一、物联网与物流行业的关系

（一）物流业是物联网发展的基础

作为一种古老的经济活动，物流随商品生产的出现而出现，也随商品生产的发展而发展。物联网的发展离不开物流行业的支持。早期的物联网叫作传感网，而物流业最早就开始有效应用了传感网技术，比如RFID技术在汽车上的应用，就是最基础的物联网应用。当前，物联网以交通物流和公共事业为主要发展方向，从应用来讲，在公共事业监控及交通物流信息采集、定位方面取得了一定的进展。物流是物联网发展的一块重要的土壤。

（二）物流公司是物联网的重要应用用户

在一般人的印象中，物联网运用主要集中在物流、生活和生产领域。物流领域是物联

---

① 顾东晓. 物流学概论 ［M］. 北京：清华大学出版社，2012.

网相关技术最有现实意义的应用领域之一。特别是在国际贸易中，由于物流效率一直是整体国际贸易效率提升的瓶颈，是提高效率的关键因素，因此物联网技术（特别是 RFID 技术）的应用将极大地提升国际贸易流通效率，而且可以减少人力成本，以及货物装卸、搬运、仓储等物流成本。

由 RFID 等软件技术和移动手持设备等硬件设备组成物联网后，基于感知的货物数据便可建立全球范围内货物的状态监控系统，提供全面的跨境贸易信息、物流跟踪信息，帮助国内制造商、进出口商、货代等贸易参与方随时随地掌握货物及航运信息，提高其对国际贸易风险的控制能力。

实践证明，物流公司与物联网的关系十分密切，通过物联网建设，企业不但可以实现物流的顺利运行，而且城市交通和市民生活也将获得很大的改观。

通过上述介绍可以看到，贯穿全覆盖的物联网，整个供应链呈现了透明、高效、精准的特点，实现了传统物流可望而不可即的目标。另外，通过物联网，仓库的管理变得高效、准确，人力需求大大降低。

二、物联网与智能物流的关系

IBM 发布的《智慧供应链》报告，是第一份从产业角度来谈物联网的报告，其他报告多是从技术角度来谈。从产业角度来看，该报告的主要观点是：现在产业面临的问题越来越多，环境变化越来越快，供应链需求发生了变化，传统的供应链模式不行了，必须智能化，因此提出智慧供应链的概念。

智能物流是在物联网的广泛应用基础上，利用先进的信息采集、信息处理、信息流通和信息管理技术，完成包括运输、仓储、配送、包装、装卸等多项基本活动的货物从供应者向需求者移动的整个过程，为供方提供最大化利润，为需方提供最佳服务，同时消耗最少的自然资源和社会资源，最大限度地保护好生态环境的整体智能社会物流管理体系。

从物流领域来看，物联网只是技术手段，目标是物流的智能化。谈到"智能"二字，我们对智能的认识是一个逐渐深化的过程：早期认为自动化等同于智能；而后随着科技的发展，出现了一些新的智能产品，如傻瓜相机、智能洗衣机等，它们能够从现场获取信息，并代替人做出判断和选择，而不仅仅是流程的自动化，此时的智能是"自动化+信息化"。

然而发展到今天，互联网的出现，或者说进入物联网时代，智能的内涵又更进了一步。仅仅通过自动采集信息来做出判断和选择已经不够了，还要与网络相连，随时把采集的信息通过网络传输到数据中心或指挥中心，由指挥中心做出判断，进行实时调整，这种动态管控和动态的自动选择，才是这个时代的智能。也就是说，要有感知、能自适应并与外界平滑交互，智能应该具有三个特征，即自动化、信息化和网络化。

三、物联网对物流信息化的影响

物联网对物流信息化有着深刻的影响，具体体现在以下几个方面。

（一）开放性

过去建立信息系统就是把自己的流程和资源管理好，现在不行了，一定要是一个开放的系统，也就是说采集信息完全靠自己投资和管理的时代过去了，必须要有社会信息、外部信息的交换共享，同时还要有自身信息向社会发布的机会。我们在很多案例中看到开放的系统整合外部信息，将自身的信息向外发布，而且还能够获得收益。为什么是这样的？因为我们的管理，在前期基本上是按照二八法则定位的，也就是说企业的 KPI（Key Performance Indicators）指标、服务水平，只要求把自己的事情管好，就是一些车、人、仓库等，把这些管好了，服务水平的 80% 就有了保证。其他因素可能很多，但影响很小。但是在这个基础上要再上一个台阶就困难了，还需要知道道路的情况、交通拥挤的情况、天气的情况等，这些情况对于自身进一步提高 KPI 非常重要，从 80% 提高到 90%、95%，没有外部系统的沟通是不可能做到的。所以在进一步提高时，二八法则就要调整，要掌握更多的资源。因此，一定要建设开放性的平台，这种开放性是提高运营水平的一个必然趋势。

在这个开放的过程中，一些热门技术，像定位技术、传感器技术等，将会成为实现开放性的关键技术手段；同时，我们还要认识到制约开放的主要问题是安全性。为什么过去不能开放，或者开放的步子小？我们担忧什么呢？主要是怕系统不安全。所以在未来的发展中，系统的开放性和安全性会有矛盾。那么，这个矛盾在传统的情况下如何平衡？在新的情况下如何平衡？这些变化制约着整个系统开放性的发展。而现阶段要解决安全的问题，一要靠技术；二要靠流程，要重新设计流程；三要靠法律；四要靠内部管理。安全的问题也在不断变化，包括对安全问题的认识、承受程度等。这种变化使开放性和安全性之间的平衡状态不断调整，这也会促进系统自身逐渐开放。在新的时代要建立开放性的系统，而开放性的系统和安全性之间怎样平衡，考虑这两方面的关系，以及涉及的相关技术、资源等，都是在推动系统开放性时需要考虑的因素。

（二）动态性

适应快速变化的外部环境，提升精细化管理要求，这是目前企业发展的重要需求。前面讲到，IBM 认为传统的供应链模式不行了，其原因是什么？实际上，IBM 总结的传统供应链模式就是两句话，一是制定专业化的解决方案，二是很好地执行这个方案。只要能做一个很好的专业化方案，同时能够很好地执行方案，就是有竞争力的物流公司或供应链公司。现在除了有一个好方案外，还要有实时的调整能力。要根据外部情况的变化，随时判断和调整，这就能够"动起来"。所以要使管理系统适应外部快速变化的复杂环境，动态化一定会提到日程上来。

当需要系统动态化时，定位信息服务将成为基础。定位信息就是采集的信息里包含识别和时空两个基本要素，定位信息捆绑其他状态信息构成物流动态管理的"信息元"，上面可以加载其他管理信息，如温度、压力、湿度等。用传感技术捆绑，捆绑在什么信息上，就对什么进行动态管理。所以，识别信息加时空信息成为一个捆绑的信息元，可以形成动态信息的公共服务。现在已经出现了非常多的这样的位置服务公共信息平台。

另外，运输网络的监管动态化和服务社会化将决定着物流管理动态化的进程。动态服务要从何处用起？建议可以先从交通运输的动态管理用起，首先对车辆和集装箱等运动中的设备和人进行监管。从这里开始，建立动态管理的公共服务，并且把这种服务释放到社会上去，很多物流公司就可以用来监管动态的货物运输。所以当前动态服务最看好的市场，或者最基础的市场，是运输的监管服务及向社会开放的公共服务。

（三）集中性

现在各大企业都在加强信息化建设，集中管理成为一个重要趋势。信息化应用于网络资源的整合和流程的管理的趋势越来越明显。信息如果不集中是无法加工和提升的，因此，这种集中管理有利于提高信息的处理能力和服务能力；同时，信息加工服务的人才是稀缺的，只有集中起来才能够投资建设数据中心。所以，我们会看到信息管理的集中化是近期信息化建设非常重要的特征。同时，我们还看到促进信息服务外包的技术，如云计算服务等也得到了快速发展，数据挖掘、知识管理的技术和人才需求急速上升，这些都是集中性带来的变化。

（四）关键技术

一些关键技术将得到快速发展。一是识别与采集信息技术，包括 RFID、传感器等；二是移动通信技术，包括 3G 网、4G 网等移动无线通信技术；三是智能终端，与其他行业的信息化相比，物流信息化中特有的两种装备——机载终端和手持终端，将得到快速发展，研究这两个智能终端的差异性，将反映物联网时代物品和人的管理方式；四是位置服务，基于位置的服务现在非常流行，除了传统的 GPS，发展最快的是通过智能手机提供的位置服务；五是商业智能技术，一旦管理转移到依赖于信息加工、信息处理，即利用商业智能技术进行加工和处理信息，实现决策、增值，则商业智能技术将会热门起来。

（五）数据中心

数据中心常常是被忽视的领域，但是在物联网推进过程中，遇到的各种问题可能没有统一的答案，但是随着一个个案例的出现，可以发现这些案例体现的是数据中心经济实体的成功。我们看到现在最成功的案例，发展最快的实体，恰恰都是数据中心类型的。国内有阿里巴巴，国外有谷歌、苹果公司，都是发展非常快的数据公司，对世界经济产生了很大的冲击。通过数据中心模式，这些公司自己解决了实践中碰到的标准、流程、人才、体制等各种问题。想等这些问题都解决后再去推进物联网可能不行，因此要鼓励多产生这样的数据中心。

所以，如何推进数据中心的发展，可能是下一步信息化，或者说是物联网时代急需解决的课题。在此之前我们是很少研究的，特别是现行体制很不适应这种数据中心的发展，因为它是跨部门、跨行业的。按照传统的分类去管理，数据中心将无法生存。所以现在需要有一种体制去鼓励这种新型的经济实体的发展。

另外，公共信息平台的建设实质上也是建一个数据中心。实际上，公共信息平台建设存在的问题，不仅仅是标准问题、资金问题、商业模式问题，还有许多平台建设脱离了数据中心边建设、边应用、边发展的成长轨道。经常是设计一个公共平台，论证以后却让另外一些人来运营，而运营的人根本没有理解设计者的方案和想法。现在有一个很好的苗头，即已经出现了向数据中心转化的经济实体。有两类，一类是公共平台，做得比较成功；另一类是原来就是实体。例如北京的物美集团就在朝着一个数据中心的模式去转化，销售方案是基于数据积累制订的，有了销售方案以后制订采购方案，也是基于数据的，有了物流配送方案后变成每个作业单，也是基于数据的。整个流程是数据驱动，形成一系列数据的单证，多数员工不需要懂太专业的物流和销售知识，对人的依赖性很低。这样发展，相信未来的目标就是智能化。

对人的依赖性越低，智能化程度就越高，所以我们对智能的总结就是"让物变聪明，让人变傻"。人变傻不是指智商低，而是指决策管控不依赖于现场人员。这就是物流管理的方向。

第四节　物联网在现代物流领域的应用分析

一、物联网在运输中的应用

从传统的黑箱到现在的透明化，物流信息技术在物流运输中发挥了重要作用。结合UPS、UIS和计算机网络与通信技术，就可以对远在千里之外的车辆进行监控，直观地显示车辆的运行路线，对车辆运行路线进行规划，追溯其运行轨迹，这无疑提高了对运输车辆的管控能力，从而大大提高了物流运输效率。除此之外，传统UPS终端通过与USM、UPRS及GIS结合还可实现远程遥控断油断电、越界超速报警及紧急报警等功能。运用一组具备通信能力的智能传感器构成无线网络，协作感知、采集和处理网络所覆盖的地理区域中感知对象的信息，通过USM网络或卫星通信网络将信息传给远方的IT系统，从而实现对感知对象的全程监控。

随着社会经济的发展和人民生活水平的提高，人们对食品安全越来越关注，在食品安全的链条上，物流运输成为非常重要的一环。如何保证在运输过程中的食品安全及对在途食品进行有效地监控，已成为客户和物流经营管理者共同关心的问题。物联网技术的发展对该问题的解决提供了有力的工具。结合UPS、UIS、移动通信技术及传感网络技术，对易腐烂农产品或者水产品进行全程跟踪定位及温度、湿度等监控，确保客户对运输中产品状态的知情权，以及物流经营管理者对运输车辆的监控和调度。实现全程无间断地对温度、湿度的监控。远程实时监控的基础是无所不在的移动通信网络，关键是各种信息技术集成，特别是移动通信网和传感网的融合。实现无所不在、随时随地的物物相连，目前公认的最现实的是各种网络或技术与移动通信网的集成与融合。

二、物联网技术在物资仓储监控系统中的应用

大宗物品如粮食、燃油、棉花、金属、石油等，事关国计民生，战略地位非常重要。可以利用物联网技术，对仓库进行远程物联网监控，实现大宗物品的安全监控与管理。

物联网物资仓储监控系统可分为如下几个子系统。

（1）温湿度采集子系统：采用温湿度传感器，可以实时采集库区的各子区环境温湿度，通过传输设备把数据上传至监控中心。

（2）视频监控子系统：在仓库各监控区域放置摄像机和嵌入式DVR，通过网络将信息直接传输到监控中心，管理人员可以实时监控到物资库各防区状态。

（3）出入口控制子系统：采用指纹识别或IC卡技术对进出人员进行身份控制，并且实现对物资库守库及巡检人员的管理。

（4）入侵报警子系统：针对防护区周界进行安全管理。

（5）通信子系统：采用光纤及以太网技术进行数据传输管理及保安的通信等。

（6）中心监控管理系统：方便管理人员对物资库的集中监控和管理。

系统实现的功能如下：

（1）湿度远程监视功能：在中心集中监视各库区温湿度，通过安装在不同地点的不同数量的温湿度传感器和传输控制器，可以把温湿度的实时变化传送到监控中心，并且通过温湿区设置，对超出范围的区域进行告警，并可以结合电子地图进行实时显示。

（2）远程图像监控功能：通过安装在各库区大门处的摄像机和嵌入式 DVR，管理人员在监控中心即可以对物资库的运送等具体情况进行监控和管理。物资库防区（主要是大门）的各监控点图像数据信号通过网络专线传输到监控中心，在监控中心的计算机屏幕上保持多个画面处于 24 小时实时常态监视之下，其他画面可切换观看。在布防状态，某个防区出现异常或非法入侵时能立即报警。报警信息通过专用网络线实时传输到监控中心，并同时传送到当地公安 110。

（3）实时数据存储：监控中心对电视监控图像及温湿度等数据进行记录和存储，资料保存一定时期，以方便处理温湿度变化曲线、出现的告警事件进行图像回放等。防止偷窃等事件发生，并且通过和指纹门禁的联动，真正起到预防作用。例如，设置如果需要打开大门，必须先验证指纹，通过后方可打开，否则将告警并和图像监控联动。

（4）远程控制功能：监控中心可对前端库点下达指令，控制库点内的监控设备和门锁。控制指令通过通信线路传送到相应的监控远端执行相应的动作，如云台镜头控制、重启主机、开启电控门锁等。

（5）出入口控制功能：通过指纹识别技术对禁区出入人员进行控制管理，避免了使用传统的钥匙、IC 卡等方式发生丢失、盗用等情况时造成的损失。在某些不适合使用指纹识别的场所，可以部分采用射频卡技术，而在关键场所必须采用指纹识别技术，以避免身份的盗用。

（6）人员的管理功能：通过前端的指纹识别终端和中心管理软件，可以对守库人员及定时巡检人员进行管理，可有效提高人员责任心，使管理到位。

（7）入侵报警功能：通过接在门禁控制器或 DVR 主机上的入侵报警设备和按钮，系统实现对防区的入侵报警及紧急报警功能。

（8）保安通信功能：通过对讲系统，可以实现和监控实时通信，进行及时有效的警情处理并方便管理。

（9）安防联动功能：通过多种产品组合，可以实现报警、门禁和视频的联动，如发生入侵报警，系统则自动关闭相关出入口，并且进行实时录像和中心画面切换。

（10）中心集中管理功能：通过网络对监控门禁设备、进出人员授权、报表等进行集中管理，有效降低客户的投资，并且大幅提高管理效率。

三、物联网在储存中的应用

传统储存中大量应用的商品标记及在盘点时运用的无线手持终端对商品的识别大量应用条码技术。条码技术从产生到迅速广泛应用得到了大型企业支持，像沃尔玛等大型零售企业率先使用条码技术，对条码技术应用普及起到了非常重要的推动作用。条码技术在物流中的大量使用大大提高了物流系统的效率，同时，随着条码技术的应用，人们对物流系统的效率要求越来越高，条码在应用上的不足也逐渐显现出来，诸如接触式扫描、一次只能扫描一个条码、扫描效率低、不耐脏、不可重复使用等。沃尔玛明确要求 2005 年以前，它的前一百位供应商必须使用无线射频技术（RFID）对商品进行标识，又一次担当起了新技术应用的引领者的角色。可以想象，射频技术必将像条码技术一样，在未来得到广泛应用。①

目前，条码技术仍然在物流中大量使用，这得益于其低廉的价格和简单易操作，其在物流中的地位暂时仍然无法取代。但随着 RFID 技术的进一步发展及在社会经济生活中的大规模应用，电子标签及相关设备的价格必将逐渐降低。同时，物联网技术的进一步发展，射频技术极有可能取代条码技术，成为未来商品标识的中流砥柱，从而融入物联网发展的浪潮中。

电子标签比较高的价格限制了其在物流中的大量应用。目前，较好的方法是射频技术与条码技术的结合使用，充分利用二者的优势，使得既可以提高物流效率，又可以在一定程度上控制成本。以下情况可考虑使用 RFID 技术：①用于价值比较高的有防伪要求的物品上，比如高档白酒的标识和防伪就是利用电子标签中储存着高档白酒的相关信息，同时利用电子标签和阅读器之间的信息传输原理实现防伪功能。②用于对食品等易腐变质商品或农作物、水产品等进行追溯。③电子标签可使用于集装性物流器具上，加快物品的仓储管理效率。

电子标签主要应用在托盘等集装器具上，托盘上码放同一品种同一数量的物品，托盘上物品用条码标记，托盘用电子标签标记。当整盘物品出入库时，阅读器对多个托盘进行识读，就可以加快商品进出库的速度。当不够一托盘时，使用条码扫描仪逐个扫描待出入库物品，完成物品出入库。这样既利用了射频对整个托盘出入库的高效识别，同时也满足了零星物品出入库要求，从而提高出入库效率。同时利用射频技术，也可大大提高对在库商品的盘点速度，从而提高物品在库管理效率。

库存成本是物流成本的重要组成部分，因此降低库存水平成为现代物流管理的一项核心内容。将 RFID 技术应用于库存管理中，企业能够实时掌握商品的库存信息，从中了解每种商品的需求情况及库存情况，结合自动补货系统以及供应商管理库存解决方案，提高库存管理能力，降低库存水平。因此，RFID 技术的使用不但可以提高出入库效率，而且能够降低库存成本。

---

① 于宝琴. 现代物流技术与应用［M］. 重庆：重庆大学出版社，2017.

第二章　基于物联网的物流信息平台关键技术

物流信息平台主要是通过对物流信息数据的采集、处理和交换来为企业物流信息系统实现各类功能提供支撑。基于物联网的物流信息平台的构建将会有效地提高物流企业内部信息资源的整合能力，实现物流信息的高效传递与共享，有效改进物流相关业务流程，实现物流业务流程的智能化和可视化管理。

第一节　物流信息平台架构技术

基于物联网的物流信息平台是一个大中型的分布式应用系统，该平台安全需求高、数据流关系复杂，所以必须针对物联网的技术特性，结合物联网环境下所再造的物流业务体系和物流作业流程进行架构建设。物流信息平台的架构技术需要解决平台内大量异构系统间的高度集成问题，并且实现异构硬件平台之间的互操作，以及业务的可伸缩性。本章将结合平台建设的功能需求，对 SOA、Web Service、中间件技术、EAI 等平台架构关键技术进行分析。

一、SOA

（一）SOA 体系架构

SOA 体系架构中存在三种角色：服务提供者、服务注册中心、服务请求者，概念如下。

（1）服务请求者（Service Customer）。服务请求者是一个应用程序、一个软件模块或需要一个服务的另一个服务，用于实现服务的查询和调用。它发起对注册中心中服务的查询，发现满足条件的、可获得的服务，一旦发现，服务请求者将绑定到服务提供者，并调用实际的服务功能。

（2）服务提供者（Service Provider）。即服务的拥有者，负责服务的具体实现。它是一个可通过网络寻址的实体，负责将接口的描述信息及服务信息发布到服务注册中心。提供服务请求者可以发现和访问该服务，并控制对服务的访问及服务的维护和升级。

（3）服务注册中心（Service Register）。服务注册中心是一个服务中介，服务提供者在服务注册中心注册服务，服务注册中心集中存储服务信息，服务请求者在服务注册中心查找和发现所需的服务，服务注册中心是服务发现的支持者。

如图 2-1 所示，服务提供者负责实现并封装独立的服务实体，发布到服务注册中心供外界调用，并利用服务描述语言描述其功能、接口和参数信息；服务注册中心负责注册发布的服务，并提供服务的查找、发现；服务请求者通过服务注册中心按需查询服务描述信息，绑定服务，并根据接口参数信息完成服务调用。

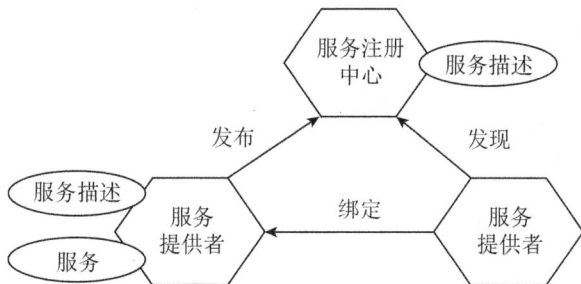

图2-1　SOA体系结构

面向服务的体系结构中每个实体都扮演着服务提供者、服务请求者和服务注册中心这三种角色中的某一种或多种。服务请求者发送查找服务请求，从服务注册中心获得相关服务的描述，按照服务描述文件包含的服务绑定信息，与服务提供者建立绑定关系，并调用相应的服务。服务请求者找到服务提供者后，将直接与之进行消息交互。因此，SOA体系架构定义了三种基本操作：发布、发现、绑定。

（1）发布。服务提供者必须将服务的信息发布到服务注册中心，以提供服务需求者发现和调用。服务的信息包括所有与该服务交互必要的信息，如网络位置、传输协议及参数格式等。

（2）发现。服务请求者使用发现服务来定位服务，发现服务的操作由服务请求者通过界面或者其他服务发起，通过服务注册中心查找满足其标准的服务。

（3）绑定。服务请求者一旦查询到合适的服务，将根据服务描述中的信息直接调用服务。

需要注意的是，服务请求者不一定必须通过服务注册中心查找服务，在封闭环境下，也可以直接从服务提供者那里获取服务描述。

（二）SOA架构的实现技术

SOA是一种标准化、松耦合、粗粒度的软件体系架构模型，是一种不受具体实现技术约束的软件开发思想。因此，实现SOA架构需要一种具体的技术手段。当前常用的实现SOA架构的技术包括CORBA、DCOM、RMI和Jini，下面具体加以介绍。

1. CORBA

CORBA（Common Object Request Broker Architecture，通用对象请求代理体系结构）是由OMG组织制定的一种标准的面向对象应用程序体系规范。CORBA遵循了通用的分布式系统解决方案模式：服务提供者通过在可用的命名目录中发布其服务对象，对此分布式对象感兴趣的客户则通过该命名服务找到服务器对象，然后调用服务器对象上合适的服务。为此，客户必须提前与命名服务及服务器提供的各种服务绑定才能得到相关信息，如服务器对象提供的属性、方法、接口等。这些通过CORBA接口定义语言（Interface Definition Language，IDL）实现。

2. DCOM

DCOM（Microsoft Distributed Component Object Model，分布式组件对象模型）是由 Microsoft 推出的对象组件模型，由一系列微软的概念和程序接口构成。利用这些接口，客户端程序对象能够请求来自网络中另一台计算机上的服务器程序对象。DCOM 支持局域网、广域网和 Internet 上两台不同机器组件间的通信。通过 DCOM 应用程序能够任意进行空间分布。与 CORBA 不同，DCOM 只能基于 Microsoft Windows 平台，是 Windows - Windows 的分布式实现方法。

3. RMI

RMI（Remote Method Invocation，远程方法调用）是 Java 的远程过程调用机制，是 Java 面向对象方法的一部分。它使 Java 程序之间能够实现灵活的、可扩展的分布式通信。通过 RMI 分布在网络不同地址上的两个应用程序之间可相互操作。同时，RMI 允许通信双方存在于多个指定地址空间，分布在各种 Java 虚拟机上。每个指定地址空间可以在同一台计算机上或网络上的不同计算机上。采用 RMI 通信的两个应用程序之间的调用方式采用经典的客户—服务器模型。

4. Jini

Jini（Java Intelligent Network Infrastructure，Java 智能网络基础设施）是 Sun 公司在 Java 和 RMI 基础上推出的新的分布式计算系统，它以 Java 技术为核心，通过使用一个简易的"即插即用"模型，能够随时改变硬件或者软件的配置，提供了一个支持快速配置的分布式计算环境。所有支持 Jini 的设备，可以是数字相机、打印机、PDA 或者蜂窝式电话，只要接入到 TCP/IP 网络，就可以自动发现并使用附近其他支持 Jini 的设备。Jini 目标是将成组的硬件设备和软件组件联合成一个单一的、动态的分布式系统，联合后的网络系统更加易于管理和使用，同时在保持单机灵活性、统一响应和控制的情况下，还能支持由系统提供的共享能力。

相比其他技术，Web Service 技术具有更好的可靠性、扩展性、易用性和协议开放性，成为 SOA 架构的一种主要实现技术。

（三）SOA 特点与优势

1. SOA 特点

SOA 的实施具有几个鲜明的基本特征。

（1）可从企业外部访问。通常被称为业务伙伴的外部用户也能像企业内部用户一样地访问相同服务。业务伙伴采用先进的 B2B 协议相互合作，或者访问以 Web 服务方式提供的企业服务。当业务伙伴基于业务目的交换业务信息时，他们就参与了一次会话。会话是业务伙伴间一系列的一条或多条业务信息的交换。会话类型（会话复杂或简单、长或短等）取决于业务目的。

（2）随时可用。当有服务使用者请求服务时，SOA 要求必须有服务提供者能够响应。大多数 SOA 都能够为企业门户（就是一个连接企业内部和外部的网站，它可以为企业提供一个单一的访问企业各种信息资源的入口）应用之类的同步应用和 B2B 之类的异步应用提供服务。同步应用对于其所使用的服务具有很强的依赖性。

许多同步应用通常部署在前台，其最终用户很容易受到服务提供者短缺的影响。很多情况下，同步应用利用分布式服务提供者，这样可以响应更多的用户请求。但是，随着提供特定服务功能的服务器数量地增长，出现短缺的可能性也呈指数级数上升。

相比之下，异步应用要更为稳健，因为其采用队列请求设计，因此可以容许出现服务提供者短缺或迟滞的情况。异步应用大多数情况下是部署在后台的，用户通常不会觉察到短暂的短缺。大部分情况下，异步应用能够稳健应对短时间短缺，但是长时间短缺则会引发严重问题。在服务短缺的情况下，队列引擎将罕见的大量工作推到共享的应用资源中时，可能会出现队列溢出甚至服务死锁。

服务使用者要求提供同步服务时，通常是基于其自身理解或使用习惯的。在多数情况下，采用异步模型可以达到同样的效果，更能够体现 SOA 的最佳特性。当然，并不是所有情况下都应当采用异步设计模式。但大多数情况下，异步消息可以确保系统在不同负荷下的伸缩性，在接口响应时间不是很短时尤其如此。

（3）粗粒度服务接口。粗粒度服务提供一项特定的业务功能，而细粒度服务代表了技术组件方法。它们的差异可以由下面的例子说明，假若存在某一计费系统，向其中添加一个客户是典型的粗粒度服务，而你可以使用几个细粒度服务实现同一功能，如将客户名录入计费系统中，添加详细的客户联系方式、添加计费信息等等。

采用粗粒度服务接口的优点在于使用者和服务层之间不必再进行多次地往复，一次往复就足够。Internet 环境中有保障的 TCP/IP 会话已不再占据主导、建立连接的成本也过高，因此在该环境中进行应用开发时，粗粒度服务接口的优点更为明显。

除去基本的往复效率，事务稳定性问题也很重要。在一个单独事务中包含的多段细粒度请求可能使事务处理时间过长，导致后台服务超时，从而中止。与此相反，从事务的角度来看，向后台服务发送大块数据的粗粒度请求可能是获取反馈的唯一途径。

（4）分级。一个关于粗粒度服务的争论是此类服务比细粒度服务的重用性差，因为粗粒度服务倾向于解决专门的业务问题，因此通用性差、重用性设计困难。解决该争论的方法之一就是允许采用不同的粗粒度等级来创建服务。这种服务分级包含了粒度较细、重用性较高的服务，也包含粒度较粗、重用性较差的服务。

在服务分级方面，须注意服务层的公开服务通常由后台系统或 SOA 平台中现有的本地服务组成。因此允许在服务层建立私有服务是非常重要的。正确的文档、配置管理和私有服务的重用对于 IT 部门在 SOA 服务层快速开发新的公开服务能力具有重要的影响。

（5）松散耦合。SOA 具有"松散耦合"组件服务，这一点区别于大多数其他的组件架构。该方法旨在将服务使用者和服务提供者在服务实现和客户如何使用服务方面隔离开来。

服务提供者和服务使用者间松散耦合背后的关键点是服务接口作为与服务实现分离的实体而存在。这使服务实现能够在完全不影响服务使用者的情况下进行修改。

大多数松散耦合都依靠基于服务消息的接口。基于消息的接口能够兼容多种传输方式（如 HTTP、JMS、TCP/IP、MOM 等）。基于消息的接口可以采用同步和异步协议实现，Web 服务对于 SOA 服务接口来讲是一个重要的标准。

当使用者调用一个 Web 服务时，被调用的对象可以是 CICS 事务、DCOM 或 CORBA 对象、J2EE EJB 或 TUXEDO 服务等，但这与服务使用者无关。底层实现并不重要。

消息类 Web 服务通常是松散耦合和文档驱动的，这要优于与服务特定接口的连接。

当客户调用消息类 Web 服务时，客户通常发送的是一个完整的文档（如采购订单），而非一组离散的参数。Web 服务接收整个文档、进行处理。由于客户和 Web 服务间不存在紧密耦合请求响应，消息类 Web 服务在客户和服务器间提供了更为松散的耦合。

（6）可重用的服务及服务接口设计管理。如果完全按照可重用的原则设计服务，SOA 将可以使应用变得更为灵活。可重用服务采用通用格式提供重要的业务功能，为开发人员节约了大量时间。设计可重用服务是与数据库设计或通用数据建模类似的最有价值的工作。由于服务设计是成功的关键，因此 SOA 实施者应当寻找一种适当的方法进行服务设计过程管理。

服务设计管理根本上讲是服务设计问题，服务设计需要在两点间折中，走捷径的项目战术与企业构建可重用通用服务的长期目标。

超越项目短期目标进行服务接口的开发和评估是迈向精确定义服务接口的重要一步，同时还需要为接口文档、服务实现文档及所有重要的非功能性特征设立标准。

在大型组织中实现重用的一个先决条件是建立通用（设计阶段）服务库和开发流程，以保证重用的正确性和通用性。此外，对记述服务设计和开发的服务文档进行评估，也是成功利用服务库的关键。

简言之，不按规则编写服务将无法保证可提供重用性的 SOA 的成功实施。在执行规则的过程中会产生财务费用，需要在制订 SOA 实施计划时加以考虑。

（7）标准化的接口。近年来出现的两个重要标准——XML 和 Web 服务增加了全新的重要功能，将 SOA 推向更高的层面，并大大提升了 SOA 的价值。尽管以往的 SOA 产品都是专有的、并且要求 TT 部门在其特定环境中开发所有应用，但 XML 和 Web 服务标准化的开放性使企业能够在所部署的所有技术和应用中采用 SOA。

Web 服务使应用功能得以通过标准化接口（WSBL）提供，并可基于标准化传输方式（HTTP 和 JMS）、采用标准化协议（SOAP）进行调用。例如，开发人员可以采用最适于门户开发的工具轻松创建一个新的门户应用，并可以重用 ERP 系统和定制 J2EE 应用中的现有服务，而完全无须了解这些应用的内部工作原理。采用 XML，门户开发人员无须了解特定的数据表示格式，便能够在这些应用间轻松地交换数据。

2. SOA 优势

了解了 SOA 的基本特征后，将会对 SOA 有一个粗略的印象，再来看看 SOA 潜在的优点。

（1）编码灵活性。可基于模块化的低层服务、采用不同组合方式创建高层服务，从而实现重用，这些都体现了编码的灵活性。此外，由于服务使用者不直接访问服务提供者，这种服务实现方式本身也可以灵活使用。

（2）明确开发人员角色。例如，熟悉 BES 的开发人员可以集中精力在重用访问层，协调层开发人员则无须特别了解 BES 的实现，而将精力放在解决高价值的业务问题上。

（3）支持多种客户类型。借助精确定义的服务接口和对 XML、Web 服务标准的支持，可以支持多种客户类型，包括 PDA、手机等新型访问渠道。

（4）更易维护。服务提供者和服务使用者的松散耦合关系及对开放标准的采用确保了该特性的实现。

（5）更好的伸缩性。依靠服务设计、开发和部署所采用的架构模型实现伸缩性。服务提供者可以彼此独立调整，以满足服务需求。

（6）更高的可用性。该特性在服务提供者和服务使用者的松散耦合关系上得以体现。使用者无须了解提供者的实现细节，这样服务提供者就可以在 WebLogic 集群环境中灵活部署，使用者可以被转接到可用的例程上。

SOA 可以看作是 B/S 模型、XML/Web Service 技术之后的自然延伸。SOA 将能够帮助我们站在一个新的高度理解企业级架构中的各种组件的开发、部署形式，它将帮助企业系统架构者以更迅速、更可靠、更具重用性架构整个业务系统。较之以往，以 SOA 架构的系统能够更加从容地面对业务的急剧变化。

二、Web Service

（一）Web Service 架构

Web Service 架构通常指用于架构 Web Service 的整体技术架构，提供了运行于多种平台上的软件系统之间互操作的一种标准方法，其核心是互操作性。任何 Web Service 架构环境都少不了以下基本活动。

发布（Publish）服务：服务提供者向服务注册中心发布服务描述，以使服务使用者可以发现和调用，发布的信息包括与该服务交互必要的所有内容，如服务路径、传输协议以及消息格式等。

查找（Find）服务：服务请求者直接检索服务描述或在服务注册中心来查找和定位满足其标准的服务，查找服务的操作由用户或者其他服务发起。

绑定（Bind）服务：在绑定操作中，服务请求者根据服务描述中的绑定细节来定位、联系和调用服务，一旦服务请求者发现适合自己的服务，它将根据服务描述中的信息在运行时直接激活服务。

这些活动涉及 5 种基本角色：

服务（Service）：Web Service 是一个由服务描述来描述的接口，而服务描述的实现就是该服务。服务是一个软件模块，独立于技术的业务接口，部署在服务提供者提供的可以通过网络访问的平台上。

服务提供者（Service Provider）：服务的创建者和拥有者，是一个可以通过网络访问的实体，它将自己的服务和服务描述发布到服务注册中心，以便于服务请求者来定位，也可以因为用户需求的改变而取消服务。

服务请求者（Service Requester）：从服务注册中心定位其需要的服务，向服务提供者发送一个消息来启动服务的执行。它可以是一个请求的应用、服务或者其他类型的软件模块，完成发现提供所需服务的 WSDL 文档，以及与服务通信的功能。

服务注册中心（Service Registry）：服务提供者在此发布自己的服务描述，服务请求者查找服务并获得服务的绑定信息，实现增加、删除、修改已发布的服务描述以及从注册表中查询服务的功能。

服务描述（Service Description）：本质是服务内容的标准化描述，提供了服务内容、绑定类型、传输协议、服务地址等，生成相应的完全的文档，发布给服务请求者或服务注册中心。

（二）Web Service 实现需要的协议规范

Web Service 的实现需要一系列的协议规范进行支撑，包括 XML 语言、SOAP 协议、WSDL 协议和 UDDI 协议，即使用 XML 描述数据结构及类型，使用 SOAP 作为其信息传输协议，使用 WSDL 进行内容描述，使用 UDDI 注册与发现 Web Service。

1. XML

XML（eXtensible Markup Language，扩展型可标记语言）是 Web Service 平台中表示数据的基本格式。与 HTML 使用标签来描述外观和数据不同，XML 严格地定义可移植的结构化数据。可用于定义 Web Service 描述语言，例如，标记语法或词汇、交换格式、通信协议和契约等。XML 具有易于建立、分析、结构化、平台无关等特点。在 SOA 架构中，所有服务描述都使用 XML 来表示。

2. SOAP

SOAP（Simple Object Access Protocol，简单对象访问协议）是 Web Service 的基本通信协议，Web Service 依靠 SOAP 协议进行相互间的信息交换。SOAP 是一个基于 XML 的通信协议，它在两台计算机之间交换消息而不需要考虑这两台计算机的操作系统、编程环境或对象模型框架。

SOAP 主要规定了如何对两个 Web Service 之间交换的 XML 数据进行封装。但 SOAP 并没有描述 Web Service 的功能特性，也没有描述如何在交互的服务之间交换数据。因此，SOAP 服务需要文档详细叙述被暴露的服务操作及这些操作的参数，WSDL 主要用来解决这个问题。

3. WSDL

WSDL（Web Service Description Language，Web Service 描述语言）是一个基于 XML 的服务描述语言，用于描述 Web Service 暴露的所有接口的详细信息。在一个 WSDL 文档中，包含所有参数和 Web Service 方法名称的详细说明，以及 Web Service 的位置。

使用 WSDL 描述语言最大的优点在于 WSDL 是一个标准的协议。通过 WSDL，任何系统都能够解释 Web Service 的方法和相应的信息。

在 Web Service 中，WSDL 负责描述 Web Services 的内容，并描述其调用规范，使用户可对 Web Service 进行查询。

4. UDDI

UDDI（Universal Description、Discovery and Integration，统一描述、发现和集成）是一套基于 Web 的、分布式的，为 Web Service 提供的服务注册中心的实现标准规范，同时包含一组使企业能将自身提供的 Web Service 进行注册，使其他企业能够发现访问协议的实现标准。UDDI 定义了一个集中式 Web Service 服务注册中心，同时也包含一组访问协议的实现标准，用于实现 Web Service 的注册和发现。UDDI 以 XML 格式存储和管理 Web Service 的各种元信息，并以 Web Service 的形式提供基于元数据的服务发布和发现功能，使企业能将自身的 Web Service 进行注册，并让其他企业能够发现并访问这些 Web Service。

UDDI 提供了一个保存 Web Service 描述的机制。虽然 UDDI 通常会被认为是一种目录机制，但它也定义了一个用 XML 表示服务描述信息的数据结构标准。

5. Web Service 通信模式

Web Service 通信模式描述了如何调用 Web Service 及 Web Service 和 SOAP 的关系，并通过通信和编码方式定义了 SOAP 通信模式。SOAP 协议支持两种类型的通信模式：RPC（Remote Procedure Call，远程过程调用）和 Document（Document-Oriented，以文档为中心）。

（三）Web Service 特点

Web Service 建立在以 XML 为主的、开放的 Web 技术规范基础上，具有较好的开放性。其主要特征如下。

（1）跨平台性。Web Service 能够跨平台集成应用。由于 Web Service 采用 XML 作为服务的描述和信息的封装，屏蔽了平台之间的差异性。

（2）完好的封装性。Web Service 是一种部署在 Web 上的对象，具备对象的良好封装性，对服务请求者而言，仅能看到该对象提供的功能列表。

（3）松耦合性。Web Service 是一种松耦合的对象。只要 Web 服务提供的接口功能不变，无论其实现如何变动，对调用者而言都是透明的。同时，由于 Web Service 提供即时连接的功能，在编写程序的时候，不需要预先知道被调用对象的组件的实例，使其应用更加松散。

（4）基于开放的标准。对于 Web Service，其所有公共协约使用开放的标准协议进行描述、传输和交换，如 XML 技术、SOAP 技术、UDDI 技术等。这些协议具有完全免费的规范且基于开放标准技术，使组件的集成更为容易，解决方案的选择更为多样，移植也非常便利。

（5）高可复用性。Web Service 应用程序由松散耦合的组件构成，易于与其他平台和其他的标准技术进行集成，具有高度的可复用性。

三、中间件技术

中间件技术是一种专业化程度高、开发效率高的软件开发生产方式，也是软件技术未来发展的一个趋势，其意义在于改变传统的生产与部署方式，从个别生产发展到基于构件的标准化分工协作，从而从根本上提高了软件生产的效率和质量，提高了开发大型软件系统尤其是商用系统的部署效率与实施成功率。因此，中间件正是软件构件化的一种表现形式，它对典型的应用模式进行抽象，应用软件制造者可以基于标准的中间件进行二次开发，这种操作方式其实就是软件构件化的具体实现。可见，中间件是分布式计算机系统中集成各个组成的软件黏结剂。总之，中间件是在操作系统之上建立的一套完整的服务，并为应用提供高层的抽象机制。

（一）中间件的架构

中间件的架构如图 2-2 所示。

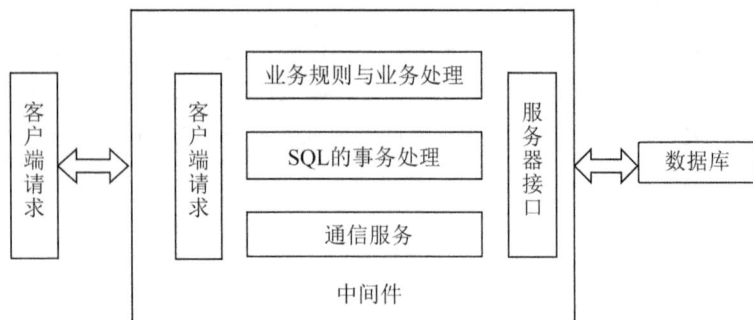

图 2-2　中间件的架构

（二）中间件的分类

中间件不仅是一个实际的软件产品，而且包含了一组标准或技术。一般地，中间件产品可以从不同的角度进行分类。例如，从功能上可以分为数据、消息中间件，从应用上可以分为领域应用中间件、与设备相关的嵌入式中间件等。从众多的中间件分类中可以看出，通信和事物处理中间件是中间件层次划分中最为基本的，它们在网络协议的支持下，为高层的应用提供基础服务。因此，可根据功能将中间件细分为以下几类：通信处理中间件、事务处理中间件、数据存取中间件、分布式对象中间件、安全中间件、网络服务中间件、专用平台中间件等。

（三）中间件技术的关键特性

（1）屏蔽软、硬件平台的异构性。
（2）使得所构造的分布式系统具有可伸缩性。
（3）为最终用户提供一定程度的分布式透明性。
（4）改善应用系统的服务质量。
（5）提高系统的可用性。
（6）提高系统的可靠性。
（7）增强系统的性能。
（8）增加系统的可维护性。
（9）增加用户的友好性。

中间件的优势已经在众多的 IT 应用中得到了体现。对于企业用户来说，随着对各种已有应用的不断扩充和新应用的不断增加，当企业 IT 部门面临着诸如不同硬件平台、不同网络环境、不同数据库之间的互操作，多种应用模式并存，系统效率过低，传输不可靠，数据加密，开发周期过长等问题时，单纯依赖传统的系统软件或工具软件提供的功能已经不能满足新的要求。利用中间件技术，使得用户可以通过一种简洁、方便的工具平台，使企业的计算系统开发、部署与管理变得更加轻松和便捷。因此，中间件已经在信息技术应用中发挥出无可替代的承上启下的作用。

物联网环境下的物流信息平台是一种基于分布式处理的软件应用，因此中间件在应用终端和服务器端发挥了重要的作用，并扮演了 RFID 硬件和应用程序之间的中端桥梁功能，从而成为物联网应用解决方案的中枢。基于物联网的物流信息平台中所需要应用的中间件技术主要包括企业集成应用（EAI）中间件、无线应用中间件（如 RFID 中间件）、自适应中间件和嵌入式中间件等，其中，RFID 中间件是企业进行物联网物流信息平台建设的基础，是必不可少的平台架构关键技术。

RFID 中间件将企业级中间件技术延伸到 RFID 领域，由于 RFID 中间件屏蔽了 RFID 设备的多样性和复杂性，因此它能够为后台业务系统提供强大的支撑，从而可以驱动更为广泛和丰富的 RFID 应用。具体地讲，RFID 中间件是一种面向消息的中间件（Message Oriented Middleware，MOM），RFID 相关数据是以消息的形式从一个程序以异步（Asynchronous）的方式传送到另一个或多个程序。RFID 中间件包含的功能不仅是传递信息，还包括保证安全性、错误恢复、解译数据、数据缓存、数据广播、定位网络资源等高级服务。

四、EAI

（一）EAI 的定义

企业应用集成（Enterprise Application Integration，EAI）是将基于各种不同平台、用不同方案建立的异构应用集成的一种方法和技术。EAI 通过建立底层结构来联系横贯整个企业的异构系统、应用、数据源等，完成在企业内部的 ERP、CRM、SCM、数据库、数据仓库，以及其他重要的内部系统之间无缝地共享和交换数据的需要。有了 EAI，企业就可以将企业核心应用和新的 Internet 解决方案结合在一起。EAI 将进程、软件、标准和硬件联合起来，在两个或更多的企业系统之间实现无缝集成，使它们就像一个整体一样。尽管 EAI 常常表现为对一个商业实体（如一家公司）的信息系统进行业务应用集成，但当在多个企业系统之间进行商务交易时，EAI 也表现为不同公司实体之间的企业系统集成，如 B2B 的电子商务。

（二）EAI 包括的内容

EAI 包括的内容很复杂，涉及结构、硬件、软件及流程等企业系统的各个层面，主要包括业务过程集成、应用集成、数据集成、集成的标准及平台集成。

1. 业务过程集成

当对业务过程进行集成时，企业必须在各种业务系统中定义、授权和管理各种业务信息的交换，以便改进操作、减少成本、提高响应速度。业务过程集成包括业务管理、进程模拟，以及综合任务、流程、组织和进出信息的工作流，还包括业务处理中每一步都需要的工具。

2. 应用集成

为两个应用中的数据和函数提供接近实时的集成。在一些 B2B 集成中，应用集成还用来实现 CRM 系统与企业后端应用和 Web 的集成，以构建能够充分利用多个业务系统资源的电子商务网站。

3. 数据集成

为了完成应用集成和业务过程集成，必须首先解决数据和数据库的集成问题。在集成之前，必须先对数据进行标识并编成目录，另外还要确定元数据模型。这三步完成以后，数据才能在数据库系统中实现分布和共享。

4. 集成的标准

要实现完全的数据集成，必须首先选择数据的标准格式。集成的标准化促成了信息和业务数据的共享和分布，构成了企业应用集成的核心，包括 COM +/DCOM、CORBA、EDI、JavaRMI 和 XML。

5. 平台集成

要实现系统的集成，底层的结构、软件、硬件及异构网络的特殊需求都必须得到集成。平台集成处理一些过程和工具，以保证这些系统进行快速、安全地通信。

第二节　基于物联网的物流信息平台架构设计

一、基于物联网的物流信息网络平台架构设计

物联网网络运营管理是指运营商和设备供应商相互合作，以形成可操作的网络运营模式和一个管理集中化、过程精细化、服务个性化的运维体系，跨部门、跨网络管理多个网络层次和子网，依靠完善和规范的网络管理系统进行低成本、高效率地集中化运作，共同保障网络设备的稳定运行，最终实现网络资源的优化配置，其核心内容是与网络管理有关的一系列标准与规范，我们可以对物联网网络平台架构进行设计。

网络硬件管理的内容包括对感知层硬件设施设备的运行与维护，包括传感器、识读器等感知设备的资源和接入控制、设备的质量管理及安全故障管理等，同时还包括网络层与应用层的中间件、服务器及网关等设施设备的运维，以及它们之间的网络连接；网络技术管理主要是指在物联网网络层与互联网技术相结合的基础上，通过承载通信网络来完成信息海量、安全、高速地传输，并通过中间件进行信息数据地过滤；网络应用管理是指对物联网各种应用支撑平台的运行与维护，包括信息协同处理平台、服务支撑平台、云计算平台等，以实现在为基于物联网的物流信息平台提供服务应用支持的同时，准确地与用户进行事件对接，确保网络应用运营顺畅、高效。①

二、基于物联网的物流信息平台业务运营模式设计

基于物联网的物流信息平台具有物联网技术独特的属性和特点，是信息技术发展的新兴事物，国内外的研究都还在探索阶段。就我国物联网的发展现状来看，单纯以政府为投资主体建设和运营基于物联网的物流信息平台不太现实，而单纯依靠企业投融资也非常困难。作为新兴事物，国内外还没有任何企业有成熟的运作经验，所以完全委托第三方模式也不具备应用价值。

基于物联网的物流信息平台应采用企业主导型的协同运营模式，即"需求导向，协同规划；政府引导，企业运作"的运营管理模式，以企业应用的市场化需求为主导，由政府和企业共同投资规划，实施过程中由政府引导，企业负责实际运作。该模式集政府主

---

① 崔振山，马春光，李迎涛. 物联网感知层的安全威胁与安全技术 [J]. 学术交流，2012 (11)：61-65.

导模式和企业主导模式的优势于一身，同时避免了它们的不足之处。

1. 需求导向，协同规划

物联网环境下的物流信息平台的运营要根据资金状况，分阶段逐步规划实施。以企业为主导的"自下而上"的协同模式是先由市场自发形成，由企业主动发起并逐步整合各物流信息系统的资源，完成各系统中物联网感知技术手段的应用，在物流行业内构建全面的感知体系；而政府负责引导和支持，同时承担网络层的基础设施的整合和建设，实现物联网大规模数据同步传输的功能，满足不同企业客户对物联网感知信息的传输需求，提高物流平台的效率，实现信息协同和智能物流应用。

2. 政府引导，企业运作

企业主导型的协同运营模式将有效促进平台实现"政府引导，企业运作"的运作方式，即政府行业主管部门负责基于物联网的物流信息平台的软环境，包括相关政策法规、业务流程、技术标准的配套实施，以及对信息服务价格进行指导，从宏观上对平台的管理进行综合协调。而物流企业作为平台的运作主体，应完善平台运营模式，通过政府相关的政策和行业协会制度的制约，引入行业准入机制和会员管理方式，对加入信息平台的会员企业可通过收取会费、用户服务费、租赁费、广告费等方式进行市场运作的自主运营。

三、基于物联网的物流信息平台业务运营管理框架设计

物联网业务运营管理将涉及多个不同业务应用子系统，需要实现不同子系统间的互通，利用网络资源进行信息协同强化各子系统间的整合力和融合度，使业务各方可以即时监控并协调整个物流进程，保证区域内整体物流业务运营的通畅、及时和准确，从而实现规模化运营。

业务流程监控管理是对相关物流业务流程进行全程地监督与管理，保证物流业务的各环节运作顺畅，实现物流业务流程的简化及业务的智能化；业务系统运营管理内容包括运营商对连接各系统的设备接口及信息数据进行质量管理，同时对设备进行故障维修，从而保证系统的正常运行及客户的安全访问，实现业务系统在基于物联网的物流信息平台下智能化的操作；业务终端运维管理是指设备供应商对业务终端进行管理，为上层应用系统提供标准化接口，为物流企业的应用系统提供基于面向服务的功能调用，同时在业务终端实现多维表图的功能展示，最终促使业务平台实现可视化的管理；业务系统集成管理主要是运营商针对企业信息系统在集成过程中对信息管理和业务过程的建模、运行、监控等方面的需要，构建信息管理基础类库的运行平台通用框架，进而构筑无缝的企业应用系统，简化物流业务流程，实现业务平台的高效运营①。

第三节 平台应用标准与规范

一、物流信息分类与编码标准

物品编码标准是物联网技术应用的基础要素之一，基于物联网的物流信息平台作为物

---

① 沈苏彬. 物联网的体系结构与相关技术研究 [J]. 南京邮电大学学报，2009, 6 (29): 1-11.

联网在物流领域的重要应用，有必要制定相关物流信息分类与编码标准。物流信息分类与编码标准的研究可以从基于条形码应用的编码标准和 EPC 系统编码标准来展开。物流企业应在国际通用标准和国内物品编码标准化体系的指导下，结合物流行业基础信息的特点，制订物流企业内部关键的基础性标准，实现企业内物流信息编码标准的统一。

重点需要研究的标准包括物流仓储单元编码标准、运输单元编码标准、货物包装单元编码标准、贸易单元编码标准、载运工具编码标准等。为便于管理和新建标准的应用，该平台下的物流信息分类与编码标准还应该与传统的物流信息标准相结合，在既有的商品资料标准代码、危险品等级代码、车型标准代码和地域资料代码等基础上来制定，以实现物流信息标准化的统一。

二、物流信息采集技术标准

物流信息采集技术标准主要应用在基于物联网的物流信息技术体系中的物流信息感知层，即企业通过制订相应的采集技术标准对平台的采集技术手段和设备进行一致性规范。这些标准的制订应以物联网采集设备和技术提供商的生产标准为基础依据，同时结合物流企业的基础设施环境、物流货物的技术特性、信息采集的实际要求，以及信息平台内数据传输技术标准等。主要需要研究的标准包括物联网物品识别标准和传感标准。其中，物联网物品识别标准包括标签设备规范、阅读器设备规范和自动识别技术标准，传感标准包括传感器通用命令标准和传感器操作平台标准等。

三、平台数据交换技术标准

目前，物联网平台数据交换技术标准的研究方向是在已有的基于 XML 的数据交换标准的基础上，提炼出一个基础的元数据（Meta Data）标准，这个标准好比互联网的 HTML 标准，是物联网数据交换的核心。物流行业应用的数据交换技术标准可以基于元数据标准进行扩展，根据企业内网数据交换的特点制定适用于物联网环境下物流信息平台的数据交换技术标准。物联网平台数据交换技术标准主要落地在物联网三层架构中的应用层和感知层，同时配合网络层的传输通道。目前国外已经提出很多标准，如 EPCglobal 的 ONS/PML 标准体系，还有 Telematics 行业推出的 NGTP 标准协议，以及 EDDL、M2MXML 等。物联网环境下的物流信息平台的建设需要融合这些现有标准，结合平台所应用的中间件产品，制订适用于企业应用的物联网数据交换集成应用标准，如数据存储格式、消息格式规范、数据接口规范，以及通信协议标准和空中接口规范等。

四、安全标准与规范

由于基于物联网的物流信息平台的开放性特点，信息平台下的数据传输安全将会直接影响整个平台的正常运转，为了实现物联网环境下物流信息平台的安全性技术需求，必须制订平台内的安全标准及规范，包括建立相关的 RFID 安全标准、Wed 服务安全标准、XML 密钥管理规范，以及相关的信息隐私保护规范等。

第四节　物流信息云平台云计算技术

一、物流信息云平台数据处理和传输技术

(一) 云存储技术

1. 数据存储技术

数据存储技术主要是指管理文件存储、读取、修改的一系列技术，主要是为了以文件系统的形式实现分布式环境下的数据存储，同时兼顾高效可靠的性能需求。

云计算的文件系统和数据处理方法是目前云计算中比较主流的数据存储技术。云计算的文件系统和数据处理方法为数据存储提供了一套较为成熟的解决方案，其中包括设置用于提供客户端接口并记录存储到数据节点中的数据的路径目录节点，和连接所述目录节点，用于存储数据的数据节点。目录节点生成数据存储列表，并将数据和所述数据存储列表发送到数据存储列表中的第一数据节点；当前数据节点接收数据，并在接收到预定大小的数据块后，将接收到的数据块及所述数据存储列表发送到下一数据节点；直至获得预定数量的冗余存储份数。该方法通过目录节点对数据进行存储、读取、修改，并通过冗余存储保证数据的可靠性和存储的高效性。

2. 存储管理技术

云存储系统中往往存储着海量的数据，且数据分布在各个存储服务器上，如果没有很好的存储管理系统，云存储系统的效率、可靠性等都会大大降低，甚至无法使用。存储管理系统主要负责存储系统的动态扩展管理，如增加或减少存储服务器；故障维护，如果出现服务器宕机，应立即启用备份服务器，维护备份数据等；负载监控，监控存储服务器的负载情况，并及时进行存储调整；数据的复制、分区、备份、恢复等功能；安全管理，主要是控制用户的读写权限。

基于云计算架构的云存储系统中涉及的云存储管理技术是目前比较主流的云存储管理技术。基于云计算构架的云存储系统由主服务器、存储服务器、监控服务器组成，其中主服务器和监控服务器构成该系统中的存储管理子系统。存储服务器之间并联，存储服务器通过网络与用户终端连接，存储服务器同时连接主服务器，存储服务器通过监控节点连接监控服务器，监控服务器另外连接主服务器，主服务器通过网络与用户终端连接。该存储管理系统具有高效、安全、易操作的优点。其中主服务器主要用于索引存储服务器以及对存储服务器进行管理。监控服务器主要是对各个存储服务器的状态进行监控，如果发现存储服务器宕机，则启动备份的存储服务器，并更新主服务器的索引状态。这样，用户只需要两次寻址就可以准确定位到每个数据的存储地址。用户直接与存储服务器进行连接，并不通过主服务器访问存储服务器，这样既提高数据访问的效率，又防止了主服务器成为数据访问效率的瓶颈。为保证数据的可靠性，存储服务器中的每份数据都会有三份以上的备份副本，分别存储于不同的存储服务器中，这些存储信息也是在主服务器中进行维护，并且由监控服务器进行监控的。当用户修改某份数据的时候，只有其所有副本都更新完毕，更新操作才算完成。

3. 存储虚拟化技术

虚拟化技术在异构集群存储系统中起着关键性的作用，是数据中心虚拟化的核心技术。虚拟化技术可以将集群中的空闲资源进行虚拟地划分、组合，从而动态地满足客户的数据存储要求。此外，虚拟平台的池化技术可以动态满足系统变化，提高存储系统的可扩展性。

目前很多 IaaS 框架的云存储模块都提供了存储虚拟化技术，如 CloudStack、OpenShift 及 vSphere 等。存储虚拟化已经成为云存储中不可或缺的技术之一。

4. 网络传输技术

存储服务器之间的数据传输采用 NFS/CIF 数据传输协议，该协议可以实现异构平台间的数据无障碍传输，在分布式平台上已经比较成熟且表现良好。不过它有一个弱点就是传输效率不是太高，但这在 Internet 环境下也是无法避免的。如果可以拥有自己的专用网络，就可以使用 iSCSI 协议，该协议在集群环境下效率较高。如果费用允许，甚至可以采用高速光纤通道，这会使得数据传输的效率在更大程度上增加，但成本会非常昂贵。

（二）分布式缓存技术

分布式缓存中还包括如下关键性的技术，来保证缓存的高可靠性、一致性，以及高吞吐、低延时的访问服务。

1. 数据存储策略

数据存储策略是缓存系统的关键技术。缓存利用内存来提高数据访问效率，但是内存又是一个极不安全的空间，一旦断电，内存中的数据就会被擦除。因此，无论是单机还是分布式环境，都需要对缓存数据进行持久化操作，防止缓存数据丢失。另外，一台服务器的缓存数据一般不会太大，可以选择固态硬盘（Solid State Disk，SSD）作为存储介质，与硬盘相比访问效率明显提高；如果缓存数据非常巨大，也可以将其持久化到硬盘中。数据存储功能模块可以提供一套自适应的数据存储技术，提供内存/SSD/硬盘的三级缓存策略。

2. 数据可靠性与一致性

分布式缓存通过多副本机制来保证数据的可靠性，但是多副本带来的一个弊端就是缓存数据一致性难以保证。这里主要有两种解决方案：NRW 多副本机制和主从备份机制。

NRW 多副本机制中，N 是一个数据的副本数，R 是读取操作时至少需要读取的副本数，W 是写入操作时至少需要同步写入的副本数。当分布式缓存的访问模型满足 $R+W>N$ 时，就能保证数据访问的可靠性和一致性，但是系统的访问性能和可用性会受到影响；相反，如果 R、W 值偏小，又会使得数据一致性与可靠性减小，因此 NRW 理论一定要在真实环境中经过一定量的模型训练，找到最合适的 NRW 值。

主从备份机制可以较好地保证数据的一致性，以及在缓存服务器中的缓存数据的高可靠性，提高网络服务质量。主从备份机制的设计中需要考虑不同数据的访问频率和负载特点，设计适当的分布式缓存策略。

3. 负载均衡

负载均衡主要是指各个缓存服务器的数据负载的均衡，一方面可以使分布式环境中的缓存节点均匀地负载缓存数据，同时也保证了不会因为部分缓存服务器的宕机导致大量缓存数据的丢失。目前比较主流的技术有负荷分配技术和基于一致性哈希的负载均衡策略。

分布式缓存系统中的负荷分配技术，根据节点的状态信息和负荷处理所有服务器节点分配负荷权重，根据各服务器节点的负荷权重生成路由信息，提高系统的可用性、运行效率及稳定性，从而提高集群的并发访问能力。

基于一致性哈希的负载均衡策略原理是通过哈希散列算法，将缓存数据散列到环状编号排列的服务器集群中。较为均匀地将负载数据分布到各个服务器节点。如果需要达到更为均匀的负载分布，可以采用虚拟节点的思想，即一致性哈希的环状结构上的节点为虚拟节点，并非直接对应物理节点，而是将其用散列算法分配若干个（视集群规模而定）虚拟节点对应一个物理节点，这样就能更好地实现缓存数据的均匀分布。

4. 路由数据一致性

分布式缓存系统中为了最快、最准地定位各个缓存数据的位置，一般会有一张全局路由表。而为了提高路由效率，各缓存节点上会保存该全局路由表的副本，因此需要实时保证路由数据的一致性。为了达到路由数据的一致性，该表采用分布式同步锁系统存放，保证了路由表在数据更新时，其他服务器无法读取数据，只有当路由表更新完毕后，分布式系统释放锁，各个服务器才可以重新读取路由表数据进行路由。同时，为了在路由数据发生更新时，所有服务器节点同时更新本地路由表，需要定时发送路由交换信息，保证路由数据变更在所有服务器节点中迅速生效。

5. 故障检测及服务器控制

分布式缓存集群中各个服务器的状态需要进行实时监控，保证缓存数据的可靠性和及时性。现有的技术主要提供了一种分布式缓存控制方法，能够支持多种数据访问协议，并可根据缓存服务器的状态信息，对所使用的缓存服务器进行灵活切换，实现对分布式缓存的灵活控制。

(三) 消息中间件技术

1. 高级消息队列技术

为了提供可靠的数据传输，消息中间件使用队列的方式进行消息管理，数据按照用户自定义的尺寸，被拆分成若干的消息放入消息队列，消息中间件以同步或异步的方式进行消息的发送和接收。为了进一步保证数据传输的可靠性，消息中间件还提供诸如消息优先级、断点续传、可靠消息队列、内存队列、流量控制、遇见连接等附加技术。

另外，超大规模的应用往往被部署到不同的计算节点上，分布式的部署应用常常是出于平衡多计算节点计算负载的考虑。因为消息中间件所负责传输的消息是应用的输入，所以需要首先在消息的分发上做到负载均衡。所谓消息的分发，就是指在同时有多个可用的目的队列的情况下，将消息投到最适合的消息队列中。在分布式消息中间件架构中，如RabbitMQ，支持分布式的应用。当有多个可用的目的队列时，RabbitMQ 默认会开启轮询模式，将消息按次序依次发给不同的消息队列。这样的机制可以在绝大多数场景下平衡应用模块之间的消息负载。但也有个别情况仍会导致消息负载的不均衡，这时 RabbitMQ 可以提供非常智能的队列管理，保证将消息只分发到消息个数小于某个阈值的消息队列中去。相比于轮询法，后者更体现了消息中间件在智能消息队列技术上的设计空间。

2. 跨平台的 API 设计

消息中间件消息传输使用标准的 IP 包封装，使其能够提供跨平台的数据通信和信息交换。消息中间件通过提供非常丰富的 API，为几乎每种平台都提供相应的接口，因此各种主流平台都可以找到相应的接口，从而完成跨平台的数据通信和消息交换。

在消息中间件架构中，JMS 是较为常用的 Java 平台下的消息中间件 API，许多产品都会尽可能地支持 JMS 的 API。而如 MOM4j、Apusic Message Queue、ActiveMQ 等用 Java 开发的消息中间件系统，具有很强的跨平台和操作系统的特性。在客户端开发方面，主流的消息中间件系统往往会支持多种开发语言，服务端系统提供各语言的 API 接口，客户端的开发只需要面向这些接口就行。以金蝶的 Apusic 为例，它提供了 Java、.NET、C/C++的接口，同时它也提供 Oracle、MySQL、SQL Server 等的数据库服务专用接口。

跨平台的 API 接口在为用户提供统一的消息中间件解决方案的同时，又尽可能地兼容了用户的使用环境。但要将不同语言、不同平台下的 API 做到一致，对开发者而言是个不小的挑战。

3. 异步通信机制

分布式环境的对象调用，往往需要涉及大量的网络传输，这样的同步调用会带来大量消息阻塞。相比于传统的分布式对象调用，消息中间件通过消息队列实现异步通信机制，大大提高了通信效率，从而提高了平台的数据处理效率。

在 IBM 的消息中间件 WebSphere MQ 中，异步通信机被认为是通信的首选方式。因为一套可靠的消息中间件系统足以保证消息传输的准确和可靠性，并不需要收发端通过同步握手、确认反馈来保证通信质量。而消息的收发端作为应用的主体，本身的职责在于完成各自的业务，如果在业务系统中减少了对消息传输 QoS 的确认功能，则可以增加代码的内聚性。

要实现异步的通信机制，消息中间件客户端与业务系统主体是线程独立的，业务系统的线程运行并不完全依赖于消息中间件的消息。如同 WebSphere 所强调的，异步通信在速度较快的情况下，效果可以与同步通信相当。而异步通信实现同步应用的效果，其实是分别从收发端各进行一次异步通信。因为异步通信数据对消息中间件系统的网络压力较小，用它实现的同步应用往往在性能上较直接的同步通信更胜一筹。

4. 远程过程调用通信机制

RPC（远程过程调用）是专门用于进程间远程调用的通信方式。它的特点在于发送方的消息将启动接收方程序的某个过程，在接收方运行出结果后再调用发送方的进程继续执行。

远程过程调用通信的工作过程需要发送方和接收方分别设立两个专门用于远程过程调用通信的队列，也就是在客户端启动后，会创建一个专为远程调用异步回收消息服务的独占消息队列。之后，在需要发送一个远程调用的通信请求前，客户端发送的消息中需要指定依赖的异步回收队列和它的关联号，相当于消息队列的注册。客户端发送请求给异步消息队列，接收端接收到一个请求，完成请求的计算并将结果返回给客户端指定的异步回收队列。之后，客户端在回收队列接收到反馈消息，检测反馈消息的关联号。如果关联号与请求的关联号相符，则客户端接收该反馈消息，否则客户端将忽略该消息。

5. 分布式环境下的进程间通信

在云环境中，单个服务应用可能分布在不同的物理机上运行，如何实现高效的进程间通信是较为迫切的需求。经过相应的扩展，消息中间件不但可以实现分布式环境中应用间的同、异步通信，还可以采用其核心思想，实现分布式环境下的进程间通信，从而更加高效地完成分布式环境下的信息交换，同时提高分布式环境的灵活性。

实现进程间的通信是基于消息中间件能将消息传输模块高度隔离这一设计优势上的。由于在一般的消息中间件系统中，消息的路由信息都位于应用层的数据之中，不同的进程可以申请到不同的消息队列，这样消息中间件就可以区分不同的进程。而在进程看来，与其他进程的通信只需要指定目的进程在消息中间件系统中的对应消息队列即可，通信方式和远程通信一样。

二、物流信息云平台安全技术

（一）云平台的风险

1. 云安全技术风险

（1）虚拟化层面风险。云计算中核心的技术就是虚拟化技术，通过虚拟化技术可以衍生出更多的虚拟操作系统，以满足多租户、高利用率以及资源共享的特性。利用虚拟化带来的可扩展性有利于加强在基础设施、平台、软件层面提供多租户云服务的能力，但虚拟化技术也会带来多个安全问题。如果物理主机受到破坏，其所管理的虚拟服务器因为与物理主机存在信息交流，也有可能被攻克；若物理主机和虚拟机不交流，则可能存在虚拟机逃逸；如果物理主机上的虚拟网络受到破坏，由于存在物理主机和虚拟机的交流，并且一台虚拟机监控另一台虚拟机的场景，导致虚拟机也会受到损害。云计算环境也存在用户到用户的攻击，虚拟机和物理主机的共享漏洞有可能被非授权用户利用。如果物理主机存在安全问题，那么其上的所有虚拟机都可能存在安全问题。

（2）数据加密存储和内存擦除技术风险。云计算环境下，用户的所有数据直接存储在云中。为了保护数据的隐私，数据在云端以密文形式存放，通过最小的计算开销实现可靠的数据保密性。同时，在云计算中，信息检索是一个常用的功能，因此支持搜索的加密是云安全的一个重要要求。传统的基于关键字的加密搜索存在三个问题：一是只支持精确匹配，对于输入内容的格式要求严格，本身容错性较差；二是不支持返回结果排序；三是不支持多关键字搜索。针对这三个问题，目前的研究主要关注加密数据的模糊搜索、搜索结果的排序和多关键字搜索。

内存擦除技术是指云服务器在不关机的情况下，租户的机器在关闭之后，其内存上的内容是否会被擦除，如果被擦除会不会有数据残余留在内存上，这种残留数据是否能够恢复出完整的数据信息，造成隐私的泄露问题，所以云服务商应该对所释放的空间进行完全地清除后再给其他用户。

（3）脆弱的 API。随着时间的推移，越来越多的云计算产品出现在网络上，其中开源度也越来越大，比如业界使用最多的云平台管理工具 Openstack、Cloudstack 以及 Eucalyptus 等都可以在开源网站上下载到其源代码。源代码的脆弱性也就暴露给了黑客，使得他们有更多的机会和时间来找寻 ODay 漏洞，这些漏洞就是潜在的威胁，会对云环境造成不可估量的损害。

还有一点就是应用集成，其 API 的流行度也在与日俱增，它们有助于应用（与互联网连接目标）之间相互请求数据。然而，通过 API 的核心业务数据，使它们更容易受到黑客的攻击，增加入侵攻击、数据盗窃和 DOS 攻击的风险。

2. 云安全管理风险

（1）企业风险管理。企业风险管理（ERM）植根于每个组织向股东提供价值的承诺。所有的业务都存在不确定性，管理层的挑战之一是决定一个组织如何衡量、管理和降低不确定性。不确定性既是机遇也是风险，可能增加或减少组织及其战略的价值，信息风险管理是识别和理解风险暴露、风险管理能力以及数据所有者偏好和承受能力。在为云计算管理选择方案时，存在许多的不确定性收益和风险，这些都会影响到从风险或业务收益的角度决策是否应用云计算服务，每一家公司都必须要权衡这些不确定性，以决定是否采用云计算解决方案。

（2）安全审查。云计算为企业带来许多好处，包括优化资源利用率、为云计算租户节约成本、转换资本开销、资本开销（CAPEX）转化为运营成本（OPEX）、客户的 IT 动态扩展能力、缩短新应用程序开发或部署的生命周期、缩短新业务实施的时间。

用户应该将云服务和安全视为供应链安全问题，这意味着需要最大限度地检查和评估服务提供商的供应链（服务提供商的关联和依赖关系），这也意味着需对服务提供商自身的第三方管理进行审查。

3. 云计算法律风险

云计算最大的风险之一源于其数据特性，它允许数据被传送和保存在几乎任何地方，甚至分开保存在世界的不同位置。各国监管法律的不同导致对数据安全的界定会有所不同，这样产生的法律风险是难以避免的。

纵观全球，众多国家有着不计其数的法律、法规，它们要求公共组织和私营机构要保护个人数据的隐私性、信息和计算机系统的安全性。例如在亚太地区，日本、澳大利亚、新西兰以及许多国家已经通过数据保护法律。这些法律要求数据的控制人依据经合组织（Organization for Economic Co-operation and Development，简称 OECD）的隐私及安全指导意见，以及亚太经合组织（Asia-Pacific Economic Cooperation，简称 APEC）的隐私框架采用合理的技术、物理和管理措施来防范个人数据遭受丢失、滥用或是篡改。

4. 云计算其他风险

云环境的复杂性是由其混合技术的融合使用所导致，因此未知的不可预见性的风险也会产生。一种可能是，技术上可以实现但带来了安全风险，解决起来可能会导致一定的威胁性；另一种可能是，技术上暂时实现不了的，无法应用到云计算当中去。在云环境下，管理、法律和技术三种不同行业融合到一个体系中，必然会带来各种各样问题。有可能是以前遇到过的，也有可能是没有遇到过的，这种未知性与盲目性很大程度上会抑制云计算的快速发展。

（二）云安全架构及关键技术

1. 用户层

（1）安全问题。1）身份认证。Web 浏览器是一个典型的客户端应用程序，可以用来访问 Web 网页、Web 应用程序、云服务（SaaS）或者 Web 2.0 服务。它使用 SSL/TLS 协议来进行安全的身份验证，因此基于浏览器的云身份验证攻击直接影响到云应用程序的安全。攻击者可以获得其他用户的 XML 标记（在浏览器中的身份验证相关凭证），并访问受害者的服务。

解决方案：可以通过 XML 签名和 XML 加密来增强浏览器的安全性。然而，XML 签名包装攻击使攻击者能够改变签名数据包的内容而不使签名失效。

2）不安全的接口和 API。云计算服务商需要提供大量的网络接口和 API 来整合上下游客户、发展业务伙伴甚至直接提供业务。但是，从业界的安全实践来看，开发过程的安全测试、运行过程中的渗透测试等，不管从测试工具还是测试方法等，针对网络接口和 API 都还不够成熟，这些通常工作于后台、在相对安全环境中运行的功能被开放出来后带来了额外的安全入侵入口。

可行对策：加强接口和 API 在功能设计、开发、测试、上线等覆盖生命周期过程的安全实践，广泛采用加密、认证、访问控制、审计等安全措施以及更加全面的安全测试。

3）服务可用性。首先，云计算以宽带网络和 Web 方式提供服务，其可用性方面将会受到挑战，针对云计算服务的拒绝服务攻击，需要云计算服务提供商认真调查、采取相应的专门保护措施。其次，云计算快速弹性的特征要求服务提供商自身必须具备非常强大的网络和服务器资源来支撑，按需自服务的特征又对业务开通和服务变更等环节提出了灵活性的要求。这两个特征结合在一起，使得云计算服务很容易成为滥用、恶意使用服务的温床。

可行对策：加强抗拒绝服务攻击的能力。在云计算服务的设计阶段加强安全考量，对可能的安全威胁建立场景用例，并在业务逻辑设计过程中予以专门防护。严格设计首次注册和验证过程，实施欺诈行为监控和协调，监控公共黑名单，查看用户是否被列为垃圾邮件和恶意软件来源而被阻止。针对来自网络的投诉和监管机构的问询快速响应。

4）数据泄露。事实上，数据泄露是云计算、特别是公共"云"普遍存在的安全问题，组织的管理层和 IT 决策人需要仔细评估云计算提供商对数据的保护能力。

可行对策：从设计到运行，对数据的传输、处理和存储等各环节提高加密和核查能力。定义良好、组织得当的密钥生成、存储、管理和销毁策略非常重要，明确规定云提供商的数据备份、恢复、销毁等各个环节的数据安全控制。

（2）关键技术

1）可信访问控制。由于无法信赖服务商实施用户定义的访问控制策略，所以在云计算模式下，研究者关心的是如何通过非传统访问控制类手段实施数据对象的访问控制。其中，得到最多关注的是基于密码学方法实现访问控制，包括：基于层次密钥生成与分配策略实施访问控制的方法；利用基于属性的加密算法，如基于属性加密方案（KP-ABE）的密钥规则；基于代理重加密的方法；在用户密钥或密文中嵌入访问控制树的方法等。

2）数据存在与可使用性证明。由于大规模数据所导致的巨大通信代价，用户不可能将数据下载后再验证其正确性。因此，云用户需在取回很少数据的情况下，通过某种知识证明协议或概率分析方法，以高置信概率判断远端数据是否完整。典型的工作包括：面向用户单独验证的数据可检索性证明（POR）方法，公开可验证的数据持有证明（PDP）方法，NEC 实验室提出的 PDI（Provable Data Integrity）方法等。

3）数据隐私保护技术。云中数据隐私保护涉及数据生命周期的每一个阶段。Roy 等将集中信息流控制（DIFC）和差分隐私保护技术融入云中的数据生成与计算阶段，提出了一种隐私保护系统 Airavat，防止 Mapreduce 计算过程中非授权的隐私数据泄露出去，并支持对计算结果的自动解密。

4）云资源访问控制。在云计算环境中，各个云应用属于不同的安全管理域，每个安全域都管理着本地的资源和用户。当用户跨域访问资源时，需在域边界设置认证服务，对访问共享资源的用户进行统一的身份认证管理。

2. 云服务提供层

（1）安全问题。云服务是基于互联网的相关服务的增加、使用和交付模式，通常涉及通过互联网来提供动态易扩展且经常是虚拟化的资源。

1）云服务的安全性。随着越来越多的系统迁移到云架构上，越来越多的大型企业开始尝试云计算，尤其是公共云计算，随之而来的是，大型公共云服务供应商将成为不良网络用户的攻击目标，比如数据窃贼数量将比目前增加很多。另一个与安全相关的趋势是：在 2012 年，世界各地有关数据安全保护和隐私安全保护的相关法律将会陆续出台，其中一些法律条款很可能会对云计算的发展产生潜在的重大影响。

2）云服务的可靠性。人们关注的另一个焦点是云计算服务的可靠性，这是因为逐渐将越来越多的企业应用与服务迁移到云环境，其中很多应用和服务都涉及企业的日常运作。可靠性问题源自于云服务的两个相关因素，其一是云服务的复杂性；另一个因素是架构，目前称得上完善的公共云架构很少，而企业移植到云环境的服务和应用程序，在设计时以及追求最佳体验的过程中，很可能还会降低云架构的可靠性。

（2）身份识别和访问控制的安全技术。

1）IAM（Identity and Access Management）。IAM 即"身份识别与访问管理"。通俗地讲 IAM 是让合适的自然人在恰当的时间通过统一的方式访问授权的信息资产，提供集中式的数字身份管理、认证、授权、审计的模式和平台。IAM 的标准与规范将有助于机构在云计算中实施有效果、有效率的用户访问管理实践及流程。

2）SAML（Security Assertion Markup Language）。SAML 是最成熟的、应用最广泛的、基于浏览器的单点登录规范集，当用户通过了身份服务的认证后，就可以自由访问在信任域内提供的云计算服务，从而避免云计算专用的单点登录程序。由于 SAML 支持代理（单点登录），通过使用基于风险的认证策略，用户可以为某些云计算服务选择实施强认证（多因素认证）。使用机构的 IdP（身份提供商）可以很容易实现，支持强认证和委派认证。简言之，SAML 将使云计算服务提供商无须了解用户的认证需求。

3）服务供应标记语言（SPML）。SPML 是基于 XML 框架，由结构化信息标准推动组织开发，用来在合作组织间交换用户、资源和服务供应信息。SPML 是新兴的标准，可以帮助机构为云计算服务自动化用户开通身份（例如，运行在客户端应用程序或服务向 Salesforce.com 提出请求，请求创建新账户）。SPML 的使用，可以使用户或系统的访问以及享有的权限实现标准化和自动化，这样用户不会局限于私有解决方案中。

4）CA 认证。云服务的快捷、便利、开放性是其快速发展的根本，但"云"的应用不能以泄密为代价，安全由此成为云应用的迫切需求。确保云服务安全的根基在于云入口的身份管理，在身份管理领域，CA 电子证书安全认证系统是较可靠的管理方式。通过 CA

系统建立"身份可信任机制"，将是"云安全"实现的关键点之一。

（3）信任的安全技术。信任问题是云计算中的一个关键问题。因为用户缺乏对资源的控制，因此在使用云服务时，他们必须依赖信任机制和带有补偿规定的合同。信任是一个非常模糊的概念，并且在异构环境下，信任程度很难被准确计算。服务承包商可能在用户不知情的情况下进行二次分包，用户对网络和系统所拥有的有限可见性是信任的主要来源。信任问题可以通过向用户提供对检测系统具有足够多的观察权限来解决。

为了增强云计算和云存储等服务的可信性，可以从两个方面入手，一方面是提供云计算的问责功能，通过记录操作信息实现对恶意操作的追踪和问责。对云服务器的行为的问责机制，可显著提高云计算平台的可信度。另一方面是构建可信的云计算平台，通过可信计算、安全启动、云端网关等技术手段达到云计算的可信性。

（4）安全相关的法律、法规、标准。审计内部、外部流程必须要与常规的要求、用户的协议、法律、法规相一致。云计算的多租户特性增加了虚拟机监控和日志记录的难度。由于云计算的动态特性，很难配合审计和外部监管机构对云的审计和符合性判断。针对云，有几种不同的符合性要求。

隐私符合性：只有数据的拥有者对外包数据的安全和隐私负责，即使该数据被服务提供者所持有。之所以这样要求是因为每个国家有不同的法律和法规。这种情况也构成了数据的安全性、机密性和可用性方面的风险。因此，需要为用户提供一个透明的、可控的管理数据的环境。

地理符合性：如果租户或云客户在欧美国家，他们将会面临有相当多的监管要求，包括信息及相关技术的控制目标。这些法律可能涉及数据在哪里存放或者传输以及数据在安全保密性方面是如何被保护的。

3. 云虚拟层

（1）虚拟机安全。

1）旁通道攻击。利用共享同一台物理机的虚拟机之间存在的旁通道进行攻击。旁通道攻击包括两个阶段：判断两个虚拟机是否同在一台物理机上；通过缓存级旁通道窃取数据。

2）虚拟机监督程序安全性。在云基础设施中，虚拟机监督程序对于运行在物理机上的虚拟机进行监督，是物理机上具有最高权限的软件。因此，虚拟机监督程序的安全性非常重要。Azab 等提出了 HyperSentry，通过安全硬件设计的方法来增强虚拟机监督程序的完整性。

（2）虚拟机镜像安全。云中共享虚拟机镜像带来了安全风险。镜像的拥有者担心的是镜像的保密性，如是否未经授权的访问。镜像的使用者关心的是镜像的安全性，如镜像中是否有病毒来破坏或者窃取使用者的个人信息。亚马逊的 EC2 平台上运行的实例可以很容易地被各种各样地攻击所破坏，如 Signature-Wrapping 攻击，跨站脚本（XSS）攻击和 DoS 攻击等。攻击者可以创建、修改和删除虚拟机镜像，改变管理密码和虚拟机配置。另外，使用过期软件和盗版软件也是虚拟机的安全威胁之一。

4. 物理资源层

网络是云的支柱，因此网络方面的漏洞直接影响云的安全性。安全问题在网络层次上需要考虑网络外部和网络内部。一个位于云网络外部的攻击者通常会发起 DoS/DDoS 攻击来降低带宽、增加阻塞，使得提供给用户的云服务质量变差。由于云计算分布式的特性，所以很难阻止 DoS/DDoS 和 EDoS 之类的攻击。另外，网络层常见的外部攻击还有 DNS 病毒攻击、嗅探攻击、端口扫描、跨站脚本、ARP 欺骗、IP 欺骗和钓鱼攻击，利用这些攻击，攻击者可以获得云资源的合法访问权限。

对于内部攻击者而言，由于他可能是具有授权的合法用户或者体系内的用户，所以他比外部用户更容易进入云系统。作为一个内部的攻击者，他比外部攻击者具有更高的权限和信息（网络、安全机制和资源）来发动攻击。因此，内部攻击者发动攻击要比外部攻击者容易得多。

网络层主要的安全问题有：网络协议的漏洞、访问控制、攻击、后门、会话劫持和明文传输等。

为了解决网络层的这些安全问题，主要的云提供商如 Amazon、Window Azure、Rack Space、Eucalyptus 等，将它们的应用程序放在了防火墙之后。然而，防火墙只能保障网络边界的安全性而不是网络内部的安全性。所以可以使用 NIDS（Network Based Intrusion Detection System）来部分解决这个问题，并且要将 NIDS 设置为检测内部、外部入侵的工作模式。同时，对于加密流量的攻击，NIDS 也应该能够进行检测。

第三章　基于物联网的物流信息管理

物联网是一次技术的革命，它揭示了计算机和通信的未来，它的发展也依赖于一些重要领域的动态技术创新。物联网借助集成化信息处理的帮助，工业产品和日常物体将会获得智能化的特征和性能。它们还能满足远程查询的电子识别需要，并能通过传感器探测周围物理状态的改变，甚至于像灰尘这样的微粒都能被标记并纳入网络。这样的发展将使现今的静态物体变成未来的动态物体，在我们的环境中处处嵌入智能，刺激更多创新产品和服务的诞生。本章将针对物联网视角下物流信息管理进行简单阐述。

第一节　物流信息系统与物流信息管理概述

物流信息系统作为企业信息系统的一个重要组成部分，其重要程度随着企业的发展体现得越来越明显。物流信息系统（Logistics Information System，LIS）是指由人员、设备和程序组成，为物流管理者执行计划、实施、控制等职能提供信息的交互系统。物流信息系统是物流管理软件和信息网络结合的产物，小到具体的物流管理软件，大到利用互联网将所有相关的合作伙伴、供应链成员连接在一起并提供物流信息服务的系统，都可以称为物流信息系统。

对一个企业来说，物流信息系统并不是独立存在的，而是企业信息系统的一部分。物流信息系统建立在物流信息的基础上，只有具备了大量的物流信息，物流信息系统才能真正发挥作用。在企业的整个生产经营活动中，物流信息系统与各种物流作业活动密切相关，具有有效协调和管理物流作业系统的职能。

一、物流信息系统

（一）物流系统

物流系统是由两个或两个以上的物流功能单元构成的，是以完成物流服务为目的的有机集合体。物流系统是社会经济系统的重要组成部分，由作业系统和信息系统组成。同一般系统一样，物流系统的基本模式具有输入、转换及输出三项功能，输入和输出这两项功能使系统与环境进行交换，从而使系统和环境相互依存，而转换则是这个系统独特的功能。一般来讲，物流系统的输入是指采购、运输、流通加工、装卸搬运、存储保管、包装等物流环节所需的劳务、设备、材料、资源等要素，由外部环境向系统提供的过程；而物流系统的输出则是由企业效益、竞争优势和客户服务三部分组成的。

（二）物流信息系统的功能

物流信息系统是物流系统的神经中枢，它作为整个物流系统的指挥和控制系统，可以分为多种子系统或多项基本功能。通常可以将物流信息系统的基本功能归纳为以下几个方面：

1. 数据收集和输入

物流数据的收集，首先是将物流数据通过收集子系统从系统内外部收集到预处理系统中，通过整理和分析形成系统要求的格式，然后再通过输入子系统输入到物流信息系统中。物流数据的收集是其他功能的前提和基础，因此必须保证这一过程的完善和准确，否则会影响物流信息系统的性能，导致严重的后果。

2. 信息存储

在对物流信息进行整理和分析前后，都需要将其在系统中存储下来，从而保证已获得的物流信息不丢失、不走样、不外泄、整理得当、随时可用。对于物流信息系统的存储问题，还需要考虑其存储量、存储格式、存储时间、信息保密等问题，以便之后对信息的读取和检索。

3. 信息传输

物流信息在物流信息系统中，一定要准确、及时地传输到系统各个环节，以保证实现其使用价值。同时，物流信息系统在实际运行前，必须充分考虑所要传递信息的种类、数量、频率、可靠性等相关因素。

4. 信息处理

对输入的数据进行加工处理以得到物流信息系统所需要的信息，是物流信息系统最基本的目标之一。数据和信息是有所不同的，数据是得到信息的基础，但数据往往不能直接利用，需要经过加工、处理和提炼等操作才能得到有价值的信息。只有得到了具有实际使用价值的物流信息，物流信息系统的功能才会真正得到发挥。

5. 信息输出

信息的输出是物流信息系统的最后一项功能，目的是为企业的各级人员提供物流信息。信息的输出必须采用便于人员或计算机理解的形式，在输出形式上尽量做到简单易懂、直观醒目。

二、物流信息管理

物流信息管理就是对物流全过程的相关信息进行收集、整理、传输、存储和利用的信息活动过程，也就是物流信息从分散到集中，从无序到有序，从产生、传播到利用的过程。同时，对涉及物流信息活动的各种要素，包括人员、技术、工具等进行管理，实现资源的合理配置。

物流信息管理不仅包括采购、销售、存储、运输等物流活动的信息管理和信息传送，还包括了对物流过程中的各种决策活动，如采购计划、销售计划、供应商的选择、顾客分析等提供决策支持，并充分利用计算机的强大功能，汇总和分析物流数据，进而做出更好的进销存决策。物流信息管理也会充分利用企业资源，加深对企业的内部挖掘和外部利用，大大降低生产成本，提高生产效率，增强企业竞争优势。

物流信息管理是为了有效地开发和利用物流信息资源，以现代信息技术为手段，对物流信息资源进行计划、组织、领导和控制的社会活动。具体可以从以下四个方面来理解：

第一，物流信息管理的主体。物流信息管理的主体一般是与物流信息管理系统相关的管理人员，也可能是一般的物流信息操作控制人员。这些人员要从事物流业务操作、管理，承担物流信息技术应用和物流管理信息系统的开发、建设、维护、管理，以及物流信息资源开发利用等工作。与物流信息管理系统相关的管理、操作人员必须具备物流信息管理系统的操作、管理、规划和设计等能力。

第二，物流信息管理的对象。与信息管理的对象一样，物流信息管理的对象包括物流信息资源和物流信息活动。物流信息资源主要指直接产生于物流活动（如运输、保管、包装、装卸、流通、加工等）的信息和与其他流通活动有关的信息（如商品交易信息、市场信息等），而物流信息活动是指物流信息管理主体进行物流信息收集、传递、储存、加工、维护和使用的过程。

第三，物流信息管理的手段。信息管理离不开现代信息技术，同时利用管理科学、运筹学、统计学、模型论和各种最优化技术来实现对信息的管理，以辅助决策。物流信息管理除具有一般信息管理的要求外，还要通过物流信息管理系统的查询、统计、数据的实时跟踪和控制，来管理、协调物流活动。利用物流信息管理系统是进行物流信息管理的主要手段。

第四，物流信息管理的目的。物流信息管理的目的是开发和利用物流信息资源，以现代信息技术为手段，对物流信息资源进行计划、组织、领导和控制，最终为物流相关管理提供计划、控制、评估等辅助决策服务。

（一）物流信息管理的特点

物流信息管理是通过对与物流活动相关信息的收集、处理、分析来达到对物流活动的有效管理和控制的过程，并为企业提供各种物流信息分析和决策支持。物流信息管理具有以下四个特点：

1. 强调信息管理的系统化

物流是一个大范围内的活动，物流信息源点多、分布广、信息量大、动态性强、信息价值衰减速度快，物流信息管理要求能够迅速进行物流信息的收集、加工、处理，因此需要利用物流管理信息系统进行处理。物流信息管理系统可以利用计算机的强大功能汇总和分析物流数据，并对各种信息进行加工、处理，以提高物流活动的效率和质量。而网络化的物流管理信息系统可以实现企业各部门、各企业间的数据共享，从而提高物流活动的整体效率，因此，物流信息管理强调建立以数据获取、分析为中心的物流信息管理系统，从庞大的物流数据中挖掘潜在的信息价值，从而提高企业的物流运作效率。

2. 强调信息管理各基本环节的整合和协调

物流信息管理的基本环节包括物流信息的获取、传输、储存、处理与分析，在管理过程中强调物流信息管理各基本环节的整合和协调。在仓储、运输、装卸搬运、包装、物流加工、配送等物流活动中，对管理信息各基本环节的整合和协调可以提高物流信息传递的及时性和顺畅程度，提高物流活动的效率。物流管理信息各基本环节的信息处理一旦间断，会影响物流活动的整体连贯性和高效性。

3. 强调信息管理过程的专业性和灵活性

物流信息管理是专门收集、处理、储存和利用物流全过程的相关信息，为物流管理和物流业务活动提供信息服务的专业管理活动。物流信息管理过程涉及仓储、运输、配送、货代等物流环节，涉及的信息对象则包括货物信息、作业人员信息、所使用的设施设备信息、操作技术和方法信息、物流的时间和空间信息等。此外，物流管理信息的规模、内容、模式和范围等，根据物流管理的需要，可以有不同的侧重和活动内容，以提高物流信息管理的针对性和灵活性。

4. 强调建立有效的信息管理机制

物流信息管理强调信息的有效管理，即强调信息的准确性、有效性、及时性、集成性、共享性。在物流信息的收集和整理中，要避免信息的缺损、失真和失效，强化物流信息活动过程的组织和控制，建立有效的管理机制。同时通过制定企业内部、企业之间的物流信息交流和共享机制来加强物流信息的传递和交流，以便提高企业自身的信息积累，并进行相应的优势转化。

(二) 物流信息管理的模式

物流信息管理根据管理体制、所采用的管理技术和方法与手段的不同，也有不同的模式，基本上可以归纳为以下四种模式：

1. 手工信息

利用纸介质，通过人工记录、计算、整理等活动进行信息管理，这是早期的传统物流管理信息模式。此时，计算机技术还不太成熟，在物流领域还未得到广泛应用，各项物流活动主要依赖手工操作来完成，物流管理信息主要包括制作出入库凭证、制作财务和会计凭证、制作结算单、人事薪金计算和制单、人工制作会计账目、人工填写库存账册等。

2. 计算机辅助管理

计算机辅助管理模式是指物流企业使用计算机来辅助管理企业的各项物流活动。同手工管理模式相比，在此种管理模式下，计算机参与了不少业务的处理，但计算机的应用领域还很有限。计算机辅助管理模式的特点是物流企业开始利用计算机处理部分物流业务，进行相应的物流信息管理，但基本上属于单机系统管理模式，还没有引入网络化处理技术，也没有实现集成化的信息管理。计算机系统承担的辅助管理功能包括订单信息处理、出入库处理、库存管理、采购管理、会计总账管理、人事考核和薪金管理、应收款和应付款管理、票据管理等。

3. 物流信息管理系统

随着现代信息技术的发展和计算机应用的普及，许多企业开始发展自己的专用物流信息管理系统，如大中型商业企业的进销存管理信息系统、铁路运营控制和调度信息管理系统等。此时，物流信息管理系统的特点是计算机软硬件集成化，建立了数据库管理系统，可以进行统计分析以及辅助决策，基于 Internet 系统对外联网。这种管理模式充分利用计算机网络技术和通信技术，将多种物流信息管理子系统进行集成，达到物流信息共享，减少冗余和不一致，以提高物流信息管理的效率和效果。物流信息管理系统承担的主要功能包括网络化的订单信息处理、销售预测、物资管理、车辆调派、运输线路选择和规划、供应商管理、财务成本核算、银行转账和结算，以及客户信息系统的集成等。

4. 智能集成化物流信息管理系统

智能集成化是物流信息管理系统的发展趋势，智能集成化也是未来物流信息管理系统的主要特点。智能集成化的物流信息管理系统模式将在物流信息管理系统中引入人工智能、专家系统、计算机辅助经营决策以及大量智能化、自动化、网络化的物流工具的应用，具有后勤支持、物流动态分析、安全库存自动控制、仓库规划布局、车辆运输自动调度、仓库软硬件设备控制、人力使用分析控制等功能。此外，智能集成化物流信息管理系统还集成供应商、批发商、物流配送中心、零售商及顾客等的信息，并在计算机网络中进行实时地信息传递和共享，逐步形成社会化全方位的物流信息系统管理模式。

总之，物流信息管理的任务就是要根据物流信息采集、处理、存储和流通的要求，选购和构筑由信息设备、通信网络、数据库和支持软件等组成的物流管理信息系统，充分利用物流系统内部、外部的物流数据资源，促进物流信息的数字化、网络化和市场化，提高物流管理水平，发现需求机会，做出科学决策。

第二节　物联网技术与物流信息化

物联网将融合各种技术和功能，实现一个完全可交互的、可反馈的网络环境的搭建。物联网技术给消费者、制造商和各类企业都带来了巨大的潜力。首先，为了连接日常用品和设备并导入至大型数据库和通信网络，一套简单、易用并有效的物体识别系统是至关重要的，无线射频识别提供了这样的功能。其次，数据收集受益于探测物体物理状态改变的能力，使用传感器技术就能满足这一点。物体的嵌入式智能技术能够通过在网络边界转移信息处理能力而增强网络的威力。另外，小型化技术和纳米技术的优势意味着体积越来越小的物体能够进行交互和连接。所有这些技术融合到一起，将世界上的物体从感官上和智能上连接到一起。

一、物联网构成技术

（一）物联网基础技术

1. 射频识读器

射频识读器是一种识别电子标签内存储的电子编码信息，并且能够进行信息传输的一种装置。射频识读器主要包括阅读器、查询器、读写器和扫描器。在通常情况下，射频识读器根据射频标签的读、写要求来设计，从而形成一个射频识读系统，射频识读器是射频识别系统的重要组成部分。在射频识别系统中，识读器的基本任务是激活标签，将标签中的信息读出或者将标签所需要存储的信息写入标签的装置，与标签建立通信并且在应用软件和标签之间传输数据，最终传输至射频识别系统中进行信息的识别处理。在物联网中，EPC 系统框架与 RFID 技术的运用最为广泛，而 EPC 标签识读器与 RFID 标签识读器的本质区别在于：EPC 电子编码标签必须按照 EPC 规则编码，并遵循 EPC 标签与 EPC 读写器之间的空中接口协议，而 RFID 标签识读器则不需要。

2. 传感器与无线传感器网络

在物联网的前端技术中，要获取物的实时信息，如温度、湿度、运动状态，以及其他的物理、化学变化等信息，就需要使用传感器。传感器是一种检测装置，能检测到被测量物体的信息，并能将检测到的信息按一定规律变换成电信号或其他所需形式的信息，以满足信息的传输、处理、存储、显示、记录和控制等要求，实现物体的感知、识别、采集、捕获信息。传感器对物体动态和静态属性进行标识，静态属性可以直接存储在标签中通过RFID技术进行识别，而动态属性需要传感器进行实时探测。

无线传感器网络（WSN）是一种由传感器节点构成的网络，能够实时地监测、感知和采集节点部署区内的各种信息（如光强、温度、湿度、噪声和有害气体浓度等物理现象），并对这些信息进行处理，通过无线网络最终发送给网络终端。无线传感器网络现已广泛应用于军事侦察、环境监测、医疗护理、智能家居、工业生产控制等领域。浦东国际机场和上海世博会周边范围内采用的都是无线传感器网络，通过依靠多个传感器网络的节点来实现对不同信息的采集，以便在传感器网络中，将有效的信息传递到外界，实现对周边环境的监测与控制。

3. 嵌入式智能技术

嵌入式智能技术是计算机技术的一种应用，该技术主要针对具体的应用特点设计专用的嵌入式系统。嵌入式系统是以应用为中心，以计算机技术为基础，适用于对功能、可靠性、成本、体积、功耗有严格要求的专用计算机系统。嵌入式系统通常嵌入大的设备中而不被人们所察觉，如手机、空调、微波炉、冰箱中的控制部件都属于嵌入式系统。嵌入式智能技术和通用计算机技术有所不同，通用计算机多用来和人进行交互，并根据人发出的指令进行工作；而嵌入式系统在大多数情况下可以根据自己"感知"到的事件自行处理，如设计一个温湿度的嵌入式监测系统，随着温度和湿度的提高，当它们达到所处的一个临界值时，置于系统内的装置就会启动，用于控制和平衡温度，以及保证湿度不超过其临界值，从而使温度和湿度保持在稳定的水平。因此，嵌入式系统对时间性和可靠性要求更高。

在物联网中，嵌入式智能技术已经逐步为人们所熟知，嵌入式系统及其相关技术已经在生产制造、机电一体化控制、工业的智能监控及智能家居等领域有所应用。物联网技术中所采用的各类高灵敏度识别、专用的信号代码处理等装置的研发，将会进一步推动嵌入式智能技术在物联网中的应用。嵌入式智能技术的应用，使得原本功能单一的设备，变得更加多样化与人性化。

4. 纳米技术与纳米传感器

纳米技术在物联网中的应用主要体现在RFID设备、感应器设备的微小化设计、加工材料和微纳米加工技术上。目前韩国与美国已经合作研究出了一种新的RFID标签，可以直接打印到包装上，这种标签采用的是碳纳米技术，以及其所开发出的一种半导体墨水，这种半导体墨水内含的碳纳米管具备一次充、放电的能力，这样就可以把商标信息记录在标签内，从而打印到包装上。这种技术的最终目标是在更小的标签内存储更多的数据，并且降低标签的成本。

纳米技术的发展，不仅为传感器提供了优良的敏感材料，如纳米粒子、纳米管、纳米线等，而且为传感器制作提供了许多新型的方法，如纳米技术中的关键技术STM，研究对象向纳米尺度过渡的MEMS技术等。与传统的传感器相比，纳米传感器尺寸减小、精度提高，更重要的是利用纳米技术制作传感器，是站在原子尺度上，从而极大地丰富了传感器的理论，推动了传感器的制作水平，拓宽了传感器的应用领域。纳米传感器现已在生物、化学、机械、航空、军事等方面获得广泛的应用。

（二）物联网核心技术

1. RFID 技术

RFID 技术是利用感应、无线电波进行非接触双向通信，达到识别及数据交换目的的自动识别系统。RFID 应用系统由 RFID 标签、RFID 读写器与 RFID 数据管理系统组成。RFID 系统的工作原理是：读写器通过天线发出射频信号，当标签进入其信号范围内就能够产生感应电流，从而获得能量，将存储的信息发送到 RFID 读写器，RFID 读写器将接收到的信息传送到 RFID 数据管理系统，再将信息传输至数据库服务中心。

RFID 几乎可以用来追踪和管理所有的物理对象，因此，越来越多的零售商和制造商都在关心和支持这项可以有效降低成本的技术的发展与应用。早期，美国麻省理工学院的 Auto-ID 中心在美国统一代码委员会（UCC）的支持下，将 RFID 技术与 Internet 结合，提出了 EPC（产品电子代码）的概念。国际物品编码协会与美国统一代码委员会将全球统一标识编码体系植入 EPC 概念中，从而使 EPC 纳入全球统一标识系统。

RFID 技术作为物联网的核心技术，已经在不同的行业领域中得到了广泛的运用，在物流领域里可运用的过程包括物流过程中货物的追踪、信息的自动采集、仓储的管理、应用及快递等。在交通领域里的运用包括高速公路的不停车收费系统、铁路车号自动识别系统，以及在公交车枢纽管理中的运用等。在零售行业内，RFID 技术主要是用于对商品的销售数据统计、货物情况的查询及补货。除此之外，RFID 技术还运用于制造业、服装业、食品及军事等行业。

2. EPC 编码技术

EPC 编码技术是利用 EPC 编码体系对物品的编码进行信息的采集。EPC 编码采用一组编号来代表制造商及其产品，同时还用一组数字来唯一地标识单品。EPC 是唯一存储在 RFID 标签微型芯片中的信息，它使数据库中无数的动态数据能够与 EPC 标签相连接。

EPC 编码体系是与目前广泛应用的国际物品编码协会兼容的编码标准，有 EPC-64、EPC-96、EPC-256 三种标准。目前使用最多的是 EPC-64，而新一代的 EPC（RFID）标签将采用 EPC-96 的标准。EPC 标准并不会在短时间内完全取代现有的编码标准，而是将实现与其他主流编码的兼容。

3. 资源寻址技术

由于物联网存在着跨域通信的问题，因此物联网同样需要像互联网一样的网络资源寻址技术，以实现资源名称到相关资源地址的寻址解析。物品编码是物联网中特有的资源名称，物联网资源寻址技术的核心正是完成由物品编码到相关资源地址的寻址过程，但是由于物联网编码结构与互联网结构存在差异，物联网资源寻址技术与互联网不尽相同，因此物联网需要一套自身的资源寻址技术来促进物联网的互联互通。

物联网资源寻址技术是实现全球物品信息定位和跨域信息交流的关键技术，它不仅需要支持物品名称到与其对应的特定信息资源地址的寻址解析，还需要支持物品名称到与其相关的诸多信息资源地址的寻址与定位，通过物联网资源寻址操作来获取完成转换所需用到的信息，而该转换信息与相应的物联网资源名称转换生成的物联网资源名称可以作为物联网资源寻址系统的输入信息，可以将经过转换信息转换生成的物联网资源名称视为一种间接资源地址，而转换信息相应地可以视为生成这种间接资源地址所需的信息。

因此，物联网资源寻址的输出信息不仅局限于地址本身，而应该扩展为生成物联网资源地址所需的信息，该信息可以本身就是物联网资源地址，也可以是将其他物联网资源名称转换为间接资源地址所需的地址生成信息。物联网中完成转换所用到的信息需要通过物联网资源寻址技术来获取。物联网资源寻址的输出信息称为物联网资源地址信息。

（三）物联网安全技术

安全技术是物联网发展中的一项重要技术，是物联网信息安全的保障，因此安全问题将成为物联网技术中的关键问题。目前物联网中涉及的安全问题包括识别技术安全性、相关信息传输的安全性、信息保密及隐私性、物联网业务安全性。针对以上几种安全问题，本书将提出相应的安全技术措施。

1. 加密技术

加密技术主要用在信息采集过程中，它把传感器节点之间的通信消息及 RFID 系统中所识别的信息转换成密文，形成加密密钥，而这些密文只有知道解密密钥的人才能识别。加密技术主要由明文、密文、算法和密钥四个要素组成，其核心技术就是算法和密钥。密码的算法通常都是一些公式、法则等，而密钥则是作为算法过程中的可变参数。因此，通过加密过程将明文变成密文，即可实现加密技术。

在 RFID 系统的应用中，信息的保密性、完整性以及信息的可获取性等都涉及加密技术。对传输信息进行保护是加密技术中的重要应用，加密技术在 RFID 系统数据传输过程中保护接口设备和射频 RFID 标签之间的命令与数据，加密技术中信息的认证以及信息的授权与访问控制主要是强调 RFID 标签的相关应用。

2. 信息安全防范技术

物联网信息安全防范技术主要是指在物联网环境中对传播的病毒、黑客、恶意软件等做出一系列防范措施所采用的技术。

第一，可以通过在服务器、终端机及网络接口处安装杀毒软件和防毒墙，做到使病毒无法对计算机系统进行攻击。

第二，采用防火墙技术，在被保护网络和外部网络之间设置一道屏障，以防止潜在破坏的入侵，尽可能地对外部屏蔽被保护的网络信息，实现对网络信息的安全保护。

二、物联网与物流信息化的联系

物流信息化强调的是在供应链管理过程中的物流信息处理能力和水平，它通过在物流各个环节应用信息技术来实现。物联网强调的是所有物品的连接，从而形成一个无处不在的网络社会，使社会生活更加智能化、便利化。物流信息化与物联网有着密切的关系，物联网的实现可以大幅提升物流信息化水平，为物流信息化提供近乎完美的物品联网环境，可以说，物联网促使了物流产业的又一次变革。

（一）物联网提高了物流信息的获取能力

物联网集合了编码技术、网络技术、射频识别技术等，突破了以往获取信息模式的瓶颈，可以对单个物品信息实现自动、快速、并行、实时、非接触式处理，并通过网络实现信息共享，从而使物流公司能够准确、全面、及时地获取物流信息。

1. 准确获取信息的能力

物联网中的每个物品都有唯一标志，通过这个标志可以对任何一个物品进行监控，并可以利用网络数据库技术将该物品的任何细节信息进行共享，以供供应链各个环节利用。通过物联网，物流企业可以对物品的物流信息进行准确、无误地跟踪，准确掌握物品的市场供求变化和周转流动情况。

2. 全面获取信息的能力

物联网的出现使人们能够对物品流通的所有过程进行监控，并且这种监控是建立在每一个物品的基础上的，从而使全面获取物流信息成为可能。

3. 及时获取信息的能力

通过物联网，物流企业可以突破传统信息传播模式的障碍，克服信息传播途中的延误，及时、迅速地将物流信息传递到网络数据库中，以供人们决策所用。

（二）物联网拓展了物流信息增值服务

在通过物流网获取物流信息的基础上，根据不同的信息级别，物联网可分别提供企业级、行业级和供应链级的信息增值服务。

1. 企业级信息增值服务

企业级信息增值服务的焦点集中在企业产品上，通过对产品的产销规模、销售渠道、运输距离和成本等信息进行集中和分析，实现对产品的销售情况、库存情况、配送情况等信息的收集，使企业可以跟踪到产品的一切市场信息，从而可以为企业的生产计划、库存计划、销售计划等过程提供决策支持。

企业级信息增值服务是基于微观层面的，主要依靠物联网能够对任何一个单个物品进行跟踪的特点，对企业产品在生命周期内的所有过程进行监控，以服务于企业的常规作业层工作。

2. 行业级信息增值服务

行业级信息增值服务的焦点集中在行业市场上，在企业级信息增值服务的基础上，通过对市场需求变化、供求变化等信息进行集中，分析产品的市场结构、系列化结构、消费层次、市场进退等市场变化的情况，为企业提供详尽的行业动态信息。

行业级信息增值服务是基于中观和宏观层面的，主要依靠物联网的网络化优点来对物品流通网络进行全面跟踪，并结合企业级信息实现对产品市场的全方位控制，以服务于企业的管理和战略决策工作。

3. 供应链级信息增值服务

供应链级信息增值服务是建立在企业级和行业级信息增值服务的基础上的，主要是对整个供应链中各个环节的企业进行监控，对企业的订单从处理过程到生产过程，再经配送过程、代理过程、销售商库存过程，最后到销售过程都进行信息跟踪，从而整理出对供应链管理有用的信息，并为供应链管理服务。

供应链级增值服务是基于宏观层面的，主要依靠物联网的网络特性和个性化的配套软件系统来实现对物品流通过程中各个市场要素的全方位监控，提供既满足企业所需要，又满足整个供应链资源优化配置的信息服务。

第三节　物流信息系统规划与设计

物流信息系统规划是物流信息系统建设的第一个阶段，也是系统开发的基础准备和总体部署阶段，因此，进行系统、科学的物流信息系统规划对于企业物流信息系统的建设有着十分重要的意义。实践证明，在建设物流信息系统的过程中，预先做了物流信息系统规划的企业要远比未做规划的成功。

物流信息系统规划就是基于企业的物流战略和物流信息系统的基本目标，根据企业的物流营运模式、管理体制和拥有的物流资源，明确物流信息系统设计的目标，定义物流信息系统功能结构模块，确定系统总体框架及实施思路。物流信息系统规划的主要目标是根据组织的目标、战略，以及组织的需求、发展现状，制订出组织中业务流程改革与创新及物流信息系统建设的长期发展方案，并且决定物流信息系统在整个生命周期的发展方向、规模及进程。

一、物流信息系统规划与设计的内容

物流信息系统规划包括的内容很广，一般既包括 3~5 年的长期计划，也包括 1~2 年的短期计划。其中，长期规划指出了总的发展方向，而短期计划则为作业和资金工作的具体责任提供依据。

物流信息系统规划的内容一般有以下几点。

（一）确定物流信息系统的总体目标、发展战略及总体结构

物流信息系统规划应根据组织的战略目标、组织的业务流程改革与创新需求以及组织的内外约束条件，来确定物流信息系统的总体目标、发展战略，以及物流信息系统的总体结构类型及其子系统的构成。

（二）分析组织的现状

从多个方面对组织的现状进行分析，包括目前组织业务流程与现有信息系统的功能、应用环境、应用现状、财务情况、人员状况等等。

（三）分析和预测相关信息技术的发展

信息技术包括计算机硬件、网络技术及数据处理技术等等。计算机及其各项技术的发展和进步，将给物流信息系统的开发、设计和应用带来显著的影响，并决定着将来物流信息系统性能的优劣。不断学习、吸取及应用新的技术和方法，才能使开发的物流信息系统更具生命力。

（四）制订资源分配计划与实施计划

在物流信息系统规划阶段，需要制订出详细的资源分配计划，并确定项目实施计划。这主要包括系统开发时间表、硬件设备实施计划、软件维护与转换工作时间表、人力资源的需求计划以及人员培训时间安排、资金需求等等。

总之，物流信息系统规划并不是一成不变的，事实上，组织内外部环境的变化都会随时影响到整个规划的适应性。因此，物流信息系统规划需要不断修改、调整和完善，进而使系统更好地适应环境的变化。

二、物流信息系统规划与设计的步骤

明确了物流信息系统规划的主要内容后，必须按照科学合理的步骤进行物流信息系统规划。结合物流信息系统的特点，其规划步骤如下：

第一，确定问题。

确定规划的基本问题，包括确定规划的年限、拟采用的规划方法、规划的主要内容以及规划的具体要求。

第二，收集信息。

收集企业内外部的各种相关信息，例如企业的发展战略、组织结构、生产经营产品、市场定位、现有信息系统存在的问题等等。

第三，现状分析评估，识别约束条件。

对企业的现状进行评估，发现对系统规划具有约束的因素。

第四，设置目标。

确定企业的发展战略、物流系统目标，以及物流信息系统的开发目标、服务对象、服务范围和质量等。

第五，可行性研究。

在上述分析的基础上，对未来物流信息系统从经济、技术和社会因素等方面进行可行性分析研究。

第六，制订实施计划。

估计项目的成本费用和人员需求情况，制订项目的实施进度计划。

第七，编制系统规划文档。

三、物流信息系统规划与设计的方法

物流信息系统规划的方法很多，主要有关键成功因素（Critical Success Factors，CSF）法、战略目标集转化（Strategy Set Transformation，SST）法、企业系统规划（Business System Planning，BSP）法、企业信息分析与集成技术法、投资回收法、方法分析、零线预算法等。

（一）关键成功因素法

1. 基本思想

关键成功因素（CSF）法是由哈佛大学教授威廉·泽尼（William Zani）提出的，是一种以关键因素为依据来确定系统信息需求的信息系统总体规划方法。[①] 关键成功因素就是对企业成功起关键作用，并且企业需要得到的决策信息、值得管理者重点关注的活动区域。关键成功因素法认为，在现行的信息系统中存在着多个变量，影响着信息系统目标的

---

① 陈朝晖，谢薇. 关键成功因素法与创新成长路径的选择 [J]. 企业经济，2008（10）：83-85.

实现，其中总有若干个因素是关键的、主要的，即所谓的成功变量。通过对关键成功因素的识别，找出实现目标所需的关键信息集合，围绕这些因素来确定系统信息的需求，就能确定系统开发的优先次序和实现系统总体规划。

关键成功因素的重要性使其置于企业其他目标、策略和目的之上。关键成功因素一般有 5~9 个，如果能够掌握少数几项重要因素，就能确保企业具有一定的竞争力。因此，要实现企业的持续成长和发展，其中一个重要策略就是寻找影响企业成长的关键因素，并对其进行有效的管理和控制。

2. 一般步骤

（1）对企业信息系统的战略目标和企业战略进行识别；

（2）识别影响战略目标的所有关键性成功因素；

（3）识别性能的指标和标准；

（4）识别测量性能的数据。

此外，应用关键成功因素法需要注意的是，关键成功因素解决后，又会出现新的关键成功因素，这就必须再重新开发系统。

3. 应用工具

关键成功因素法就是识别与系统目标相关联的主要数据类及其关系，而识别关键成功因素常用的工具是树枝因果图。采用该工具可以对有影响的、较重要的因素进行分析和分类，弄清其相互间的因果关系。例如，某企业的目标是提高其产品的竞争力，那么就可以使用树枝图画出影响其目标的各种因素及子因素。

（二）战略目标集转化法

1. 基本思想

战略目标集转化（SST）法是由 William King 提出的，他把整个战略目标看成"信息集合"，由组织的使命、目标、战略和其他战略变量（例如组织的管理水平、环境约束等）组成。物流信息系统的战略规划过程就是把组织的战略目标转变为物流信息系统战略目标的过程。

2. 一般步骤

从对战略目标集转化法原理的介绍可以看出，战略目标集转化法的步骤包括两个部分，一是识别组织战略目标，二是将组织的战略集转化为信息系统的战略。

（1）识别组织战略目标。组织战略目标是组织发展的宏观框架，具体包括组织的使命、组织的目标、组织的战略以及其他战略变量。

（2）将组织的战略集转化为物流信息系统战略。

1）根据组织的目标来确定信息系统的目标；

2）对应组织战略集的元素识别相应信息系统战略的约束；

3）根据信息系统的目标和约束，提出信息系统的战略。

（三）企业系统规划法

1. 基本思想

企业系统规划（BSP）法是 IBM 公司在 20 世纪 70 年代初用于企业内部系统开发的一

种方法，其基本思想是首先自上而下识别企业目标、识别企业过程、识别数据，然后自下而上设计系统目标，最后把企业目标转化为信息系统规划的全过程。

2. 基本原则

（1）支持企业的战略目标；

（2）表达出企业各个管理层的需求；

（3）向整个企业提供一致性的信息；

（4）能够经受住组织机构和管理体制的变化；

（5）先"自上而下"识别和分析，然后"自下而上"进行设计。

3. 一般步骤

BSP 企业目标转化为物流信息系统战略规划的全过程，它支持的目标是企业层次的目标。BSP 法实施的一般步骤如图 3-1 所示。

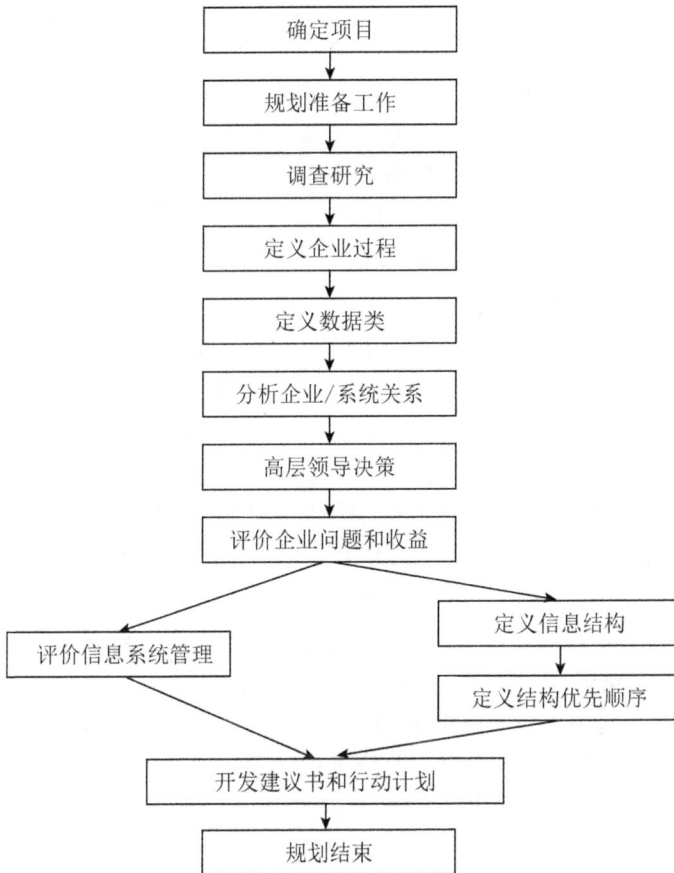

```
┌─────────────────┐
│     确定项目      │
└─────────────────┘
         │
┌─────────────────┐
│   规划准备工作    │
└─────────────────┘
         │
┌─────────────────┐
│     调查研究      │
└─────────────────┘
         │
┌─────────────────┐
│   定义企业过程    │
└─────────────────┘
         │
┌─────────────────┐
│    定义数据类     │
└─────────────────┘
         │
┌─────────────────┐
│  分析企业/系统关系 │
└─────────────────┘
         │
┌─────────────────┐
│   高层领导决策    │
└─────────────────┘
         │
┌─────────────────┐
│  评价企业问题和收益 │
└─────────────────┘
      ╱        ╲
┌───────────┐  ┌───────────┐
│评价信息系统管理│  │ 定义信息结构 │
└───────────┘  └───────────┘
                      │
               ┌───────────┐
               │定义结构优先顺序│
               └───────────┘
      ╲        ╱
┌─────────────────┐
│  开发建议书和行动计划 │
└─────────────────┘
         │
┌─────────────────┐
│     规划结束      │
└─────────────────┘
```

图 3-1　BSP 法实施的一般步骤

（四）业务流程重组法

1. 业务流程重组

在物流信息系统的规划过程中，会经常使用到业务流程重组、系统学和协同学等相关理论及工具，其中业务流程重组理论的运用尤为重要。

业务流程重组（BPR）自20世纪90年代起得到迅速发展并被广泛实施。BPR对企业的业务流程做了根本性的思考和彻底重建，其目的是在成本、质量、服务和速度等方面取得显著的改善，使得企业能够最大限度地适应以顾客、竞争、变化为特征的现代企业经营环境。可以说，BPR的核心概念是利用现有技术特别是信息技术，对组织的业务程序进行改造并重新设计，从而实现企业业绩的大幅提升。

成功实施BPR的前提是做好两方面的工作：一方面是重新设计组织结构框架、管理体系、业务流程等硬性因素；另一方面是转变领导行为、组织文化以及沟通方式等软性因素。

现代物流企业对业务流程进行重新整合，可以获得企业经营效益的提升，创造或加强增值性经营流程和环节，缩短其他任何使成本增加的业务流程。

2. 业务流程重组的原则

物流信息系统的创建，需要从业务流程的角度对物流企业进行优化，并通过对流程的规划和重建以及对信息技术的应用，来消除物流企业的业务瓶颈，进而加快作业进程和信息的双向流动。业务流程重组需要遵循以下几方面的原则：以客户满意度为终极目标；强调流程主线与弱化职能；以整体环境和可用资源为约束；权责明确及充分授权；合理整合资源；加强信息获取效率，避免冗余数据；兼顾效率与公平。

3. 基于BPR的物流信息系统规划方法

基于BPR的物流信息系统规划方法包括四个阶段。

（1）确定物流信息系统规划方向。这一阶段的主要任务是分析企业的目标，并确定企业成功的关键因素以及企业的核心业务流程。企业目标是企业发展的方向，而物流信息系统规划是为企业的发展目标和战略服务的，只有明确了企业的发展目标，才能保证物流信息系统规划与企业目标保持战略一致性，从而推动企业的长期稳定发展。

（2）物流信息系统业务流程规划。这一阶段是信息系统规划的重要阶段，是功能规划与总体规划的基础。该阶段的主要任务包括通过建立企业流程模型，描述核心业务流程并分析业务流程现状，最后使用业务流程优化方法重新规划业务流程。

（3）物流信息系统功能规划。该阶段的任务是依据规划后的业务流程，分析业务流程的信息流，建立数据与过程的关系，并对它们的关系进行综合，识别功能模块，形成企业物流信息系统功能模块。

（4）整理信息系统规划报告。对前面三个阶段实施情况、各阶段规划的方案以及建立的模型结果进行统一管理，形成对企业信息系统规划的完整方案报告。在这一阶段，还需要企业相关人员对新规划的信息系统进行评分，衡量是否达到预期效果，并总结实践过程中的经验。

用BPR理论的思想指导信息系统的规划，就是要从流程而不是企业的职能部门出发来规划企业的信息系统。基于BPR的物流信息系统规划方法与传统物流信息系统规划方法相比，具有更加明显的优点，它能够弥补传统物流信息系统规划方法的不足，使得物流信息系统规划更加科学合理，同时也能够更好地支持企业战略的实施和企业的长期稳定发展。

第四节　基于物联网的物流信息管理系统

物流管理信息系统能够为物流业提供更为高效、便捷的服务。因为传统的物流运输业由于技术限制无法准确地定位顾客的具体位置，所以该行业的发展一直有所限制。而物联网的发展正好弥补了这一劣势，物联网与物流业的相互融合、相辅相成，不仅可以更加精确地定位顾客位置，而且还能够实现实时监控物流过程的每一个环节，及时掌握物品传递过程中的各种信息，在极大程度上提高了企业物流管理工作的效率，满足顾客更为多样化的需求。

一、物联网技术下的现代物流信息管理系统概述

（一）物联网技术下物流信息管理系统的发展历程

物联网技术在现代物流信息管理系统中的应用是物联网技术应用最普遍的应用之一，在物联网技术刚被提出来的时候就出现了。具体应用过程可分为初始化阶段、探索应用阶段和突破性发展阶段。

1. 初始化阶段

在这一阶段，出现的主要技术如 RFC 技术，主要是用于物品的自动识别，RFC 技术中电子标签将物品的所有状态都收录进去，只需要扫描标签便可知道物品的状态，达到了真正的智能管理。因此可以说 RFC 技术是物联网技术迅速发展的铺垫。另外出现的 GPS 技术，其在物流方面的应用主要是物流可视化管理问题，利用该技术可以实现对在运输途中的物品的动态监控管理。

2. 探索应用阶段

物联网技术应用与物流信息管理系统已经进入了探索应用阶段。与前面的初始化阶段相比，该阶段已经逐步探索更加完美的物联网应用技术。如通过开发新技术制造功能更加完善，成本更加低的 RFC 芯片等。

3. 突破性发展阶段

物联网技术在物流业中的应用进入了突破性发展的阶段。物联网技术的出现被称为第三次信息技术革命的到来，该技术已经成为全社会关注的热点。

（二）物联网技术下物流信息管理系统的主要应用技术

物联网技术是一个技术体系的总称，并不是只有单单的一项技术。在物流业中从物体的感知到信息处理再到运输等，每个环节都需要用到很多技术。但是大体上可以把物联网在物流业中的应用分为三大项技术，分别是：感知技术、网络通信技术和智能处理技术。

1. 物联网在物流信息管理中的感知技术

根据目前的发展，物流业中常用的感知技术有 RFC 技术、视频识别技术、监控技术、GPS 技术及传感技术等。而在这些技术中，RFC 技术是应用范围最广的一个，也是技术上最成熟的一项技术。RFC 技术主要用在物流中自动仓库管理系统、货物运输管理系统、运货车辆调度管理系统、自动配送管理系统、物品实时跟踪等方面。

2. 物联网在物流信息管理中的网络通信技术

物联网指的就是将物体也连接上网络，因此物联网技术是离不开互联网的支持的。物体连接上网络之后，可以通过感知技术进行信息传递。因此，没有网络通信技术的支持，物联网技术就是纸上谈兵。在现有的物流业中常用的物联网网络通信技术主要可以分为：有线局域网技术、无线局域网技术、现场总线技术及互联网技术等。在现实应用中往往不能仅单一地使用一种网络通信技术，而是综合考虑各种网络通信技术的优缺点，结合使用。例如，在物流的运输模块，需要将互联网与局域网结合使用；又如，在信息传递上，需要将有线局域网技术和无线局域网技术相结合。

3. 物联网在物流信息管理中的智能管理技术

智能化操作是现代物流信息管理的一个重要方面，也是物联网技术的核心技术。在目前的物流信息管理技术中，已经实现了部分智能化的物流作业，比如智能信息管理技术、自动车辆管理调配技术等。

这三项技术体系在物流信息管理系统中的应用并不是单一存在的，而是相互贯穿、同时进行的，并最终应用到物流信息管理系统中的。（如图 3-2 所示）

```
┌──────────────┐    ┌──────────────────────────────────────┐
│  感知技术     │───→│ RFID、传感器网络、遥感遥测、IC卡、条形码等 │
└──────────────┘    └──────────────────────────────────────┘
       │
       ▼
┌──────────────┐    ┌──────────────────────────────────────┐
│ 网络通信技术   │───→│ 互联网、地面无线通信网络、卫星通信网络等  │
└──────────────┘    └──────────────────────────────────────┘
       │
       ▼
┌──────────────┐    ┌──────────────────────────────────────┐
│ 智能管理技术   │───→│ 云计算、智能技术、GIS技术、通信技术等    │
└──────────────┘    └──────────────────────────────────────┘
       │
       ▼
┌──────────────┐    ┌──────────────────────────────────────┐
│  应用层面     │───→│ 物联网信息共享交互平台、行业物联网应用系统等 │
└──────────────┘    └──────────────────────────────────────┘
```

图 3-2　物联网技术下的现代物流信息管理系统技术结构示意图

二、物联网技术对现代物流信息管理系统的影响

在物流产业飞速发展的今天，传统物流业的服务水平已然不能满足人们的需求，物联网架构下的现代物流信息管理系统的出现正解决了这类问题。下面描述的正是物联网技术对现代物流信息管理的影响。

（一）实现了物品信息的动态传递

对一个企业来说，能够实时掌握物品的动态是至关重要的。但是在物联网技术出现之前，这只是天方夜谭。而现在有了物联网技术的支持，通过物与物、物与人以及人与人之间全面互联的特性，实现了物品信息的实时动态掌握，并且在某些方面可以通过智能化手段进行紧急处理。这大大降低了由于人工处理不及时带来的损失，同时减少了劳动力资源的投入，降低了企业成本，利用新技术提升了企业的发展水平。

（二）能够准确识别物品

物联网技术中的 RFC 技术即自动射频识别技术，它的主要构成是电子标签、阅读器和应用软件。通过这三部分之间的相互协作，达到对物品信息的自动识别，并通过网络通信技术将识别到的信息传递给信息管理中心。通过 RFC 技术进行识别，可以避免传统人为识别的误差，以及条形码识别技术的复杂操作。不仅能做到真正的识别技术，减少人为工作量，还可以保证识别信息的准确性，不会出现肉眼识别的错误。

（三）可以实现物品信息的自动采集

市场是处于一个动态变化的状态，永远不可能静止，而要在变化无常的市场中一直处于竞争的前列，就要准确掌握产品的供求信息。而这些信息如此庞大，采用传统的人力资源去收集信息，不仅耗费的人力资源大，而且数据采集的效率低下，采集到的信息往往不具有实时性。因此，利用物联网技术自动采集物品信息已经成为物流业信息数据采集的必要手段。

总的来说，物联网技术在物流信息管理系统中的应用给物流业的发展带来了前所未有的进步。自动化技术使物流信息管理系统能够更加及时处理紧急情况，杜绝不必要的损失，减少人力资源的投入，降低企业成本，完善物流业的服务水平，给人们平常的生活带来更多便捷。

（四）全面获取物品信息功能

由于物联网技术特有的可追踪性，使得信息管理者可以随时追踪物品的一切信息。因此，利用物联网技术贯穿在物流信息系统中的各个环节，使信息管理者在每个时间段都能全面掌握物品信息，及时根据物品状态做出相应措施，避免不必要的损失。

三、物联网技术下物流信息管理的建议

由于物联网技术的出现仅仅不过十来年的时间，因此很多技术还不是很成熟，还有很多值得研究和提高的地方。为了更好地在物流信息管理系统中运用物联网技术，针对性地给出以下一些建议。

（一）加强物流信息系统中的网络建设

众所周知，物联网技术的发展离不开互联网的支持。设想如果没了互联网，那么物联网技术可以说是纸上谈兵，根本派不上用场，因此加强网络建设是重中之重。尤其是对于物流企业的发展来说，如果网络条件跟不上，那么物品信息就不能及时传递到信息管理者手中，将各会带来不可避免的损失。因此，在改进物联网技术下的现代物流信息管理中要加强网络建设。

（二）全面调整原有的物流信息管理系统

传统的物流信息管理系统已经不能适应现代化市场发展的需求，因此，在改善企业物流信息管理系统的建设时，一定要全方位地进行调整，考虑将原有管理系统中的每项技术

用新的物联网技术代替，建设更加完善的现代物流信息管理系统。

物联网技术在现代物流信息管理系统中的应用已是不可取代的趋势。本书在简单介绍了物联网的工作原理及在物流业中的应用层面后，对比传统物流信息管理系统得出结论，基于物联网技术的现代物流信息管理系统更加方便、智能、高效的特点，现代物流信息管理已经离不开物联网技术的支持。

第五节　基于物联网的物流信息协同管理

伴随物联网技术和市场一体化、经济全球化的发展，物流业面临更为激烈的市场竞争和多样化的客户需求，物联网环境下新的业务体系和业务流程的重组变革势在必行。因此需要更合理的规划和对各项资源尤其是信息资源的掌控，通过物联网把企业内、外部各相关联的子系统紧密结合起来，实现有效的信息协同，创造更加完善的物流服务链实现价值增值，从而提升物流企业的核心竞争力。

一、基于物联网的物流信息协同场景分析

物联网环境下的物流信息协同，即是利用物联网技术提供物流服务，并协调所有相关业务流程，共享信息资源，提高绩效，这将对物流行业整体发展产生深远影响。

（一）物流信息协同的业务环境分析

基于物联网的信息协同技术在物流领域的应用，将使得物流行业的运营模式在很大程度上发生变化，导致物流企业内部和企业间的信息高度集成整合，并使得物流企业能够实时了解货物状态，从而进行必要的物流过程性控制，具体表现为：

1. 通过运输智能化改善服务水平

基于物联网的信息协同技术能够收集、存储、集成整合物流企业的运输合同信息、货物信息、车辆在途信息、道路交通信息等，并能实现上述信息快速、准确传递，达致节点成员间的信息共享，为物流企业进行物流过程性控制提供必要的状态数据，提高物流运输的自动化和智能化，确保货物以正确的数量在正确的时间抵达正确的地点，从而改善物流服务水平。

2. 实现仓储自动化，降低库存成本

基于物联网的信息协同技术能够对物流企业仓储业务中货物的品种、类别、货号、数量、等级、产地、储位地址等信息进行过滤和集成，利用云计算和数据库技术对上述信息进行快速有效地读取与分析，使物流企业能够实时掌握货物库存信息，并根据该信息对货物仓储过程进行全程监控，实现出入库操作自动化、库存实时盘点、货物自动分拣等仓储自动化和智能化，提升库存管理能力，增强仓储作业准确、快捷，从而降低库存成本。

3. 实现货物智能配送，降低配送成本

基于物联网的信息协同技术能够在物流企业的货物配送方面，对客户的地理位置、需求量、道路交通条件、费率计算等信息进行集成与整合，使得物流企业能够实时掌握货物配送状态信息，并根据该信息对物流配送过程进行智能监管，实现货物拣选、加工、包装、分割、组配等配送相关作业的智能化，加快货物配送速度，提高配送效率与准确率，

有效降低物流配送成本。

4. 实现物流全程监控，提高货物安全性

基于物联网的物流信息协同技术能够对物流全过程涉及的货物储存、运输、配送等信息等进行有效集成，使物流企业能够实时掌握货物的库存状态、运输状态、配送状态等数据，并对货物进行实时定位和跟踪，根据货物状态进行必要过程控制，保障物流过程的透明化管理与准确调度，提高货物运输的质量和安全。

（二）物流信息协同效应分析

信息协同效应可分为外部效应和内部效应，前者是指各个成员企业间因相互合作、共享业务信息和资源而衍生的整体效应，后者则指物流企业基于自动仓储、智能运输、智能配送、信息控制等不同环节、不同阶段、不同层面共同协作而产生的效应。

对于物流企业而言，战略层面的协同效应主要基于各业务主体间的信息沟通，表现为社会经济效益、环境保护效应、资源节约效应等，是一种协同外部效应。业务层面与战术层面的协同效应是在各种有形、无形的物流资源相互整合基础上产生的规模经济效应、范围经济效应、管理协同效应及学习效应等综合体现，表现为协同内部效应。

（三）基于物联网的信息协同技术在物流领域的应用分析

目前，基于物联网的信息协同技术在物流领域中的应用已经切实表现出提升智能运输、自动仓储、信息控制、动态配送等各项物流业务环节之间的协作程度，并减少供应链环境下不同业务主体之间的内部损耗。

一方面，在企业级物流系统中应用基于物联网的物流信息协同技术使得物流企业能够实时掌握智能运输、自动仓储、信息控制、动态配送等各项物流业务流程所包含的物流设施设备状态，如工时消耗、货物即时状态、道路交通环境等信息，从而实现对核心业务、辅助业务、增值业务、附加业务等信息的实时查询和共享，使物流企业能够控制对服务、业务、安全、标准等方面的协同管理，进而促使各项物流业务协调一致，各物流环节之间协同运作，最终实现对企业对物流全过程的一体化管控，达到提升整体物流乃至供应链系统的核心竞争力。

另一方面，基于物联网的物流信息协同技术在物流服务链的应用，使供应商、生产商、零售商、分销商、物流企业及终端客户等供应链业务主体实现彼此间在核心业务、增值业务、辅助业务、附加业务等环节的流程整合，实时共享智能运输、自动仓储、信息控制、动态配送等主体业务信息，使得各主要业务环节在流程上紧密衔接。同时还能实现上述业务主体的绩效标准和技术标准的协调和兼容，使各个业务主体之间的配合更加便捷。因此，基于物联网的物流信息协同技术能够消除供应链上各业务主体间的信息孤岛，形成更加协调一致的有机整体，从而提供多功能、一体化的综合性物流服务。

二、基于物联网的物流信息协同管理框架设计

基于物联网运作的供应链是一个在新的业务体系环境和业务流程指导下的复杂物流、信息流、商流等相互交织的动态过程，涉及多个主体、多个过程和多种信息，具体表现在供应商、生产商、分销商、零售商、物流企业和终端客户都共同参与物流领域的核心业务、增值业务、辅助业务、附加业务活动，由此产生的海量信息纷繁交错，必须对它们进行有效地管理。依据物联网环境下的信息体系框架并结合基于物联网运作的物流信息流程，笔者设计出包括信息感知管理、信息监控管理、信息集成管理、信息展现管理和信息安全管理等多个层面组合式的基于物联网的物流信息协同管理框架。

第一层是处于框架底层的信息感知管理。主要针对货物动、静态属性信息实施管理，目的是全面、正确地把握有关货物的基本信息、状态信息、物流设施信息及物流环境信息。例如，道路交通信息管理就是通过物联网技术，对通过传感器及传感网络所获取的道路交通状况信息进行有效管理，从而实现对货物运载途中环境信息的感知管理。

第二层是信息监控管理。物联网环境下的物流信息非常开放和公开，大量数据透过物联网络以及与企业内、外关联的系统中被感知、采集与更新，所以为了使这些信息在感知层被安全识别和感知，实现高效传递和安全存储，并在应用层面进行集成、分析与应用，就必须对物流信息的整体传递过程进行监督、管理和控制。其主要工作包括：第一，信息流程的规范化管理，即对物流过程的各项业务流程制订便捷、规范的流程规则和分级负责的运行维护体系；第二，安全监控管理，通过对感知层节点认证和密匙协商机制、对网络层中异构网络节点制订交换机制以及密匙协商机制、对应用层相应的安全访问机制同时进行实时监控管理，保证信息流安全的实时监控；第三，一体化监控管理，即通过硬件监控设备配置信息和实时性能信息、使用系统软件监控当前的系统运行情况；第四，业务应用监控管理，通过规范检测、统计分析业务系统运行数据，以快速查找原因码、准确定位的方式对物流各项业务环节的信息流进行监控。

第三层是信息集成管理。物联网环境下的物流信息集成涉及的大多是异构数据源，怎样通过网格技术将各种源数据信息进行处理后有效集成，是实现信息的高性能共享的关键。为此，首先要通过网格技术对物流系统内仓储、配送、运输等业务涉及的信息进行汇集，融合为一体；同时，对外部物流服务链企业成员间的信息进行汇集融合，通过软硬件集成实现成员企业间的信息交互与共享；然后实施信息过滤管理，即通过云计算和数据网格技术提取分布在不同数据源中的信息，分析后分离出有效信息，过滤剔除冗余信息以确保接下来信息汇集、整合等集成工作高效进行；还有就是信息整合管理，将地理位置差异的分散信息源融合成弹性、可靠且安全的信息资源，对其实现统一的访问，以实现各业务主体间信息资源的交互与共享。

第四层为信息展现管理。物联网环境下的海量信息若能被综合化应用，必须要有适当的展现方式。所以这一层的工作首先是业务信息的汇集管理，将不同业务及其主体的相关信息汇集后分类整合，以便于对相关信息进行有效地分析和多维展现；同时将物联网信息安全、一体化、业务应用等监控信息进行汇集后分类整合，以便于对相关信息进行有效地分析和多维展现；接下来进行辅助决策分析管理，在原始数据汇集基础上对数据进行挖掘分析，通过导出自动化指标与报表数据统计为辅助决策提供支撑，并对整体安全事件和安全风险进行分析和管理；最终利用多维视图展现管理将信息分析结果通过感知信息视图、商业智能视图、智能决策结果等以多维、立体的形式形象化地进行展现与管理。

第五层是为整个信息流管理提供了安全保障信息安全管理，即通过对物联网环境下的物流信息安全问题进行的统一规划和管理。这里涉及的几个关键控制点是：第一，针对感知层和网络层的节点机密性进行安全认证，防止节点被攻击方捕获和控制使信息被泄露和篡改，从而确保节点信息的合法、可靠；第二，提供与物联网中其他机制兼容的密钥协商机制促进信息的安全共享与集成，例如在数据传输前，提供协商会话密匙才可以进行传输，这是针对感知层和网络层中的节点密匙进行的统一协商管理；第三，建立按用户身份或其归属的某预定义组别来限制用户信息访问权限或某些控制功能的使用并对用户提供隐私信息保护的信息安全访问机制；第四，入侵安全检测，就是对物联网进行实时检测，及时发现威胁和弱点，例如通过循环反馈做出有效响应，或深入挖掘和分析出高危险性的行为，实现运行风险提前预警。

三、基于物联网的物流信息协同管理体系设计

从上述对物流信息协同场景和机制的分析中可以发现，因为基于物联网的物流主体业务发生了变化，传统的仓储、配送、运输、调度、过程控制等业务向着自动化、智能化、动态化的方向发展，使得物联网环境下的物流信息管理被赋予了新的内涵，侧重于解决如何实现信息安全感知、智能存储与转换、高效传输及多维视图表现等，使各业务主体在信息充分共享的基础上相互协调一致、高效运作。

以实现物流各业务环节间的横向协同与物流服务链的纵向协同作为出发点，笔者设计出基于物联网的物流信息协同体系，包括感知层、网络层、协同层、应用层，以及横向的物流主体业务间的协同和纵向的物流服务链协同，通过不同层面的信息协同，实现信息交互、集成与共享。

第一，感知层主要通过物联网感知和自动识别技术安全采集货物的静态、动态属性信息及物流设施设备信息、道路交通信息，为网络层提供基础信息。

第二，网络层对感知层采集的信息进行分布式存储、冗余信息过滤、异构数据转换及高效传输等综合处理，为协同层提供更可信赖的基础信息。

第三，协同层以云计算方式和数据网格技术将网络层传输的异构信息进行汇集、整合与分享，支撑应用层的业务应用和管理决策。

第四，协同管理统筹安排和管理物流系统的整体运作，协同决策对各业务实体提供决策支持，两者交互作用构成应用层运行机制。

第五，物流系统内部各环节通过由感知层、网络层、协同层和应用层等组成的协同体系进行信息交互、集成与共享，实现信息在智能运输、自动仓储、信息控制、动态配送及全程监控等业务之间的协同。同时，通过减少物流各业务环节的停留、转换，缩短货物周转时间，降低运营成本，提高运营效率。

第六，供应商、生产商、分销商、零售商等物流业务实体利用由感知层、网络层、协同层和应用层等组成的协同体系，进行不同业务主体间的信息协同，使得物流服务链上下游企业通过信息共享实现各企业间协调一致、协同工作，实现整个物流服务链整体运作的效率优化。

第四章　基于物联网的仓储管理

物联网是一种能够涵盖整个生产库房，并且与互联网信息进行交换，实现实时追踪保障的网络，将物联网与物流仓储相结合，极大地提高了管理效率和水平，并且能够使库房信息与外界信息进行互换，便于相关市场政策的制定和实行。本章主要讲述了仓储管理概述、物流节点规划与设计、基于物联网的仓储管控一体化系统等内容。

第一节　仓储管理概述

一、仓储概述

（一）仓储的概念

仓储是基于社会产品出现剩余和产品流通的需要而产生的。当产品不能被马上消耗掉，需要专门的地方储存时，就产生了静态的仓储。而将物品存入仓库以及对存放在仓库里的物品进行必要的管理，这样就形成了动态仓储。仓储活动发生在仓库等特定的场所，仓储的对象可以是一切生产、生活资料，但必须是实物动产。

（二）仓储的种类

仓储的本质虽然是物品的储藏和保管，但由于经营主体、功能的不同，不同的仓储活动有着不同的特点。

1. 按经营主体划分

（1）企业自营仓储，可分为生产企业自营仓储和流通企业自营仓储。生产企业自营仓储是指生产企业使用自有的仓库，对原材料、中间产品及最终产品实施储存保管的行为，其储存物品种类较为单一，主要是为了满足生产的需要。流通企业自营仓储则是流通企业以其拥有的仓储设施对其经营的商品进行仓储保管的行为，仓储对象种类较多，其目的为支持销售。企业自营仓储行为不具有独立性，仅仅是为企业的产品生产或商品经营活动服务，相对来说规模小，数量多，专用性强，而仓储专业化程度低，设施简单。企业自营仓储为自用仓储，一般不开展商业性仓储经营。

（2）商业营业仓储，是指仓储经营者以其拥有的仓储设施向社会提供商业性仓储服务的仓储行为。仓储经营者与存货人通过订立仓储合同的方式建立仓储关系，并且依据合同约定提供服务和收取仓储费。商业营业仓储的目的是在仓储活动中获得盈利，实现经营利润最大化，包括提供货物仓储服务和提供仓储场地服务。

（3）公共仓储，一般为车站、码头等公用事业提供仓储配套服务。其运作的主要目的是保证车站、码头的货物作业，具有内部服务的性质，处于从属地位。但对于存货人而言，公共仓储也适用营业仓储的关系，只是不独立订立仓储合同，而是将仓储关系列在作业合同之中。

（4）战略储备仓储，是基于国防安全、社会稳定的需要而建立的，是对国家战略物资进行储备的仓储。战略储备由国家政府进行控制，通过立法、行政命令的方式进行。战略储备仓储特别重视储备品的安全性，且储备时间较长。战略储备物资主要有粮食、油料、能源、有色金属、淡水等。

2. 按功能划分

（1）储存型仓储，为物资较长时期存放的仓储。由于物资存放时间长，存储费用低廉，存储的场所一般在较为偏远的地区。储存型仓储的物资较为单一，品种少，但存量较大。储存型仓储要特别注重对物资的质量保管，以满足物资的长期存放。

（2）配送型仓储，也称为配送中心仓储，是商品即将交付消费者之前所进行的短期仓储，是商品在完成销售过程或使用前的最后储存，并在该环节进行销售或使用的前期处理。配送仓储一般在商品的消费地区内进行，能迅速地送达消费和销售。配送型仓储物品品种多，批量少，需要一定量进库、分批少量出库，往往需要进行拆包、分拣、组配等作业，主要目的是支持销售，注重对物品存量的控制。

（3）中转型仓储，是指在不同运输方式之间对物品进行过渡储存的短期仓储，在不同运输方式的衔接处进行（如港口、车站库场），应保证不同运输方式的高效衔接，减少运输工具的装卸和停留时间。中转型仓储具有小进大出的特性，货物存期短，注重货物的周转作业效率和周转率。

（三）仓储的作用

仓储的作用主要分为以下几个方面。

1. 产生时间效用

仓储能克服生产和消费在时间上的间隔，产生时间效用。为了均衡地消费那些集中生产的物资，或为了集中地消费均衡生产的物资，调整生产和消费之间的时间差，就需要用仓库进行仓储。

2. 克服供求矛盾

仓储能克服生产淡旺季和消费之间的供求矛盾，如果集中生产的产品立刻进入市场销售，必然会造成市场短期内的产品供给远远大于需求，导致产品价格大幅降低，甚至因无法消费而被废弃。相反，在非供应季节，市场上的相应产品因供不应求而提价，通过仓储均衡地向市场供给，就能稳定市场，有利于生产的持续进行。

3. 提供服务项目

通过进行备货、分拣、再包装等流通加工作业，以及库存控制等物流服务业务，现代仓储为物流管理提供了更多的服务项目。开展物流管理必须重视仓储管理，有效的仓储管理有助于实现物流管理的目的。

二、仓储管理论述

(一) 仓储管理的概念和特点

1. 仓储管理的概念

所谓仓储管理，是指服务于一切库存物资的经济技术方法与活动。"仓储管理"的定义指出了其所管理的对象是"一切库存物资"，管理的手段既有经济的，又有技术的，具体包括如下几个方面。

(1) 仓库的选址与建筑问题。例如仓库的选址原则，仓库建筑面积的确定，库内运输道路与作业的布置等。

(2) 仓库机械作业的选择与配置问题。例如，如何根据仓库作业特点和所储存物资的种类特性，选择机械装备以及应配备的数量，如何对这些机械进行管理等。

(3) 仓库的业务管理问题。例如，如何组织物资入库前的验收，如何存放入库物资，如何对在库物资进行保管保养、发放出库等。

(4) 仓库的库存管理问题。例如，如何根据企业生产需求状况，储存合理数量的物资，既不致因为储存过少引起生产中断造成损失，又不致因为储存过多占用过多的流动资金等。

此外，仓库业务考核问题，新技术、新方法在仓库管理中的运用问题，仓库安全与消防问题等，都是仓储管理所涉及的内容。

2. 仓储管理的特点

现代仓储管理的特点是由仓储管理的内容决定的，尤其是随着社会的发展，科学的进步，时代对仓储管理的要求越来越高，使仓储管理具有经济性、技术性和综合性的特点。

(1) 经济性。现代仓储的经济性特点，主要从其具有生产性的特征来理解。仓储活动是生产性的，这可以从以下几个方面看出。第一，仓储活动是社会再生产过程中不可缺少的一环。任何产品的生产过程，只有当产品进入消费后才算终结，因为产品的使用价值只有在消费中才能实现。而产品从脱离生产到进入消费，一般情况下都要经过运输和仓储。所以说商品的仓储和运输一样，都是社会再生产过程的中心环节。第二，商品仓储活动具有生产力三要素。商品仓储活动同其他物质生产活动一样，具有生产力三要素，即劳动力、劳动资料（劳动手段）和劳动对象。物质的生产过程，就是劳动力借助于劳动资料，作用于劳动对象的过程。商品仓储活动同样具有生产力三要素：劳动力—仓储作业人员，劳动资料—各种仓储设施，劳动对象—仓储保管的物质。商品仓储活动是仓库作业人员借助于仓储设施，对商品进行收发保管的过程。第三，商品仓储活动中的某些环节，实际上已经构成生产过程的组成部分。例如，卷板在储存中的碾平及切割，原木的加工，零部件的配套，机械设备的组装等，都是为投入使用作准备，其生产性更为明显。商品仓储活动具有生产性质，但它与一般的物质生产相比，又是不同的，主要表现在仓储活动中还要消耗一定数量的原材料，有适当的机械设备相配合，这部分消耗和设备的磨损要转移到库存商品中去，构成其价值增量的一部分。

(2) 技术性。随着科学技术的进步，现代仓储管理中应用了大量的电子信息技术，仓储作业机械化程度不断提高，特别是自动化立体仓库的建立，使其科技含量进一步提高，这对仓储管理提出了更高的要求。在现代化的仓储管理中，仓储作业的机械化、仓储管理的信息化已是发展趋势，各种新技术的运用等，充分体现了仓储管理技术性的特点。

（3）综合性。仓储管理是社会再生产中一个不可缺少的环节，是各生产企业能保持正常生产的重要环节，是调节社会需求的重要手段。在整个仓储管理过程中，要综合利用各学科理论，进行库存控制管理，保证企业的正常生产，降低成本；运用科学方法对商品进行保管，确保产品质量，解决生产与消费在时间季节上的差异；运用综合的管理方法与手段，合理组织仓储管理工作，建立科学的作业流程，以提高工作效率及仓储业的经济效益。由此可见，仓储管理具有综合性的特点。

（二）仓储管理的形成与发展

在仓库出现的初期及后来相当长的时间内，由于生产力水平低下和发展缓慢，库存物品的数量和品种都很少，仓库结构简单，设备简陋，因此仓库管理工作也就比较简单，主要负责物品出入库的计量及看管好库存物资，使之不受损失。这种情况下的仓储活动，称之为简单仓储管理。

随着生产力水平的提高，特别是机器生产代替手工生产之后，社会储存物品数量增多，品种复杂，物品性质各异，对存储条件提出了各自不同的要求。同时，由于社会分工越来越细，一些原先在生产领域完成的活动逐渐转移到更合适的流通领域完成，其中相当部分业务在仓库的仓储过程实现，使得仓库的职能发生了变化，仓库不仅仅是单纯地进行储存和保管物资的场所，还增添了物品的分类、挑选、整理、加工、包装等活动，从而增加了物品的价值。由于储存商品的复杂化和仓储职能的多样化，引起仓储业务的不断革新，使得仓储活动向复杂化方向发展，可称之为复杂化仓储管理。

随着科学技术的进步，特别是电子计算机的出现和使用，给仓储业带来了一系列的重大变化。在整个仓储活动过程中，可以使用计算机进行信息处理，控制物流作业合理进行，增设光电感应系统，利用"自动分拣系统"进行商品分类整理，让机器人进入仓库等等。现代化仓库的出现，要求仓储管理人员专业化，仓储管理科学化，仓储手段现代化。目前，许多先进的国际仓储活动，已经不是原来意义上的仓储了，而变成了一个经济范围巨大的商品配送服务中心，并发展成为现代化的仓储管理。

仓储管理从简单到复杂，直至现代化管理的出现，是与整个社会的生产力发展水平相适应的。中国是一个经济发展极其不平衡的国家，在沿海经济发达地区以及某些技术、资金力量比较雄厚的部门，已经开始建立自动化仓库，仓库管理也比较快地向现代化的方向迈进。但是，在一些经济落后地区，仓库还十分简陋，仍处在简单仓储管理阶段。从总的情况来看，中国的仓储管理水平与世界上一些发达国家相比，无论在理论上还是在实践上，都存在一定的差距，因此我们必须吸收和引进一些发达国家的先进经验，快速地发展中国的仓储业。

（三）仓储管理的功能和任务

1. 仓储管理的功能

仓储在物流系统中起着包括运输整合、产品组合、物流服务、防范偶发事件、物流过程平稳等一系列增加附加值的作用。

传统的仓储管理运作包括：收货、上架、补货、拣货、包装、发货。仓储管理决不仅仅是物品材料入库、验收、保管、发货等简单过程，而是直接影响企业生产经营的重要管理环节。现代仓储管理的功能包括：传统的仓储管理、交叉转运/在途合并、增值服务流程、退货、质量保证和动态客户服务。

仓储管理主要包括库存管理，其管理对象是生产过程中所需的成品、半成品和原材料。这些物资占整个企业资产很大一部分比重。不同的管理部门，对于库存的看法是不一致的。以汽运公司为例，库存管理部门和财务部门希望拥有较低的库存，因为这样可以降低资金占用、减少管理和搬运等成本。采购部门为了降低单位采购价格，往往倾向利用价格折扣、运费折扣等优惠，一次采购大量的备件商品，后者不可避免地会增加库存水平。运输调度部门，也希望拥有较高的库存水平和尽可能齐全的备件商品，以避免车辆发生故障时，无法及时地进行补充。这样可以保持对于客户较高的服务水平。较高的库存水平和较低的库存投资，是一对相互对立的矛盾，需要在它们之间进行平衡，这在过去很难实现。现在通过科学的仓储管理理论和信息技术，同时伴随企业内部管理和组织结构，是可以实现它们之间的相对平衡。

一般来说，库存功能有：

（1）防止断档。缩短从接收订单到送达货物的时间，以保证优质服务，同时又要防止脱销。

（2）保证适当的库存量，节约库存费用。

（3）降低物流成本。用适当的时间间隔补充与需求量相适应的合理的货物量以降低物流成本，避免或消除销售波动的影响。

（4）保证生产的计划性、平稳性，以避免或消除销售波动的影响。

（5）展示功能。

（6）储备功能。在价格下降时大量储存，减少损失，以应灾害等不时之需。

仓储管理还包括对供应商的管理。企业需要的物资有几十个大类，成千上万个品种，涉及多个供货厂商，要做好物资的采购管理工作，选择供应商是采购活动的首要任务。在采购过程中，采购方为了能够从多个竞争的供应商中选择一个最佳的供应商，往往会保留私有信息，因为如果给供应商提供的信息越多，供应商的竞争筹码就越大，这样对采购工作不利。因此，采购方应尽量保留私有信息，而供应商也在和其他的供应商竞争中隐瞒自己的信息。这样，采购供应双方都不进行有效地信息沟通，这是信息不对称的博弈过程。对于供应商的选择，我们一般运用比质比价及信息服务的方式予以确定。

2. 仓储管理的任务

仓储管理的任务是由仓储管理的地位与作用决定的。其基本任务具体有以下几个方面。

（1）合理规划并有效利用各种仓储设施，搞好挖潜、革新、改造工作，不断扩大仓库储存能力，提高作业效率。

（2）做好仓储物资的验收入库、在库盘点、拣货管理、出库以及保管工作，保证企业生产获得及时齐备、准确完好的物资供应。

（3）合理储备材料。过多的物资储备固然可以提高供应能力，但是占用了过多的流动资金，而且增加了保管储存费用，这在经济上是不合理的。所以，仓储管理必须对各项物资的储备量予以正确地规划，以保证其合理的储存数量。

（4）降低物料成本。物料成本是企业产品成本的重要组成部分，降低物料成本对提高企业经济效益具有重要意义。所以，仓储管理必须不断改善管理手段与方法，在采购、运输、验收、保管、发放出库等各个环节上不断采用先进、科学的方法，例如采购业务中的经济批量法、运输过程中线性规划法等，都是在实践中被证明对降低物料成本行之有效的方法。除此之外，机械化作业程度的提高、计算机被大量运用于仓储作业与管理中，能够大大提高劳动生产率，但也应当量力而行。经济核算，考核仓储作业各项经济技术指标，利用仓储管理的不断实践，总结成功经验，及时发现薄弱环节，对提高管理水平、降低物料成本也有重要的作用。

（5）确保仓库和物资的安全。防止火灾和盗窃，以保证仓库物资和仓库不受意外损失，是仓储管理的重要任务。因此一切物资应存入合适的仓库，制订严格的防护制度。仓库消防系统要有专人负责，使之始终处于正常状态。更重要的是要教育仓库工作人员应以主人翁的态度来对待工作，对待国家的财产，懂得任何损失不仅影响企业正常生产，也影响职工自身的经济利益。

（四）仓储管理的对象

仓储管理研究的是商品流通过程中货物储存环节的经营管理。即研究商品流通过程中货物储存环节的业务经营活动，以及为提高经营效益而进行的计划、组织、指挥、监督以及调节活动。

仓储管理主要是从整个商品流通过程的购、销、储、运各个环节的相关关系中，研究货物储存的收、管、发和与之相关的加工的经营活动，以及围绕货物储存业务所开展的对人、财、物的运用与管理。

（五）仓储管理的基本原则

1. 经济效益原则

作为市场主体之一的仓储企业，其生产经营活动应以经济效益最大化为目标，但同时也应兼顾其应承担的社会责任，履行环保等社会义务，实现生产经营的社会效益。

2. 效率原则

仓储效率表现在仓容利用率、货物周转率、货物进出库时间、货物装卸时间等指标上。仓储的效率原则就是指以最少的劳动量的投入，获得最大的产出。劳动量包括仓储设施、劳动力等方面。高效率要通过准确地核算、科学地组织、场所的合理安排、空间的优化、机械设备的合理使用以及各部门人员的合作来实现。仓储作业现场的组织、规章制度的制定与执行、完善的约束机制是实现高效率的保证。

3. 服务原则

仓储就是向其客户提供服务，仓储管理需要围绕服务定位，其具体工作应围绕如何提供服务、改善服务、提高服务质量展开。仓储的服务水平与仓储经营成本存在一定程度的对立，服务好，成本往往高，收费也随之增高。仓储管理就是在降低成本和提高服务水平两者之间保持平衡。

（六）仓储管理的业务流程

仓储管理对整个库存现状进行全面跟踪和管理，其主要业务有入库管理、在库管理、出库管理等。

1. 入库管理

货物到达后，为顺利完成入库，应有计划地进行接收处理。因此，需要事先掌握入库的数据，用尽可能少的处理完成入库。随着通信的发展，货物信息可以通过多种通信形式先行到达目的地。例如，利用电子数据交换（EDI）技术从客户那里直接获得货物的详细信息；实际到货时用条码表示到货单的到货编号；通过条码阅读器读取货物信息（类别、数量），与采购单比对并检验货物质量。

货物满足要求时直接入库，在分拣作业区进行分拣，进行储位分配后将货物搬运至储位。当货物不能满足要求时，将货物搬至临时保管区，并与供货人联系，进一步作退货或补货处理。对不满足要求的货物进行入库处理能够提高入库作业效率，但必须区分合格区和不合格区。货物入库的业务流程如图 4-1 所示。

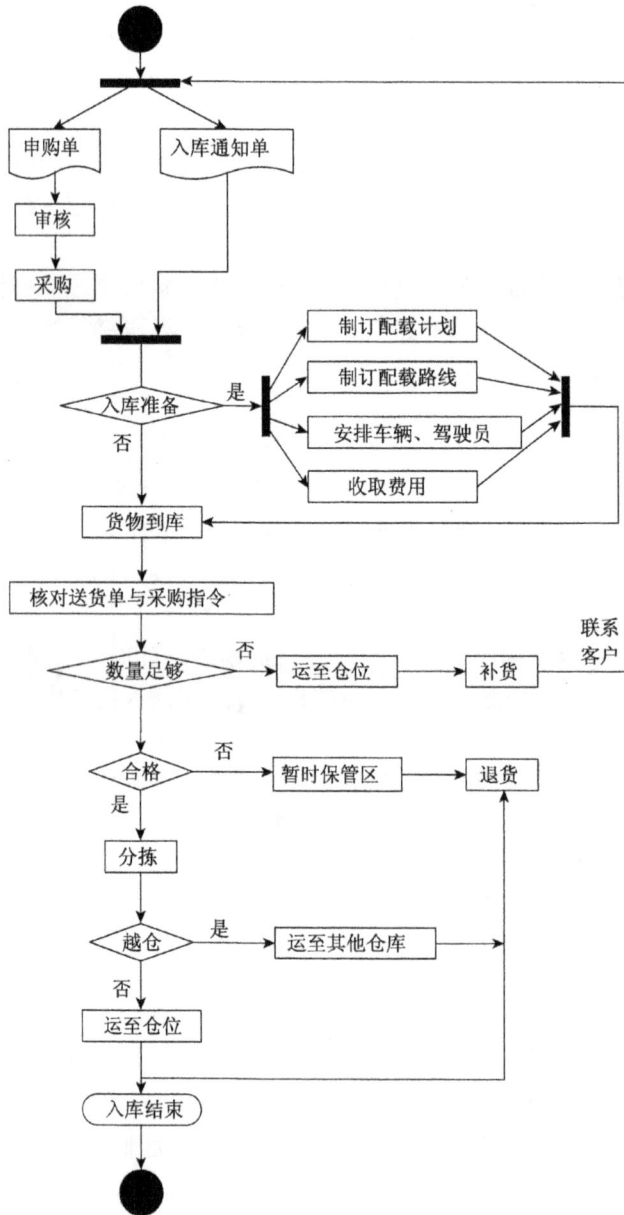

图 4-1　货物入库的业务流程

2. 在库管理

货物在库管理是指为了能够安全、经济地保持在库货物原有的质量水平和使用价值而采取的一系列措施的总称。主要包括货物盘点和储位变动环节。

（1）货物盘点。货物盘点是指为确定仓库内现存货物的实际数量、品质状况和存储状态进行的清点活动，是物料管理工作的控制反馈过程。盘点的目的主要有两个：一是控制库存数量与库存时间，以指导日常经营业务；二是掌握损益，以便真实地把握经营绩效，并尽早采取防护措施。

一般情况下，盘点作业可按如图 4-2 所示的盘点业务流程进行。

图 4-2　盘点业务流程

1）根据需要盘点的货物生成盘点账存表，表中有生成盘点单的货物编码、货物名称、所属部门、库位、经营方式、库存数量及盘点日期等相关信息。

2）打印盘点单，包括：货物库位、所属部门、类别、货物编码、货物名称、经营方式、实盘数量及盘点日期，这里不输出货物的账存数量。

3）盘点人员手持盘点单，进行实地盘点，填写盘点单实盘数量。

4）在微机中调出对应的盘点账存表，录入实盘数量，经主管审核录入数据的准确性后生效。

5）生成盘点盈亏表。

6）对有盘盈和盘亏的货物进行记账。凡是有盘亏的货物列出货物编码、名称、实盘数量、账存数量、成本单价、盈亏金额等。

（2）储位变动。在仓库保管中，如果某种货物停产淘汰，有新产品入库、运营部门调整最大在库量，这种货物原有储位就需要做出相应调整。具体流程如图 4-3 所示。

图 4-3　变动货物储位流程

制订储位变更计划即是在储位分配的基础上重新进行储区、储位分配。如果新进货物类型与原有货物类型相同，例如原来的储位用于储存彩电，新进货物为彩电的新款型，那么储位的变动不需过大；但如果是新进一批完全不同类型的货物，那么在制订计划时就必须根据货物性质、形状、大小及数量进行相应的分配。

3. 出库管理。出库作业由以下具体的过程组成。

（1）订单处理。客户对仓库出具出库订单，订单操作员将订单录入到信息系统中，并在信息系统中查看客户信息，对客户的级别进行判断。长期客户订单可直接提交部门主管审核。如果客户级别不够，则需要与客户先进行付款等信息的协商，在系统中记录协商结果后提交审核。部门主管通过系统将审核结果反馈给订单操作员，操作员将订单做核发处理，并提交仓库管理员进行相应的出库操作，订单处理流程如图 4-4 所示。

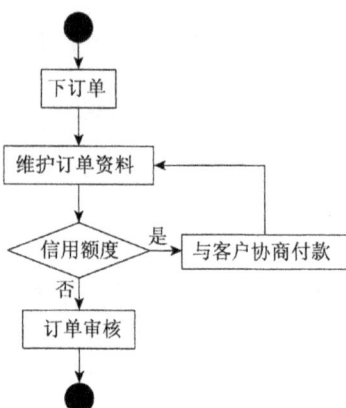

图 4-4　订单处理流程

（2）出库管理。货物出库管理是指仓库管理员根据提货清单，在保证物品原有质量和价值的情况下，组织货物出库等一系列工作的总称。主要流程有核对凭证、备货、检验。如果需要代理货运，还需要安排路线、车辆、驾驶员等。

1）核对凭证。发货时必须有正式的出库凭证，不允许无单或白条发货。保管员首先要仔细审核出库凭证的合法性和真实性，其次核对货物名称、型号、规格、单价、数量、收货人、到站、银行账号，最后审核出库凭证的有效期等。

2）备货。出库凭证核对无误后，进行出货准备。有两种不同的处理方式：一是照单拣货（摘果式、播种式），准备出货验收；二是视情况拣货，准备更换包装或简易加工。

3）检验。出货验收与拣货方式有很大关联。播种式拣货时，在"播种"完毕时只要所有的品种和数量无误，检验工作就可以结束；反之，采用摘果式拣货时，出货验收需要专人仔细检查货物类别和数量。

在出库检验时，通常以订单为准。此时应留一份由检验员签章的订单留底粘贴在货物易见处，以便装车人员将配送单和此订单留底一并交给承运人随货送达客户。货物出库流程如图 4-5 所示。

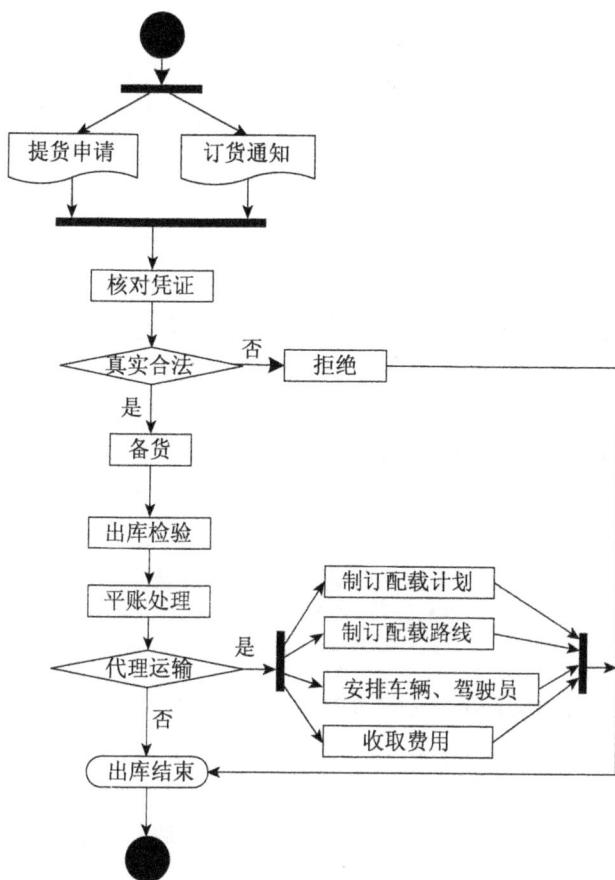

图 4-5　货物出库流程

第二节　物流节点规划与设计

物流节点的规划与设计是一项系统工程。在此，以配送中心的规划与设计为例。配送中心的规划与设计涉及外部布局和内部结构两方面。外部布局主要考虑的是物流节点的选址，这里主要介绍配送中心内部结构设计的相关内容。

一、基本作业区的规划与设计

配送中心的内部结构和一般仓库有明显不同，它的内部设计必须体现其职能要求，具有与商品流动相适应的装卸、搬运、储存、保管等多种作业功能，同时还应满足易于管理、灵活应对作业量调整、提高经济效益等要求。配送中心的内部一般可划分为以下作业区域类型：

1. 进货区

该区域完成接货及入库前的工作，如接货、卸货、清点、检验、分类等各项准备工作。接货区的主要设施包括进货铁路或公路、装卸货站台、暂存验收检查区域。

2. 储存区

该区域储存或分类储存所进的物资，属于静态区域。该区域所占面积较大，在许多配送中心往往占总面积的一半左右。在存储区内一般都建有专用仓库（包括现代化的立体仓库），并且配置着各种设备，包括各种货架、叉车和吊车等起重设备。从位置上看，储存区多设在紧靠接货站台的地方，也有的设在加工区的后面。

3. 理货区

该区域是配送中心的核心作业区，主要进行分货、拣货、配货作业，目的是为送货做准备。区域面积随配送中心的类型不同而有所差别。一般而言，拣选货和配货工作量比较大的配送中心，其理货区的面积比较大。在理货区内也配置着许多专用设备和设施，包括手推载货车、重力式货架和回转式货架、升降机、传送装置、自动分拣棚等。

4. 配装区

该区域主要用来放置和处理待发送的货物。在配装区内，工作人员要根据每个货主的货物数量进行分放、配车和选择装运方式（单独装运或混载同运）。因在配装区内货物转瞬即出、停留的时间不长，所以，货位所占的面积不大。另外，有一些配送中心的配装区是并入理货区或发货区的。在配装区内一般配置一些计算工具（微机）、小型装卸机械和运输工具。

5. 出货区

该区域主要用来将组配好的货物装车外运，和进货区类似，也是由运输货物的线路和接靠载货车辆的站台、场地等组成的。

6. 流通加工区

该区域是根据客户要求或为装运方便对货物进行流通加工的区域。该区域配备有加工设备（如剪床、锯床、打包机等）。因为加工工艺有别，各个配送中心的加工区所配置的设备也不完全相同。和储存区一样，加工区所占的面积也比较大，尤其是煤炭、水泥、木材等生产资料加工区，所占面积更大。

除了以上主要的作业区域外，配送中心还设有管理区、退货处理区、废弃物处理区等。

二、物流节点整体布局的规划与设计

根据规划资料完成各作业程序及作业区域规划后，就可进行空间区域的布局规划。配送中心整体布局的程序如图 4-6 所示：

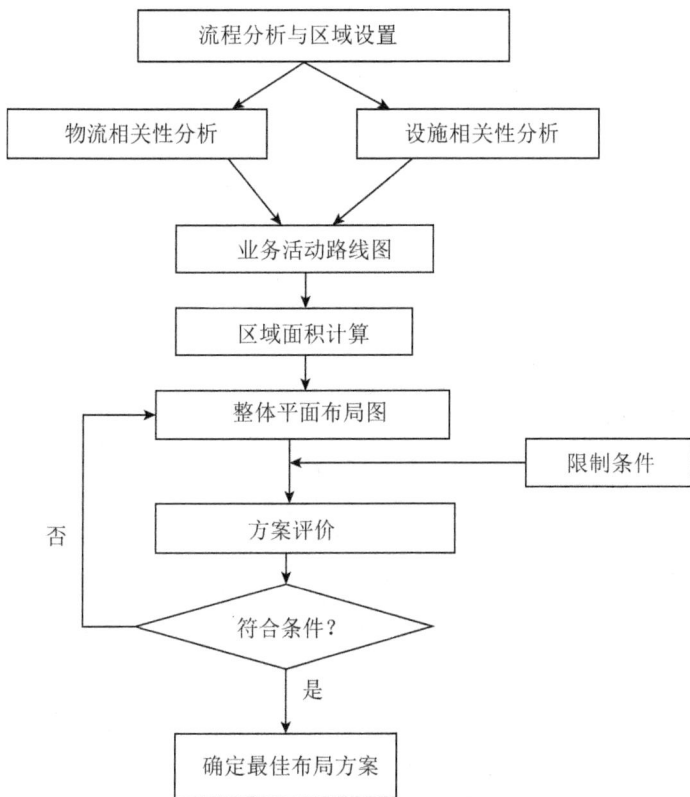

图 4-6　配送中心布局流程图

（一）物流相关性分析

首先汇总各项物流作业活动从某区域至另一区域的物流量（单位需统一，单位不同的必须换算成同一单位），再计算其物流量的总和。

根据物流量的大小，将各功能区域之间的物流相关性分为 5 个级别，分别用 A、E、I、O、U 表示，其中 A 表示非常高，E 表示高，I 表示较高，O 表示一般，U 表示不高。由此得到各区域物流相关性及业务活动关联表。

（二）设施相关性分析

在对配送中心内部进行设计时，除了与物流有关的功能区域外，还有许多管理或辅助性的功能区域，如办公室、道路等。这些区域与物流功能区域有密切的业务关系，因此有必要对所有区域进行业务活动相关性分析，分析顺序如下：

（1）列举必要的设施，如办公室、绿化地、仓库、正门等，包括配送中心的建筑物及具体的各项内部设施。

（2）编制业务活动关联表，对各项业务活动做靠近性分析。不仅要分析商品的流程、票据的流程、作业人员的管理范围，还要考虑以下因素：组织与管理框架、是否使用共享设备和相同空间区域、工作环境改善、提升工作效率及人员作业区域分布等，从不同角度进行合理判断。确定各区域接近程度的等级后，基于不同的关系程度加以分析，作为布置参考的依据。

（三）业务活动路线图

根据上面分析的结果得出各业务活动相互位置的关系图，如图 4-7 所示，以粗线（表示关联程度非常重要）、细线（表示关联程度重要）表示相互关系的强度。

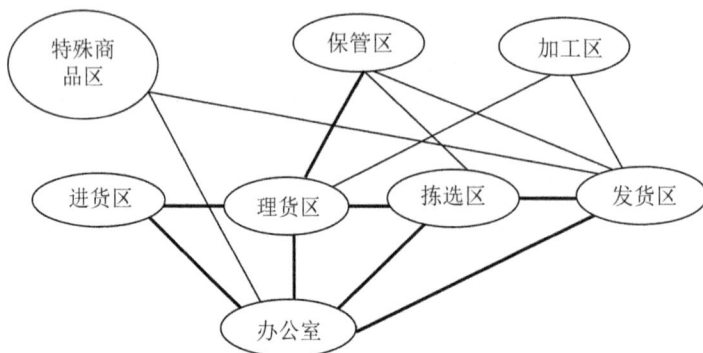

图 4-7　业务活动关系图

（四）区域面积计算

按上述方法设计出设施关联方案后，再计算这些设施所需面积。可以先按作业量算出基本预估面积，然后再根据实际情况加以调整。

综合上述分析结果，就可以得到配送中心整体平面布局图。

（五）方案评价

这一阶段主要是根据规划的基本原则和预算等对方案进行评估，最常用的评估法是计算方案的投资金额以及经济效益，如果都达到预算要求，就可以确定最佳方案，否则要对方案做适当的调整。

总之，配送中心的规划与设计是一项复杂的系统工程，需要考虑的因素非常多，在进行规划时，要各部门的人员密切配合，同时也需要多方面的人才，如管理、物流、建筑、机电、计算机等。在规划过程中，不仅要按照理论的程序进行，而且要结合实际情况做适当的调整，以得到最佳的设计方案。

第三节　基于物联网的仓储管控一体化系统

一、仓储管理信息系统

仓储管理信息系统是物流管理信息系统的主要作业系统之一，用于管理仓库中的货物、空间资源、人力资源、设备资源等在仓库中的活动，是对货物的入库、检验、上架、出库及转仓、转储、盘点及其他库内作业的管理系统。

仓储管理信息系统按分类、分级的模式对仓库进行全面地管理和监控，缩短了库存信息流转时间，使企业的物料管理层次分明、井然有序，为采购、销售和生产提供依据；智能化的预警功能可自动提示货物的短缺、超储等异常状况；系统还可以进行材料库存分类汇总，减少资金积压。完善的仓储管理信息系统，可对企业的存货进行全面地控制和管理，降低库存成本，提高客户满意度，从而提升企业的核心竞争力。

（一）仓储管理信息系统概述

1. 仓储管理信息系统的概念

仓储管理系统（Warehouse Management System，WMS）是一种专门用于跟踪和管理仓储中一切活动的信息系统。运用实时数据采集和数据库技术，WMS 为物流仓储环节提供了从订单开始到收货、分配储位、盘点、货物出库，再到货物装运整个过程的信息处理和管理功能。WMS 的核心运行机制决定了它是否可以真正实现人力资源、设备设施以及订单履行的最优化。

WMS 将关注重点集中在对仓储执行的优化和有效管理上，同时延伸到运输配送计划和上下游客户的信息交互，从而有效提高仓储组织的运行效率，进而提升仓储企业的核心竞争力。WMS 可以对包括不同地域、属性、规格和成本的所有仓库资源实现集中管理，采用条码、射频等先进的物流技术对出入库的货物实现联机登录、存量检索、容积计算、储位分配、损毁登记、状态报告等自动处理，并向系统提交图形化的仓储状态。

WMS 按照常规和用户自行确定的优先原则，来优化仓库的空间利用和全部仓储作业。对上，它通过电子数据交换（EDI）等电子媒介，与企业的计算机主机联网，由主机下达收货和订单的原始数据；对下，它通过无线网络、手提终端、条码系统和射频数据通信等信息技术与仓库的员工联系。WMS 上下相互作用、传达指令、反馈信息、更新数据库，并生成所需的条码标签和单据文件。

2. WMS 的特点

仓储的生产经营由装卸搬运、收发保管、包装加工、信息及财务等几个基本部分组成，它们相互依赖、相互影响、相互作用，按一定的规律构成仓储管理系统。仓储信息的集合是这个系统中的一个分支，称作仓储管理信息系统。WMS 的特点如下。

（1）信源广泛。向仓储发布信息的单位众多。这个特点是由仓储在社会再生产中的地位和作用决定的。仓储是社会再生产的流通过程的中间环节，是连接千百家生产单位和消费单位的纽带和桥梁。仓储内部各单位、与仓储生产经营有直接或间接关系的部门和单位、政府部门、科研单位等都是仓储信息的发源地。信源广泛为仓储信息系统的管理带来了一定困难。

（2）信息量大。由于仓储的中间地位和中转作用，物资的品种、规格型号、质量、价格、生产单位情况、生产工艺过程、保管保养与包装运输要求等各种信息都要反映到仓储信息系统。同时受信源广泛的影响，系统信息量及工作量大于一般的工业企业。

（3）信息种类繁杂。仓储的信息既包括生产供应信息，也包括消费需求信息；既包括技术信息，也包括经济、社会信息；既包括时间信息，也包括地点、人员信息。同一信源的信息种类多样，给仓储信息系统的分类、整理及加工处理带来麻烦。

（4）信息处理技术比较简单。仓储的日常业务基本没有什么复杂的工艺设计和分析流程，因此仓储企业的信息处理现代化的进程要快于一些技术复杂的信息处理单位。

3. WMS 的设计原则

在设计仓储管理信息系统时，应符合以下原则：基础功能完备性、具有与外部系统良好协作的能力、系统功能的实用性、支持物流信息采集设备及自动化设备、操作简单易用、安全可靠性高。

（1）基础功能完备性。系统适用范围广泛，仓储管理客户的业务流程可以基本满足。

（2）具有与外部系统良好协作的能力。通过对结构文件的规范化定义，可以与其他系统进行数据交换。

（3）系统功能的实用性。注重采用成熟而实用的技术，能够确保建设完整的仓储系统的先进性，同时避免不必要的技术风险，使系统建设的投入产出比最高，能产生良好的社会效益和经济效益。系统不仅具有仓储管理的能力，同时可以实现目前流行的 VMI（Vendor Managed Inventory）功能。

（4）支持物流系统采集设备及自动化设备。系统与先进物流技术如手持终端，能够与电子标签、自动化物流设备系统相连接。

（5）操作简单易用性。充分考虑到操作的方便性与高效性，面向适用人群为仓储管理人员，而非专业计算机人员。用统一的方式来向用户提供各项功能，比如：信息查询、报表查询和打印等操作，贯彻面向最终用户的原则，建立友好的用户界面，使用户操作简单直观，易于学习掌握。

（6）安全可靠性。系统所选用的设备及技术极为成熟可靠，应保证整个系统长期、安全地运行，具有必要的安全保护和保密措施，有较强的应对计算机犯罪和病毒的防范能力。系统中的硬软件及信息资源应满足可靠性设计要求。

（二）仓储管理信息系统的功能

WMS 一般具有以下几个功能模块：订单管理及库存控制、基本信息管理、货物管理、信息报表、收货管理、拣选管理、盘点管理、移库管理、打印管理和后台服务系统。WMS 系统可通过后台服务程序实现同一客户不同订单的合并和分配，并对基于电子标签拣选、射频、纸箱标签方式的上架、拣选、补货、盘点、移库等操作进行统一调度和下达指令，并实时接收来自 PTL（Photographic Technology Laboratory，摄影技术试验所）、RF（Radio Frequency）终端 PC 的反馈数据。整个软件业务与企业仓库物流管理环节吻合，实现对库存商品实时有效地控制。下面简单介绍 WMS 的几个基本功能。

（1）收货。货到站台，收货员将到货数据由射频终端传到 WMS，WMS 随即生成相应的条码标签，粘贴在收货托盘，经扫描这些货物即被确认收到，WMS 指挥进库储存。

（2）储存。WMS 按最佳的储存方式，选择空货位。抵达空货位，扫描货位条码，以核实正确无误。货物就位后，再扫描货物条码，WMS 确认货物已储存在这一货位，可供以后订单发货。

（3）订单处理。订单到达仓库，WMS 按预定规则分组，区分先后，确定如何最佳、及时地交付货物。

（4）基本信息管理。系统不仅支持对包括品名、规格、生产厂家、产品批号、生产日期、有效期和包装等商品基本信息进行设置，而且货位管理功能可以对所有货位进行编码并存储在系统的数据库中，使系统能有效追踪商品所处位置，便于操作人员根据货位号迅速定位到目标货位在仓库中的物理位置。

（5）上架管理。系统在自动计算最佳上架货位的基础上支持人工干预，提供存放同品种的货位、剩余空间，同时根据避免存储空间浪费的原则，给出建议的上架货位并按优先度排序，操作人员可以直接确认或人工调整。

（6）拣选管理。拣选指令中包含位置信息和最佳路径，根据货位布局和确定的拣选顺序，系统自动在射频终端的界面等相关设备中，根据任务所涉及的货位给出指导性路径，避免无效穿梭和商品寻找，提高了单位时间内的拣选量。

（7）库存管理。系统支持自动补货，从而提高仓储空间利用率，降低货位蜂窝化现象出现的概率。系统能够对货位通过深度信息进行逻辑细分和动态设置，在不影响自动补货算法的同时，有效地提高空间利用率和控制精度。

（8）发货。WMS制作包装清单和发货单，交付发运。称重设备和其他发货系统能同时与WMS联合工作。

（9）站台直调。货到收货站台，如已有订单需要这批货，WMS会指令叉车司机直送发货站台，不再入库。

二、仓储管控一体化系统

（一）仓储管控一体化系统概述

仓储管控一体化系统是将仓储管理信息系统与仓储监控系统集成为一个整体，在信息充分共享的基础上，实现作业管理、设备自动控制和安全监控的一体化管理为保障协调、高效、安全的仓储作业，实现管控一体化管理成为业内专家学者和企业技术人员共同努力的方向。从功能角度看，它通常包括三大子系统，即仓储作业管理信息系统、仓储设备自动控制系统和仓储运行安全监控系统。

1. 仓储作业管理信息系统

仓储作业管理信息系统对仓储作业过程中发生的出入库货物的品种、数量、时间、频率及库中结存等各种数据进行详细记录，并能利用这些信息对各作业环节进行有效控制，通过对这些信息的分析处理，制定合理的操作策略，从而确保必要的库存水平及仓库中货物的移动，保证进货、订单拣选、发货等作业环节衔接通畅。

2. 仓储设备自动控制系统

仓储设备自动控制系统可以看成是仓储机械设备、信息采集与信息识别设备、执行设备及计算机（智能）控制设备等的有机集成。从设备控制的视角看，仓储设备自动控制系统按大类可以划分为输送设备自动控制系统、搬运设备自动控制系统、分拣设备自动控制系统、堆垛机自动控制系统等。

3. 仓储运行安全监控系统

仓储运行安全监控系统通常包括仓储环境监测和仓储作业设备监控两大部分。仓储环境监测就是要利用各种先进的检测手段对表征仓储环境状况的参数，诸如温度、湿度、光照度等进行实时测量、记录、计算、报警等，以达到监控仓储运行环境和为将来改善仓储作业环境提供历史分析数据的目的。仓储作业设备监控就是运用先进的监控设备和技术手段对仓库关键作业设备实施实时监测和安全处理，其目的是确保仓储作业安全和高效率。

企业的管控一体化建设将企业生产管理全过程中有关信息流、价值流与物流有机地集成并优化，实现企业生产经营过程的整体优化，是对过程控制系统、制造执行系统（Manufacturing Execution System，MES）、经营管理系统等系统地有效集成。管控一体化强调企业充分利用互联网技术和信息集成技术把业务办公自动化、生产管理、过程自动化等功能全面集成，实现信息资源共享，使得各个经营过程之间的信息畅通无阻、工作流程顺畅，以适应当代经济发展的充分柔性需要。

从技术实现角度，仓储管控一体化系统可分为物理层、网络层和应用层。

（二）仓储管控一体化系统的优势

现代物流系统需要大力发展基于信息技术与自动化设备的物流管理与控制系统，而仓储作为物流的重要作业环节，更是迫切需要实现高水平的管控一体化，即在信息充分共享的基础上，将原本各自独立运行的管理信息系统和仓储设备自动控制系统整合为一体进行综合管理，进而提升物流系统的整体运作效率和安全性。相对于传统仓储管理系统，仓储管控一体化系统的优势有下面几点。

1. 集多功能于一体

仓储系统的运行需要完成一系列仓储作业活动，这些活动的实施离不开各种作业设备对仓储作业信息的采集、处理、传输、存储，甚至信息深加工，传统的仓储作业管理信息系统就能够完成这些基本的信息处理任务。我们将设备自动控制系统、运行安全监控系统等系统纳入仓储管控一体化系统中，会使各种类型的设备对复杂仓储信息的采集、传输和处理变得更为协调、可靠、高效。因为设备自动控制系统与运行安全监控系统一般情况下需对仓储信息进行实时地处理，所以仓储管控一体化系统中必须要有实时性能高的信息采集与处理设备；同时采集到的信息必须实时地进行传送，这样才能保证整个系统的实时性能，这就对信息传输率和整个网络的实时性提出了更高的要求。

在系统中使用具有自治性能的信息设备，可以解决减小信息传输延迟与数据传输量大的矛盾。所以，研制开发具有感知、处理和传输等多参数能力的多功能节点设备，并令其承担信息处理的任务，不仅可以减少整个网络的信息传输量，还可以提高信息传输效率。根据不同仓储应用的不同需求分别设计不同的多功能节点是必然的。例如，一种多功能节点是 RFID 与 WSN 有机结合形成的信息采集设备，它具有感知多项参数的能力，并具备一定的计算、存储、越限报警等信息处理能力和网络信息传送能力。但不同的应用对此节点的要求也不尽相同，因此可以将此节点用于仓储作业中的管理信息采集，也可以将此节点用于环境监测和设备监控。

2. 传感器类型多样化

仓储管控一体化系统可以通过各种类型的传感器，对货物的基本信息、状态信息、行为态势、所处环境等静态或动态的信息进行大规模、分布式的信息获取与状态辨识。这里的传感器可以是物理传感器，也可以是化学传感器或生物传感器等其他先进的高技术传感器。用户可以不用去现场而得到自己想要的实时数据，这样就给用户做各种决策提供了依据和便利。在实际应用中，可以根据不同的应用需求组合使用环境感知传感器与物体识别技术。

3. 管理简单化

系统具有友好的用户界面和良好的系统维护功能，是运行在网络环境下的多用户系统，并具有多级权限设置和管理功能。用户只要通过简单的操作就能根据全方位的信息进行有效调节、控制仓储设备，改变仓库温度、湿度、光照度等。

4. 信息分层处理

信息的分层分散处理和集中管理使用，可以提高整个管控一体化系统的信息处理效率。由于分层分散处理减少了信息在各层之间的信息传输量，这就使得网络传输的延迟大为减小。由于多功能节点计算能力和存储容量的有限性，把物理定位、信息标识与采集、数据预处理和超限报警等初级信息处理交给多功能节点完成，而将与仓储作业和设备控制、安全监控等相关的信息处理、信息融合交给监控和信息处理中心，这样既可以节约时间，也可以提高整体的仓储管理可靠性。

5. 面向应用服务的信息分层处理

通过多个感知节点和其他信息采集设备协同采集和处理信息，实现对物理世界及其变化的全面透彻感知，并做出反馈与决策。信息的利用是为了提升人们对世界的认识，进而为科学决策服务。所以，本系统的信息综合与处理是面向服务的，不同的应用服务有其相应的信息处理方式和方法。为了适应不同应用的需要，在信息感知、传输以及综合与应用的过程中，都可能需要对信息进行加工、存储和使用，系统的信息处理在不同的功能层里一直进行着。

仓储管控一体化系统以管理简单、信息实时、多功能、面向服务、采集的数据翔实准确等优势，能够加快实现仓储管理系统智能化、企业物流系统信息化、自动化的脚步。

三、基于物联网的仓储管控一体化系统的功能、设计和运作

物联网技术具有全面感知、可靠传送和智能处理的基本特性，运用物联网技术将原本各自独立的管理信息系统与仓储设备自动控制系统整合为一体，使仓储作业管理的各个环节及仓储环境监测和设备监控等多方面能够快捷、准确、高效地运行。

（一）基于物联网的仓储管控一体化系统的基本功能

基于物联网的仓储管控一体化系统是以 RFID 和 WSN 等为基础，充分利用物联网技术，集成先进的硬件设备和完善的软件系统建立的仓储管控一体化系统，具有以下基本功能：

（1）自动精确地获得产品信息和仓储设备信息；
（2）对产品库存数量、库存位置、出入库时间和货位信息的实时查询；
（3）对仓储环境状况的参数进行实时测量、记录、计算、报警等；
（4）对仓库关键作业设备进行实时监测和安全处理，达到设备自动控制。

（二）基于物联网的仓储管控一体化系统设计

依据物联网应用的原则设计仓储管控一体化系统，要以系统工程的整体性思维考虑系统的架构，各组成要素的功能设置，各要素之间的联系与协作，以及信息处理在不同层次要素间的合理分配。

（1）系统结构。物联网应用系统是由众多异构元素构成的复杂系统，对于不同行业的特定应用，通常需要构建特定的系统结构。但是从技术实现的角度分析，一般可以将其

分为感知控制层、网络传输层、应用服务层。这样的结构仅仅反映了实现技术的层次关系，实践中要包含的组成元素可能千差万别，层间的联系与信息传递关系也可能相当复杂。

（2）多功能节点。仓储系统运行过程需要完成一系列作业，包括搬运、传送、堆垛、拣选、包装等，这些作业过程始终离不开信息的采集、预处理、传输、存储、显示，甚至信息深加工，传统的仓储作业管理信息系统能够完成这些基本的信息处理任务。在进行这些作业操作时，经常会用到条码设备、RFID 设备、辅助拣选设备（如拣选车、数字指示牌）等。

在仓储管控一体化系统中，设备自动控制系统、运行安全监控系统要纳入管理信息系统，所以，各类信息的采集、融合和处理较传统的管理信息系统复杂，各种类型的信息设备集成自然就成为一体化系统实现的技术关键。

为了实现系统结构，应该仔细分析系统要实现的功能。设备自动控制系统与运行安全监控系统的信息处理有严格的时间要求，大多数情况下是实时的。管理信息系统中的信息处理对时间要求没有那么严格，可以有一定的时间延迟。所以在仓储管控一体化系统中要求存在实时性高的信息采集与处理设备，同时为了保证整个系统的实时性能，对信息传输的效率和整个网络的实时性也提出了更高的要求。

在系统中使用具有自治性能的信息设备，是解决减小网络信息传输延迟与数据信息传输量大之间矛盾的有效方法。所以，研制开发具有感知和传送多参数能力的多功能节点设备，并令其承担尽量多的信息处理任务，可以减少整个网络的信息传输量，提高信息传输效率。

多功能节点可以是有源的，也可以是无源的，但一定是多种技术组合应用。如何组合，功能如何设计，性能有何要求，是由实际需求决定的。不同领域的特定应用有其自身特定的需求，所以多功能节点的分类设计，尤其是分大类的设计是必然的。例如，一种多功能节点是 RFID 与 WSN 有机结合形成的信息设备，它具有感知多参数能力，并且自身具备一定的计算、存储、越限报警等信息处理能力，具有网络信息传送能力。此类节点可以完成仓储作业中的管理信息采集，也可以完成环境监测和设备监控的大部分功能，值得花大力气去精心设计并不断改进完善。

（3）信息分层处理。信息分层分散处理，集中管理使用，可以提高一体化管控系统信息处理的整体效率。由于减少了信息在各层之间的传输量，使得网络信息传输的延迟大为减小。在设计应用系统结构和研制开发具有感知和传送多参数能力的多功能节点设备时，应该综合考虑节点与上层应用软件的信息处理分工、信息使用等问题。多功能节点的计算能力、存储容量是有限的，可以考虑把物理定位、标识信息、动态信息采集、数据预处理和超限报警判断等初级信息处理交给多功能节点完成，而将与仓储作业和安全监控相关的信息处理、信息融合，以及监控处理等功能安排在上位应用计算机监控和信息处理中心完成。

（三）基于物联网仓储管控一体化系统的运作

仓储管控一体化的运作主要是指仓储作业管理系统、仓储设备控制系统和安全监控系统的协同一体化运作。RFID 射频技术可以识别和跟踪所有物理对象，提供准确真实的实时数据，实现物流信息的实时采集、交换、处理等；WSN 技术则完成对设备和仓库所处环境参数的分布式智能监管和控制，将两者融合于仓储管控一体化系统中，可以实现仓储的可视化作业管理、设备的自动化控制及环境信息的实时监测。

基于物联网的仓储管控一体化系统中，RFID 技术用于货物标识，非接触式获取货物信息并对货物的各作业环节进行追踪处理，根据货物信息计算机控制设备自动控制系统对货物的入库、拣选、盘点、出库等环节进行操作，实时更新仓库货物信息，达到仓储作业环节的可视化；同时，WSN 节点结合 RFID 标签信息，可监控环境参数变化和设备运行状况，根据设备信息改善设备的定位及异常事件节点的本地判断功能，实现环境设备的全程监控。

1. 仓储作业管理

在仓储作业管理系统中，作业管理信息系统是现代物流企业在仓储作业环节进行货物管理的系统，主要实现仓储的精细化管理。运用 RFID 技术对货物进行全面跟踪和管理，RFID 标签被粘贴在货物上，利用无线射频方式进行非接触双向通信，以达到识别目的并交换数据，使其最大化满足有效产出和精确性的要求，完成货物入库、出库和盘点的管理，大大提高了仓库吞吐量。在作业管理系统中的货物入库、出库、分拣和盘点作业等环节应用 RFID 技术，可以避免传统仓储处理速度慢、出错率高的弊端。

（1）出入库作业。货物入库前，供应商将商品出入库信息提前发送到仓储中心的仓储数据中心，产生入库信息；当货物入库时，采用 RFID 技术读取货物信息与系统的预入库信息是否相符。相符则视为合格，准许货物入库，并将入库信息转换成库存信息。此外，库内各货架中间和出库通道同样设置一定数量的 RFID 阅读器，以追踪货物在库的信息和出库的信息。同样，在货物出库时，通过出库口的阅读器将出库信息上传至仓储数据中心，与订单核对无误后才可出库。

（2）分拣作业。在仓储配送过程中，运用 RFID 技术和无线网络技术实现播种式拣选，即将多张订单集成一批，按照每种货物，先取出该批订单所需的该种货物的总数量，再依次根据数量放入每一订单中，以集中化、单元化，放在货箱中进行运输。每一个 RFID 标签代表一个订货厂商或一个配送对象，即一个电子标签代表订货单。在分拣作业过程中，工作人员汇集多家订货单位的订货单，按货品进行分类，以货品为处理单位。载有读写器、扫描仪的拣选设备通过 RFID 技术和无线网络经仓储管理信息系统与后台服务器和数据库相连，系统下达的拣选指令中包含货位信息和最佳路径，根据货位布局和确定的拣选顺序，系统自动在射频终端的界面等相关设备中根据任务所涉及的货位给出指导性路径，拣选设备上的 RFID 阅读器终端与计算机实时互联，避免了无效穿梭和商品寻找，提高了单位时间内的拣选量。

（3）盘点作业。在对存货种类、数量繁多的仓库进行盘点时，使用 RFID 电子标签，可以在平时的仓储作业中实时记录每次出入库作业的信息，这样在盘点时只要在系统中将数据进行一下归类，若盘点准确，系统可直接将盘点结果自动反馈给管理者。若出现盘盈或盘亏状况，操作人员只需手持 RFID 阅读器核对入库、出库单据，确认后在系统中完成数据更改、记录和统计。应用 RFID 技术准确地了解库存状态，为仓储空间的合理配置、库存结构的优化提供极大的方便，大大降低了仓储管理的成本。

2. 仓储设备控制。当仓库收到来自供应商和采购商的货物信息时，仓储作业管理系统传来的入库、出库、盘点、分拣等作业需求时，主控计算机会给作业设备控制系统发出命令，各设备会根据命令做出应有的操作。

货物入库时，根据托盘 RFID 标签存储的货物信息经智能基站读取并上传至服务器，计算机中心以最佳的储存方式给输送设备自动控制系统发出命令，并根据计算机指令送至不同的货区，随后堆垛机设备接受命令将货物放入相应货位。当货物进行分拣时，载有射频终端的叉车与设备控制系统相连，仓储作业管理系统根据业务要求生成拣选指令下达拣选任务单，叉车射频终端接收后显示货物所在货位和代码，并将采集到的信息传输给设备控制系统，设备控制系统分析采集到的数据，并控制分拣设备将货物从库区货位搬出。同时，分拣操作结果通过无线网络传输给数据中心，数据中心更新系统中的相关数据。

基于物联网感知技术的设备自动化控制可通过快速自动识别来提高工作效率，通过提供实时和准确的库存信息，实现快速供货并大幅度地降低库存成本。这样，企业就可以根据及时、准确的库存数据进行资源调配，降低因信息不全预测模型预测不准确而给企业带来巨大缺货成本的风险，提高仓库管理效率。

3. 仓储安全监控

仓库的安全包括货物的安全及仓库自身环境和设备的安全，运用物联网技术可对仓储作业环境和设备进行监控。通过实时的安全监控，可以保证仓储正常运行所需要的环境条件和设备状态。

无线传感器网络由部署在监测区域内的大量廉价、能量和处理能力等有限的微型传感器节点组成，以无线通信方式形成一个多跳的自组织网络系统，从而能够相互协作地感知、采集、处理网络覆盖区域中监测对象的信息并报送给观察者。利用无线传感器网络的低功耗、低成本、分布式监测、自组织及不需要固定基础设施支持等优点，可对仓储环境的各项参数进行监控，为储存物品的质量安全提供保障。在仓库内，设备上贴有普通 RFID 标签，WSN 节点与 RFID 阅读器组成一个智能基站，智能基站按照一定的密度摆放在仓库内。该智能基站带有温度传感器、湿度传感器和压力传感器等，可以监测仓库内的温度与湿度等环境参数。同时，该智能基站能够读取货物上 RFID 标签的信息。智能基站之间形成无线传感器网络，各智能基站通过单跳或者多跳的方式，将监测到的温度等环境参数和读取到的 RFID 标签信息传递给仓库内的网关节点，网关节点能够对接收到的数据进行简单处理，通过无线的传输方式将采集到的监测数据传送到数据中心，使管理人员及时掌握仓库环境参数、设备参数、产品的保质期等信息，一旦仓库环境偏离正常值、设备运行环境发生异常或者需要保养维护，通过中心数据平台给系统用户发出警报信息，管理人员能够及时地采取相关措施进行处理。另外，仓库管理中心还可以通过网络将数据传递给远程的数据中心。通过实时的安全监控，可以保证仓储正常运行所需要的环境条件和设备状态。

以计算机技术、网络技术和控制技术为基础的仓储管控一体化系统，运用物联网技术将原本各自独立的管理信息系统与仓储设备自动控制系统紧密地集成在一起，一方面，系统根据节点采集的仓储环境信息和仓储设备信息对仓储作业进行有效管理，实现对整个仓储系统的可视化作业和安全监控；另一方面，系统通过实现各环节的相互协同，提升整个系统的服务水平。这不仅能解决仓储业目前存在的一些问题，适应仓储管理发展的趋势，也为物联网技术在供应链中其他环节的广泛应用奠定了基础。

第五章　基于物联网的物流运输管理

随着物联网技术的发展，传统物流运输行业开始朝智能化、信息化方向发展。通过现代物联网技术，可以达到对传统物流中很难知晓的运输条件、运输状态等进行监测，从而更好地满足用户的需求。通过这种智能化的方式，大大提高了物流运输行业的服务水平。因此，本章将重点介绍现代物流的运输方式、安全监测、物联网的应用以及基于物联网的农资物流管控一体化系统。

第一节　现代物流运输概述

一、现代物流运输的概念

"物流运输"（Physical Distribution，PD）一词最早出现于美国，1915 年阿奇·萧（Arch Shaw）在《市场流通中的若干问题》一书中提到"物流运输"一词，并提出物资在时间或空间上的转移会产生附加值。第二次世界大战期间，美国从军事需要出发，在军火战时供应中首次采用了"物流运输管理"（logistics management）这一名词。第二次世界大战后，"物流运输"一词被美国人借用到企业管理中，出现了"物资管理"（materials management）、"配送工程"（distribution engineering）、"企业后勤"（business logistics），"市场供应"（market supply）等术语来表述物流运输的内涵，现在多以 logistics 表示。日本于 20 世纪 60 年代正式引进了"物流运输"概念，并将其解释为"物的流动""实物流运输动"。此后，物流运输概念在全世界得到了广泛应用和发展。20 世纪 80 年代初，我国从日本直接引人"物流运输"这一概念。

不论国内外各学者、组织对物流运输概念的具体理解有何差异，都认同以下几点：

第一，物流运输不仅包括原材料、产成品等从生产者到消费者的实物流运输动过程，还包括伴随这一过程的信息流动。

第二，物流运输的作用是将物资由供应主体向需求主体转移（包括物资的废弃与还原），创造时间价位和空间价值，并且创造部分形质效果。

第三，物流运输的活动包括运输、保管、包装、装卸搬运、流通加工以及有关的信息活动等。

综上所述，现代物流运输的目的是提高企业收益（增加利润），即通过经营时间（快速送达）、物流运输质量（优良和无差错运送）、备货（所需商品及其数量）、信息（在库、缺货、运送中及到达信息）等物流运输品质的提高，降低从物料调运开始到商品的生产，以及最终顾客的让渡整个过程的物流运输成本，实现企业的高收益。因此，我们认为：现代物流运输是联结供给主体和需求主体，克服空间和时间阻碍的有效、快速的商品流动并提供增值服务的经济活动过程。具体包括运输、保管、包装、装卸搬运、流通加工、配送以及信息处理活动。

二、现代物流运输的构成要素

物流运输活动的构成要素除了实现物质、商品空间移动的输送以及时间移动的保管这两个中心要素外，还有为使物流运输顺利进行而开展的流通加工、包装、装卸、信息等要素。

（一）输送

输送是使物品发生场所、空间移动的物流运输活动。输送系统是由包括车站、码头的运输结点、运输途径、交通机关等在内的硬件要素，以及交通控制和营运等软件要素组成的有机整体，通过这个有机整体发挥综合效应。具体来看，输送体系中运输主要指长距离两地点间的商品和服务移动，而短距离少量的输送常常被称为配送。

（二）保管

保管具有商品储藏管理的意思，它有时间调整和价格调整的机能。保管通过调整供给与需求之间的阻隔促使经济活动安定地开展。相对于以前强调商品价值维持或储藏目的的长期保管，如今的保管更注重为了配合销售政策上的流通目的而从事短期的保管，保管的主要设施是仓库，在基于商品出入库的信息基础上进行在库管理。

（三）流通加工

流通加工是在流通阶段所进行的为保存而进行的加工或者为同一机能形态转换而进行的加工。具体包括切割、细分化、钻孔、弯曲、组装等轻微的生产活动。除此之外，还包括单位化、价格贴付、标签贴付、备货、商品检验等为使流通顺利进行而从事的辅助作业。如今，流通加工作为提高商品附加价值、促进商品差别化的重要手段之一，其重要性越来越突出。

（四）包装

包装是在商品输送或保管过程中，为保证商品的价值和形态而从事的物流运输活动。从机能上来看，包装可以分为保持商品的品质而进行的工业包装，和为使商品能顺利抵达消费者手中、提高商品价值、传递信息等以促进销售为目的的商业包装等两类。

（五）装卸

装卸是跨越交通机关和物流运输设施而进行的，发生在输送、保管、包装前后的商品取放活动。它包括商品放入、卸出、分拣、备货等作业行为。装卸合理化的主要手段是集装箱货盘。

（六）信息

通过收集与物流运输活动相关的信息，使物流运输活动能有效、顺利地进行。随着计算机和信息通信技术的发展，物流运输信息出现高度化、系统化的发展，目前订货、在库管理、所需品的出货、商品进入、输送、备货等五个要素的业务流已实现了一体化。信息包括与商品数量、质量、作业管理相关的物流运输信息，以及与订货、发货和货款支付相关的商流信息。如今，大型零售店、24 小时店（便利店）为了削减流通成本、扩大销售，大多已连接了 POS（Point of Sale：销售时点信息管理）和 EDI（Electronic Data Interchange：电子数据交换）系统，从而使物流运输信息迅速传播。

三、现代物流运输的特征

现代物流运输是与现代社会大生产紧密联系在一起的，体现了现代企业经营和社会经济发展的需要。现代物流运输管理和运作广泛采用了先进的管理技术、工程技术和信息技术等。随着时代的进步，物流运输管理和物流运输活动的现代化水平也在不断提高。因此，现代物流运输在不同时期有不同的内涵。现代物流运输的特征可概括为以下几个方面：

（一）目标系统化

现代物流运输从系统的角度统筹规划一个公司整体的各种物流运输活动，通过物流运输功能的最佳组合，力求实现物流运输整体的最优化目标。物流运输系统化是现代物流运输最主要的特征之一。

（二）手段现代化

随着科学技术的发展与应用，物流运输活动及其管理由手工作业到半自动化、自动化直至智能化，这是一个渐进的发展过程。在现代物流运输活动中，运输手段的大型化、高速化、专用化，装卸搬运机械的自动化，包装单元化，仓库立体化、自动化以及信息处理和传输计算机化、电子化、网络化等，为开展现代物流运输提供了物质保证。

（三）物流运输标准化

物流运输业的社会化和国际化趋势要求物流运输设备、物流运输系统的设计与制造必须满足统一的国际标准，以适应各国、各地区之间实现高效率物流运输运作的要求。物流运输标准化是以物流运输为一个大系统，制定系统内部设施、机械装备包括专用工具等的技术标准，包装、仓储、装卸、运输等各类作业标准，以及作为现代物流运输突出特征的物流运输信息标准，并形成全国以及和国际接轨的标准化体系。实现物流运输标准化是发展物流运输技术、实施大系统物流运输管理的有效保证。

（四）服务社会化

在现代物流运输时代，物流运输业已得到充分发展。企业物流运输需求通过社会化物流运输服务满足的比重在不断提高，第三方物流运输将成为现代物流运输的主体，物流运输产业在国民经济中的作用越来越大。

（五）物流运输网络化

这里，网络化有两层含义：一是指各个物流运输企业之间，物流运输企业与生产企业、商业企业之间，甚至全社会之间均通过信息网络连接在一起；二是指物流运输组织的网络化，即所谓的组织内部网。物流运输网络化是物流运输信息化的必然，是现代物流运输的主要特征之一。当今世界 Internet 等全球网络资源的可用性及网络技术的普及为物流运输网络化提供了良好的外部环境，物流运输网络化不可阻挡。

（六）物流运输可视化

随着现代物流运输技术特别是电子信息技术和光电技术的发展与应用，无论是用户还是供应商，不再为找不到货物而担心或烦恼。他们可以在办公室通过网络了解货物的存储、运输状况，并以文字、数字、图片等信息形式，看见反映货物的物流运输、商流、资金流和信息流的各种情况，物流运输管理不再是"看不见的手"。例如，库存可视化可通过多重定位提供当前库存的实时资料，用户可以用获得的信息来控制和管理库存。货运可视化可以提供网站访问，以获取货运的具体情况，包括发货人、运货人、收货人、货物的详细信息以及基于事件的状态或区域更新的信息等。

（七）物流运输信息化

物流运输信息化是现代物流运输发展的必然要求。物流运输信息化表现为物流运输信息的商品化、物流运输信息收集的数据库化和条形码化、物流运输信息处理的电子化和计算机化、物流运输信息传递的标准化和实时化、物流运输信息存储的数字化等。物流运输信息化是现代物流运输的基础，没有物流运输信息化，任何先进的技术设备都不可能应用于物流运输领域。

（八）反应快速化

在现代物流运输信息系统、作业系统和物流运输网络的支持下，为满足用户多样化、个性化、小批量、多品种、高频次的需求，物流运输对于需求的反应速度在加快，可以实现"今日订货，明日交货；上午订货，下午交货"的理想物流运输。快速反应是当今物流运输的重要特征。同时，物流运输企业及时配送、快速补充订货、迅速调整库存结构的能力正在加强。

（九）功能集成化

现代物流运输从传统的仓储、运输延伸到采购、生产、分销等诸多环节，通过集成，可以优化物流运输管理，降低运营成本，提高物品价值。另外，由于科学技术的发展和在物流运输领域的广泛运用，在提高物流运输管理水平的同时，大量高新技术的采用，也使企业面临着各项技术高度集成的问题。

（十）物流运输国际化

在国际经济技术合作过程中，产生了货物和商品的转移，从而带动了国际运输和国际物流运输的产生与发展。物流运输国际化主要表现为两个方面：一是其他领域的国际化产生了对国际物流运输的需求，即国际化物流运输；二是物流运输本身的国际化，主要表现为国际物流运输贸易、国际物流运输合作、国际物流运输投资、国际物流运输交流。

（十一）智能化

这是物流运输自动化、信息化的一种高层次应用，物流运输作业过程包含大量的运筹和决策，如库存水平的确定、自动导向车的运行轨迹和作业控制、自动分拣机的运行、物流运输配送中心经营管理的决策支持等问题都需要借助于大量的知识才能解决。为了提高物流运输现代化的水平，物流运输的智能化已成为现代物流运输发展的一个趋势。

（十二）柔性化

柔性化本来是为实现"以顾客为中心"理念而在生产领域提出的，但需要真正做到柔性化，即真正地能根据消费者需求的变化来灵活调节生产工艺，没有配套的柔性化的物流运输系统是不可能达到目的的。柔性化的物流运输正是适应生产、流通与消费的需求而发展起来的一种新型物流运输模式。这就要求物流运输配送中心要根据消费需求"多品种、小批量、多批次、短周期"的特色，灵活组织和实施物流运输作业。

四、现代物流运输的作用

根据物流运输的定义，可以说物流运输是一种整合。它是将采购、生产、传统物流运输、销售等予以综合考虑，形成一个科学、高效的管理链，从采购原材料开始到最后将产品送交顾客，将这一"物的流通"的全过程进行高度综合的一体化管理，除了销售物流运输和公司内部物流运输以外，还包括采购物流运输和退货与废弃物物流运输。这一过程保证了社会再生产地不断进行，提供了一系列功能平台，提高了总体经济效益。

（一）物流运输保障再生产过程

1. 物流运输是生产过程的基本保证

无论在传统的贸易方式下，还是在新的贸易（例如电子商务）条件下，生产都是商品流通之本，而生产的顺利进行需要各类物流运输活动的支持。生产的全过程从原材料的采购开始，便要求有相应的供应物流运输活动，使所采购的材料到位，否则，生产就难以进行。在生产的各工艺流程之间，也需要原材料、半成品的物流运输过程，即所谓的生产物流运输，以实现生产的流动性。部分余料、可重复利用的物资的回收，就需要所谓的回收物流运输，废弃物的处理则需要废弃物物流运输。可见，整个生产过程实际上就是系列化的物流运输活动，同时，通过降低费用从而降低成本、优化库存结构、减少资金占压、缩短生产周期，保障现代化生产的高效进行。

2. 物流运输是实现从生产到消费的重要环节

合理化、现代化的物流运输，解决物的空间流动问题，使"物"完成从原材料变为产品再变为消费品这一过程：通过物流运输，生产者得到所需的物料进行生产，经营者得到要销售的商品，顾客得到他们想要的消费品。这样，通过物流运输，将商品在适当的交货期内准确地向顾客配送；对顾客的订货尽量得到满足，不使商品脱销；适当地配置仓库、配送中心，维持商品适当的库存量；使运输、装卸、保管等作业自动化；维持适当的物流运输费用；使从订货到发货的信息流畅无阻；把销售信息迅速地反馈给采购部门、生产部门和营业部门。可见，物流运输保证了生产到消费的循环过程，满足了社会的需要。

（二）降低成本

物流运输在实现高效管理方面起着重要作用，它可以通过下述几方面来减少成本和增加顾客价值：

（1）准确地按期将商品送交顾客，满足市场需求，及时产生价位。

（2）尽可能减少商品供应的断档，保持生产经营中资金流的连续性。

（3）适当安排物流运输节点，提高配送效率，保持合理库存水平，以实现动态平衡。

（4）使生产、运输、保管、搬运、包装、流通加工等不同过程一体化、系统化，节约和合理利用资源。

（5）从接受订货到发货和配送信息通畅，使物流运输成本最小。

（三）提高效益，增加销售和盈利

（1）运营过程的集约化。企业的运营分别存在着采购、生产、销售等运营逻辑。物流运输的综合作用将超越所有这些逻辑，追求包含从采购到销售在内的"物的流动"的整体最佳状态。

（2）获得外部关系的最佳化。物流运输过程首先把满足顾客要求放在首位，然后设计企业内部"物的流动"的整体最佳状态。这是一种向顾客提供商品的活动，可以说是一种满足需要的"需要满足功能"；同时也是使企业外部供应商以及分销商等到达最终顾客的各个渠道畅通的整个"物的流动"，追求整体最佳，以提高效益。

（四）提高企业的核心能力

1. 通过物流运输提高企业的管理能力

物流运输不只是简单的"物"的流动，需要高度的组织性和对于不断变化的市场与形势的适应能力。在把生产的商品送交消费者的过程中，企业的各项活动需要被高度理性化地组合起来，在这一过程中，企业本身也在不断地改变自身，提升管理的水平和层次。

2. 通过物流运输增强企业竞争力

企业要使自己的商品优于其他公司商品，不仅要加强销售活动，还要搞好物流运输服务，使物流运输服务也优于其他公司。在商品的质量和价格都基本等同的情况下，必须把物流运输作为一种销售竞争的手段，争取在对顾客服务方面取得优势，所以物流运输就成为商品营销中的竞争力量。解决把所需的商品在指定场所、指定时间、以指定的价格送交顾客的问题，使需要和供给互相契合，实现"供需综合平衡功能"，这正是企业核心能力的表现。提高物流运输的水平，实际上就是在提高企业自身的核心能力，使企业在竞争激烈的市场上立于不败之地。

综上所述，在现代社会生活中，缺少了物流运输是不可想象的，特别是在人们追求提高生活质量的今天，社会对物流运输的需求已成为热门话题，物流运输起着越来越重要的作用。

第二节 现代物流的运输方式

一、公路运输

公路运输是主要使用汽车在公路上进行货物运输的一种方式，是我国货物运输的主要形式，在我国货运中所占的比重最大，可以与铁路、水路运输联运，形成以公路运输为主体的全国货物运输网络。

公路运输主要承担近距离、小批量的货运，水路和铁路运输难以到达地区的长途、大批量货运以及铁路、水运难以发挥优势的短途运输。由于公路运输具有很强的灵活性以及高速公路的发展，在有铁路、水运的地区，较长途的大批量运输也使用公路运输。同时，公路运输还起到补充和衔接的作用，完成其他运输方式到达不了的地区的运输任务，实现门到门的运输服务。

公路运输是影响面最广泛的一种运输方式，其优势如下：

1. 全运程速度快

据统计，一般在中、短途运输中，公路运输的运送速度平均比铁路运输快 4~6 倍，比水路运输快近 10 倍。在公路运输过程中，不需要中转，换装环节少，因此运输速度较快，对于限时运送的货物或为适应市场临时急需的货物，公路运输的优势明显。公路可以实现"门到门"的直达运输，空间活动领域大，这一特点是其他任何运输方式所不具备的，因而公路运输在直达性上也具有明显优势。

2. 营运灵活

公路运输有较强的灵活性，可以满足用户的多种要求。其既自成体系，又可以成为其他运输方式的接运方式；其能灵活制定运营时间表，随时调拨，运输伸缩性大；汽车载重量可调，既可单车运输，又可以拖挂运输，对货物批量的大小具有很强的适应性；汽车可到处停靠，受地形气候限制小。

3. 原始投资少，资金回收快，易于因地制宜，对收到站设施要求不高，操作人员容易培训。

同时，公路运输具有如下缺点，在进行公路运输任务安排时需要考虑如下因素的影响：

（1）载重量小，不适宜装载重件、大件货物。

（2）运输费用相对昂贵，公路运输的经济半径一般在 200km 以内，不适合长途运输。

（3）车辆运行中振动较大，易造成货损货差，造成不必要的损失。

（4）汽车运行过程消耗能量多，易造成环境污染，环保性较差。

二、铁路运输

铁路运输是指使用铁路列车运送货物的一种运输方式，是目前我国货物运输的主要方式之一，其最大特点是适合长距离的大宗货物的集中运输，并且以集中整列为最佳，整车运输。其优点是运载量较大、速度快、连续性强、远距离运输费用低（经济里程在200km以上），一般不受气候因素影响，准时性较强，安全系数较大，是营运最可靠的运输方式。铁路运输也有其缺点，如资本密集、固定资产庞大、设备不易维修等。具体表现为：

（1）投资高，建设周期长，噪声较大。

（2）营运缺乏弹性。铁路运输受线路、货站限制，不够机动灵活；同时，铁路运输受运行时刻、配车、编列或中途编组等因素的影响，不能适应用户的紧急需要。

（3）货损较高。铁路运输可能因为列车行驶时的振动及货物装卸不当，容易造成所承载货物的损伤，而且运输过程需要多次中转，也容易导致货物损坏、遗失。

铁路货物运输，按照货物的数量、性质、形状、运输条件等，可以分为整列运输、整车运输、集装箱运输、混装运输（零担货物运输）和行李货物运输等。铁路货物运输还可以分为营业性线路运输和专用线路运输等。

根据上述特点，铁路运输主要适合大宗低值货物的中、长距离运输，也较适合运输散装货物（如煤炭、金属、矿石、谷物等）、罐装货物（如化工产品、石油产品等），此外还适于大宗货物的单次高效率运输。对于运费负担能力小、货物批量大、运输距离长的货物运输来说，铁路运输的运费比较便宜。

三、水路运输

水路运输是指使用船舶运送货物的一种运输方式。水路运输主要承担大数量、长距离的运输，是在干线运输中起主力作用的运输形式。水路运输有沿海运输、近海运输、远洋运输、内河运输四种运输形式。

（1）沿海运输，是使用船舶通过大陆附近沿海航道运送客货的一种方式，一般使用中、小型船舶。

（2）近海运输，是使用船舶通过大陆邻近国家海上航道运送客货的一种方式，视航程可以使用中型船舶，也可以使用小型船舶。

（3）远洋运输，是使用船舶跨大洋的长途运输形式，主要依靠运量大的大型船舶。

（4）内河运输，是使用船舶在陆地内的江、河、湖、川等水道进行运输的一种方式，主要使用中、小型船舶。

水路运输的特点是运输能力大、能源消耗低、航道投资省、不占用耕地面积，节约了土地资源，并且能以最低的单位运输成本提供最大的运量。尤其是在运输大宗货物或散装货物时，采用专用的船舶运输，可以取得更好的技术经济效果。但是，水路运输也存在一些缺点，如船舶平均航速较低，货物运输速度较慢；港口的装卸搬运费用较高，故不适合短距离运输；航运和装卸作业受气候条件的影响较大，例如，江河断流、海洋风暴、台风等影响，因而呈现较大的波动性及不平衡性，难以实现均衡生产。根据水路运输的上述特点，其主要适合大批量货物运输，特别是集装箱运输；原料、半成品等散货运输，如建材、石油、煤炭、矿石、谷物等；国际贸易运输，即远距离、运量大、不要求快速抵达的国际客货运输。

四、航空运输

航空运输是在具有航空线路和航空港（飞机场）的条件下，利用飞机运载工具进行货物运输的一种运输方式。与其他运输方式相比，航空运输具有以下几方面的特征：

（1）高速直达性。高速直达性是航空运输最突出的特点。由于在空中较少受到自然地理条件的限制，因而航线一般取两点间的最短距离。这样，航空运输就能够实现两点间的高速、直达运输，尤其在远程直达上更能体现其优势。

（2）安全性。随着航空技术的发展（如维修技术的提高），航行支持设备（如地面通信设施、航空导航系统、着陆系统以及保安监测系统）的改进与发展，更提高了其安全性。尽管飞机事故的严重性最大，但按单位货运周转量或单位飞行时间损失率来衡量，航空运输的安全性是很高的。

（3）受气候条件限制。因飞行条件要求很高，航空运输在一定程度上受到气候条件的限制，从而在一定程度上影响运输的准点性与正常性。

（4）可达性差。航空运输难以实现客货的"门到门"运输，必须借助其他运输工具转运。

（5）载运量小。

（6）基本建设周期短、投资少。与修建公路和铁路相比，建设周期短、占地少、投资省、收效快。

结合上述航空运输的特点，在运输中主要承担以下作业：

（1）国际运输。这是航空运输的主要收入来源，航空运输对促进国际间的技术经济合作与文化交流起着重要的作用。

（2）适合高附加值、小体积的物品运输。临近机场的高级电子工业、精密机械工业、高级化学产品工业等高附加值的产业通常通过航空运输实现国际的运输。

五、管道运输

管道运输主要是利用管道，通过一定的压力差而完成商品运输的一种现代运输方式。所运输的货物主要有石油（原油和成品油）、天然气、煤浆以及其他矿浆。管道运输与公路运输、铁路运输、水路运输和航空运输的不同之处在于管道运输所采用的运输设备是固定不动的，三口在管道建设好之后管道设备是静止的。

管道运输的最大优点如下：

（1）运量大。管道设备可以连续不断地运行，运量大。

（2）占地面积少。管道常常埋设在地底，占用的土地面积少，节约了土地资源。

（3）管道运输建设周期短、费用低、运营费用低。

（4）管道运输安全可靠、连续性强。由于石油、天然气易燃、易爆、易挥发、易泄漏，采用管道运输，既安全，又可大大减少挥发损耗，同时由于泄漏导致地对空气、水和土壤的污染也可大大减少，管道运输能较好地满足运输工程的绿色环保要求。此外，由于管道基本埋在地底下，其运输过程受气候条件影响小，可确保运输系统长期稳定运行。

（5）管道运输耗能低、成本低、效益好。

管道运输的缺点如下：

（1）灵活性差。管道系统是一个单向封闭的输送系统，不如其他运输方式灵活，且只能运输特定的货物，货物运输品种单一。

（2）当运输量降低很多且超出其合理经济运行范围时，其优越性难以发挥，因此比较适合定点、量大、单向的流体运输。

第三节　货物运输在途安全监控系统

一、基于 RFID 的智能物流在途系统安全架构

基于 RFID 的智能物流系统安全架构包括安全认证协议、数据传输加密和 RFID 中间件安全三方面。

（一）安全认证协议

在基于 RFID 技术的智能物流信息系统中，系统包含大量的贴有标签的流动物品，而标签和读写器之间的无线通信信道是不安全的，标签容易被非法读取、数据易被窃听等，因此对标签和阅读器的合法性进行身份认证是非常必要的。为了解决在数据通信中阅读器和标签的身份合法性，在通信前必须对双方的身份合法性进行验证，利用对称的安全认证方式可以解决这个问题。在该安全认证方式中将应用 Hash 函数、产生随机数等这些算法或者功能中的一个或几个。

另外，阅读器的功能有限，只能对数据进行一些简单地处理，很难达到物流系统的智能需求，并且读写器和后端数据库进行数据交互时也存在一定的安全隐患，所以在 RFID 系统中加入 RFID 中间件技术来解决这些问题。尽管如此，RFID 技术的应用也存在一定安全漏洞，所以必须认证与 RFID 中间件通信的读写器的合法身份，防止读写器欺骗 RFID 中间件，骗取机密信息。

（二）数据传输加密

在密码学理论中，加密算法主要分成两大类：对称密钥算法和非对称密钥算法。在对称密钥算法中，通信双方拥有一个相同的密钥来进行加密和解密。对于非对称密钥算法，加密密钥是公开的，而解密必须提供用一个专用的密钥，属于公钥密码体制的范畴。同时两者有各自的优点和缺点，在分派和管理密钥上，对称密钥算法比较复杂，而非对称密钥算法不要求密钥有很高的保密性。另外，对称密钥算法对于计算能力要求不高，而非对称密钥算法的计算比较复杂，要求较高。

智能物流系统中，电子标签不仅存储标签的 ID 信息，而且还存储商品信息，而数据通信的信道一般是无线的，所以数据在传输时很容易被攻击者窃听，或者受到哄骗攻击。为了保证数据的安全性、有效性和完整性，采用基于流密码算法的传输方式可以解决数据传输过程中的信息泄露问题。流密码的加密过程是先把原始明文转换成数据，然后，将它与密钥序列逐位加密生成密文序列发送给接收者，接收者用相同的密钥序列对密文进行逐位解密来恢复明文。

（三）RFID 中间件安全

RFID 中间件应用到系统中可以保护 RFID 数据的安全。RFID 中间件介于上层应用系统与数据采集子系统之间。采集层含有的硬件设备主要是读写器，而读写器的功能有限，它只能作为一个通信接口，向下向标签发出请求指令，获取标签的数据，向上将数据传输给后端数据库，因此本身无数据操作处理能力。

但是阅读器要如何操作，什么时候与标签通信，获取什么信息，这些都需要上层应用系统加以统一分配和管理。RFID 中间件可以实现这一功能，它可以根据上层应用系统要求请求获取采集层对应的数据信息，并加以数据处理，再将其传输给上层应用系统，减少上层应用系统的工作量，可以让用户获得需要的数据和信息。

RFID 中间件的使用对于 RFID 系统有很多好处，但是也要注意它的一些安全方面的问题。在未加入 RFID 中间件的 RFID 系统中，人们一般认为后端数据库和阅读器之间的通信信道是安全的，因此不容易受到攻击。而在引入 RFID 中间件的 RFID 系统中，后端数据库与阅读器之间的信道就被分为两个部分：中间件和阅读器之间的信道；中间件与后端数据之间的通信信道。特别是中间件和阅读器之间的信道是不安全的，在这个信道范围内，一些非法的读写器能够哄骗 RFID 中间件信任它，并给它发出一些机密信息，或者冒充合法读写器，在获得一些信息后向标签发出通讯请求来获取标签中的敏感信息。另外，RFID 中间件还连接着上层应用系统，因此还必须保证中间件与上层应用系统之间通信的安全。

（四）RFID 安全协议

国内外专家和学者已经针对物流配送及射频识别系统的认证协议展开了大量研究，并产生了不少具有理论和实际意义的研究成果，这些成果对于进一步推进智能物流系统中射频识别技术及其认证协议的研究和实践产生了重要意义。

当前，对射频识别技术的研究和应用还处在起步阶段。在实际应用方面，依靠的是经验决策和先例借鉴；在理论方法研究方面，零散而不系统，针对性和可操作性不强。

二、基于 RFID 的物流货物在途安全措施

常见的基于 RFID 的物流安全措施包括以下几项：

（1）读写器身份合法性验证与访问控制。阅读器请求通信时，RFID 中间件需要对阅读器身份的合法性进行验证，防止非法读写器哄骗攻击。

（2）操作人员身份合法性验证与访问控制操作人员登录系统必须认证其身份，防止越权操作和管理系统。

（3）数据存储安全规范。存储数据时，要设置数据的机密等级，对于非常重要的数据要进行加密处理，只有一定权限的人才有解密密钥，才能对数据进行解密处理，查看数据。

第四节　交通运输物联网系统

一、交通运输与物联网

（一）物联网的定义

物联网的英文名称为"The Internet of Things"，简称 IoT。由该名称可见，物联网就是"物物相连的互联网"。这有两层意思：第一，物联网的核心和基础仍然是互联网，是在互联网基础之上延伸和扩展的一种网络；第二，其用户端延伸和扩展到了任何物品与物品之间，进行信息交换和通信。因此，物联网的定义是通过射频识别（RFID）装置、红外感应器、全球定位系统、激光扫描器等信息传感设备，按约定的协议，把任何物品与互联网相连接，进行信息交换和通信，以实现智能化识别、定位、跟踪、监控和管理的一种网络。

这里的"物"要满足以下条件才能够被纳入"物联网"的范围：①要有相应信息的接收器；②要有数据传输通路；③要有一定的存储功能；④要有 CPU；⑤要有操作系统；⑥要有专门的应用程序；⑦要有数据发送器；⑧遵循物联网的通信协议；⑨在世界网络中有可被识别的唯一编号。

2009 年 9 月，在北京举办的物联网与企业环境中欧研讨会上，欧盟委员会信息和社会媒体公司 RFID 部门负责人 Lorent Ferderix 博士给出了欧盟对物联网的定义：物联网是一个动态的全球网络基础设施，它具有基于标准和互操作通信协议的自组织能力，其中物理的和虚拟的"物"具有身份标识、物理属性、虚拟的特性和智能的接口，并与信息网络无缝整合。物联网将与媒体互联网、服务互联网和企业互联网一道，构成未来互联网。

（二）物联网应用系统的组成

物联网应用系统可以分为三个部分：RFID 系统、中间件系统（Savant 系统）及互联网。物联网应用于物流的整个过程，当产品完成生产，即为其贴上存储有 EPC 码的电子标签，直到产品经历整个生命周期。EPC 代码作为它的唯一身份标识，除了存储单品的完整信息外，还可以通过该 EPC 编码在物联网上实时地查询和更新产品的相关信息，即可以同时进行产品信息的读取和写入，在物流的各个环节实现产品的定位追踪。

在运输、销售、使用、回收等其他环节，读写器都会在一定的读取范围内实时监测标签的存在，并将标签所含 EPC 数据传送到 Savant 系统，该中间件通过读取到的 EPC 数据，在 Internet 上的 DNS 服务器上获取包含该产品信息的 EPC 信息服务器的 IP 地址，从而掌握产品所处的状态，如是否安全到达、销售状况等。另外，还可以根据具体需要，通过本地 EPC 信息服务器和源 EPC 信息服务器进行产品数据的记录和修改。

（三）物联网在交通运输中的作用

1. 货物跟踪

物联网借助互联网、RFID 等无线数据通信等技术，实现了单个商品的识别与跟踪。

基于这些特性，将其应用到物流的各个环节，保证商品的生产、运输、仓储、销售及消费全过程的安全和时效，将具有广阔的发展前景。

基于物联网的支持，电子标签承载的信息就可以实时获取，从而清楚地了解到产品的具体位置，进行自动跟踪。对制造商而言，原材料供应管理和产品销售管理是其管理的核心，物联网的应用使得产品的动态跟踪运送和信息的获取更加方便，对不合格的产品及时召回，降低产品退货率，提高了自己的服务水平，同时也提高了消费者对产品的信赖度。另外，制造商与消费者信息交流的增进使其对市场需求做出更快地响应，在市场信息的捕捉方面就夺得了先机，从而有计划地组织生产，调配内部员工和生产资料，降低甚至避免因牛鞭效应带来的投资风险。

2. 降低运输风险

对运输商而言，电子产品代码 EPC 可以自动获取数据，进行货物分类，降低取货、送货成本。并且，EPC 电子标签中编码的唯一性和仿造的难度可以用来鉴别货物真伪。由于其读取范围较广，则可实现自动通关和运输路线的追踪，从而保证了产品在运输途中的安全。即使在运输途中出现问题，也可以准确地定位，做出及时地补救，使损失尽可能降到最低。这就大大提高了运输商送货的可靠性和效率，从而提高了服务质量。

3. 降低成本

运输商通过 EPC 可以提供新信息增值服务，从而提高收益率，维护其资产安全。不仅如此，利用 RFID 技术对高速移动物体识别的特点，可以对运输工具进行快速有效地定位与统计，方便对车辆的管理和控制。具体应用方面包括公共交通票证、不停车收费、车辆管理及铁路机车、车辆、相关设施管理等。基于 RFID 技术，可以为实现交通的信息化和智能化提供技术保障。实际上，基于 RFID 技术的军用车辆管理、园区车辆管理及高速公路不停车收费等应用已经在开展。

二、公路运输与物联网系统

(一) RFID 技术在公路运输中的应用

1. 在公路运输中应用 RFID 技术的必要性

随着全国高速公路网络规划的逐步建成和完善，高速公路运输在综合运输体系和国民经济发展中起着越来越重要的作用。但是，高速公路运输体系所追求的快速、高效和安全，在很大程度上受各类事故和自然灾害等因素的影响和制约。例如，恶劣天气或汽车抛锚引起汽车追尾等事故所造成的损失越来越大，成为威胁人们生命及财产安全的重大隐患。因此，对高速公路车辆进行监测，及时发现各路段及关键点的车辆行驶异常情况并采取相应的应急措施，最大限度减少各类交通事故，是保证高速公路安全、舒适、快速运营的必要手段。

2. RFID 技术在公路运输管理上的具体应用

(1) 系统概述。采用 SP-D300 型读写器（最大读写距离可达 80m）极高的防冲突性，采用多种防冲突方案，可同时识别 200 个以上不同的射频识别卡；高速度，Super RFID 的移动时速可达 200km 以上；智能化，RFID 与收发器之间可实现双向高速数据交换，使应用灵活，数据安全得到保证。由安装在车辆内携带的超级远距离电子标签、传输处理分站（含发射天线、接收天线、目标识别器）、数据传输接口、地面中心站软件组成。当携带标识卡的车辆通过传输处理分站区域时，标识卡立即发射出具有代表身份特征的射频信号，经目标识别器接收并通过传输处理分站发送到中心站。中心站接收来自传输处理分站上的编码信号，实现对车辆跟踪定位信息的采集、分析处理、实时显示历史数据、存储报表查询打印等功能，使管理人员能及时准确地查询各种信息，方便险情的及时提醒和实时处理，提高和优化高速公路的整体管理水平。路面车辆跟踪定位基站及管理系统涉及计算机软件、数据库、电子电路、数字通信、无线识别技术等方面。在设计方案时，系统以标准的 SQL Server 2000 数据库进行后台数据交换。

系统总体设计主要体现在以下几点：

1）实现车辆的有效识别和监测，对前方事故及车辆情况进行报警。使管理系统充分体现人性化、信息化和自动化，实现数字公路的目标。

2）一旦发生安全事故，通过该系统立刻可以知道事故现场车辆情况及位置，保证抢险和安全救护工作的高效运作。

3）系统设计的安全性、可扩容性、易维护性和易操作性。

（2）系统原理及构成。公路各分站设备的车辆信息采集处理板将低频的加密数据载波信号经发射天线向外发送；随身携带的标识卡进入高频的发射天线工作区域后被激活（未进入发射天线工作区域标识卡不工作），同时将加密的载有目标识别码的信息经卡内高频发射模块发射出去；接收天线接收到标识卡发来的载波信号，经分站车辆信息采集处理板接收处理后，提取出目标识别码，并经车辆信息传输处理板送至计算机，完成预设的系统功能，从而实现车辆的自动化监控及管理。用一定数量的监测站点（读卡器）按一定间距（约 160m）设立在高速公路上构成监控带，可以自动记录各站点通过车辆的编码和通过时间，从而确定车辆在任意时刻在路面所处的位置，便于查询。在事故发生时，能够实现快速有效地处理。

监测管理部分由数据通信接口、HUB、监控主机（含监控管理软件）、打印机、网络终端、防雷设备等组成。其中通信接口是将 RS485 接口信号转换为监控计算机 RS232 串口信号；HUB 用于设备网络连接；监控计算机（含监测管理软件）及数据库，实现对信息的自动化管理目标，在计算机屏幕上直观动态显示车辆的分布情况，使路面车辆情况一目了然；打印机主要用来打印车辆监测管理报表；网络终端主要是车辆监测信息的网上共享。

（3）系统软件功能。车辆运行安全管理系统软件采用的 Delphi2005 集成开发工具进行开发设计，该系统是在 Windows XP 环境下以 SQL Server2000 数据库为核心并采用 C/S 与 B/S 相结合的模式开发而成的目标实时定位跟踪查询、车速监测、事故处理、历史数据查询打印、数据统计、系统设置和联网等功能。

1）目标实时定位跟踪查询。实时查询车辆的动态分布情况及数量；查询高速路上任一车辆当前位置和某一时刻所处的位置，并进行实时跟踪显示。

2）车速监测。对车辆在各个区域的车速及前后车辆情况进行监测。对前方有突发事故或其他异常情况进行报警提醒。

3）事故处理。当某路段发生事故时，可迅速确定事故发生地点、车辆数量及身份等信息，为事故处理迅速提供准确的依据，将损失减少到最少。

4）历史数据查询打印。可查询指定日期、指定车辆在任意路段的具体情况，查询和打印相关信息。

5）数据统计。将各类信息统计汇总，按指定的格式统计事故发生路段分布，提供各路段的车辆、车速情况表等。

6）系统设置和联网功能。设置系统的数据库连接，并提供基于 Web 的查询系统，能确保相关人员通过网络准确、及时地了解高速公路上各车辆的具体情况。

（二）GPS 技术在公路运输中的应用

1.GPS 技术在公路运输中的运作模式

汽车导航系统是在 GPS 基础上发展起来的一门实用技术。它通常由 GPS 导航、自律导航、车速传感器、陀螺传感器、微处理器、CD-ROM 驱动器、IJCD 显示器组成。它通过 GPS 接收机接收到多颗 GPS 卫星的信号，经过计算得到汽车所处位置的经纬度坐标、汽车行驶速度和时间信息。它通过车速传感器检测出汽车行驶速度，通过陀螺传感器检测出汽车行驶的方向，再依据时间信息就可计算出汽车行驶的动态轨迹。将汽车实际行驶的路线与电子地图上的路线进行比较，并将结果显示输出，可以帮助驾驶人员在正确的行驶路线上行驶。

通过采用 GPS 对车辆进行定位，在任何时候，调度中心都可以知道车辆所在位置、离目的地的距离，同时还可以了解到货物尚需要多长时间才能到达目的地，其配送计划可以精确到小时。这样就提高了整个物流系统的效率。另外，借助于 GPS 提供的准确位置信息，可以对故障或事故车辆实施及时的援救。

GPS 目前在客货运输中的应用模式类似于手机运营商的模式，即使用人（单位）购买信号接收终端后，安装在需要监控车辆上，则该车辆的行驶信息即开始通过终端发送到运营商的服务器上。使用人采用 Web 网页或软件方式从运营商的服务器上获取车辆信息或下达管理指令。

目前管理方式主要有 B/S 式和 C/S 模式两种。B/S 模式：通过浏览器登录运营商网站，使用人（单位）输入对方授权的用户名和密码，即可监控或管理自己的车辆，优点是在任何地点，只要有一台可上网的电脑，即可随时监控，缺点是相关功能减少；C/S 模式：使用单位或个人在固定监控计算机上安装客户端程序，运行后自动登录运营商服务器，监控本单位的车辆。优点是监控、管理的选项多、功能多，缺点是监控地点固定。根据实际情况，也可以上述两种模式同时使用。运营商系统平台涉及通信网关技术、小负荷条件下海量信息发送技术、车载设备驱动技术等；车载终端平台则涉及不同条件下触发信号采集、判断、后续动作实施技术，TCP/UTP 两种链接方式的兼容技术，集成身份识别技术，如 IC 卡、指纹识别器、加密 u 盘等；终端软件则涉及区域查询、电子地图分析、数据库技术等。

2.GPS 技术在公路运输管理上的应用

（1）车辆跟踪、定位。利用 GPS 和电子地图能够实时显示出车辆的实际位置，并放大、缩小、还原、换图；能够随目标移动，使目标始终保持在屏幕上；能够多窗口、多车辆、多屏幕同时跟踪；可对重要车辆和货物进行跟踪运输。

（2）资料信息查询。提供主要物标，如旅游景点、宾馆、医院等数据库，能够在电子地图上根据需要进行查询。查询的资料以语言及图像的形式显示，并在电子地图上显示其位置。同时，监测中心可以利用监测控制台对区域内任意目标的所在位置进行查询，车辆相关信息将以数字形式在控制中心的电子地图上显示出来。

（3）出行路线规划。规划出行路线是汽车导航系统的一项重要辅助功能，包括：①自动路线规划：由驾驶员确定起点和终点，由计算机软件按照要求自动设计最佳行驶路线，包括最快的路线、最简单的路线、通过高速公路路段次数最少的路线等；②人工路线设计：由驾驶员根据自己的目的地设计起点、终点和途经点等，自动建立路线库。路线规划完毕后，显示器能够在电子地图上显示设计路线，并同时显示汽车运行路径和运行方法。

（4）监控运输车辆。指挥中心可以监测区域内车辆的运行状况，对被监控车辆进行合理调度。指挥中心也可随时与被跟踪目标通话，实行管理。

（5）紧急援助。通过 GPS 定位和监控管理系统可以对遇有险情或发生事故的车辆进行紧急援助。监控台的电子地图可显示求助信息和报警目标，规划出最优援助方案，并以报警声、报警光提醒值班人员进行应急处理。

（三）GIS 技术在公路运输中的应用

1. 在公路运输中应用 GIS 技术的必要性

高速公路监控系统主要通过外场设备对现场交通状态实时采集，针对高速公路范围内各种交通状态、交通事件和气象状况，利用建立的数学模型进行相关计算，生成相应的控制策略和控制方案，通过控制人员的确认采用不同的控制方案，通过可变情报板、可视信息等途径反馈给驾驶人员，诱导交通流运行在管理者期望的状态，达到安全、高效的目的。该系统由基于 GIS 的交通综合监控系统和外场设备控制及其数据采集系统组成。其中GIS 的交通综合监控系统主要由 GIS 地图控制和实时反馈、从外场设备控制及其数据采集系统传输过来的信息、数据的统计与分析、设备管理、信息管理、用户管理等组成。外场设备控制及其数据采集系统主要负责对外场设备的数据采集和控制设置。

随着高速公路的迅速发展，以及车流量的不断增加，现代化的监控系统将越来越多地显示其在公路管理中不可取代的地位。目前，市场上也已经出现了高速公路管理系统，但是，综观这些系统，只是在高速公路管理系统中加入了现代化的设备，并没有充分利用这些设施对高速公路进行整体上地管理和监控。高速公路本身是一种地理对象，由此我们想到，可以把地理信息系统的知识引入到高速公路的管理中去，从而实现对高速公路整体上的管理，同时辅以办公自动化技术、计算机网络技术等以实现高速公路真正意义上的现代化的管理及监控。

2. GIS 技术在公路运输管理上的应用

近年来，地理信息系统在交通领域的应用已逐渐普遍，并已取得了很大的经济效益与社会效益。随着经济的快速增长，我国的高速公路建设发展极为迅速。在如此广泛的范围内，实现高速公路的各类信息管理与查询，桌面级的 GIS 应用已不能满足要求，可移动办公势在必行，基于网络的 GIS（Web GIS）经过近几年来的理论探索与应用研究，已逐步应用到高速公路管理中来。高速公路监控系统的输入是反映公路上车辆运行情况的交通参数和交通状况，这些信息经监控系统分析、处理、判断后，可发生指令，控制道路情报板，变更其显示内容，实施对交通流地调节和控制。其性能的优劣，在一定程度上取决于车辆驾驶员能否协调配合工作，接受系统的调度和指挥。据高速公路监控系统运行资料表明，它不仅能改善高峰期间车辆行驶的平均速度，增加高峰期间的交通量，减轻交通堵塞程度和缩短车辆延滞时间，同时也能大大减少交通事故和保证交通安全，节约燃料和减少车辆的磨损，缩短运输时间，减少污染，发挥高速公路快速、安全、舒适和高效率的功能。监控系统具有较为显著的经济效益、社会效益和环境效益。从发达国家公路管理的发展来看，随着计算机硬件性能的大幅度提高、价格不断下降以及 GIS 软件技术的日益完善，通过引入 Web GIS 技术以进一步丰富、完善和提高公路监控方法和手段，已经成为高速公路监控系统发展的必然趋势。

三、航空运输与物联网系统

（一）RFID 技术在航空运输中的应用

1. 在航空运输中应用 RFID 技术的必要性

随着经济全球化的迅速发展，物流业越来越受到世界各国的重视。物流跟踪在物流业中占据越来越重的地位，它在提高物流质量方面起到了举足轻重的作用。射频识别（Radio Frequency Identification，RFID）（以下通称"RFID 技术"）技术作为物流跟踪的前沿技术，越来越受到大家的关注。20 世纪 90 年代以来，RFID 技术得到了快速的发展。RFID 技术，是一种利用射频通信实现的非接触式自动识别技术。它已经迅速渗入经济发达国家和地区的很多领域，并得到了相关技术与应用标准的国际化的积极推动。目前，RFID 技术在经济发达国家的物流业中得到了迅速发展，预计在不远的将来，RFID 将为中国物流业带来一场技术与成本的革命。

2. RFID 技术在航空运输管理上的应用

近年来，中国的物流领域正处在高速发展期，而 RFID 技术可以显著降低供应链管理和物流管理的成本，有助于降低各种意外造成的损失，有助于减小一些体积较小的商品被盗的可能性等，在客户管理和物流供应链管理方面带来了一场革命。中国作为人口大国，经济规模不断扩大，正成为全球制造的中心，RFID 技术有着广阔的应用市场。针对物流这一快速发展的行业，中国已初步开展了 RFID 相关技术的研发及产业化工作，并在部分领域开始了应用，但由于基础薄弱，缺乏核心技术，应用分散，不具备规模优势。RFID 技术的发展与应用是一项复杂的系统工程，涉及众多行业和政府部门，影响到社会、经济、生活的诸多方面，在广泛开展国际交流与合作的基础上实现自主创新，需要政府、企业、研发机构间的统筹规划、大力协同，最大限度地实现资源合理配置和优势互补。为此，科技部会同国家发改委、信息产业部、交通部、海关总署、国家质量监督检验检疫总局、国家标准化管理委员会以及中国标准化协会、中国物流与采购联合会等，共同组织各部门的专家编写了 RFID 技术的推广政策，从 RFID 技术发展现状与趋势、中国发展 RFID 技术战略、中国 RFID 技术发展及优先应用领域、推进产业化战略和宏观环境建设五大方面为中国 RFID 技术与产业未来几年的发展提供系统性指南。国航公司、山航公司、大韩航空、全日空航空等航空公司均在此设立了办事处。美国康捷空、UPS 等世界 500 强企业货运营业部也落户其中。随着中国改革开放的进一步深化，特别是加入 WTO 之后，各家航空公司对航空物流更加重视，战略上从"轻货重客"转变为"客货并举"，近年来，随着航空货运业务在全球的快速发展和自动分拣技术的普遍应用，在航空货物物流中对提高货运的效率、降低分拣差错率都提出了更高的要求。而 RFID 技术的独特之处获得了在航空物流领域内的青睐。具体来说，RFID 应用的主要优势包括可以增加行李/货物的可见性、降低运营成本、提高客户服务水平及客户满意度。RFID 技术在航空货运管理上的应用可以为用户带来从货物代理收货到机场货站、安检、打板以及地服交接等环节效率的提高和差错率的降低，并可监控货物的实施位置。这为航空货运行业进一步提高运能、合理利用运力资源、改善服务质量提供了可靠的技术手段。

（二）GPS 技术在航空运输中的应用

1. GPS 技术在航空运输中应用的必要性

中国民用航空总局航空安全技术中心在 2005 年 12 月提出通用飞机空地指挥系统，此系统利用卫星定位系统（GPS）与地理信息系统（GIS）结合来确定飞机在空中的位置。其原理是飞机上的 GPS 接收机将飞机的位置（经度、纬度、时间）数据传给飞机上的机载计算机，机载计算机将接收到的 GPS 信息通过机载数传电台向地面发送。地面计算机的屏幕上绘有机场的空域范围及飞机应该飞行的路径，地面计算机将接收到的信息通过坐标转换（WGS84 Beijing 1954），在地面计算机屏幕的相应位置显示出来，这样，就可以在地面计算机的屏幕上清楚地看出飞机偏离航线的情况及各架飞机的相互位置。在国内民航的大型机场，飞机的指挥调度系统是通过二次雷达来实现，即飞机上装有应答机，机场安装二次雷达，二次雷达将接收到的应答机信号进行解算，解算出飞机的位置和高度，在二次雷达的显示屏上显示飞机的位置、高度以及飞机的编号，管制员通过每一架飞机在屏幕的位置和高度进行指挥调度。但二次雷达的价格昂贵，安装一部二次雷达需要花费几千万元人民币，并且飞机上必须配备二次应答机。这些对中小型机场和通用飞机更是不可能的。

目前在一些通用机场的做法是通过"摆棋子"来指挥调度。即每一个棋子写有飞机的编号，管制员与飞行员不断地通话，由飞行员来回答飞机的位置，管制员将写有该飞机编号的"棋子"放在图纸的相应位置上，管制员通过"棋子"在图纸的不同位置来进行指挥调度。这种做法使管制员与飞行员工作量大大增大，而且易于出错。

精密时间是现代高科技发展的必要条件，精密时间的应用涉及从基础研究领域（天文学、地球动力学、物理学等）到工程技术领域（信息传递、电力输配、深空跟踪、空间旅行、导航定位、武器），精密时间的应用涉及从基础研究领域（天文学、地球动力学、物理学等）到工程技术领域。近 20 年来，随着我国国民经济的飞速发展，国防建设步伐的不断加快，特别是在航天和战略武器试验、电信技术和交通运输业的加速发展，都对它们所依赖的高精度时间同步提出了更高的要求。授时系统就是使仪器或计算机与国际标准时间达到精确同步。通常，可以用原子钟来保证仪器的时间与国标时间达到精确同步，但是原子钟价格昂贵。所以在民用航空系统中，GPS 授时系统没有出现前，都是采用传统的用计算机时钟作为时统，计算机时钟由晶体振荡器和软件计数器组成，晶体振荡器产生稳定的周期的振荡，这样 1 秒钟就可以通过振荡的次数来表示；软件计数器则记录时间码，即总的秒数。晶体振荡器以一定间隔使计算机产生一次中断，然后使软件计数器增加一定量来改变时间码。由于计算机本身的晶体振荡器的频率稳定度有限，使得计算机时钟精确度不高。

2. GPS 技术在航空运输管理中的应用

随着民用航空运输业的迅猛发展，对空中交通管制现代化水平提出了更高的要求。航管部门作为空中交通指挥部门，主要负责对航空器和航班的调动和管制，保障飞行安全。由于航空器具有高速运动的特性，航管部门为了能够精确、快速地对航空器进行指挥和控制，必须在航管通信中拥有准确的时间基准。目前，许多航空器上已经安装了飞机通信寻址与报告系统（ACARS）设备。通过 ACARS 设备，航空器能获取准确的全球定位系统（GPS）时间。对应的航管信息系统采用分布式结构，传统上以计算机作为时统。由于它精确度差，受外界影响大，已不宜在航管信息系统中作为时统使用。探索一种简便、可靠、准确的航管信息时统新方法是一个迫切需要解决的问题。随着 GPS 技术的发展，由于 GPS 卫星装载了高精度的铯原子钟，全球定位系统（GPS）可在全球范围内提供精确的 UTC 时间码和秒定时脉冲，利用 GPS 接收机接收卫星的 UTC 时间码和秒脉冲，通过软件从串口将 UTC 时间码和秒脉冲读到计算机，用以校准计算机时钟的频率和时间，就可以得到比计算机时钟精确得多的时间系统，所以，利用 GPS 作为时统就在很多的领域得到了广泛地应用。由此，利用 GPS 授时作为时统可以避免使用价格昂贵的原子钟，节省很多的成本，又可以得到比计算机时钟精确得多、且能很好地满足民航系统对时统需要的时间系统。

（三）GIS 技术在航空运输中的应用

1. 在航空运输中应用 GIS 技术的必要性

在经济全球化、航空自由化的背景下，民用航空运输业取得了前所未有的发展：民用机场的功能在不断扩大，机场的概念也拓宽了，不再只是飞机起降的场所，而成为客货的集散地，甚至是一个经济实体。在这种情况下，机场管理的内容也更为复杂，安全管理、净空管理、运行管理、机坪管理、地面勤务管理、飞行区管理、客运管理、货运管理、服务质量管理、土地与规划管理、环境管理、经营管理、物业管理等，不一而足。尤其是在机场的安全管理上，社会媒体给予了更多的关注。然而自 1970 年以来，世界航空运输量的迅猛增长导致了航班的增加，给空中及地面交通都造成了拥挤，表现为飞机与飞机之间、飞机与服务车辆之间的冲突，在这种情况下，机场的运行效率降低了，安全性也下降了。面对这样的情形，一些人提出了相关的解决办法，如扩大机场的规模，但是这样做势必会导致资金投入过大、周期长，而且见效也比较慢的后果；在原有基础上充分发挥或增加机场的容量成了被大多数人看好的解决方法。然而，在增加机场容量的同时，对机场地面飞机和机动车的移动管理也变得更复杂了，这不仅是飞机、机动车数量和移动频繁的问题，而且还有建筑物的阻挡、地面的复杂程度、地面飞机和机动车距塔台的距离及场面管制员的视角等因素的影响。因此，采取增加机场容量这一方案的前提是，我们必须对以上可能造成安全隐患的因素加以监测和控制，使其对机场安全的威胁最小。机场作为航空运输的重要环节之一，其安全管理涉及飞行安全、空防安全、地面安全、消防安全等多个部门。

据有关方面的统计，飞行事故中有 70% ~ 80% 是发生在机场或机场附近区域。所以，加强机场安全的防范是机场正常运行首要考虑的问题。在计算机、通信和数字技术等高科技迅猛发展的今天，在民用航空领域实施富含高科技的雷达监测系统是很有必要的。特别是从一个现代化大型国际机场的安全管理和运行管理来看，设计和安装一个完善、先进的安全防范系统尤其重要。但是目前被广泛运用的雷达监测系统存在一些问题，机场雷达探测范围多是通过二维的图形或图表来反映的，不能准确反映在三维地形环境中雷达发射的电磁信息的分布态势。

由于输电线路及其杆塔位置不仅与地理空间条件密切相关，而且线路工程图庞大、数据类型多而复杂，而地理信息系统（Geographic Information System，GIS）具有反映地理空间关系，统计各种空间及属性信息的能力。

对人类的很多活动而言，导航及定位都是至关重要的。美国国防部在 20 世纪 70 年代初开始设计 GIS，起初的设计目的只是为了协调飞机、导弹、轮船以及军队的调动与配置，认为军方在这些活动中必须在全球性定位或导航方面具有超高级精确度，整个 GIS 研究项目一直持续到 1993 年才最后完成。在 1991 年的海湾战争中，GIS 就已崭露头角，取得预期效果，它为空中轰炸和地面炮火提供准确目标，甚至能让当时的美军指挥官手持 GIS 地面接收机，极其正确地引导部队成功穿越了渺无人烟的沙漠。

2. GIS 技术在航空运输管理上的应用

由于微电子技术的迅速发展，现在的 GIS 接收机可缩小到几个集成电路的体积，使得系统结构变得十分经济、实用和简便。结合 GPS 的使用，GIS 这种新技术正在应用到各类部门中去，它不仅仅为运输工具在定位和导航等实用领域方面得到重要应用，而且在跟踪、计时和绘制地图等方面都具有广阔的应用前景。对于美国国防部原先的 GIS 设计人员而言，GIS 的发展之快和用途之广，是始料未及的。例如，PDA（Personal Digital Assistant）个人数字助理，是近来继传呼机、手机之后，迅速崛起的新兴电子消费性产品，即智能电脑工具。同样，在民航系统中人们也早就在研究 GIS 的应用，近年来随着世界经济和我国经济的高速发展，我国经济体制改革和对外开放的不断深入，我国的航空运输量逐年递增，空中交通以惊人的速度发展，从事民用航空的飞机越来越多，民航的航路开辟得越来越多，对空管工作的要求越来越高。一方面，繁忙的空中交通由空管局统一调度、管制，另一方面，机场的跑道、滑行道及停机坪上的飞机和车辆的交通在可以预见的将来，也会十分繁忙，而站坪这部分的交通管制，在中国现有的机场都是简单地依靠目视指挥，辅以一些内通设备来完成，这种传统的管理手段导致了机场运营效率的低下。目前国际上通常的做法是使用机场站坪的车辆监控系统，可以很好地解决站坪管理落后的情况，提高站坪指挥的效率，国内的机场已有北京、上海、广州等地在使用，目前 ITS（智能车辆导航系统）发展迅速，有很多成型的产品问世并投入使用，但是，对于民航系统的特殊要求，很多地方都不能满足。经多方考察论证，沈阳空管局决定自主开发，这样在节约大量成本的同时，可以根据自身的特点开发出更加适合自身情况的软件。

四、水路运输与物联网系统

（一）RFID 技术在水路运输中的应用

很多港口开始设立 RFID 通行卡，RFID 通行卡又名无线射频技术，通过此卡可读取该船舶及所载货物的信息、航行路线、证照信息、违章信息等，再通过航船舶综合监管系统，对这些信息进行自动比对，既提高了执法人员工作效率，也有效避免河道拥堵现象，省时省力，还避免了重复检查。通过系统自动识别，船舶如有缺陷时会自动提醒，港航管理人员会上船检查。这样既方便了船户，使无缺陷船舶一路畅通无阻，又减少了港航管理人员的工作量。除此之外，通过在水面上部署传感器网，可实现对水面环境变化的实时监测；通过在堤岸、坝体上部署传感器网，可实时测量水面变化时堤岸、坝体的应力改变，以预测可能发生的崩塌灾害。再如，通过在运载体上部署各种传感器及 RFID 读写装置，可实现对水上物流实体（运载体和货物）包括位置、关键设备运转工况、周边环境等各种信息的实时监控和安全预警。当船舶发生应急事件时，船载设备可自动向海事管理部门发出故障详细信息，应急人员可以在指挥中心，通过分析来自其他传感网传送的大量数据，迅速得出可视化模型并做出科学决策。

（二）GPS 技术在水路运输中的应用

GPS 在水运工程和导航等领域的应用起步，现在在时间及技术上都是适宜的。由于定位精度取决于所用接收机及附属软件的性能和工作的方式，所以在不同的部门 GPS 应用系统，应有不同的需求，大体上可分为三类：

（1）船舶航行，100m 的导航精度是可以接受的。购置单频导航型主要考虑经、纬度显示直观，有偏航、航路指示、通道数不少于 6 个等。在海上二维定位，起码需跟踪到三颗卫星，能跟踪到更多的卫星，位置数据更可靠。需要差分数据的用户，接收机选型时还应兼顾接收差分改正数所应具有的功能。

（2）港口、航道测量以及航标作业等低动态定位的部门，定位精度一般要求 2~5m，必须采用 GPS 方式，购置单频 6~12 通道的接收机，能解决离岸百千米以上海域的定位，这与各类岸上布台的无线电定位系统相比，免除了岸上设台，经济、快速、方便的优点突出。在开阔的海域，GPS 有可能逐渐替代圆—圆、双曲线等各类无线电定位系统。

（3）港口工程测量，航务、航道勘测等部门要求有毫米、厘米级的精度，需要购置双频能进行载波相位测量的接收机，通道数要有 8~12 个。可用于各等级的控制测量、变形监测、岛陆联测、航标塔站定位、施工定点等。其特点是相邻站点间无须通视，免除建造高标之烦，野外观测时间不受限制，三维控制网建立简单易行，按需设站，减免一些用不着的过渡点。GPS 使用的局限性是测站周围的空间方向不能有遮挡，在建筑群、森林等地区的使用，会受到限制，需配合其他手段测量定位。但凡是开阔的地域，使用 GPS 均能取得良好的技术、经济效益。

（三）GIS 技术在水路运输中的应用

我国是一个水资源较为丰富的国家，江河湖泊纵横交错，海岸线蜿蜒绵长，江、河、湖、海相连成网，适航河流多，里程长，具有开展内河运输得天独厚的自然地理条件。经过新中国成立 70 年的建设和发展，我国内河水运基础设施有了很大改善，内河运输能力得到了迅速增长，为国民经济的发展做出巨大贡献。

但是由于受经济结构调整、公路和铁路等运输方式的竞争以及水路运力宏观调控不到位等因素的影响，从而造成当前船舶运力过剩、航运企业普遍效益低下甚至严重亏损。因此，必须进行运力运量供求平衡的研究，使运力结构得到调整，才能让水运资源更好地发挥作用，提高航运企业的活力，使航运业持续、稳定、协调发展，这是当前水运管理部门亟需解决的重大问题。内河运量是指在一定时期内通过内河运输这一特定的运输方式所运送的货物或旅客数量，内河运力是指运输船舶的生产能力，即船舶在一定时期和一定的技术水平条件下，所能运输货物的最大能力。两者之间的平衡问题涉及许多因素：河床、河岸的地形地貌，水道的水文特征；港口、航道通过能力、船舶大小、通航密度、临跨河建筑、锚地、港口吞吐量等航运相关要素；港口交通、水电、通信网等社会经济要素。描述这些要素必然涉及大量属性数据和空间数据的存储和处理，而多年来港航管理部门一直遵循着传统的管理模式，即挂图、表格、统计数据等，提供给决策者的往往是一些表征水路特征、运力运量的统计数据，而作为决策者是根本无法在短时间内从多张表格之间发现联系，从而影响了决策的时机，造成这种局面的很大程度上在于表格数据的抽象性、片面性以及忽略了许多有价值的信息，从而给最终用户呈现出不全面的分析结果。因此，必须为运力运量供求平衡规划和港航资源管理寻求一种新的现代化的方法和技术，而 GIS 作为一门新兴技术，因为其有着多种录入地理数据的方式、高效的空间数据和属性的维护能力及强大的检索查询功能，与传统管理信息系统为在管理过程中实时获取信息和分析决策提供了有效的工作平台和技术。

过去 GIS 往往被认为是一项专门技术，其应用主要限于测绘、制图、资源和环境管理等领域，随着电子地图、网络导购导游系统、汽车或船舶 GPS 导航系统进入人们的工作和生活，GIS 的研究和应用，目前已涉及资源管理、自动制图、设施管理、城市规划、人口和商业管理、交通运输、石油和天然气、教育、军事九大类别的 100 多个领域。GIS 在我国水运行业的主要有以下应用：

（1）许多航道航运港口部门已经或正在利用 GIS 技术建立网络型基础信息管理系统，实现港口、航道、水域的信息共享。

（2）利用 GIS 进行航道规划和综合治理：对航道规划各个侧面进行综合分析，可以模拟航道演变的自然过程的发生、发展，对未来做出定量的趋势预测；利用 GIS 空间分析手段，从航道地理数据库中提取地形、地貌、水文特征、航运状况等数据进行处理变换和综合分析，获取隐含于航道空间数据中的关系；利用 GIS 空间分析算子建立航道管理和治理相关的分析模型。这类 GIS 具有一定的实用价值。如长江航道局和华宇公司合作开发的 CWA2000 航道演变分析系统，利用 GIS 中成熟的数字高程模型技术、三维显示、空间叠置分析等技术，实现长江航道的三维变迁状况显示、计算等功能，加快了科学管理长江航道的步伐。

（3）由于物流管理中的货物产地、运输路线、中转仓库、客户分布等信息都与空间位置有关，所以利用 GIS 进行港航物流管理，实现对运输线路、方式的优化，对粮棉等季节货物航运的优化，资源调度、仓库和无堆场运输等，零担配整、资源配货，这是电子物流的新兴技术，也是目前 GIS 在港口应用的一个趋势。

（4）将 GIS 与 GPS（全球卫星定位系统）、GSM（移动通信网）有机地结合在一起，实现船舶动态监控，实时了解货物的位置；船舶入港自动引航，利用 GIS 数据采集手段建立矢量电子地图和水下地形图，系统处理和分析通过 GPS 接收的卫星信号，计算船舶偏离航道中心的方向、位置和水深，为船舶入港的正确行驶提供必要信息。

第五节　基于物联网的农资物流管控一体化系统

一、农资配送信息一体化系统

农资物流配送系统主要负责农资存储、分拣、配货、运输等，按照销售需求按时、保质、保量、低费用、高效率地送达到农资分销商和零售商。通过建立农资配送中心，从农资生产商接受多种大批量的农资商品，进行分装、存储和信息处理等作业，然后按照分销商、零售商和其他需求者的要求配齐农资商品，开通农业生产资料下乡的"快车道"和"直达车"。

（一）三层管理信息系统

农资流通虚拟企业充分利用 Internet 和 Intranet 建立了三个层次的管理信息系统。

（1）外部管理信息系统。农资流通虚拟企业通过 Internet，完成与不同地域的农资生产商和农资用户的信息沟通，实现农资生产商和农资用户的访问与信息收集。

（2）内部管理信息系统。农资流通虚拟企业通过 Intranet，完成与不同地域的分销商、零售商的信息沟通，同时完成农资流通虚拟企业内部数据处理、状态统计、趋势分析等任务。

（3）信息系统的集成。各农资经营企业的信息系统之间往往由于系统结构、网络通信协议、文件标准等环节的不统一而呈现分离的局面，而通过 Internet 的"标准化"技术，可以实现独立的信息处理系统之间的信息交换。Intranet 将以方便、低成本配方式集成各类信息系统，更容易达到数据库的无缝连接，通过供应链管理软件使内外部信息环境集成为一个统一的整体。

（二）农资配送中心管理信息系统

配送中心管理信息系统是以农资商品为管理对象，对农资商品的到货、验货、库存、配货、出库等进行管理的信息系统。它包括采购管理、仓储管理、销售管理、配送管理、财务管理、决策支持系统、客户关系管理、系统安全管理等模块。这些模块通过应用先进的信息技术，以提高客户服务水平、规范配送中心作业流程、提高运作效率、降低作业成本，为现代农资供应链管理提供一体化解决方案。

二、农资物流监控黑箱一体化系统

农资物流监控黑箱一体化系统（Agricultural Logistics Monitoring Black box System, ALMBS）是一个基于计算机技术、无线通信技术、GPS 定位技术和传感器技术的农资产品运输在途信息获取、处理、记录、传输的监控系统。ALMBS 对运输过程中农资产品的注册信息、运输环境监测信息、位置信息、用户操作等进行连续地黑箱记录，整个信息的采集、传输、分析处理和记录过程是用户透明的，构成了农资物流监控黑箱系统，为农资产品的有效配送提供全程监控和信息追溯。在途运输过程中，运输工作人员可以查看农资产品运输环境分析结果、当前位置等信息，但不能修改。该系统由微型计算机系统和相关软件构成，可以广泛用于多种农资产品运输过程监控，是物联网技术的典型应用。

第六章 基于物联网的物流配送管理

物联网技术可以实现统一的物流配送服务平台，提供智能化配送服务模式，使物流配送更加快捷、高效。本章将对基于物联网技术的物流配送管理进行探究，主要包括物流配送体系、RFID 环境下的配送中心管理、智能集成技术在物流配送中的应用和基于物联网技术的配送管理系统这几个方面的内容。

第一节 物流配送体系

一、配送中心的性质与功能

（一）配送的特点

1. 配送活动

配送（deliver）是交货送货的意思。日本工业标准将配送定义为"将货物从物流结点送交收货人的活动"，强调了送货的含义。

由于在市场竞争中，将货物送达收货人的活动需要逐步降低成本提高效率，以达到占领和扩大市场，增加企业利润的目的。因此，对运输车辆合理配置，科学地制订运输规划，确定运送路线，并且将运送的货物事先进行配发，配装的措施逐步完善，形成了现代的配送活动。

2. 配送的特点

（1）配送是从物流结点至用户的一种特殊送货形式。表现为配送是"中转"型送货，与生产什么送什么的工厂直达型送货（直接送到用户手中）有所不同，配送是用户需要什么送什么。

（2）配送不是单纯地运输或输送，而是运输与其他活动共同构成的组合体。而且配送所包含的那一部分运输，在整个运送过程中是处于"二次运输""支线运输""终端运输"的位置，不同于工厂的原料采购。

（3）配送不是广义概念的组织物资订货、签约、进货及对物资处理分配的供应，而是供给者送货到用户的一种服务性供应，是一种"门到门"的服务。

（4）配送是在全面配货基础上，完全按用户要求，包括种类、品种搭配、数量、时间等方面的要求所进行地运送，是"配"和"送"的有机结合形式。

（二）配送中心的性质

所谓的配送中心，是指这种位于物流结点上，专门从事货物配送活动的经营组织（或经营实体）。在实际生活中，配送和其他经济活动一样，通常也是由专业化的组织来进行安排和操作的。尤其是"第三方物流"（Third-party Logistics）形式的出现，使物流配送发生了革命性的变化。"第三方物流"一词于20世纪80年代中后期开始在美国盛行，当时它是考虑对物流环节的要素进行外包，这种新思维被纳入顾客服务职能中。它也被用来描述"与服务提供者的战略联盟"，尤其指"物流服务提供者"。合同制物流（Contract logistics）也是指物流职能的外包，从更大范围看，不仅仅包括仓储、运输和EDI信息交换，也包括订货履行、自动补货、选择运输工具、包装与贴标签、产品组配、进出口代理等。对上述提及的服务和其他许多服务，企业物流正愈加转向由合同制供应商提供。

物流配送中心有时也称为物流据点、流通中心、配送中心、集配中心等。物流配送中心的概念有广义和狭义的区分。广义的物流配送中心包括港湾、货运站、运输仓库业者、公共流通商品集散中心、企业自身拥有的物流设施等等。显然，与这些机能相似的事物都被统一看成物流中心，其所涵盖的内容和范围十分广泛。而狭义的物流配送中心则排除了铁路货运站、港湾设施、机场设施和道路等物流基础设施部分，专指为有效地保证商品流通而建立的物流综合管理、控制、调配的机构。显然，狭义物流中心的概念侧重于物流的管理效能和行为，更能够反映和把握物流中心的机能和本质，亦即在谈论物流中心时应当将其与物流基础设施相区分，这样有利于从产业或企业层次来分析物流中心在现代物流系统中的作用，以及它对现代物流行为的影响。进一步来看，狭义物流中心的外延又可以分为集团型物流中心和个体型物流中心。前者指的是诸如公共商品中转地这样的多数物流设置机构的集合，而后者是指运输、仓库业者、厂商、零售商、批发商等经济主体自行设立的物流设施和机构，两者都可统称为物流中心。

总之，理解物流配送中心的性质应考虑如下几个方面。

（1）规模性。由于配送中心是集多种流通功能于一体的物流组织，在商品流通实践中，配送中心要开展多种配送活动和完成多项目的物流作业，因此，一般意义的物流配送中心应具有一定的规模，有一定的仓储、运输、加工能力。

（2）集散性。组织货源，分货配送是物流中心的主要职能。物流配送活动主要包含备货、理货和送货等三大流程。作为物流运动枢纽的配送中心，要想发挥其集中供货的作用，首先必须采取各种方式（如零星集货、批量进货）去组织货源。其次，必须按照用户的要求及时分拣（分装）和配备各种货物。为了更好地满足客户需要及提高配送水平，配送中心还必须有比较强的加工能力，开展各种形式的流通加工。从这个意义上说，配送中心实际上是集货中心、分货中心和流通加工中心为一体的现代化的物流基地，也是能够发挥多种功能作用的物流组织。

（3）合同性。物流配送中心的另一种形式是第三方物流配送，这也是合同制的典型。第三方物流是第三方物流服务提供者在特定的时间段内，按照特定的价格向使用者提供的个性化的系列物流服务，这种物流服务是建立在现代电子信息技术基础上的，企业之间是联盟关系。第三方物流是合同导向的一系列服务，有别于传统的外协，外协只限于一项或一系列分散的物流功能，如运输公司提供运输服务、仓储公司提供仓储服务等。第三方物流则根据合同条款规定而不是根据临时需求的要求，提供多功能甚至全方位的物流服务。依照国际惯例，服务提供者在合同期内按提供的物流成本加上需求方毛利的 20%收费。

配送中心的形成和不断完善是社会生产力发展的必然结果。从另一个角度看，建立配送中心也是实现物流运动合理化的客观要求。

（三）物流配送中心的功能

1. 商品的集散中心

在物流实践中，配送中心凭借其特殊的地位和以其拥有的各种先进的设施和设备，能够将分散在各个生产企业的产品（即货物）集中到一起，而后经过分拣、配装向多家用户发运。与此同时，配送中心也可以做到把各个用户所需要的多种货物有效地组合（或配装）在一起，形成经济、合理的货载批量。配送中心在流通实践中所表现出的这种功能被称为（货物）集散功能，也有人把它称之为"配货、分放"功能。具体来看，在干线运输中，如果由单个企业直接承担小规模货物运输，不仅因为平均运送货物量较少造成经济成本增加，而且由于运送次数频繁，从社会角度来看，容易造成过度使用道路、迂回运输、交通堵塞、环境污染等现象，也增加了社会成本。相反，如果在干线运输的源头或厂商集散地建立物流中心，在中心内统一集中各中小型企业的货物，并加以合理组合，再实施干线运输，既可因为发挥了物流规模经济效益使经济成本得以降低，又可有效地抑制了社会成本的上升。同样，干线运输的商品在运输消费地附近的物流中心统一进行管理，再安排相应的小型货车进行配送，也大大提高了物流的效率。所以，物流配送中心在现代运输管理体系中已作为一种商品集散中心发挥着积极的作用。

2. 商品的库存管理中心

商品的库存管理中心的作用有以下两个含义。

第一，在现代经济社会中，商品的生产和消费之间由于时间、空间和其他因素的影响，往往会出现暂时的分离，物流中心为了发挥时空的调节机能和价格的调整功能，需要具备储存职能。如某些季节性产品需要在物流中心长期保管后再向用户发货，因此，物流中心需具有保管中心的功能。配送中心的服务对象是为数众多的生产企业和商业网点（如超级市场和连锁店），配送中心的职能和作用是按照用户的要求，及时将各种配装好的货物送交到用户手中，满足生产需要和消费需要。为了顺利而有序地完成向用户配送商品（货物）的任务，以及更好地发挥保障生产和消费需要的作用，通常，配送中心都要兴建现代化的仓库并配备一定数量的仓储设备，存储一定数量的商品。某些区域性大型配送中心和开展"代理交货"配送业务的配送中心，不但要在配送货物的过程中存储货物，而且它所存储的货物数量更大，品种更多。配送中心所拥有的存储能力及其存储货物的事实表明，存储功能乃是这种物流组织的重要功能之一。

第二，物流中心商品保管职能中经营管理的特性主要表现在为了能在用户要求的发货时间迅速、有效地发货而从事在库商品的管理。具体讲，这种管理的性质主要是为了防止用户出现缺货现象，而实施商品、原材料的安全在库管理。此外，为了缩短用户商品的配送时间，并实现输送的常规化，也需要在用户进货地附近（消费地）设立在库管理的物流配送中心。近几年来，为了削减在库量并彻底实现在库管理，先进企业纷纷建立各种能实现在库集约化的物流配送中心，这种物流中心在削减本企业在库量的同时，也具有帮助用户压缩在库的机能。近年来，24 小时便民店已成为零售业现代物流管理的典范，其库存削减的倾向十分明显，出现这种倾向的背景表现为作为 24 小时便民店商品进货来源的厂商、批发商、零售商在他们的物流中心都彻底实现了在库管理。

3. 商品的分拣中心

随着流通体系的不断发展和市场营销渠道的细分化，无论在商品、原材料进货或商品发货方面，愈益呈现出多样化、差异化的倾向。在这种状况下，商品的分拣职能显得日益重要，可以说它对保证商品或物资的顺利流动、建立合理的流通网络系统具有积极的意义。而物流中心正是发挥这种商品分拣职能的机构，诸如在厂商的物流中心内，把不同工厂生产的商品调配到物流中心，再通过中心向各类批发商和零售商发货，大大节约了商品分拣作业的工作量，同时也保证了商品发运、调配的及时性和正确性。同样，对于连锁形式的零售业来讲，利用物流中心的分拣职能，将从各批发商或厂商处进来的商品进行分拣，再发运到各店铺，一是节约了各店铺单独进货所产生的经济费用，二是由于能够对各店铺进行统一管理和业务计划安排，有利于实施企业整体的经营发展战略。物流中心的分拣职能除了对企业的经济利益产生影响外，从宏观角度讲，也符合社会及产业的利益，这是因为商品到各物流中心的输送是以整箱为单位开展的，具体商品的挑选、分销是在物流中心内进行，所以，既实现了商品配送的集约化，又有效地防止了交错运输等不合理的运输方式，正是在这个意义上讲，物流配送中心是十分必要的。

4. 流通加工中心

商品从生产地到消费地往往要经过很多流通加工作业，特别是在开展共同配送后，在消费地附近需要将大批量运抵的商品进行细分、小件包装以及贴附标签、条形码等操作，这些都需要在物流中心内进行。除此之外，随着流通领域中零售业的发展，物流中心的流通加工机能也得到了进一步地扩充，这表现在物流中心逐渐具有蔬菜调理、食品冷冻加工、食品保鲜等中心食品加工站的功能，为连锁经营提供了便利。同时，这也是适应零售业态变化及零售进货的需要。另外，在将商品从生产地高效地运抵消费地之后，在物流中心内就地进行商品的货架配置、上架等原来属于店铺作业的活动，从而大大提高了商品作业的效率，降低了店铺管理的费用，并有利于实现企业的统一管理及企业形象的建立。由此可见，物流中心的流通加工机能在现代零售业飞速发展的今天，已经变得越来越重要，可以说它已成为现代流通系统的必要组成部分。

二、物流配送中心的系统规划

（一）物流配送中心的内部结构

物流配送中心的种类很多，其规模大小各异。然而，无论是哪一种类型的物流配送中心，其内部结构基本上都是相同的。也就是说，各种配送中心都是由指挥系统、管理系统和各种作业区组成的。现以一般性的物流配送中心为例，分别叙述各个系统的性质和职能。

1. 指挥和管理系统（管理机构）

指挥和管理系统是配送中心的中枢神经。其职能是：对外，负责收集和汇总各种信息

（包括用户订货或要货信息），并做出相应的决策；对内，则负责协调、组织各种活动，指挥调度各类人员，共同完成配送任务。就其位置而言，一般集中设在某一区域（管理区）内。

2. 作业区

因配送中心的类型不同，作业区的构成及其面积大小也不尽相同，一般的配送中心，其作业区包括以下几个部分。

（1）接货区。在这个作业区内，工作人员须完成接收货物的任务和货物入库、拣选之前的准备工作（如卸货、检验、分拣等工作）。因货物在接货区停留的时间不太长，并且处于流动状态，故接货区的面积相对来说都不算太大。它的主要设施有铁路（或公路）专用线、卸货站台和验货场区。

（2）储存区。在这个作业区里，存储或分类存储着经过检验后的货物。由于所进货物需要在这个区域内停留一段时间，并且要占据一定的位置，因此，相对而言，储存区所占的面积比较大。该作业区大体上要占整个作业区面积的一半左右，个别配送中心（如煤炭、水泥）的储存区面积甚至要占配送中心总面积的一半以上。

储存区是存储货物的场所，在这个区域内一般都建有专用仓库（包括现代化的立体仓库），并且配置着各种设备，其中包括各种货架、叉车和吊车等起重设备。从位置上看，储存区多设在紧靠接货站台的地方，也有的储存区设在加工区的后面。

（3）理货区。理货区是配送中心的工作人员进行拣货和配货作业的场所。其面积大小因配送中心的类型不同而异。一般说来，拣选货和配货工作量比较大的配送中心（或者说，向多家用户配送多种商品且按照少批量、多批次方式配送商品的配送中心），其理货区的面积都比较大；反之，拣选及配货任务不太大的配送中心，其理货区所占的面积也不大。

与其他作业区一样，在理货区内也配置着许多专用设备和设施。这些设备或设施包括手推载货车、重力式货架和回转式货架、升降机、传送装置、自动分拣设施等等。

包括拣选、配货在内的理货作业是配送中心作业流程中的一项重要作业（有人称它为"核心工艺"），其效率高低不仅直接影响下道工序的正常操作，而且直接影响整个配送活动的运行质量及其效益。从这个意义上说，理货区是配送中心的重点作业区。

（4）配装区。由于种种原因，有些分拣出来并配备好的货物不能立即装车发送，而是需要集中在某一场所等待统一发运，这种放置和处理待发送货物的场地就是配装区。在配装区内，配送中心的工作人员要进行配装作业，亦即根据每个货主的货物数量进行分放、配车和选择装运方式（单独装运还是混载同运）。因在配装区内货物转瞬即出，停留的时间不长，所以，货位所占的面积不大。相对而言，配装区的面积要比储存区小得多。

需要指出的是，有一些配送中心，其配装区是和理货区或发货区合在一起的，因此，配装作业常常融合于其他相关的工序中。因配装作业的主要内容是分放货物、组配货物和安排车辆等，故在这个作业区内除了配置计算工具（微机）和小型装卸机械、运输工具以外，没有什么特殊的大型专用设备。

（5）加工区。有很多从事加工作业的配送中心，在结构上除了设置一般性的作业区以外，还设有配送货加工区。在这个区域内，配备有加工设备。

（6）发货区。发货区是工作人员将组配好的货物装车外运的作业区域。从布局和结构上看，发货区和进货区类似，也是由运输货物的线路和接靠载货车辆的站台、场地等组成的。所不同的是，进货区位于首端，而发货区位于整个作业区的末端。

（二）物流配送中心的网络体系

物流配送中心在其运作和发展的过程中，不仅形成了完整的组织结构（即内部结构），而且通过不断完善，也构筑起了层次状的网络体系。

如果说，在社会化大生产条件下，为适应市场及消费需要，生产企业是在网络体系中运转和运作的话，那么，作为流通企业组成部分之一的配送中心，同样也是在网络体系中从事其业务活动的。虽然从个体的角度看，各个配送中心都是独立运作和独自完成配送任务的，但从全社会来看，各种不同类型、不同规模的配送中心并非互不相关、完全孤立运作的。相反，通过科学布局及合理竞争，各种配送中心也与生产组织一样，形成了分工协作关系，构筑起了层次状的网络或体系，发达国家物流配送中心的组织结构和布局情况，其网络或体系主要有如下几种类型。

1. 多级、多层次的网络体系

多级、多层次的网络体系是由中央级配送中心、区域性配送中心、基层配送中心和有配送功能的批发商构筑成的，其中，中央级配送中心在网络体系中处于主导地位，区域性配送中心处于被辐射地位，而基层配送中心则是网络体系的基础结构。

中央级配送中心，实际上指的就是那些在行业内部影响面很大的大型或超大型配送组织。这类配送组织的数量相对来说不太多，但它的活动能量很大。通常，这种级别的配送中心都设立在资源集中的产地或处在枢纽城市（如大港口城市、大批量货物的集散地）中。其特点是：①配送的货物批量较大，其服务对象主要是大中型工商企业（大用户）；②辐射能力很强，能够在全国乃至国际范围内进行配送；③占地面积大，拥有的物流设备、设施齐全、先进。

由于中央级配送中心为经营规模比较大，以及配送的货物批量大，因此，它不可能面对社会上所有的用户提供配送服务。尤其是那些需求零散、要求以"小批量、多批次"方式配送多品种商品的用户是很难和中央级配送中心建立业务关系的。对于这些用户，实践中是由基层配送中心或区域配送中心为其配送货物的。

相对中央配送中心来说，区域配送中心和基层配送中心，是经营规模略小的配送组织。在一般情况下，这些配送中心只为地区范围内的用户配送商品。其特点是：①活动范围较小；②配送货物以小批量为主；③配送方式灵活，既直接向用户配送物资，又常常把货物配送给批发商；④数量较多，分布的地域广阔。

2. 两级或双层次性的网络和体系

这种形式的网络和体系是由两个层面的配送中心（中央配送中心和城市配送中心）组成的配送体系，也是目前最常见的配送中心网络。在配送范围比较广而用户又比较多、并且用户很分散的情况下，会自然地形成这样的网络体系。

从布局和结构上看，在由两级配送中心构成的网络中，数量较多、分布很广的配送中心是那些主要为城市范围内的中小用户服务的城市配送中心，它们是上述配送网络、体系的基础结构。

3. 单层次的网络和体系

单层次的配送中心网络或体系基本上是由一种（或一级）配送中心构成的，这样的网络称之为单层次网络。我国在推行配送制的过程中所建立的配送中心及其所构成的网络就是这样的结构。当资源和用户都很分散时，以及在推行配送制的初期，常常会形成一级性配送中心（城市配送中心）这种单层次的配送体系（或配送网络）。

在单层次的网络体系中，配送中心一般只进行近距离地配送。但是，借助于"共同配送"，这种配送中心，也可以超越城市范围向远距离用户配送货物。

无论哪一种网络、体系，本身都是人们根据生产发展需要和市场预期经过科学规划和合理布局而形成的。从某种意义上说，配送中心的网络、体系的构成是特定历史时期内经济和市场发展状况的客观反映。只有按照经济发展的客观要求组建配送中心，并且科学合理地进行布局，才能充分发挥配送中心的功能和作用。

（三）物流配送中心的主要机械设备

（1）装卸搬运装备。各种类型的起重搬运机械，如叉车等。

（2）输送装置。将货物放在输送装置上，使货物在运动中经人工或机械对其进行分拣，如皮带输送机、轨道输送机等。

（3）货物识别装置。主要用于自动化机械分拣过程，用来识别各种货物种类的电子设备，如光电识别装置、识码器、传感装置等。

（4）分支运输机构。将识别过的货物按配货要求从主输送装置转到分支运输机构，它也是一种输送设备，经分支输送设备将货物送到配货货位处，如翻板、斜面溜槽等。

（5）暂存及装运设备。将已配货完毕的货物按送货地点及用户情况分别暂存于各个发货场，然后利用装运设备将货物配装到运输车辆上，按配送线路进行配送，如高站台、叉车等。

（四）物流配送中心的设施规划与设计

1. 物流配送中心的选址问题

物流配送中心的选址问题是首先应该考虑的问题。任何一个生产系统或服务系统都存在于一定的环境之中，外界环境对系统输入原材料、资金、人力、能源和其他社会化因素等，系统又向外输出其产品、劳务、服务和废弃物等。因此，生产或服务系统必然不断地要受到外界环境的影响而调整自身的活动，同时系统的输出结果也不断改变其周围环境。这就说明，生产或服务系统所在的地区条件对系统的运营与发展是非常重要的。特别是配送中心这样的服务性系统，它的存在几乎完全决定于外界环境。

物流配送中心的任务是向用户提供配送服务，它的设址既要考虑到配送范围的距离、集货渠道的距离、实际交通状况，又要考虑时间、费用和经济效益等因素。当这些因素决定后，可以用数量分析方法进行配送中心地址的选择。

2. 物流配送中心的设施规划

物流配送中心按功能可分为进货区、储存区、分拣区以及其他功能区，在预定的空间内合理的布置好各功能块的相对位置是非常重要的，合理布置的目的是：①有效地利用空间、设备、人员和能源；②最大限度地减少物料搬运；③简化作业流程；④缩短生产周期；⑤力求投资最低；⑥为职工提供方便、舒适、安全和卫生的工作环境。

一般而言，在制造企业的总成本中，用于物料搬运的费用占 20%～50%，如果合理地进行设施规划，则可以降低 10%～30%，配送中心是大批物资集散的场所，物料搬运是最重要的作业活动，合理地设施规划其经济效果将更为显著。

设施规划与设计的原则如下：

（1）根据系统的概念应用系统分析的方法求得整体优化，同时也要把定性分析、定量分析和个人经验结合起来。

（2）以流动的观点作为设施规划的出发点并贯穿在设施规划的始终，因为企业的有效运行依赖于人流、物流、信息流的合理化。

（3）设施规划与设计是从宏观（总体方案）到微观（每个部门、库房、车间），又从微观到宏观的过程。例如布置设计要先进行总体布置，再进行详细布置。而详细布置方案又要反馈到总体布置方案中去评价，再加以修正，甚至从头做起。

（4）减少或消除不必要的作业流程，这是提高企业生产率和减少消耗的有效方法之一。只有在时间上缩短作业周期，在空间上少占面积，在物料上减少停留、储运和库存，才能保证投入的资金最少、生产成本最低。

（5）重视人的因素。作业地点的设计，实际是人机环境的综合设计。要考虑创造一个良好、舒适的工作环境。

配送中心的主要活动是物资的集散和进出，在进行设施规划设计时环境条件非常重要。相邻的道路交通、站点设置、港口和机场的位置等因素，如何与中心内的道路、物流路线相衔接，形成内外一体、圆滑通畅的物流通道，这一点至关重要。

（五）物流配送中心软硬件设备系统的规划与设计

一般来说，软硬件设备系统的水平常常被看成是配送中心先进性的标志。因而为了追求先进性就要配备高度机械化、自动化的设备，在投资方面将会带来很大的负担。但是，对先进性的定义有不同的理解。一种观点认为，"先进性"就是合理配备，能以较简单的设备、较少的投资实现预定的功能就是先进。也就是说，先进性强调的是先进的思想、先进的方法，从功能方面来看，系统先进性及设备的机械化、自动化程度不是衡量先进性的最主要因素。

根据我国的实际状况，对于配送中心的建设，比较一致的共识是贯彻软件先行、硬件适度的原则。也就是说，计算机管理信息系统、管理与控制软件的开发要瞄准国际先进水平；而机械设备等硬件设施则要根据我国资金不足、人工费用便宜、空间利用要求不严格等特点，在满足作业要求的前提下，更多地选用一般机械化、半机械化的装备。例如，仓库机械化可以使用叉车或者是与货架相配合的高位叉车；在作业面积受到限制、一般仓库不能满足使用要求的情况下，也可以考虑建设高架自动仓库。

第二节　RFID 环境下的配送中心管理

一、RFID 概述

（一）RFID 射频技术

射频识别技术（Ridio Frequency Identification，缩写 RFID）工作原理是利用非接触的方式进行物品自动识别一种技术。它借助于天线发送射频信号、电磁信息在空间耦合传输方式，对空间静止物体或者移动的货物物品进行自动识别其信息的过程。RFID 的射频标签内含有相关数据信息，其射频识别电子标签有 ID 卡、IC 卡、电子标签等多种构成形式。RFID 标签安装方便，根据需求可以放在不同的安装位置，主要是为方便读写器读取射频标签中存储的数据，完成对物品信息的识别统计数据。大多数标签可以贴在物品外表或托盘上，容易被读写器读写的地方。

（二）RFID 系统结构

RFID 射频识别系统主要由射频耦合器件（Antrim）、电子标签芯片（Tag）、标签读卡器（Reader）和数据处理网络四部分构成。核心部分电子标签由标签芯片和射频耦合芯片构成，每个电子标签含有唯一可识别的电子信息，粘贴在被识别物体表面，从而实现对所标识的物品目标进行识别。另一个设备部件是电子标签阅读器，主要功能是读取、写入物品属性数据信息。根据需要，现有标签识别阅读器主要有手持式、固定式两种方式，射频耦合天线主要工作是标签到阅读器之间传递含有数据信息射频信号。

射频识别系统中的重要部件之一电子标签，它是构成射频识别系统的重要特征。根据划分的标准不同，标签分类也不同。

（1）根据电子标签不同的用电形式，信息标签可分为三种，分别是有源标签、无源标签、半有源标签。其中不需要电源供电的是无源标签，它是通过阅读器发送的射频信号耦合电磁波供电。此类标签具有重量小、尺寸不大、工作时间较长、价格低廉的特点，被广泛应用于工程实现中。有源标签必须通过内部电池进行标签供电，此类标签识别距离很长，最远的识别距离甚至达上百米，但其工作时间不长、成本较高。有源标签内部含有供电电池，导致有源标签的尺寸较长，给制卡工艺造成难度。半有源标签同样需要内部供电电池，不同的是内部电池不直接提供工作电源，只是起到激活阅读器的作用，然后进入无源标签工作状态。

（2）根据电子标签的工作频率不同，信息标签可分为低频、高频、超高频系统、微波系统四类。

阅读器常用发送电信号时的工作频率主要使用的频率为射频系统。此射频系统工作频率分组如图 6-1 所示。

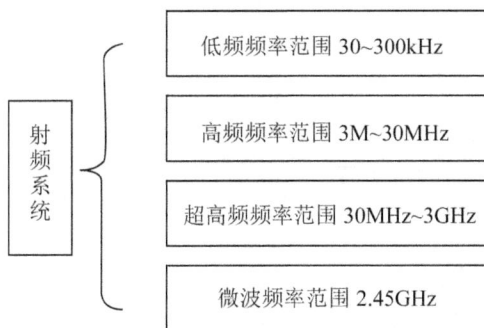

图 6-1 射频系统频率范围

此系统常在 915.3MHz，5.8GHz 等频率范围内工作。

（3）根据数据调制方式不同，电子标签可分为主动式、被动式、半被动三种类型。

其中电子标签主动式射频系统工作原理是，利用电磁耦合产生的射频能量主动地给读写器发送数据，类似的调制方式有调幅、调相和调频。主动式不断地发送电子标签给被动式电子标签，阅读器利用载波调制信号驱动被动式电子标签，主要利用信号调制散射原理进行数据发射，宜在门禁、交通领域中使用广泛。

（4）根据标签读写性能，电子标签可分为只读标签（RO）、只写读（RW）、一次写读多次卡（WORM）几种。

RO 标签内部空间存储唯一的号码 ID，不能修改，具有很高的安全性，RO 标签最便宜。可读写标签卡一般比只读卡、只读写贵很多。例如，IC 门禁卡、银行储蓄卡等制卡成本较高；一次写多次读卡是管理员对使用的卡一次性写入数据信息，一旦数据写入后就不能再次更改，此种方式比可读写标签卡成本低很多。

（5）按照电子标签中存储器数据不同，电子标签可分为标识标签和便携式电子信息数据文档两种。

RFID 射频系统中电子标签通过耦合天线直接与阅读器进行通信。系统中电子标签被读写器激活后，电子标签中的内容读取出来，根据需要把所需数据信息写入电子标签，方便后面应用查询。由天线发射，数据信息接收模块，数字信号处理，标签供电电源四部分构成标准的读写器终端。读写器主要有射频耦合部分、信息处理控制部分和输入输出接口环节三部分构成。一般的读写器工作原理结构如下图 6-2 所示。

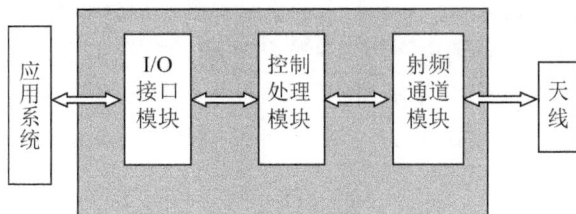

图 6-2 标准读写器的工作框图

①射频通道模块：通道前端是信息识别部分的标签读写器，它是构成其价格成本的要素之一。射频天线与处理中心部分，主要工作是处理控制模块发出的相关指令，进行相关

动作。射频通道模块通过耦合天线把调制过的数据信息发送给电子标签。如果有数据信号返回时，会根据返回的数据信息进行解调陈送给数据处理机构。

②控制处理模块：读写器的核心是数据处理与控制，类似与人的大脑的智能控制中心。它的主要工作包括：把包含数据信息的控制命令，按照一定规范进行发送信号、回波信号编码，冗余信息纠错、标签数据读写控制流程等等。对于发送多命令时起到缓存命令，接收较多数据时有数据暂时存储的作用。通过接口协议实现与后端应用程序之间数据交换，交口数据控制须由数据处理中心来实现。

③I/O接口模块外部传感器与标签读写器之间数据通信主要通过系统输入输出接口部分实现，控制器通过接口与其他部分通信。

④后台处理系统网络通信设备、数据处理、信息管理构成整个RFID系统的数据信息处理系统。信息处理数据中心是射频识别系中涉及的标签识别数据、物品的信息数据库、仓库的数据信息定位等数据集中交互中心。同时对物品的数据进行管理，数据管理软件也安装在信息数据中心区域。后台数据管理中心主要工作是整体协调各部分功能，确保系统安全运行，方便用户进行数据管理。

（三）RFID系统工作原理

物联网核心部分工作原理是利用射频自动识别（RFID）技术，通过网络技术、大数据服务器实现物品信息的自动识别、信息数据上传服务器共享和智能终端控制。RFID标签内部存储着通用格式信息、规范接口信息，通过无线网络把传感器自动采集来的信息传送给中央信息管理系统，实现物品信息的识别。通过现有的网络技术、计算机应用技术、大数据实现信息交互、信息共享，实现对物品的自动管理。系统的工作过程包括如下三个步骤：①首先利用电子标签对物体的属性进行标识，标签存储信息包括静态与动态的属性；②阅读器读取标识物品属性，将获得的数据信息发送到射频转换模块，将信息调制数据格式后传输到的网络；③最后接收端将包含物体信息数据通过转换格式后，利用网络传输到信息处理中心进行汇总。

在物联网射频识别系统中，每种物品都有唯一的RFID码与之对应。该物品上电子标签中存储着RFID码所对应的详细信息和属性。其中物品属性包含物品的名称、类别、出厂日期、出产地等，这些数据信息最后汇总到物联网信息管理服务器的数据库中。RFID系统对电子标签内容进行读取后，将读取到的RFID信息码直接发送给物联网中间件；中间件服务器将数据转换后通过Internet传送给数据中心，数据中心接收到物联网解释服务器发送的查询指令后，根据规则查阅与识别码相匹配的数据信息，类似于Internet中服务器解析功能，指引中间件服务器到物联网信息发布服务器读取该物品的详细信息；信息发布服务器接收到中间件的查询信息后，将物品详细数据信息发送给中间件，从而传送回与物品对应的详细信息。

综上所述，射频识别系统工作过程如下：首先标签阅读器借助于射频天线发射出固定频率的数据信号；当RFID标签逐渐靠近阅读器工作频率所在区域内磁场时，电磁场通过线圈产生磁感应电流，电子RFID标签获得能量被激活，立即向阅读器发送自身信息编码等数据；载波数据信息被阅读器收到后转发给信息中心，它接收到带编码信息载波对其解调后进行处理；智能控制信息中心把得到的数据进行处理分析，对分析结果进行判断，根据识别电子标签的合法性，设定不同处理和控制功能进行命令发布，发出控制指令做出事件处理。

射频电子标签构成中的解调模块把接收到 RFID 脉冲进行传输，传输到数据处理中心对其物品信息进行解调，处理好的数据根据控制逻辑进行操作，最后完成指令地发送和存储。

二、RFID 环境下的配送中心管理分析

（一）构建 RFID 模式配送中心管理的原则

1. 收益分析

采用 RFID 技术不仅可以降低劳动力成本，还可以解决商品断货和损耗这两大零售业难题。例如，通过使用 RFID 技术，沃尔玛每年可以节省劳动力成本 83.5 亿美元，同时可挽回因盗窃而损失的 20 多亿美元。

2. 效益分析

由于 RFID 标签可以唯一地标识商品，通过同电脑技术、网络技术、数据库技术等的结合，可以在物流的各个环节上跟踪货物，实时掌握商品的动态资讯。应用该技术，可以实现如下目标：获得预期的效益缩短作业时间；改善盘点作业品质；增大配送中心的吞吐量降低运转费用；实现可视化管理；资讯的传送更加迅速、准确。

3. 先进性分析

RFID 技术的先进性在于利用无线电波，非接触式、远距离、动态多目标大批量同时传送识别资讯，实现真正的"一物一码"，可快速地进行物品追踪和数据文换。由于 RFID 技术免除了跟踪过程中的人工干预，在节省大量人力的同时可极大地提高工作效率，所以对物流和供应链管理具有巨大的吸引力。

4. 安全性分析

RFID 标签与阅读器之间的通信，事实上可以用各种现存的先进技术来确保其安全性，并且 RFID 的应用通常是基于多业务系统，在这样的系统中安全性是通过多个层次实现的。从芯片开始，不同层次的安全性就包括在基于非接触式射频系统中：现存的数据保护和反篡改技术，可以抵抗单通道和其他入侵攻击能保护射频芯片上的数据安全；加密技术也被用于射频芯片中解决目前所有安全性问题。

（二）RFID 环境下的配送中心管理的体系结构

配送中心的基本流程：供应商将商品送到配送中心后经过核对采购计划、进行商品检验等程序，分别送到货架的不同位置存放。提出要货计划后，电脑系统将所需商品的存放位里查出，并打印有商店代号的标签。整包装的商品直接由货架上送往传送带，零散的商品由工作台人员取出后也送到传送带上。一般情况下，商店要货的当天就可以将商品送出。

配送中心作业流程：入库—检验—保管—拣选—出库—捆包—配送—送货。

如图 6-3 所示，供货商送来的货物在配送中心中有两种处理，一种是对于商店的需求不是特别明确的，要随时根据销售进行调整，比如一些快速消费品就需要根据需求进行

分拣，然后送到商店；另一种是针对一些销售情况比较固定的商品，商店的需求一般都是明确的，供应商送来货物之后，配送中心就会根据预分配订单的情况，由配送管理系统自动生成调拨单，将货物发往各商店。

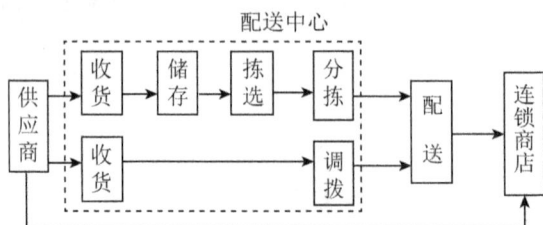

图 6-3　配送中心工作流程

1. 第一种情况处理方案

（1）收货

货物在供应商发货时就配置了容器电子标签，该电子标签中记录了零配件的名称、数量特征、发送地、到货地、送货单号、订单明细等。当送货车辆到达并驶入天线场域时，固定读写器批量读取容器的标签，取得容器中的全部货物信息并传入管理系统，同时打印出实际到货单。

司机将送货单交至工作人员处，工作人员核对送货单与收货通知单（根据系统提前已导入的预入库货物基本信息，打印包括货物名称、数量、尺码、预计入库时间、货物RFID 信息，送货卡车的信息等）。在核对完之后将收货通知单交给仓管员，仓管员安排卸货和验收，同时在仓库卸货平台上粘贴电子标签。仓管员根据系统提供的实际到货单进行货物验收，验收完毕后在待检区货位标签上写入货物品种及相应的实际数量，并将其传入管理系统．系统将待检区电子标签 EPC 码与其货物实际到货单相关联。

（2）存储

货物在入库时被放置在托盘上运送，叉车将装有货物的托盘运至库门附近时，阅读器可以批量读出托盘及其上的货物的 RFID 信息。在货物进入理货区之后，仓管员扫描货物条形码，并判断产品是进入平仓还是上货架。如果进入货架，货物通过传送带送入到具体的货位上（货物传输带上方已安装阅读器），当货物通过传输带时，系统通过阅读器快速获取货物的信息，即时传输到 WMS 系统，由系统根据货位信息安排入库位置。在每个库位上设置有专门的升降设备自动帮助存放货物，如进入平仓后，由叉车直接送入具体库位，此时在库位标签上记录货物的名称数量、规格、计量单位等。在同一批次的货物扫描完成之后，仓管员将扫描器所扫描的信息以文本的形式上传到 RFID 系统中。RFID 系统根据扫描器所扫描的信息、RFID 阅读器获得的 EPC 码以及从企业系统中导入的信息、建立入库单号、EPC 码、订单号以及入库时间的关联。

（3）拣选

拣选系统能够到配送中心管理系统的服务器上下载配送单并将之转换为拣货单，再以电子方式传到各组件上。工作人员通过手持阅读器读取库区货位标签，取得当前货物名称和实际数量等信息。根据拣货单的信息核对后，拣选出所需货物并移出存储区，而后利用读写器实时更新库位电子标签信息。最后将现场数据的实时收集传入配送中心管理系统，并立即更新拣货信息，管理人员便可以根据计算机的显示掌握拣货现场的各种状况。

（4）分选

配送中心分拣区安装识别系统，在进行货物分流的同时，实现自动复核出库。

（5）配送

进入配装区后工作人员根据各分销点的配装作业单进行配装。每种货物分别用容器进行封装，同时在容器上粘贴电子标签。货物配装完毕后，在容器标签上写入货物名称、数量、配装时间等相关信息，在车辆标签上写入所储货物的各名称和数量。车辆电子标签EPC与货物EPC相关联。当货物离开配货中心时，通道口的解读器在读取标签上的信息后，将其传送到处理系统自动生成发货清单。

在运输管理中，运输线的一些检查点上安装了RFID接收转发装置。当贴有RFID标签的车辆经过时，接收装置便可接收到RFID标签信息，并连同接收地的位置信息上传至通信卫星，再由卫星传送给运输调度中心送入数据库中，从而可以准确预知货物到达时间，实现对货物配送运输的实时监控，确保货物能够准时、完好地送到客户手中。

2. 第二种情况处理方案

如图6-4所示配送中心将预分配信息与收货信息输入到配送管理系统中，配送管理系统会自动生成调拨信息发送给各个商店。

图6-4　配送管理顶层数据流

首先，配送中心根据各个商店的销售情况制订的预分配订单，主要针对一些销售情况比较固定的商品建立预分配订单；其次，再对供货商送来的货物进行收货，包括验收货物的数量、种类与订单的内容是否一致，将实收货物情况记录到配送中心的库存记录中；然后，根据预分配订单的情况以及实收货物的情况生成调拨单，配送中心就会根据调拨单为每个商店发送货物。

此种情况在RFID的应用点上与第一种情况是一致的，处理方式也类同，不再累述。

第三节　智能集成技术在物流配送中的应用

一、智能物流配送的关键技术

（一）智能交通系统技术

智能交通系统是充分利用现代通信技术、信息技术、控制技术的高效运输系统，它是智能物流系统的核心。它包括交通信息系统、交通管理系统、车辆控制系统、紧急救援系统等，这些信息管理系统实现了运输信息管理网络化、实时化。通过将智能交通技术与物流管理有机地结合起来，使得物流企业在降低运输成本、缩短货物送达时间的同时，能够随时掌握货物在运输过程中的状态，并能够将这些信息及时反馈给客户，供客户查询。ITS向物流企业提供的服务主要集中在货物配送管理和车辆动态控制两方面，如通过提供当前道路交通信息，为物流企业制订优化运输方案提供决策依据；通过收集车辆位置状态的实时信息，向物流企业及客户提供车辆预计到达时间，为物流中心确定配送计划、车辆调度、库存动态管理提供信息依据。在现代物流发展过程中，可以利用的智能交通技术。

在智能交通系统的辅助下，货物运输全过程始终处于动态控制中，真正体现了供应链管理思想，实现了社会物流最优化的目标。

（二）自动识别技术

自动识别技术就是应用一定的识别装置，通过被识别物品和识别装置之间的接近活动，自动地获取被识别物品的相关信息，并提供给后台的处理系统来完成相关后续处理的一种技术。它是一种高度自动化的数据采集技术，能够帮助人们快速而又准确地进行海量数据地自动采集和输入，目前在运输、仓储、配送等方面已得到广泛地应用。

（三）数据仓库和数据挖掘技术

数据仓库出现在 20 世纪 80 年代中期，它是支持管理决策过程的、面向主题的、集成的、稳定的、不同时间的数据集合，是存储数据的一种组织形式。数据仓库的目标是把来源不同、结构相异的数据经加工后在数据仓库中存储、提取和维护，它支持全面的、大量的复杂数据地分析处理和高层次地决策。据仓库使用户有任意提取数据的自由，而不干扰业务数据库的正常运行。建立数据仓库的目的是把企业的内部数据和外部数据进行有效集成，供企业的各层决策者和分析人员使用。

目前的大多数数据库系统可以高效地实现数据的采集、查询、统计等功能，但无法发现数据中存在的关系和规则，无法根据现有的数据预测未来的发展趋势，缺乏挖掘数据背后隐藏知识的手段以及通过数学分析模型为物流管理决策提供辅助支持的功能。数据挖掘就是用来发现隐含的、事先未知的、潜在的有用知识，提取的知识可以表示成概念、规律、模式等形式。其挖掘对象不仅可以是数据库，也可以是文件系统或组织在一起的数据集合，更多的则是数据仓库。数据挖掘的过程即是从大量的、不完全的、有噪声的、模糊的及随机的实际应用数据中，挖掘出隐含的、未知的、对决策有潜在价值的知识和规则的过程。

（四）人工智能技术

人工智能是一门正在发展中的综合性前沿学科，它是研究人类智能活动的规律，并用于模拟、延伸和扩展人类智能的一门新的技术科学，是在计算机、控制论、信息论、数学、心理学等多种学科相互综合、相互渗透的基础上发展起来的一门新兴边缘学科。它借鉴仿生学思想，用数学语言抽象描述知识，用以模仿生物体系和人类的智能机制。目前实现人工智能的方法主要有神经网络、进化计算和粒度计算等。

二、EDI 技术在物流配送中的应用

根据联合国标准化组织的定义，EDI（Electronic Data Interchange，电子数据交换技术）是指商业或行政事务处理，按照一个公认的标准形成结构化的事务处理报文数据格式，从计算机到计算机的电子传输方法或技术，EDI 遵循一定的国际标准或行业规则，自动地进行数据发送、传送及处理，而不需人工介入。换言之，EDI 不是具体的软件或硬件系统，而是供应商、零售商、制造商和客户等在其各自的应用系统之间利用 EDI 技术，通过公共 EDI 网络，自动交换和处理商业单证的电子处理过程。EDI 技术应用主要由通信网络、计算机硬件及专用软件组成的应用系统、企业双方约定的数据标准化这几个个要素组成。

在物流管理中应用 EDI 技术具有如下优势：

（1）节约时间和降低成本。由于单证在贸易伙伴之间的传递是完全自动，所以不再需要重复输入、传真和电话通知等重复性的工作。从而可以极大地提高企业的工作效率并降低运作成本，使沟通更快更准。

（2）提高管理和服务质量。将 EDI 技术与企业内部的仓储管理系统、自动补货系统订单处理系统等企业 MIS 系统集成使用之后，可以实现商业单证快速交换和自动处理，简化采购程序、减低营运资金及存货量、改善现金流动情况等。也使企业可以更快地对客户的需求进行响应。

（3）业务发展的需要。目前，许多国际和国内的大型制造商、零售企业、大公司等对于贸易伙伴都有使用 EDI 技术的需求。当这些企业评价一个新的贸易伙伴时，其是否具有 EDI 的能力是一个重要指标。某些国际著名的企业甚至会减少和取消给那些没有 EDI 能力的供应商的订单。因此，采用 EDI 是企业提高竞争能力的重要手段之一。

第四节　基于物联网技术的配送管理系统

一、物联网技术在物流配送中的应用研究

目前配送中心设备虽然多，但是整体技术水平不是很高，很多作业流程还处于半人工化状态，而且作业流程不连续，配送中心的信息采集、数据处理和动态管理还无法实现，配送中心的管理系统也仅限于内部使用，很难实现与外部系统的对接。物联网技术的应用可以很好地解决上述问题，下面对物联网技术在配送中心具体作业流程的应用进行介绍。

（一）物联网技术在配送中心内部作业中的应用

1. 收货

传统的配送中心的收货工作大都是由人力完成，不仅效率低下，而且容易出错。但是应用物联网技术之后，特别是 RFID 技术和智能穿梭车技术，收货工作就变得简单有效，而且节省了大量的人力物力和时间，优化了作业流程，提高了效率。具体的应用过程如下：在货物配送之前，每种货物都会贴上相应的 RFID 标签，上面记录了货物的目的地、种类、数量等信息。当货物配送到目的地之后，收货人员只需要使用相应的识别设备，例如手持终端扫描每个货物上的 RFID 标签，相应的信息便会传递到物流配送系统，然后物流配送系统会自动分配相应的智能穿梭车完成货物的收货并更新数据。

2. 分拣

现代物流配送不同于传统配送的每种货物单独配送的模式，现代物流的配送有共同性和混载性的特性，配送方式多样，配送更多偏向于多品种、小批量。所以分拣这一环节的

工作内容复杂而且工作量很大。而传统的分拣作业已经无法满足现代物流的发展，既浪费人力物力，又浪费时间，还容易出错。物联网的 RFID 技术和自动分拣技术可以很好地解决这个问题：在收货环节完成后，货物被送到自动分拣机上进行分拣作业，分拣设备通过读取货物上 RFID 标签的信息，对各类货物进行分拣，由配送系统对货物的储位进行下一步安排。

3. 仓储

由于"零库存"在很多物流供应链都很难实现，所以仓储也是配送中心不可或缺的环节之一。现代物流配送中心仓储货物种类繁多而且流动量非常大，因此传统的仓储水平已经无法满足现代物流配送的需要。物联网技术的应用可以实现物流配送仓储环节的自动化、智能化和集约化的存储。在物流配送中心，可以用到的物联网技术有：RFID 托盘标签、RFID 货物标签、RFID 储位标签、工作人员 RFID 终端、温度传感器标签、光传感标签、读取设备等。通过这些技术的应用，结合物联网建立的物流配送系统，可以实现整个仓储过程的可视化、智能化与自动化，完成货物的合理调配，人员的合理分配，实现资源的合理配置。

在配送中心的每个储位也可以应用 RFID 标签，通过 WMS 可以搜集每个储位的信息数据，并且通过配送中心的仓储系统计算出储位最佳利用方案，实现储位利用的优化配置。

对于一些对特殊货物，像是生鲜易腐的产品或者易碎的产品，由于它们的保存对于温度、湿度和存放环境都有一定的要求，所以可以通过一些传感器来实时感知这些特殊货物的状态，并将获取数据传递至配送系统，保证货物的安全完好。

4. 出货

可以在配送中心的主要出货大门处安装 RFID 固定式识度系统，这样可以保证在货物经过时，快速、大批量地识别货物上的 RFID 标签，从而实现全自动的物品快速确认、校验工作。一般 RFID 固定式识别系统应用于配送中心出入口、快速通道以及货物装卸点等。

（二）物联网技术在配送中心到配送点之间转运中的应用

配送中心到配送点之间运转的过程主要涉及配送路线的选择，配送过程对配送车辆货物的实时监控跟踪，对配送车辆的调度指挥以及对整个配送过程的管理。

通过物联网技术在物流运输过程中的集成应用，可以实现整个物流配送过程的可视化、智能化的实时动态监管。GPS 技术在每个运载工具上的应用，可以实时获取运载工具的位置和状态，结合 GIS 技术、GPRS 技术以及 RFID 技术，可以对运输状态、运输线路和运输时间进行实时跟踪管理，可以实现配送线路的调整优化，对货物到达的时间进行预估。

物联网技术在配送的过程中的具体应用如下：

车辆跟踪：车载定位终端自动进行 GPS 定位，并按照预设的发送间隔频率进行自动上传定位信息，结合 GIS 和 GPRS 技术，准确定位车辆所在位置，记录过去一段时期车辆行驶路线，实施跟踪车辆行驶情况。

调度指挥：管理人员通过计算得出最有配送路线之后，可以通过物流运输系统给车辆驾驶员发送调度指挥信息，驾驶员通过车载通信系统接收信息并执行指令，可以确保运输过程安全、高效、准确。

货物运输状态跟踪：货物的安全问题是现代物流配送要面临的重要问题，所以利用物联网技术，在车辆内安装无线数据采集器，同时在每一个货物配备 RFID 标签，这样管理人员就可以通过系统实时地获取车载货物的状态，确保货物的安全。

二、基于物联网技术的物流配送系统框架设计

基于物联网技术的物流配送系统架构设计共分为三层：感知层、传输层以及应用层。

感知层：物流配送系统架构感知层包括信息采集和信息处理两部分。信息采集是利用多种传感器技术、微波技术、视频技术等多种物联网信息采集技术，结合无线射频技术、车载识别系统、全球定位系统和无线通信系统等在途车辆检测技术，实现物流配送中心以及配送中心到配送节点过程中货物的信息采集、配送车辆和人员的调度控制等。

传输层：传输层主要由常用的移动通信网络、无线网络等、互联网、卫星通信等网络来实现信息的传递。

应用层：物流配送系统的应用层主要包括各个应用子系统。仓储管理系统，主要实现物流配送中心内部各种作业的智能化、机械化和自动化。运输调度系统，主要实现实时车辆定位、运输物品监控、在线调度与配送可视化管理。要保证物流配送系统的高效、安全、准确需要获取很多信息，包括货物信息、仓储信息、车辆信息、线路信息等。

物流配送系统需要物联网技术集成应用作为支撑，来实现整个配送过程的可视化、智能化和动态化管理。

三、基于物联网技术的物流配送管理系统设计

（一）基于物联网技术的配送中心仓储管理系统设计

仓储管理系统作为整个物流配送系统货物的中转站，具有非常重要的作用。现代化的物流配送中心流转的货物种类多，周转频繁，所以对于仓储管理系统的功能设计要充分满足配送中心存储条件和环境的需要，以保证配送中心货物的各种作业更加高效率、信息化、智能化地运作。

仓储管理系统的设计主要集成了技术、无线通信技术、无线传感等技术来保证配送中心货物的信息的采集和处理，然后将采集到的信息传递给仓储管理系统，系统将计算后的结果反馈给智能穿梭机、分拣机等设备，以实现配送中心内部作业的机械化、自动化和智能化，并且对配送中心温度湿度等环境实时监控，确保配送中心的安全以及货物的完好。对于仓储管理系统的具体设计过程如下：

1. 基于物联网技术的配送中心仓储优化工作流程

（1）配送中心入库流程优化

工作人员通过仓储管理系统接收并核实收货通知单；将货物信息输入仓储管理系统，由系统对货物进行分类储存；在货物接收区通过阅读器读取并核对货物上标签的信息，并将信息传送至仓储管理系统；系统接收信息后，按照预先做好的分类储存安排，对智能穿梭机和入库设备做出入库指令；智能穿梭机和入库设备完成货物的入库工作。具体流程如

图 6-5。

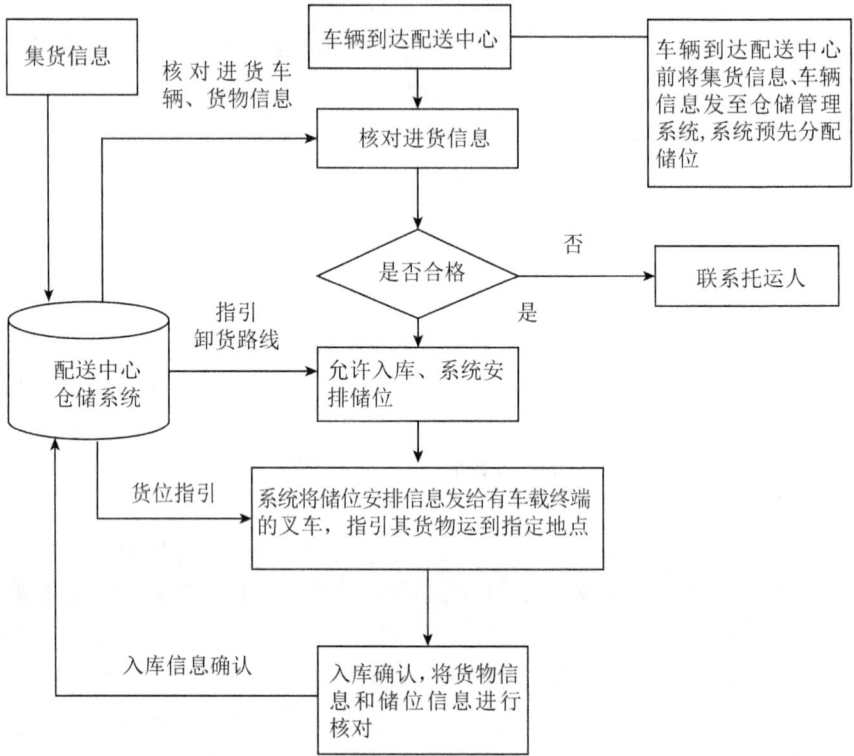

图 6-5 基于物联网技术的配送中心仓储优化工作流程

（2）配送中心货物盘点流程优化

系统确定需要盘点的库存区域，生成盘点清单；系统通过无线网络对盘点设备发布指令，盘点设备根据指令进入盘点区域，通过 RFID 阅读器获取货物信息；盘点设备将获取信息反馈给仓储管理系统，系统对数据进行处理，核对盘点结果。具体流程如图 6-6。

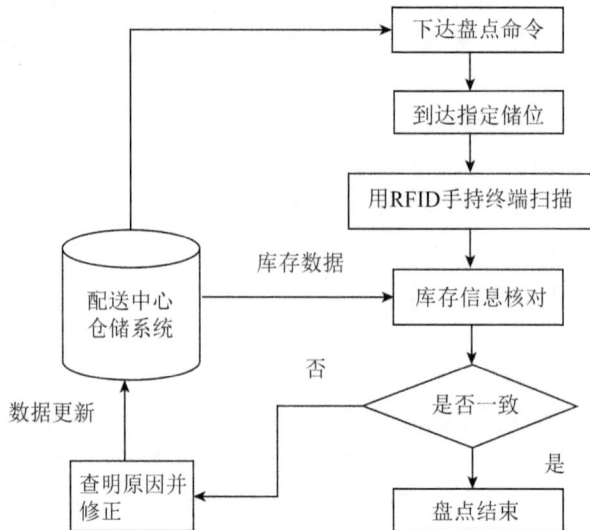

图 6-6 基于物联网技术的配送中心货物盘点流程优化

（3）配送中心货物出库流程优化

工作人员通过仓储管理系统核实发货通知单；系统将出库货物信息通过无线网络发送给分拣设备和智能穿梭机；分拣设备对出库货物进行分拣，然后由智能穿梭机运载货物至出库区；在出库区，出库设备通过 RFID 阅读器识别货物信息并对货物进行封装，然后将出库信息反馈至仓储管理系统。具体流程如图 6-7。

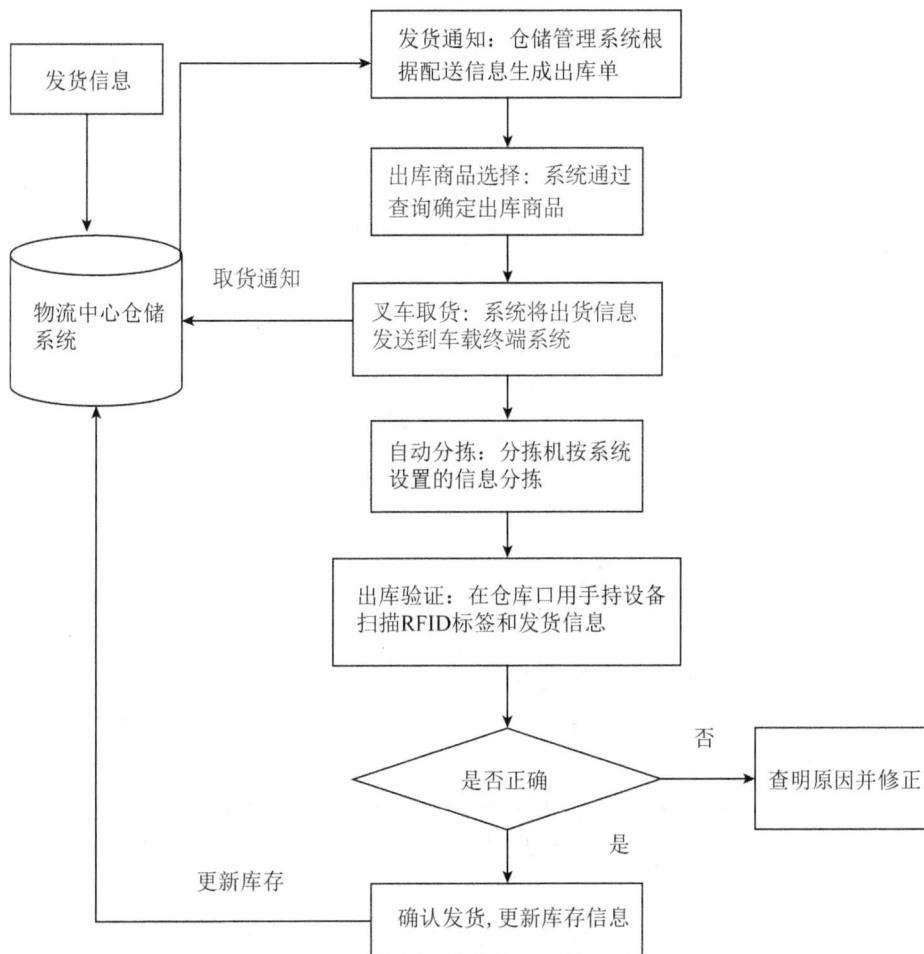

图 6-7　基于物联网技术的配送中心货物出库流程优化

2. 配送中心仓储系统的系统需求

针对配送中心货物种类繁多、信息数据难以管理的问题，为了保证配送中心货物信息正确、安全、有效，保证作业流程的可视化、智能化和自动化，结合上一节基于物联网技术的配送中心作业流程的优化分析，下面介绍对于配送中心仓储系统的需求分析：

（1）仓储作业自动化

保证在货物的入库、盘点和出库的作业中用最少的人力，最大化地实现整个过程的自动化。

（2）信息反馈

保证整个配送过程的信息传递及时准确，配送中心内部及各个节点之间建立有效的信息共享与反馈机制，确保整个系统对于信息处理的协调一致。

（3）及时进行 RFID 电子标签数据地更新、采集和存储

由于配送中心较多地应用了 RFID 技术，包括货物、储位、托盘等都配备有 RFID 标签，由于货物周转频繁，所以就需要及时对每一个 RFID 标签上面的数据进行更新、采集和存储，以保证管理系统获取信息的实时准确。

（4）系统接入

基于物联网的仓储管理系统应该和整个物流配送系统实现对接，因此要实现仓储管理系统完整的接入物流配送系统。

（5）可扩展性

由于物联网技术地不断发展，系统都要从长远角度考虑其可扩展性；保证系统可以在采用新的技术时可以实现相应地扩展，并且不会影响系统整体的应用。

（6）安全性

为了保证配送中心的安全性，系统要实时地对配送中心的各项环境指标进行动态监测，做好防火、防潮、防盗等工作。

3. 配送中心仓储系统功能设计

（1）系统管理

订单管理：可以实现对入库单、出库单等订单的查询、核对、增加、删减等操作。

权限管理：可以实现对工作人员操作权限的查询、增加和删除等操作。

预警管理：可以实时地对配送中心的仓储容量、货物数量以及货物保质期进行预警，保证了配送中心仓储不会出现货物数量超过仓储容量，入库货物无法安置的情况，也保证了货物的保质期情况进行实时地管理，以便对将过期货物做出及时地安排。

安全管理：可是对配送中心的各项环境指标进行实时地检测，包括温度、湿度、货物安全等，以确保配送中心和货物的安全。

（2）RFID 数据管理

货物 RFID 数据管理：通过配送中心货物的 RFID 标签实时掌握货物的情况，并及时对标签数据信息变化进行更新，方便货物的管理。

储位 RFID 数据管理：通过储位的 RFID 标签，实现对储位存货信息、分配规则和储位预约的动态监管。通过储位存货信息的动态监管可以对储位的存货信息做出实时地修改、保存、和作废操作。通过储位分配规则的动态监管可以对储位的分配进行修改、增减、保存和作废操作。通过储位预约可以对储位进行预约地增加、删减、保存操作。

设备 RFID 数据管理：通过对配送中心各种设备的 RFID 标签实现对各类仓储设备，包括机械设备、电子设备和消耗设备的管理，可以实现对各种设备信息的增加、删减、修改和保存操作。

工作人员数据管理：可以实现对配送中心工作人员信息的增加、删除、修改和保存操作。

（3）库存管理

库存管理包括了仓储的整个流程，因此是仓储管理系统中最核心的模块，其主要功能包括：

入库管理：根据系统管理核实订单，并且查询库存容量是否饱和，如果没有饱和，由

RFID 数据模块分配控制的储位，如果已经饱和，则推迟货物入库时间。入库时，由 RFID 阅读器读取货物上的 RFID 标签，核实货物信息，核实无误由系统的设备管理模块指示入库设备完成货物的入库。

盘点管理：包括盘点计划的制订、盘点单制作等，实现盘点计划的巍、审核和查询等操作。

异动管理：主要对货物变化情况进行管理，包括对货物储位变动、货物数量变动等进行管理。

出库管理：主要实现货物出库管理，包括货物出库单的审核管理、出库货物信息核对、货物分拣及封装等。在出库时，通过 RFID 阅读器获取出库货物信息并反馈至系统进行核对，货物品类、货物数量等信息核对无误后，通过出库设备对出库货物进行封装作业，并将出库信息实时传送至系统，作为出库数据库的加项、库存数据库的减项，并打印出库凭证单据及各类实际工作报表。

报损管理：可以对货物丢失损坏的情况进行增加、删除、修改和查询操作。

（4）查询统计

查询统计主要对配送中心各项数据信息进行汇总分析，主要包括费用统计、产品统计、客户统计、业务统计等。

（二）基于物联网技术的运输调度系统设计

物流运输过程是完成物流配送的必须环节，通过本文第二章的分析，目前我国物流配送运输过程还存在很多不足，通过第三章的分析，应用物联网技术可以很好地解决这些问题，所以本节通过对物联网技术的整合集成，对运输调度系统进行了功能设计，来实现物流运输过程的可视化、智能化动态监管。运输调度系统架构如图 6-8 所示。

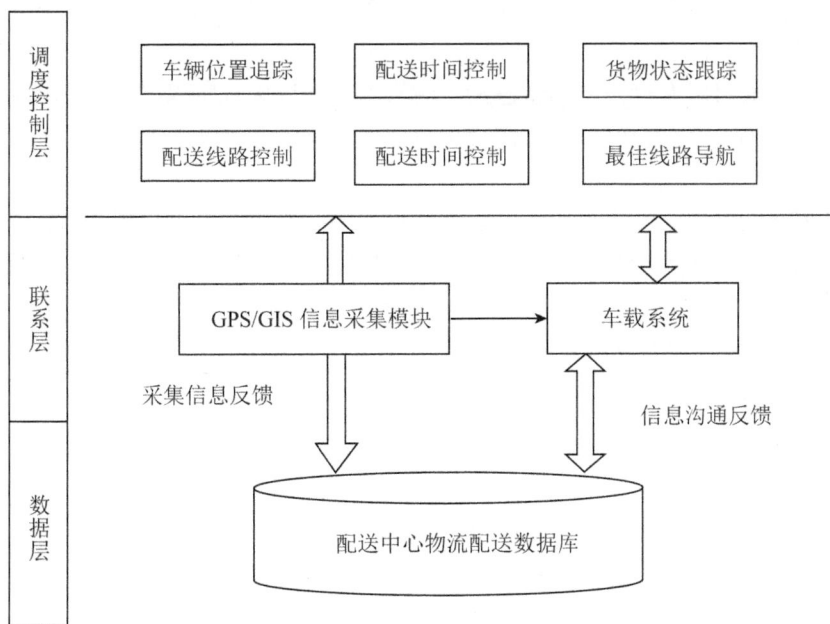

图 6-8　运输调度系统架构

1. 运输调度系统的结构体系

运输调度系统主要应用了 GPS/GIS/GPRS 技术、RFID 技术和优化运筹技术。车载 GPS 接收机确认车辆所在位置后，通过车载 GPRS 通信系统和运输系统建立通信，将车辆位置和状态实时反馈给调度中心，调度中心通过 GIS 系统可以在电子地图上实时地获知车辆目前的位置、行走路径、行驶速度等状态，方便调度中心通过车辆进行实时控制，包括配送路径的优化、道路信息的实时反馈以及出现意外时的及时协调；车辆上的 RFID 阅读器也可以实时获知车载货物的信息，并通过通信将数据反馈给调度中心，保证了调度中心对货物状态的可视化的动态跟踪管理。

2. 运输调度系统的功能架构

（1）运输调度系统的构成部分

车载系统：主要由 GPS 接收机、GPRS 通信模块、RFID 阅读器、控制台组成，可以实现对于车辆的 GPS 定位，建立和调度中心的实时通信，读取货物信息并实时反馈给配送中心。

无线通信：相当于整个运输调度系统的"神经"，主要由 GPRS 通信系统实现，主要负责车载系统与调度中心之间的通信，以及传递车辆和货物的实时信息数据。

调度中心：调度中心是整个运输调度系统的"大脑"，可以对前端采集的信息进行处理分析，对运输过程进行实时监控管理，实现整个系统的统一协调。

GIS 系统：通过 GIS 系统，可以实现车辆位置在电子地图上的动态显示，可以使整个运输过程更加可视化。

（2）系统可以实现的功能

车辆追踪：可以实现对车辆运输状态的实时追踪，包括车辆的位置、运行路线、速度、油耗等。

货物跟踪：可以实现对运载货物状态的实时跟踪，包括货物所处位置、环境温度、湿度、安全情况等。

车辆调度：通过对车辆及货物状态的实时跟踪，调度中心可以实现对车辆紧急情况下的调度安排，例如运行路径经过计算需要更改，或者遇到突发状况时可以进行及时有效的处理。

路径规划：调度中心可以根据车辆运行路径及实际路况，自动设计最优行驶路径。

系统对接：可以实现和仓储系统的对接，完成物流配送从入库、出库、配送到达配送地的流程整合。

第七章　基于物联网的物流成本管理

先进科学的物流管理技术可以显著降低物流成本，创造更大效益。本章将详细阐述基于物联网的物流成本管理相关知识。

第一节　物流成本管理概述

一、成本与物流成本

（一）成本

作为物流从业和物流管理人员，想了解物流成本内涵，开展物流成本管理，应首先了解成本的内涵及作用。

一般来说，成本是人们为进行生产经营活动或达到一定目的所耗费的人力、物力和财力等资源的货币表现。

之所以要关注成本，是因为成本在经济生活中具有重要的作用。首先，成本是补偿生产耗费的尺度；其次，成本是制订产品价格的基础；第三，成本是计算企业盈亏的依据；第四，成本是企业进行决策的依据；最后，成本是综合反映企业工作业绩的重要指标。

事实上，成本在不同的领域具有不同的含义，在现实中的应用也是多样化的。了解成本的内涵应从不同领域、不同角度观察成本，尤其要理解与区分会计成本和管理成本，并能根据不同的目的正确地运用相关成本。

1. 会计成本

会计成本是指按照国家的会计法规核算出来的成本，通常指产品成本或劳务成本。产品成本或劳务成本是归属于产品或劳务的支出，即按产品或劳务对象化的支出。已销售产品、已提供劳务的成本形成营业成本，计入当期损益，按配比原则与相应的营业收入相配比，从收入中得到补偿；未销售产品的成本则保留在存货成本中。会计上，谈到成本，必然牵涉到与之有关的费用和支出的含义。我国《企业会计准则——基本准则》中规定："企业为生产产品、提供劳务等发生的可归属于产品成本、劳务成本等的费用，应当在确认产品销售收入、劳务收入等时，将已销售产品、已提供劳务的成本等计入当期损益。企业发生的支出不产生经济利益的，或者即使能够产生经济利益但不符合或者不再符合资产确认条件的，应当在发生时确认为费用，计入当期损益。"从中可以看出，支出、费用和成本涵盖的范围不尽相同，有必要加以区分。

（1）支出。支出是企业经济利益的总流出，指企业的一切开支及耗费，包括资本性支出、收益性支出、偿债性支出、税金支出、利润分配支出及各项损失等。

（2）费用。费用有广义和狭义之分：广义的费用泛指企业在日常活动中发生的所有耗费。它强调耗费，而不是被"谁"耗费，既包括为取得收入而发生的耗费，也包括为生产产品、提供劳务而发生的耗费；狭义的费用指准则所定义的费用概念，仅指为取得收入而发生的耗费，它强调与特定会计期收入配比的耗费，而不是特定产出物的耗费。我国《企业会计准则——基本准则》中，将费用定义为："费用是指企业在日常活动中发生的、会导致所有者权益减少的、与向所有者分配利润无关的经济利益的总流出。"可见，费用是指会计期间内经济利益的减少，其表现形式为资产减少或负债增加而引起的所有者权益减少，但不包括向所有者进行分配等经济活动引起的所有者权益减少。《企业会计准则第30号——财务报表列报》第四章"利润表"的有关条款指出："费用应当按照功能分类，划分为从事经营业务发生的成本、管理费用、销售费用和财务费用等。"可见，费用是和收入相对应的概念，须冲减当期的收入。

（3）成本。成本是对象化的费用，也有广义和狭义之分。广义的成本是指为取得资产或达到特定目的而实际发生或应发生的各种支出；狭义的成本通常指会计准则中界定的产品成本或劳务成本，是日常生产经营活动过程中所发生的可归属于产品或劳务的支出。

2. 管理成本

相对于会计成本，管理成本是出于管理目的而产生的成本概念。假如说，会计成本必须严格遵循企业基本会计准则界定的含义，且原则性很强的话，那么，管理成本则可依据企业的管理实践动态地予以界定和调整，具有很强的灵活性。管理成本包括会计成本但又不限于会计成本，我们所熟知的变动成本、固定成本、机会成本、差别成本、付现成本、相关成本、可控成本、责任成本、作业成本、沉没成本、人力资源成本、产品质量成本等都是管理成本的范畴。企业可以依据不同时期的经营目标和管理要求，科学选择和动态调整管理成本的范畴，以达到预期的管理目标。

（二）物流成本

1. 定义

从会计成本和管理成本的视角看，物流成本属管理成本范畴，是企业基于物流管理的需要而产生的成本概念。我们知道，物流管理的核心是物流成本管理，物流成本既是物流管理的手段，又是衡量物流运作绩效的工具。物流成本之所以具有这些特点，一是因为物流成本能忠实地反映物流活动的实态，二是因为物流成本能成为评价所有物流活动的共同尺度。

那么，物流成本的内涵是什么？

1956 年，美国一本讨论航空运输经济的著作首次论述了现代物流成本的雏形。随后，刘易斯·克林顿和斯蒂尔把物流成本定位于实现物流需求所必需的全部开支，包括从供应商到消费者这一过程中发生的全部费用。参考日本《物流手册》，所谓物流成本被理解为用金额评价物流活动的实际情况。物流成本的大小取决于物流活动的范围和采用的评价方法。1999 年，卡洛斯·F·达加佐（Carlos F Dagazo）在其《物流系统分析》一书中，把物流成本归结为克服商品空间障碍的移动成本和克服商品时间障碍的持有成本；前者又可以进一步分为运输成本及装卸成本，后者则对应地分为租金成本及等候成本。

在中国，2006 年发布实施的国家标准《企业物流成本构成与计算》（GB/T 20523－2006）申，将物流成本定义为："企业物流活动中所消耗的物化劳动和活劳动的货币表现，包括货物在运输、储存、包装、装卸搬运、流通加工、物流信息、物流管理等过程中所耗费的人力、物力和财力的总和以及与存货有关流动资金占用成本、存货风险成本和存货保险成本。"其中，与存货有关的流动资金占用成本包括负债融资所发生的利息支出即显性成本和占用自有资金所产生的机会成本即隐性成本两部分。这里，物流成本包括两部分内容：一是物流功能成本，体现的是物流运作过程中所发生的各项成本支出；二是存货相关成本，包含的是产品被锁闭在物流环节，从而导致事实上被企业占用的资金以及存货在活动过程中所发生的风险损失和为防止损失所支付的保险费用。这种物流成本分类表述的优点在于，它指出了物流成本改善的取向是减少存货在物流环节的耽搁及时滞，促进企业努力降低资金占用成本和风险损失；而物流功能成本由于受物流极限的约束，只是物流成本改善的次优选择。

企业物流成本按其所处的领域，又分为生产制造企业物流成本、流通企业物流成本和物流企业物流成本。其中，生产制造企业物流成本和流通企业物流成本又称为货主企业物流成本。

2. 物流成本和产品成本的共性和差异性

谈及成本，人们首先想到的是产品成本，那么物流成本和产品成本具有哪些共性和差异？相对于产品成本，物流成本具有哪些特征？

（1）物流成本和产品成本的共性

①物流成本和产品成本均以货币来计量。产品成本是以货币计量的。根据成本流转观念，企业从购进设备和原材料开始，直到把产品交给客户，随着实物的流转，成本也在流转，会计人员追溯成本的流转过程，通过成本记录反映企业的经济活动。最初购置资产的货币支出逐步归属到产品。因此，只有以货币计量并支付货币的耗费，才属于产品成本。

物流成本也是以货币计量的，其中既包括实际支付货币的显性物流成本，也包括无须支付货币的隐性物流成本。对于隐性物流成本，尽管无须支付货币，但同样需要以货币计量其发生额，以供管理决策使用。

对于无法以货币计量的耗费，例如生产、运输对环境的影响等，既不能计入产品成本，也不能计入物流成本。

②物流成本和产品成本均是特定对象的耗费。成本总是针对特定对象或目的的。成本是转嫁到一定产出物的耗费，这个产出物称为成本计算对象，它可以是一件产品或者一项服务（活动）。

产品成本总是针对某一特定产品的。在产品成本归集和计算过程中，对于与特定产品相关的支出计入产品成本，对于不能经济合理地归属于特定产品的支出，例如办公费、广告费、利息支出等，只能在发生当期计入期间费用。

物流成本总是针对特定物流活动的。在企业生产经营和物流活动过程中，凡是与物流活动直接相关的支出计入物流成本，对于不能经济合理地归属于物流活动的支出，例如物流企业财务部门、人事部门的人员费、办公费、银行手续费支出等，不能计入物流成本，只能将其列为物流企业的费用。

（2）物流成本和产品成本的差异

①产品成本是财务会计中的成本概念，物流成本是管理会计中的成本概念。财务会计中，成本是经济资源的实际耗费。产品的生产经营过程也同时是资产的耗费过程。例如，为生产产品需要耗费原材料、磨损固定资产以及用现金支付工资等。原材料、固定资产和现金都是企业的资产，这些资产原本可以为企业换取经济利益，现在被耗用了。根据成本归属理论，当任何原材料或设备在被耗用之后，它们的原始购置成本就随之归属于产出物，成为产出物的成本。

管理会计中，成本既包括实际耗费的经济资源，也包括虽未耗费经济资源但决策时为选择最优方案需要考虑的机会成本。在企业物流活动过程中，物流成本既包括在货物运输、仓储、包装、装卸搬运、流通加工、物流信息、物流管理过程中实际耗费的经济资源即显性成本，也包括虽未耗费经济资源但物流活动过程中因存货占用自有资金所产生的机会成本即隐性成本。因此，物流成本是管理会计中的成本概念。

②产品成本是企业在正常生产经营活动中发生的耗费，物流成本贯穿于企业经营活动和筹资活动全程。从理论上说，企业的全部经济活动应当分为生产经营活动、投资活动和筹资活动，这三项活动的损益在利润表中要分开报告，以便分别评价其业绩。企业经济活动的正常损益和非正常损益也要分开报告，以便评价企业的获利能力。只有生产经营活动的正常耗费才能计入产品成本并从营业收入中扣减，以使营业利润能反映生产经营活动的正常获利能力。非正常的、意外的耗费不计入产品成本，而将其直接列为期间费用或损失。

就物流成本而言，既包括企业在正常经营过程中发生的与物流活动有关的费用支出，如物流人员费用、物流设施维护费、物流管理费用等，也包括经营过程中发生的非正常的、意外的耗费，如存货丢失发生的风险损失、废弃物处理的成本支出等，还包括筹资过程中发生的与物流有关的支出，例如与存货有关的负债融资所发生的利息支出等。因此，与产品成本相比，物流成本不仅包括正常经营过程中发生的有关费用，还包括经营过程中发生的非正常支出和筹资过程中发生的部分支出。

③产品成本包括物流过程中物的价值，计算起点是物（原材料等）的成本；物流成本不包括物流过程中物的价值，计算起点是为取得物（原材料等）而发生的有关费用。产品成本的计算通常从原材料投入使用开始，随着生产过程中人、财、物的投入直至成为产成品以及产品的出库、销售，实物在流转，成本也在累积，其成本计算始终着眼于物。随着投入的不断增多，物的价值在增加，产品成本也在累积增大。物流成本的计算通常从采购原材料开始，以物的活动为主线，但不包括物本身的价值，而是因物的流动而发生的独立于物的价值之外的费用支出。

3. 物流成本的特征

通过物流成本与产品成本的比较可以看出，物流成本具有以下几个重要特征：

①物流成本是以货币计量的费用支出，无法以货币计量的费用不能计入物流成本。

②物流成本是特定物流活动过程中发生的费用支出，与物流活动无关的费用不能计入物流成本。

③物流成本是管理会计中的成本概念，既包括实际耗费的经济资源，也包括机会成本。

④物流成本贯穿于企业经营活动和筹资活动全程，不仅仅包括正常经营活动中的费用支出。

⑤物流成本不包括物流活动过程中物的价值，是独立于物的价值之外的、在物的流动过程中发生的费用支出。

物流成本除了具有上述特征，还具有交替损益性、隐含性和不完全性等特点。

从现代物流的角度看，所谓交替损益，可以理解为改变物流系统中任一要素都会影响到其他要素，或者系统中任一要素的增益都将对系统其他要素产生减损作用。在企业的物流系统中，与成本相关的交替损益关系包括：物流服务水平和物流成本之间；构成物流系统的各子系统之间；各子系统的活动费用之间等。

物流成本的隐含性是指物流成本隐含在其他费用项目中，使企业难以准确把握物流成本的实际支出。具体表现为：一是不同企业将物流成本列入不同的费用科目；二是企业内的物流成本混入其他费用科目。

物流成本的不完全性是指企业在计算物流成本时，因物流过程的复杂性及现有会计制度的缺陷，物流成本不能完全反映企业真实的物流耗费。

二、影响企业物流成本的因素

（一）企业物流合理化程度

物流合理化就是使一切物流活动包括运输、仓储、装卸搬运、流通加工、物流信息和物流管理等活动趋于合理，以尽可能低的成本获得或提供尽可能好的物流服务。在一定意义上，物流合理化就是通过流程再造以及对物流活动地巧妙安排，实现物流成本最低和物流效益最大的目标。物流服务与物流成本之间存在效益背反现象，各种物流活动所产生的物流成本之间往往也此消彼长，所以，物流的合理化程度直接影响企业物流成本的高低。对企业而言，物流合理化是降低物流成本的关键因素，也是物流管理追求的根本目标。

（二）物流管理信息化程度

如果说前几年提高物流信息化程度还只是一个理念或追求的话，那么，近年来很多企业的物流信息化管理实践证明了，信息化水平高低是企业在激烈的市场竞争中能否立于不败之地的关键因素。物流管理信息化建设，前期投入相对较大，但建成后的效果往往超乎人们的意料。很多知名企业通过信息化建设，不仅实现了企业内运输、仓储、包装、装卸搬运、流通加工、物流信息和物流管理等物流活动的整合与信息共享，建立了物流活动的快速响应机制，实现了传统物流管理方式的突破，而且通过信息化建设地延伸，实现了供应链上各方的信息共享，促进了供应链物流流程的再造，实现了多方共赢。所以，物流管理信息化程度与物流成本高低密切相关。事实上，全面推行物流管理信息化是一项复杂而艰巨的系统工程，时间跨度长，效果短期内难以显现，建设初期甚至会大幅提升物流成本。但从长远看，要持续提升物流管理水平，探寻降低物流成本的"第三利润源"，信息化建设将历史性地承担这一使命。

（三）物流运作方式

随着现代经营理念的引入，很多企业更加专注于提高核心竞争力，把不具备竞争优势的物流业务全部或部分外包出去。据中国仓储协会连续 6 次中国物流市场供需状况调查显示，约 50% 的生产企业和商业企业有意愿将所有的自理物流业务外包给第三方物流企业。就现行物流业务运作实践来看，企业物流业务运作方式大致有三种：全部自营、部分自营部分外包和全部外包，而企业物流业务运作方式的选择主要基于经营管理的需要和降低成本的追求，不同的物流业务运作方式所产生的物流成本截然不同。基于这一点，企业在物流业务运作方式上往往能够做出理性选择，在认真计算投入产出比和物流总成本，同时充分考虑企业战略目标的基础上，选择并适时调整合适的物流业务运作方式。

（四）物流成本计算方式

物流合理化程度、物流管理信息化程度以及物流业务运作方式三个影响物流成本的因素，其程度和实施方式的不同会真实地影响企业物流成本的高低，不同于上述三个影响因素，无论采取何种方式计算物流成本，物流成本都真实、客观地存在，计算方式不同影响的只是最终呈现给决策者的物流成本结果的差异。一般情况下，企业采取粗放的成本计算方式，计算出的物流成本值会偏低。随着物流成本计算精细化程度的提高，物流成本的计算范围会扩大，最终计算出的物流成本值会增加。事实上，不同国家计算物流成本的方式各不相同，即使在同一国家，不同企业对物流成本的计算也会采用不同的方法。2006 年，我国出台了国家标准《企业物流成本构成与计算》，对企业物流成本构成内容与计算方式进行了明确和统一，企业计算物流成本有了统一的标准。

第二节　物流成本管理的内容与方法

一、物流成本管理的内容

企业物流成本管理的内容主要包括物流成本计算、物流成本预测、物流成本决策、物流成本计划、物流成本控制、物流成本分析以及物流成本考核等。

（一）物流成本计算

物流成本计算是根据企业确定的物流成本计算对象，按规定的成本项目，采用适当的成本计算方法，对企业经营过程中发生的与物的流动有关的费用进行归集与分配，从而计算出各物流成本计算对象的物流成本。

物流成本计算最关键的因素有两个：一是明确物流成本的构成内容，亦即探寻物流和成本之间交集的过程。根据效益背反学说，物流成本各项目之间存在此消彼长的现象，一项物流成本的下降可能会带来其他项目成本的上升，所以，物流成本计算应从物流系统的角度出发，全面清晰地界定物流成本的内容。二是确定物流成本计算对象。对企业而言，物流成本计算对象是多元的，包括产品、部门、地区、事业部、物流范围、物流阶段、物流功能等，企业应根据不同时期物流成本管理的要求，动态调整物流成本计算对象。

物流成本计算并非物流成本管理的目的，而是物流成本管理的前提和基础。物流成本计算可以为物流成本管理提供客观、真实的成本信息，为物流成本预测、决策、计划、控制、分析和考核等提供数据基础。缺乏可靠的物流成本数据信息，物流成本管理工作将成为无源之水、无本之木。

（二）物流成本预测

物流成本预测是根据已有的与物流成本有关的各种数据，结合企业内外环境的变化，采用专门的方法，对未来的物流成本水平及其变动趋势做出科学地估计。不同规模、不同管理模式的企业，其成本预测方法和预测模型均有所不同，但其物流成本预测具有三个共同特征：一是成本预测都以不同程度的历史资料为依据；二是成本预测都涉及未来；三是成本预测都存在不确定性。

（三）物流成本决策

物流成本决策是指在物流成本预测的基础上，结合其他有关资料，拟定降低物流成本的各种方案，并运用一定的科学方法对各方案进行可行性分析，然后从各方案中选择一个满意方案的过程。物流成本决策首先要求成本尽可能低，在此基础上再考虑净收益尽可能大。

物流成本决策通常包括收集物流成本信息和有关资料、设计备选方案、从备选方案中选择方案和对决策进行评价这四个阶段。在具体实施过程中，这四个阶段有时并不是按顺序一次性完成的，经常需要返回到以前的阶段进行选择和评估后，再完成后续阶段。

物流成本决策的价值标准应考虑使用综合经济目标的办法，即以长期稳定的经济增长为目标，以经济效益为尺度的综合经济目标作为价值标准。考虑到物流系统的复杂性和经济活动的不确定性，必要时也应加入一些非经济目标，进行综合判断，选取行动方案。

由于物流成本决策所考虑的是价值问题，即资金耗费的经济合理性问题，因此物流成本决策的综合性较强，对企业其他生产经营决策起着指导和约束作用；同时，物流成本决策是成本计划的前提，是降低成本、提高经济效益的关键环节。

（四）物流成本计划

计划是指预先决定做什么、何时做、怎样做和谁去做。物流成本计划有广义和狭义之分。

广义的物流成本计划是指物流成本规划，是物流成本管理工作在总体上地把握。它为具体的物流成本管理提供战略思路和总体要求，是根据企业的竞争战略和所处的经济环境制订的。它通过调整物流活动的规模和水平，使企业的物流活动、物流成本和收益等相互协调，以保证实现物流成本管理目标。它的内容主要包括确定物流成本管理的重点，规划控制物流成本的战略途径，提出物流成本计算的精度要求，确定业绩评价的目的和标准。

狭义的物流成本计划是在物流成本决策的基础上，运用一定的方法，以货币形式规定计划期物流各环节耗费水平，并提出保证物流成本计划顺利实现所采取的措施。狭义的物流成本计划包括月度计划、季度计划、半年计划和年度计划。狭义的物流成本计划可以纳入物流成本预算，物流成本预算是以财务指标将成本计划量化的一种表现形式，是对计划的一种阐释。

（五）物流成本控制

物流成本控制是根据物流成本计划，对成本发生和形成过程以及影响成本的各种因素条件施加主动影响，以保证实现物流成本计划的一种行为。物流成本控制过程中，通常应根据物流成本计划，制订各项物流消耗定额、标准成本等作为执行标准，在执行过程中不断反馈其执行情况，当实际执行结果和计划的执行标准有重大偏差时，及时采取措施予以纠正。

物流成本控制包括事前控制、事中控制和事后控制。企业应加大信息化建设力度，采取各种措施，将控制关口前移，突出事前控制，强化事中控制，完善事后控制，确保物流成本计划和成本目标的实现。

（六）物流成本分析

物流成本分析是根据物流成本计算所提供的信息和其他有关资料，分析物流成本水平及其构成的变动情况，明确影响物流成本变动的各种因素。通过物流成本分析，可以正确评价企业物流成本计划的执行结果，揭示物流成本升降的原因，明确影响物流成本高低的各种因素及其原因，寻求进一步降低物流成本的途径和方法。此外，物流成本分析还可以结合企业物流经营条件及内外部环境的变化，合理确定新情况、新条件下的目标物流成本水平。

（七）物流成本考核

物流成本考核是指在物流成本分析的基础上，对物流成本计划的完成情况或执行结果进行总结与评价，并实施奖惩的过程。物流成本考核要以责任中心为对象，以其可控成本为界限，按责任归属来考核物流成本指标的完成情况。通过物流成本考核，可以评价各责任单位对当期降低物流成本的贡献，促进各责任单位和责任人员树立物流成本管理意识，激发其降低物流成本的积极性。

上述物流成本管理的内容是一个相互联系的有机整体：物流成本计算是物流成本管理的基础，提供了物流成本管理所需要的数据来源；物流成本预测是成本决策的前提；物流成本决策是物流成本计划的基础；物流成本计划是保证成本决策目标实现的具体实施方案，同时又是成本控制和成本考核的依据；物流成本控制可以通过对成本计划执行情况的督促检查保证计划目标的实现；物流成本分析可以揭示成本构成及其变动趋势，揭示各因素的变动对成本升降所造成的影响，为正确进行成本考核提供依据，同时为下一步的成本计划和成本决策反馈有用的信息；物流成本考核可以通过对各责任中心业绩的评价实施奖惩，调动工作积极性，促进物流成本计划的顺利完成。

二、物流成本管理的方法

物流成本管理的方法很多，既有定性方法，也有定量方法。总体上讲，可以从两个维度探讨物流成本管理的方法，一个维度是物流成本管理的内容，即横向物流成本管理法；另一个维度是物流功能，即纵向物流成本管理法。

（一）横向物流成本管理方法

企业物流成本管理的内容主要包括物流成本计算、成本预测、成本决策、成本计划、成本控制、成本分析以及成本考核等方面。企业通过计算物流成本，准确掌握物流成本的基本信息，为物流成本管理提供数据支撑；企业在物流成本计算和成本预测的基础上，做出科学的成本决策，为做好物流成本管理工作奠定基础；企业通过制订成本计划，实施成本预算，为物流成本控制工作提供依据；企业在物流成本分析的基础上，对各责任主体成本计划完成情况和成本控制实施效果进行评价，并引入考核奖惩．调动工作积极性，使物流成本管理工作落到实处。上述内容构成了企业物流成本管理循环，企业通过物流成本管理的各个环节和内容，完成物流管理工作，这也是企业物流成本管理的基本方法。实践中，不同的成本管理内容具有不同的实施方法，具体如下：

1. 物流成本计算

物流成本计算的方式主要包括会计方式、统计方式以及会计和统计相结合的方式三种。会计方式计算物流成本是通过凭证、账户、报表对物流耗费进行连续、系统、全面地记录、计算和报告；统计方式计算物流成本是通过对企业现行成本核算资料的解剖分析，分离出物流成本，按不同的物流成本计算对象进行重新归类、分配和汇总，加工成所需物流成本信息，该种方式不需要设置完整的凭证、账户和报表体系；会计和统计相结合的方式计算物流成本，其要点是将物流耗费的一部分内容通过会计方式予以计算，另一部分内容通过统计方式计算。

国家标准《企业物流成本构成与计算》中明确的物流成本，主要按可从现行成本核算体系中予以分离的物流成本和无法从现行成本核算体系中予以分离的物流成本计算，实际上也是会计方式和统计方式的结合。

2. 物流成本预测

物流成本预测的方法很多，随分析对象和预测期限的不同而有所差异，总体可归纳为定性预测方法和定量预测方法两大类。

定性预测方法也称为"非数量分析法"，是预测者根据掌握的专业知识和丰富的实际经验，运用逻辑思维方法对未来物流成本进行预计、推断的各种方法的统称。常用的方法有调查研究判断法和分析判断法。

定量预测方法是根据历史资料以及物流成本与影响因素之间的数量关系，通过建立数学模型来预计、推断未来物流成本的各种预测方法的统称。按照成本预测模型中物流成本与相应变量的性质不同，又可分为时间关系成本预测方法和因果关系成本预测方法两类。

时间关系成本预测方法是以物流成本为因变量（Y），以时间为自变量（T）而建立的函数关系 $Y=F（T）$，或根据预测对象按时间顺序排列的一系列历史数据，应用一定的数学方法进行加工、计算，借以预测物流成本未来发展趋势的分析方法，也称时间序列分析法或外推分析法，具体包括简单平均法、加权平均法、移动平均法和指数平滑法等。

因果关系成本预测方法是根据预测对象与其他相关指标之间相互依存、相互制约的规律性联系，建立相应的因果数学模型进行的物流成本预测分析方法。此方法以物流成本为因变量（Y），以影响成本的因素为自变量（X），建立函数关系式 $Y=F（X）$，来预测物流成本未来发展趋势的分析方法，具体包括高低点法和回归分析法等。

3. 物流成本决策

物流成本决策本质上是根据决策目标从若干备选方案中选择最优方案的过程。物流成本决策的基本程序包括确定决策目标、广泛收集资料、拟定可行性方案和做出选优决策。决策方法包括定量方法和定性方法，具体方法因决策内容、类型及资料的不同而不同，主要包括差额分析法、均衡分析法和决策表法等。

为提高决策水平和效率，目前部分企业开发、使用了物流成本决策支持系统，充分利用计算机和人工智能领域的先进技术，如数据仓库、联机分析处理和智能推理等，广泛收集和整理企业经营过程中的相关物流成本数据，并加以深入分析，为物流成本管理者做出科学、及时的成本决策提供支持。

4. 物流成本计划

物流成本计划主要是编制物流各环节的耗费，具体是以物流成本预算的形式来表现的。总体来讲，物流成本计划编制可采用细算法和概算法进行。

细算法也叫直接计算法，它是根据各项物流成本消耗定额等资料，考虑成本降低的要求，按照物流成本项目，详细计算各项目的计划成本，然后汇总编制物流总成本计划的方法。这种方法计算详细，有利于物流成本计划的执行、控制、分析与考核，但工作量比较大。

概算法也叫因素测算法，它是以企业物流成本降低措施计划为依据，分析、测算各项措施对物流成本造成的影响及其可能结果，在此基础上调整上年实际成本编制计划、年度物流成本计划的方法。与细算法相比，这种方法比较简便，工作量小，且与企业的物流成本降低活动密切结合，但这种方法计划得不够仔细、准确。

预算是计划的具体表现形式和实施方式，所以，物流成本预算的编制方法可以为编制物流成本计划所用。物流成本预算的编制方法包括固定预算、弹性预算、零基预算、增量预算、定期预算和滚动预算等多种方法，在编制物流成本计划时可以根据需要选择使用。

5. 物流成本控制

物流成本控制是根据预定的物流成本目标，对企业生产经营过程中的物流耗费进行约束和调节，发现偏差，纠正偏差，以实现预定的物流成本目标，促使物流成本不断降低。物流成本控制的方法多种多样，从控制标准来看，包括目标成本控制法、定额成本控制法、标准成本控制法、预算控制法和责任成本控制法等。

6. 物流成本分析

物流成本分析是评价企业物流成本管理绩效、实施物流成本考核的重要过程。物流成本分析的方法有多种，包括比较分析法、比率分析法和因素分析法等，其中比率分析法又有相关比率分析法、趋势比率分析法和构成比率分析法等。企业可根据分析的要求和掌握资料的情况，选择具体的分析方法。

7. 物流成本考核

物流成本考核是确保成本降低举措落到实处的重要方式。就考核的内容和方法而言，包括定性和定量两种方式。定性考核主要是考核相关成本降低举措是否得到严格执行等；定量考核主要是考核物流成本相关指标的完成情况。实践中，物流成本考核的实施通常是定量考核为主，兼顾定性考核。

（二）纵向物流成本管理方法

纵向物流成本管理方法，是从物流各项功能或环节的角度实施的成本管理，包括运输、仓储、包装、装卸搬运、流通加工等功能或环节。事实上，横向物流成本管理方法适用于每一项物流功能成本的管理。例如，对运输成本的管理，也包括成本的计算、预测、决策、计划、控制、分析以及考核等，不同阶段或内容根据管理的要求不同，可分别选择不同的管理方式。

各物流功能成本除了通用的横向物流成本管理方法，根据各自特点，也可采取相应的成本管理和控制方法。具体来说：

为了加强运输成本管理，实现货物运输和配送的优化，可采用线性规划和非线性规划的方法制订最优运输计划，运用系统分析技术，选择货物最佳配比和配送线路等。

为了加强仓储成本管理，实现货物存储优化，可运用经济订购批量（EOQ）模型，来确定最佳仓储量等。

此外，为了实现最高的服务水平、最低的物流费用和最快的信息反馈等物流管理目标，还可运用模拟技术对整个物流系统进行研究，实现物流系统的最优化，等等。

第三节　物流成本的控制

一、物流成本控制概述

（一）物流成本控制的含义

物流成本控制是根据预定的物流成本目标，对企业物流活动过程中形成的各种耗费进行约束和调节，发现偏差，纠正偏差，实现乃至超过预定的物流成本目标，促使物流成本不断降低。物流成本控制直接控制物流成本发生的原因，而不是物流成本本身，也就是说，物流成本控制是通过控制引起物流成本发生的驱动因素来进行的，通过控制物流成本动因可以使物流成本得到长期管理。

物流成本控制有广义和狭义之分。广义的物流成本控制贯穿于企业经营活动全过程，包括事前控制、事中控制和事后控制；狭义的物流成本控制仅指事中控制，是对物流活动过程的控制。从实践看，现代物流成本控制是广义的物流成本控制，是与企业的战略目标和财务管理目标等密切结合的物流成本控制。

物流成本控制又有绝对成本控制和相对成本控制。绝对成本控制是通过单纯的精打细算、节约开支等方式，降低物流成本支出的绝对额；相对成本控制是开源与节流并举，在降低物流成本耗费的同时，想方设法增加收入，同时统筹考虑物流成本耗费与实现收入之间的关系，以求收入的增长超过成本的增长，实现物流成本的相对节约。从这一角度看，现代物流成本控制又是相对成本控制。

（二）物流成本控制的原则

物流成本控制要遵循一定的原则，概括起来，主要包括以下几条：

1. 经济原则

经济原则也叫成本效益原则，是指因推行物流成本控制而发生的成本，不应超过因缺少控制而丧失的收益。经济原则要求物流成本控制能起到降低物流成本、纠正偏差的作用，具有实用性。经济原则在很大程度上决定了物流成本控制只在重要领域中选择关键因素加以控制，而不是对所有的成本项目都进行同样周密地控制；同时，经济原则还要求物流成本控制应具有灵活性，根据变化的条件，适时地调整控制方式和手段等。

2. 全面原则

物流成本控制中的全面原则主要包括三个层面的含义：一是全过程控制，指物流成本控制不限于企业的物流活动过程，而是包括企业经营活动的全程；二是全方位控制，指物流成本控制不仅对成本发生的数额进行控制，还对物流成本发生的原因、时间等进行控制，确保物流成本支出的合理性；三是全员控制，指物流成本控制不仅要有专门的物流成本管理人员参与，而且要发动全体员工积极参与物流成本控制。

3. 重点控制原则

重点控制原则实际上是贯彻管理学上的"二八"原则，即80%的物流成本支出是由其中20%的成本项目造成的，所以物流成本管理者应把物流成本控制的关注点聚集在这关键的20%的成本项目上，对其重点进行控制，而对其他数额较小或无关大局的成本项目则可以从略。重点控制原则还要求企业对正常物流成本支出可以从简控制，但要格外关注各种例外情况。

4. 领导推动原则

由于物流成本控制涉及企业生产经营全程，同时要求全员参与，所以必须由企业最高领导层予以推动，这里企业领导层首先要重视并全力支持物流成本控制，为物流成本控制提供制度和文化方面的支撑；其次，在要求各部门完成物流成本控制的同时，必须赋予其在规定范围内决定某项费用是否可以开支的权利，确保物流成本控制部门和人员的责、权、利的一致。

（三）物流成本控制的方法

1. 标准成本控制法

（1）标准成本。标准成本是通过精确调查、分析与技术测定的，用于评价实际成本的一种预计成本。标准成本一般有以下几种：

①基本标准成本。基本标准成本是指一经确定，只要有关的基本条件没有重大变化，就不予变动的一种标准成本。这种标准成本将不同时期的实际成本与同一标准进行比较，以反映成本的变化和差异。但由于未来的情况总是变化的，因此以基本标准成本来衡量未来的成本水平难免有失偏颇，所以实际中较少采用。

②现行标准成本。现行标准成本是在现有条件下进行有效物流活动的基础上，根据下一期可能发生的有关物流要素的消耗量、预计价格和预计物流经营能力利用程度等制定的标准成本。这种标准成本可以包括管理层认为短期还不能完全避免的某些不应有的低效、失误和超量消耗，最适合在经济形势变化多端的情况下使用。

③理想标准成本。理想标准成本是以现有经营条件处于最优状态为基础制定的最低成本水平。它通常是根据理论上的有关要素用量、最理想的要素价格和可能实现的最高物流

经营能力利用程度来制定的。采用这种标准不允许有任何失误、浪费和损失。由于这种标准未考虑客观实际，提出的要求过高，很难实现，故实际工作中很少采用。

④正常标准成本。正常标准成本是根据正常的耗用水平、正常的价格和正常物流经营能力，利用程度制定的标准成本。在制定时，将企业物流经营活动一般难以避免的损耗和低效率等情况也计算在内，这种标准成本由于具有客观性、科学性、现实性、激励性和稳定性等特点，因此在实际中广泛应用。

（2）标准成本控制法的实施步骤。标准成本控制法是以标准成本为基础，将物流成本的实际发生额区分为标准成本和成本差异两部分，对成本差异及其产生的原因进行分析研究，明确责任，并及时采取有效措施消除不利差异，实现对物流成本地有效控制。实施标准成本法一般有以下几个步骤：

①制定单位物流服务标准成本。单位物流服务标准成本是单位物流服务标准消耗量与标准单位的乘积。

②根据实际业务量和成本标准计算物流服务的标准成本。物流服务的标准成本是实际业务量与单位物流服务标准成本的乘积。

③汇总计算实际物流成本。

④计算物流标准成本与物流实际成本的差异。

⑤分析物流成本差异产生的原因。

⑥提出物流成本控制报告，评价物流成本的执行情况。

（3）物流标准成本的制定。物流标准成本主要包括物流直接材料标准成本、物流直接人工标准成本和物流有关费用标准成本。

①物流直接材料标准成本的制定。物流直接材料标准成本是材料的用量标准和价格标准的乘积。直接材料标准成本常见于物流活动中的包装成本和流通加工成本。直接材料用量标准应根据企业物流作业情况和管理要求制定，包括有效材料用量和物流运作过程中的废料及损失；直接材料价格标准应能反映目前材料市价，包括买价、运费、采购费等，一般由财会部门会同采购部门确定。

②物流直接人工标准成本的制定。物流直接人工标准成本是直接人工工时标准和标准工资率的乘积。直接人工标准成本涉及企业物流活动中的各个成本项目，包括运输成本、仓储成本、包装成本、装卸搬运成本、流通加工成本、物流信息成本和物流管理成本等。直接人工工时标准需要根据历史资料或技术测定，来确定提供某项物流服务所需的时间，包括直接物流运作或服务时间、设备调整时间以及必要的间歇和停工时间等；对于标准工资率，如果是计件工资，标准工资率就是计件工资单价；如果是计时工资，标准工资率就是单位工时工资，它可由标准工资总额除以标准总工时得到。

③物流相关费用标准成本的制定。物流相关费用标准成本分为变动物流服务费用标准成本和固定物流服务费用标准成本，无论变动还是固定费用，其物流相关费用标准成本都是相关费用数量标准和价格标准的乘积。数量标准可采用单位物流作业直接人工工时标准、机械设备工时标准或其他标准等；价格标准即每小时变动（固定）物流相关费用的分配率，可用变动（固定）物流相关费用预算总额除以物流直接人工标准总工时（机械设备标准总工时等）取得。

（4）标准成本差异的计算和分析。物流标准成本制定出来以后，在实际物流运作过程中就要按照标准成本实施控制。物流实际成本与标准成本之间的差异称为物流成本差异。实际成本超过标准成本所形成的差异叫作不利差异（或逆差），实际成本低于标准成本所形成的差异叫作有利差异（或顺差）。采用标准成本法实施成本控制就是要努力扩大有利差异，缩小不利差异，降低物流成本。

标准成本差异的计算和分析一般通过因素分析法进行。所谓因素分析法，是确定引起某个指标变动的各个因素的影响程度的一种计算方法。它在计算某一因素对一个指标的影响时，假定只有这个因素在变动而其他因素不变；同时确定各个因素替代顺序，然后按照这一顺序替代计算，把这个指标与该因素替代前的指标相比较，确定该因素变动所造成的影响。

按照标准成本法的思想，物流成本受数量和价格两个因素的影响，因此，对于物流标准成本差异的计算和分析就针对这两个因素进行。在确定替代顺序时，一般是假定数量因素优先，数量差异按标准价格计算，价格差异按实际数量计算。物流标准成本差异的通用计量模型为：

数量差异＝（实际数量–标准数量）×标准价格

价格差异＝实际数量×（实际价格–标准价格）

我们可以按照上述通用计量模型，分别计算物流直接材料成本差异、物流直接人工成本差异和物流相关费用成本差异，这里不再赘述。对于不利差异，要分别从数量差异和价格差异两个层面寻找原因，明确责任部门，及时加以改进；对于有利差异，也可以在分析数量差异和价格差异的基础上，明确有利差异产生的原因，为今后制定成本标准和实施成本控制提供依据和经验。

2. 目标成本控制法

（1）目标成本控制法的基本思想。目标成本控制是以实现目标利润为目的，以物流目标成本为依据，运用价值工程等方法，对企业物流活动过程中所发生的各种支出进行全面管理，以不断降低物流成本、增强竞争能力的一种成本管理和控制方法。与传统成本法相比，目标成本法具有以下几个鲜明的特点：一是具有战略性的成本管理理念，追求的是在不损害企业竞争地位前提下降低物流成本的途径；二是以市场为导向，目标成本法所确定的各个层次的目标成本都直接或间接地来源于激烈竞争的市场；三是注重全过程管理，目标成本法将企业的全部物流经营活动作为一个系统，从事前的物流成本预测到事中物流成本的形成，再到事后的物流成本分析，将其全部纳入物流成本管理的控制范畴，尤其注重事前物流成本的管理和控制；四是实行分解归口管理，目标成本法将物流成本指标按不同的要求进行责任分解，有利于明确各责任部门的责任。

（2）物流目标成本控制的程序和方法。物流目标成本控制的程序和方法因企业物流活动内容的不同而不同。概括起来，核心环节主要有三个：目标成本设定，目标成本分解，目标成本实施、考核和修订。

①物流目标成本的设定。目标成本设定往往要求确定一个在目标售价前提下能达成目标利润的目标成本额，所以物流目标成本可以根据预计物流业务收入减去物流目标利润后的差额来确定，其中对于物流目标利润，可以采用目标利润率法、上年利润基数法等方法确定。物流目标成本初步确定后，可以通过调研、分析等方法，对影响物流目标成本的相关因素，包括预计物流业务收入、物流目标利润等进行可行性分析，以提高物流目标成本

的科学性和合理性。

②物流目标成本的分解。物流目标成本分解是将物流目标成本按照管理要求或一定方式逐级进行分解，以明确责任和促成目标物流成本的形成。物流目标成本的分解通常不是一次完成的，需要重复进行，不断修订，有时甚至需要修改原来设定的目标。物流目标成本的分解方式有很多种：一是对于多品种作业的企业，应首先将物流目标成本分解为各产品的目标成本；二是按不同部门进行分解，直至落实到个人；三是按物流成本项目进行分解，将其分为运输成本、仓储成本、包装成本、装卸搬运成本、流通加工成本、物流信息成本、物流管理成本以及存货相关成本等；四是按物流成本支付形态进行分解，将其分为材料费、人工费、维护费、一般经费和特别经费等；五是按物流范围进行分解，将其分为供应物流成本、企业内物流成本、销售物流成本、回收物流成本和废弃物物流成本等。

③物流目标成本的实施、考核和修订。物流目标成本分解后，在具体的实施过程中，首先要计算企业物流实际成本与目标成本之间的差异，对于出现不利差异即实际成本超过目标成本的，应运用价值工程、成本分析等方法寻求最佳的物流设计，以期不断降低物流成本。另外，还要对目标成本的执行情况进行检查考核，调动企业各方面降低物流成本的积极性，特别是对那些占物流成本比重较大、经常发生波动且控制比较困难的目标成本更要进行经常性的检查，在检查的基础上进行分析，对比差异，揭露矛盾，充分挖掘企业内部潜力，为今后修订目标成本提供依据。

3. 责任成本控制法

（1）责任成本和责任成本控制。责任成本是指责任单位能对其进行预测、计量和控制的各项可控成本之和。确定责任成本的前提是划分成本责任单位，责任单位的划分不在于单位大小，凡在物流成本管理上需要、责任可以分清、其物流成本管理业绩可以单独考核的单位都可划分为责任单位，例如可以将企业内设部门作为责任单位，包括供应部门、生产部门、设计部门、销售部门、质量管理部门等，也可以将各部门内部下属的平行职能单位作为责任单位，如供应部门内部的采购部门、仓储部门等，还可以将具有隶属关系的部门或单位作为责任单位，包括公司总部、分公司、车队等。

（2）物流责任成本控制的基本程序。运用责任成本法控制物流成本的基本程序主要包括：一是划分责任层次，建立责任中心，明确各责任中心的成本责任和权限；二是根据可控性原则将物流责任成本目标分解到各成本中心；三是建立一套完整的物流责任成本的计量、记录和报告体系。计算各责任中心的责任成本时，应在该责任中心发生的全部成本的基础上，扣除该责任中心不可控成本，加上其他责任中心转来的责任成本，在计量、记录的基础上，定期编制物流业绩报告，通过责任成本实际发生数和控制标准的对比和报告，检查和考核各责任层次和责任中心的业绩。

4. 定额成本控制法

（1）定额成本控制法的基本思想。定额成本控制法是根据制定的定额成本来控制实际成本的发生，以降低物流成本的一种控制方法。在实施过程中，首先确定物流定额成本；其次，当物流成本实际发生时，将其分为定额成本与定额差异两部分来归集，同时分析产生差异的原因，及时反馈至物流管理部门。实行物流定额成本控制制度，能在有关耗费发生的当时，随时揭示实际成本脱离定额的各种差异，有利于考核物流活动各个环节成本控制的成效。

（2）物流定额成本的制定。物流定额成本是以现行消耗定额为依据计算出来的，是企业在现有物流经营条件和技术水平下应达到的成本水平。和物流标准成本一样，物流定额成本主要包括物流直接材料定额成本、物流直接人工定额成本和物流相关费用定额成本。

①物流直接材料定额成本的制定。物流直接材料定额成本是材料的用量定额和计划价格的乘积。直接材料定额成本常见于物流活动中的包装成本和流通加工成本。

②物流直接人工定额成本的制定。物流直接人工定额成本是直接人工定额工时和计划工资率或计件工资单价的乘积。直接人工定额成本涉及企业物流活动中的各个成本项目，包括运输成本、仓储成本、包装成本、装卸搬运成本、流通加工成本、物流信息成本和物流管理成本等。

③物流相关费用定额成本的制定。物流相关费用定额成本分为变动物流费用定额成本和固定物流费用定额成本，无论变动还是固定费用，其物流相关费用定额成本都是相关费用数量定额和有关计划价格的乘积。为计算简便，通常将物流相关费用预算数按一定比例直接分摊到相关物流成本项目，作为相关成本项目的物流间接定额成本。

（3）脱离定额差异的计算和分析。计算和分析脱离定额成本差异是物流定额成本法的核心内容，具体包括直接材料脱离定额差异的计算和分析，直接人工脱离定额差异的计算和分析，以及物流相关费用脱离定额差异的计算和分析。对于不利差异即实际成本超过定额成本，应深入分析原因，明确责任部门，及时予以纠偏。

二、以物流范围为对象的物流成本控制

物流成本按物流范围可分为供应物流成本、企业内物流成本、销售物流成本、回收物流成本和废弃物物流成本。本节着重介绍供应物流成本、企业内物流成本和销售物流成本的控制。

（一）供应物流成本控制

供应物流成本是企业在采购环节所发生的物流费用。具体来说，指经过采购活动，将企业所需原材料（生产资料）从供给者的仓库运回企业仓库的物流过程中所发生的物流费用。所以，供应物流成本控制主要是对其所定义的物流阶段的物流成本控制。具体来说，主要有以下措施。

1. 选择合适的供应商

企业可选择的供应商很多，每个供应商的供货价格、供货地点、运输距离、服务水平等都会有所区别，选择不同的供应商会产生不同的物流成本。所以，企业选择供应商时，除了要考虑供货价格高低，还要对其服务水平、供货地点等因素进行分析，综合考虑各因素对企业采购成本和物流成本的影响，在此基础上，选择综合成本最低、服务最便捷的供应商。

2. 选择合适的订货方式

订货方式的不同不仅影响企业的库存成本，而且影响到企业的订货和采购成本。订货方式包括定量订货、定期订货以及定量定期混合订货等。不同订货方式下，每次货物的采购批量大小不一，采购批量大，则采购次数减少，总的订货成本可以降低，但同时也会引

起库存成本的增加，反之亦然。所以，企业要结合自身特点和管理要求，在综合考虑各因素的前提下，按照总成本最低的原则，选择合适的订货方式。

3. 提高供应物流作业的效率

企业在供应物流阶段要组织原材料等生产物资的采购和入库，必然要发生运输作业和装卸搬运作业等。为进一步降低物流成本，企业除了要选择合适的运输工具、设计合理的运输方案、积极实施集运，还要充分运用现代技术，推行机械化作业，提高运输和装卸搬运作业的效率。同时，由于供应物流和销售物流经常交叉发生，所以企业对于材料采购和货物销售可以采用共同装货、集中发送的方式，将采购物流与销售物流的运输结合起来，充分利用回程车辆运输的方式，提高运输车辆的使用效率。

4. 加强采购途中损耗管理

货物在采购过程中往往会发生一些损耗，这些损耗也是供应物流成本的组成部分。所以，企业在运输中要采取严格的预防保护措施，通过完善包装、减少周转、提高运输速度等方式，尽量减少途中损耗，降低物流成本。

（二）企业内物流成本控制

企业内物流成本是货物在企业内部流转所发生的物流费用。具体来说，指从原材料进入企业仓库开始，经过出库、制造形成产品以及产品进入成品库，直到产品从成品库出库为止的物流过程中所发生的物流费用。

从企业内物流成本的内涵可看出，控制企业内物流成本的关键在于两点：一是降低库存水平，减少存货占用资金成本，包括对货物实施 ABC 分类管理办法、选择合适的订货方式以及积极推行 JIT 管理等，努力减少原材料、在制品、半成品以及产成品等存货的库存水平，这是控制企业内物流成本的关键之一；二是优化生产工艺流程，努力减少存货在企业内的流转成本，包括存货在企业内的运输成本、装卸搬运成本和包装成本等，通过生产车间和生产工艺流程的合理布局，可以减少物料和半成品的迂回运输，提高物流运输效率。除了以上两点，企业还应采取科学的保管措施，减少货物损害变质以及偷盗和事故等损失，努力降低存货风险成本。

（三）销售物流成本控制

销售物流成本是企业在销售环节所发生的物流费用。具体来说，指为了进行销售，产品从成品仓库运动开始，经过流通环节，直到运输至消费者手中或终端销售点的物流活动过程中所发生的物流费用。

实施销售物流成本控制，应在保证客户服务质量的前提下，通过销售物流合理化，积极推行商流与物流相分离，增加销售物流的计划性以及加强销售订单管理等措施，努力降低销售物流成本。除了上述措施，企业还应高度关注销售物流阶段的一种重要的物流作业，即配送作业。产品销售阶段的配送作业和配送路线是否优化，直接影响到销售物流成本的高低。

1. 优化配送作业

优化配送作业的策略主要包括混合策略、差异化策略、合并策略和延迟策略等。企业在销售物流阶段，应根据企业实际，结合产品特征和服务需求等，选择合适的配送策略，以最大限度地降低销售物流成本。

（1）混合策略。混合策略是指配送业务一部分由企业自己完成，另一部分外包给第三方物流完成。实践中，尽管采用单一策略，即配送活动全部由企业自己完成或完全外包给第三方物流公司，易形成一定的规模效应，并可简化管理，但由于产品品种多变、规格不一、客户服务要求多样等情况，采用单一策略的配送方式有时不但会规模不经济，而且会造成客户满意度降低。采用混合策略，通过合理安排企业自己完成的配送和外包给第三方物流完成的配送，恰恰可以弥补单一配送策略的不足，有利于降低成本，提高客户满意度。

（2）差异化策略。差异化策略实际上是一种个性化的配送策略。当企业经营多种产品时，由于不同产品特征不同、客户服务要求不同，因此不能对所有产品都按同一标准配送，而应根据产品的特点、销售水平、客户服务要求等选择不同的配送方式。

（3）合并策略。合并策略有两个层面的意义：一是企业内部在安排车辆进行配送时，充分利用车辆的容积和载重量，实行合理地轻重配装、容积大小不同的货物搭配装车，尽量做到满载满装；二是企业之间联合，在较大的地域内协调运作，集小量为大量，共同利用同一配送设施、共同对一个或几个客户提供系列化的配送服务。实施配送合并策略是降低销售物流成本的重要举措。

（4）延迟策略。延迟策略就是对产品的生产、组装、配送等尽可能延迟到接到顾客订单后再确定，以减少预测与实际之间的误差，防止出现库存过多或过少以及不能满足顾客偏好等问题。实施延迟策略必须落实快速响应机制，接到顾客订单后信息传递要非常快。在配送环节，延迟策略还体现在通过延长备货时间，增加运输量，提高运输效率，减少运输成本。实践中，企业可以将产品销售送货从"当日配送"改为"次日配送"或"指定日配送"，以便更好地掌握和累积货物配送量，提高配货装载效率。当然，这种做法必须在能够满足顾客对送货时间要求的前提下进行。

2. 优化配送路线

企业在销售物流阶段，配送路线合理与否，直接影响到配送速度的快慢、配送服务质量的好坏以及配送成本的高低。所以，确定合理科学的配送路线对降低配送成本、提高配送速度和质量至关重要。在优化配送路线方面比较常用的一种方法是车辆安排程序法，它是 IBM 公司最早创立的电子计算机软件，如今被众多企业用来安排配送计划。

使用车辆安排程序法需要满足一定的前提条件，包括配送的是同种物品，有充足的运输能力，各客户的地点和需求量为已知等。在实际的配送业务中，企业往往要同时向若干个客户配送货物，这时在各配送车辆不超载的情况下，每辆车的配送路线上经过的客户越多，则该路线的总行驶里程和成本就越少，该路线就越合理。

三、物流成本综合控制

物流成本控制是提升企业物流竞争力的重要因素之一，同时又是一项系统工程。一方面，物流成本与物流服务之间存在效益背反规律，单纯追求物流成本的降低有时会降低物流服务水平，造成客户流失，影响企业追求利润最大化的财务目标的实现；另一方面，物流成本系统内各物流成本之间存在效益背反规律：一项物流成本的降低可能会使另一项物流成本大幅上升，最终影响物流总成本最低的成本管理目标，这在运输成本和仓储成本之间表现得尤为明显。所以，物流成本控制要具有系统性和全局性眼光，在具体实施成本控制时，不仅要遵循物流总成本最低的原则，而且要充分考虑物流成本与物流服务之间的关系，在确保满足客户服务需求的前提下，努力降低物流成本，这是实施物流成本综合控制的基本要求。物流成本综合控制的方法多种多样，企业可结合各自实际，选择适合的控制方法。

（一）合理选择物流运作方式控制物流成本

就物流运作方式而言，主要有以下几种：一是企业将物流业务全部委托给第三方物流公司，该种方式下，企业可以致力于核心竞争力的提升，简化物流管理，但企业对物流运作的控制力较弱，非常规情况下响应机制不够畅通，难以及时满足客户的个性化需求；二是企业内部设立物流运作部门或物流子公司，专门承担企业的物流管理和运作职能，该种方式下，企业物流运作部门可以引入专业化的物流技术，合理安排企业的物流活动，同时，物流部门或子公司作为企业的内设部门之一，在与采购、生产、销售等部门的沟通协作和信息共享方面，比第三方物流公司有更多的便利和优势，对物流运作的控制力相对较强，可以更好地满足客户的个性化需求，但企业设立专门的物流运作部门，配备人员和设施，购置运输工具，建设独立的仓库等，成本相对较高；三是企业内部设立专门的物流管理部门，具体的物流运作分散在采购、生产、营销等各个环节，该种方式下，企业有专职人员从事物流管理工作，有利于全面了解和分析企业的物流活动，提出成本控制意见，但由于物流活动分散在企业经营的各个环节，不能实现物流运作的专业化和规模化，同时物流成本的计算较为复杂，需要从各个环节提取和分离；四是物流活动存在于企业经营活动全程，但企业未设立专门的物流管理部门，物流成本的计算和控制由会计部门承担，这是最原始的物流运作方式，该种方式下，物流成本的计算和控制都处于初级阶段。企业应根据自身的战略目标，结合业务运作实际，选择适合自身的物流运作方式，在满足客户需求的前提下，最大限度地降低物流成本。

（二）构建高效率物流系统控制物流成本

系统化是现代物流的重要特征之一。可以说，现代物流包含了产品从"生"到"死"的整个物理性的流通过程，从原材料采购开始，经过生产过程再进入销售领域，这一过程要经过运输、仓储、包装、装卸搬运、流通加工等活动，通过统筹协调、合理规划，控制整个商品的流动，确保所有物流活动地有序运作和无缝衔接，对于降低物流成本具有重要意义。当然，物流系统构建后，并不是一成不变的，企业要根据客户需求、环境和条件变化等，及时评价并改善系统，不断提高系统效率。

（三）发展信息技术控制物流成本

电子数据交换技术和国际互联网的应用，使物流质量、效率的提高以及物流成本的降低更多地取决于信息管理技术。发展信息技术的目标是实现物流的信息化、自动化和智能化。物流的信息化是指商品代码和数据的建立、运输网络合理化、销售网络合理化、电子商务和物品条形码技术应用等，物流的信息化可实现信息共享，使信息的传递更加方便、快捷、准确，提高整个物流系统的效率，最大限度地减少物流成本；物流自动化的核心是机电一体化,自动化除了可以实现无人化操作,还可以扩大物流作业能力、提高作业效率、减少作业差错等;物流的智能化主要应用于物流决策领域,包括库存水平的确定、运输及搬运路径的选择、自动导向车的运行轨迹和作业控制、自动分拣机的运行、物流管理的决策支持等问题,都需要借助智能化专家系统才能解决。总之,充分利用现代信息技术,对于提高物流管理和作业水平、降低物流成本具有重要意义。

(四) 实施物流管理创新控制物流成本

物流管理创新的领域和方法很多,企业应从实现战略目标、降低物流成本的要求出发,选择合适的管理创新方式。企业要积极推行作业成本法,拓展物流成本的范围,全面掌握物流成本开支情况,为物流成本管理和控制提供可靠依据;积极推行物流标准化,按国际惯例和国家通行标准制定物流计算标准、物流设施标准等;规范物流成本的构成和计算,规范物流设施和有关技术设备,对物流的每个环节都实行统一的技术标准和管理标准;积极应用"看板"系统,推行以"零浪费"为终极目标的 JIT 管理方式,将供产销等环节紧密结合起来,提高效率,减少库存成本;从供应链视角实施物流成本管理,将供应链中所有节点企业看作一个整体,通过管理库存和合作关系,大幅提高客户服务水平,等等。

第四节　物联网技术在物流成本管理中的应用

一、我国物流成本管理现状及物联网引入物流成本管理的必要性

(一) 我国物流成本管理存在的问题

1. 物流运输及库存成本高。究其原因可以分为两个方面:第一,宏观原因。我国物流企业基础设施建设存在极大的疏漏,国家以及相关政府对基础设施建设的投资少。由于我国工业化与城市化进程地不断加快,交通作为城市之间交流的重要媒介面临着前所未有的压力,给我国的物流行业带来了挑战。据有关统计数据显示,东部、中部、西部的物流基础建设之比为5.4:3:1.6。从中不难看出由于东西部发展不均造成西部物流基础设施建设最为薄弱,其物流成本最高。第二,微观原因。我国物流基础设施的老化与管理水平的低下,造成了物流作业效率低下,难以满足日益增长的经济发展需要。例如很多大型物流企业,经历计划经济到市场经济阶段的过渡,缺乏资金、无法采购先进的设备,先进的管理技术也无法在其内部实施,严重缺乏市场竞争力。迄今为止,还有很多物流企业面临此问题,造成了我国物流成本的居高不下。

2. 物流管理成本高。首先是管理水平上的落后。现在很多大型物流企业都是由过去的国资部门转型而来,企业管理者的文化程度普遍不高,其中很大一部分从业者的学历在中专以下。近年来我国的国际化程度日益加深,如果物流企业无法紧跟时代的脚步,就会造成企业自身发展的瓶颈,制约着物流企业的发展与壮大。其次是技术信息上的落后。信息水平低下是当前我国传统物流企业中公认的重大缺陷之一,我国物流业往往以运输、仓储以及装卸为主要发展项目,物流信息化共享难以实现,由此也加大了企业的物流成本。

（二）物联网应用于物流成本管理的必要性

1. 可降低仓储成本。相对于发达国家而言，我国的物流过程的设备与劳动力成本较低，然而综合成本却要高出许多。现代物流管理要求不仅要减少物流成本消耗，还要求进一步提高物流服务水平。物联网的出现代表了现代物流管理的实现手段，对仓储信息进行自动交换与通讯，使得库存管理能力大大提高，降低仓储成本。

2. 可有效提升物流效率，降低物流总成本。物联网具有强大的信息整合功能，它将直接作用于物流系统中，完成整个系统范围内的信息资源搜集与处理，并从中选择出有益于物流作业的资源，提高物流流通效率，加快市场环境的转变与流通速度的提高。物流企业在供应链流程上结合物联网，有效地实现了信息的集成共享，完成对原材料的控制，保证供应能够顺利进行，降低供应链中相关企业的库存。物联网拥有自动识别、验货、智能跟踪等功能，大大降低了盘货成本，同时也能及时发现仓储与运输过程中出现的各类问题，进而降低物流总成本。

二、物联网背景下我国连锁企业物流成本管理

（一）我国连锁企业物流成本分析

连锁企业要进行成本控制，必须从物流总成本出发。物流总成本是企业物流运作的重要指标，物流总成本的降低也就是实现企业利益最大化以及客户服务最大化的关键经营目标。物流成本指的是进行各种物流环节（如配货、拣货、存储、装卸、配送等）过程中所产生的人力、物力以及财力的消费总额。对于连锁企业而言，物流成本更倾向于仓储、配货、配送等环节的成本总和。物流系统的核心职能中，库存成本与运输成本在物流总成本中所占比例分别为 26% 和 40%，两者成为物流总成本中消耗量最大的两个核心职能。现代物流管理的目标是尽可能地实现零库存，因此，连锁企业中可以引起物流成本变化的关键物流活动涉及六个方面，如图 7-1 所示。

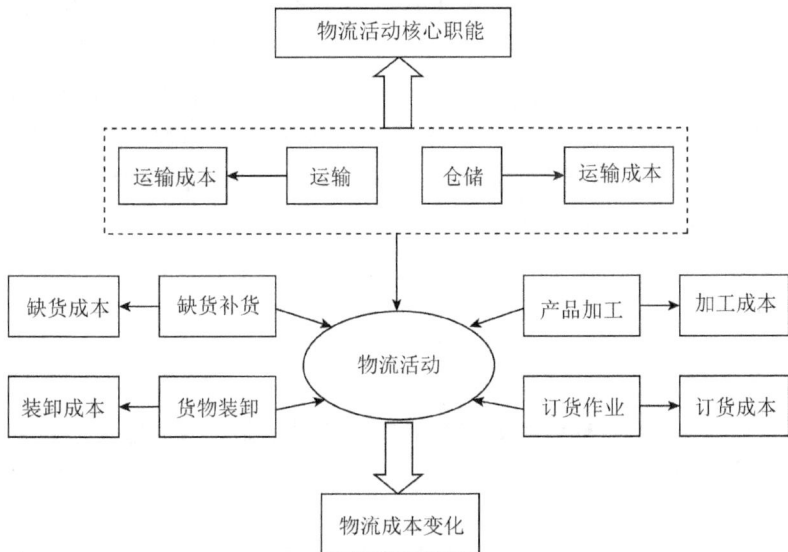

图 7-1　关键物流活动图

（1）运输成本

在现代物流管理职能中，运输是其核心职能之一，它的成本占据了物流总成本的四成以上，比例相较其他核心职能成本来说最高。根据物流企业经营方式的不同，可以分为自营和委托物流两种。在不同的经营方式下，运输模式可以细化为航空、公路、铁路、水路运输等，而对于运输的管理又可以分为车队和路径两个方面。因此，运输成本的细化是对运输成本进行研究的重要途径。

（2）库存持有成本

库存持有成本在物流总成本中所占比率排名仅次于运输成本，主要涉及机会成本、仓储空间成本、库存服务成本以及库存风险成本四个方面的内容，这些都与库存数量有着紧密的关系。

（3）缺货成本

缺货成本是由于内外部环境变化而造成的一种物流供应链中断，导致交货的延期或者失销，从而形成一定的成本消耗。为了尽可能地减少或避免缺货成本的产生和扩大，需从三方面着手：第一，对库存量进行科学预测，如果库存量过小将会大大提高缺货成本；第二，设置合理的安全库存，避免由于诸多不确定因素而产生缺货，降低缺货成本产生率，安全库存设置越大，虽然可以有效避免缺货，但是也会增加库存持有成本；第三，制定应急措施，在出现缺货情况时实现高速高效补货，应急措施产生的经济成本应小于缺货成本。

（4）装卸成本

装卸是物流供应链环节中必不可少的一部分，只要有物流存在，就会有装卸，所以装卸成本是物流活动中出现最为频繁的一项物流成本。装卸成本的高低与物流企业实施物流作业的机械化程度、机械化效率有着直接关系。换言之，装卸成本的降低，必须要对装卸作业实施合理化管控，尤其是机械化作业以及作业流程安排上要着重注意。

（5）加工成本

加工成本与装卸成本类似，都是物流过程中比较常见的成本类型，同时也需要加入更多的现代化管理方式，以提高机械化作业程度和相关管理水平，实现降低加工成本的目标。第一要选择合理的加工方式，在满足客户需求的前提之下确定加工费用；第二要合理控制加工的数量、批量与加工成本的关系，保证高效加工，同时减少资源浪费和降低加工成本；第三要加强加工过程的全面管理，涉及工作人员、加工设备、加工商品等；第四要制定相应的经济指标，便于及时核算加工过程中的经济效益；第五要进行加工成本的单独核算，有利于加工成本的经济效益计算和分析。

（6）订货成本

从订单发出时开始直到货物签收为止，这一过程中所付出的总成本就是订货成本。订货成本中包含有订货固定成本与订货变动成本。前者与订货次数无关，后者则有关，因此在实际订货中，应该同时结合两种订货成本种类来进行权衡和选择。

综上，物流成本的产生主要涉及的关键物流活动包括运输、仓储、加工、补货等方面，具体来说就是要进行运输计划的制订、运输线路和调度的选择；包括出库、入库、拣货、盘货在内的库存作业；货物装卸工作；物流过程中的产品加工；涉及需求信息制订与规划的订货作业；缺货时的补货工作；物流过程的全面管理等。

（二）基于物流网技术的我国连锁企业物流成本优化方法

在物联网发展背景下，连锁企业物流成本优化主要体现在配送管理、仓储管理以及服务管理三个方面，具体如图 7-2 所示。

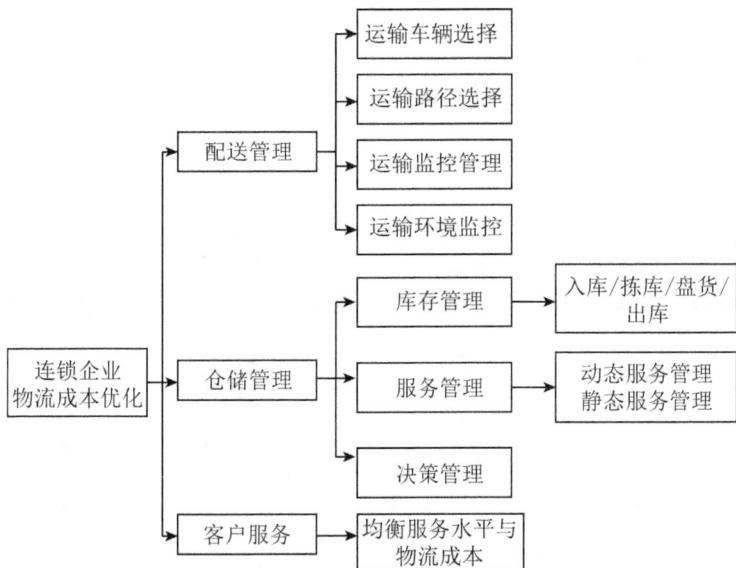

图 7-2　基于物流网技术的我国连锁企业物流成本优化

（1）配送管理方面

物联网技术的应用使得配送过程中的运输车辆、路径、配送速度、运送效率以及配送准确度等得到了进一步的优化，从而有效节约了人力、物力和财力。其应用主要体现在以下四个方面：

①运输车辆的选择优化。采用物联网技术，对每一次配货和送货的批次、数量、质量等规格进行统计，并将信息收集到配送服务中心，然后通过一定的网络优化算法对配送车辆进行合理选择，以实现车辆的最大利用率。

②运输路径的选择优化。利用物联网，配送中心可以根据物流服务企业的实时库存状态，在库存不足安全库存时便自动生成订单，并且依据预先设计的优化算法进行最优运输路径的选择，减少人力投入，降低运输成本。

③在途运输监控管理的优化。利用物联网技术中的 RFID 技术，配送中心从即将出发的运输车辆中的职能车载终端获取车辆的所有基本信息，并记录实时运输情况。此外，通过车辆的电子定位标签与地理信息系统数据库相连，从而获取车辆的运输位置，进而完成在途运输的监控管理。

④在途运输环境监控的优化。将运输所处环境经过传感器、智能终端、阅读器等最后传送给电子标签，并显示在物联网数据库中，实现环境监控优化。

（2）仓储管理方面

目前，国际物流行业竞争日益激烈，而物流企业得以生存的重要前提就是仓储管理，它在企业服务质量、管理决策等方面都发挥着关键作用。利用物联网技术，可以解决仓储管理中的供应链需求问题，进一步改善库存、服务、决策问题等，及时把握现阶段的市场外部环境，从而提高物流成本管理效率，进而降低物流成本。具体来说体现在：

①库存管理。该管理主要涉及入库、拣货、盘货以及出库四个方面。第一，入库作业中可以通过在仓库入口处设置 RFID 阅读器，将所有入库货物信息纳入到数据库中，利用电子送货单进行检查是否有缺漏或错误，当核实无误后即可进行质量检验，随后再利用仓库的传感器显示出空余货位，实现货物的入库操作，最后记录并生成电子入库单。第二，拣货作业有两种情况，一种是入库拣货，另一种则是出库拣货。两者方法一致，流程相反，以出库拣货为例，首先通过建立的管理系统，将货物的存放地址与相关运输车辆、路径、路况等联系起来，方便拣货员进行货物清点，利用条码扫描等形式完成拣货信息登入，上传至数据库，完成出库检验，按照电子出库单，最终完成拣货作业。第三，盘货作业可以说最为复杂，效率很难大幅度提高，盘货的准确性将直接影响到决策管理。物联网技术的运用，可以在货架或者仓库周围安装无线射频，利用无线网对盘货区域内的货物实现 RFID 标签地扫描，并将获取的信息上传到系统数据库，盘点作业由此完成。第四，出库作业，物联网技术主要体现在仓库出库处的 RFID 阅读器设置，在仓库管理系统的辅助下，当完成出库要求时，便读取货物信息并自动对比出货单，出库作业完成。

②服务管理。当企业与用户需要对货物进行物流的查询、统计以及监控等服务时，就需要相关服务管理。服务管理分为动态和静态两种。前者主要包括存储环境、数量以及环境等动态库存信息的服务，从而解决供应链中企业信息的共享问题；后者则涉及货物的品名、型号、重量等基础规格信息服务，以满足客户的实际需求。

③决策管理。该管理是在保证客户满意度的前提之下，对库存的最佳水平进行确认，也就是确认出安全库存量的最低值。那么物联网技术的应用，可以提高众多复杂数据的录入效率，利用网络将这些数据进行共享，便于管理者尽快做出决策。

（3）客户服务方面

这是连锁企业得以生存发展的关键内容之一，这一过程也需要物联网技术的支持。例如当产品质量出现问题时，就可以扫描产品的 RFID 电子标签，便于及时发现问题和解决问题，如此也可以提高企业的自身形象。物流企业市场占有率的大小与其服务水平息息相关，良好的服务水平也可以完成物流成本降低的目标。以客户服务水平为导向分析和优化物流成本，以客户需求为准绳来确定物流成本，找到服务水平与物流成本之间的平衡点，从而实现服务水平的提高，保证物流成本的最优化。

第八章　基于物联网的物流质量管理

物流是一个复杂的系统，它贯穿于生产、分配、流通和消费的整个过程，而物流质量是满足顾客要求，提升服务的重要环节。本章主要从物流质量管理概述、物流质量管理的基本方法、物流质量管理体系、物联网技术与物流质量管理这四个方面来介绍基于物联网的物流质量管理。

第一节　物流质量管理概述

一、物流质量管理的基本特征

物流质量管理是通过制定科学合理的基本标准对物流活动实施的全对象、全过程、全员参与和整体发展的质量控制过程。物流质量管理的基本特征主要有以下几个方面。

（一）系统性和全员性

1. 系统性

质量是一个系统过程，它渗透在全企业的每一个环节。物流体系是一个完整统一的系统，加强物流质量管理就必须从系统的各个环节、各种资源以及整个物流活动的相互配合和相互协调做起，通过强化整个企业基本质量素质来促进企业质量的系统发展。只有质量管理系统的发展，才能最终实现企业的物流管理目标。

2. 全员性

质量被认为是企业里每个人的责任，全员性是由物流的综合性、物流质量问题的重要性和复杂性所决定的，它反映了企业质量管理的客观要求。要保证物流质量，就设计企业物流活动的相关环节、相关部门的相关人员，需要依靠各个环节、各个部门的广大员工共同努力，才能保证实现全面质量管理。

（二）目的性和先进性

1. 目的性

质量应以满足顾客需要而存在，不只是为了满足企业占领市场或提高生产效益的需要。

2. 先进性

现代质量管理和改进，要求有新的技术手段，包括从质量设计到改进计算机辅助手段。

（三）广泛性和全面性

1. 广泛性

质量改进，必须有各阶层的人员参加，这些人员不仅包括本企业员工，也包括社会各阶层人士，没有他们的参与和帮助是不可能改进质量的。

2. 全面性

物流业有别于其他行业，不仅影响物流企业质量的因素是综合、复杂、多变的，而且质量管理的内容是广泛的，除了包括物流对象本身，还包括相关的工作质量、工程质量和服务质量，如果企业没有合理的质量管理体制，质量将没有人负责。要加强物流企业质量管理，就必须建立合理的质量管理体制，这样才能真正实现全面质量管理。

二、物流质量管理的基本原则

ISO 9000：2000 标准在总结质量管理实践经验的基础上，给出了质量管理最基本、最通用的一般规律，成为对组织进行管理和指导业绩改进的框架，这就是所谓的质量管理八项原则。对于物流质量管理，这八项原则仍是指导原则，只不过需要赋予物流管理的内涵特点。

（一）以顾客为关注焦点

任何企业均提供产品（硬件、软件、服务或它们的组合），物流业也是如此。没有顾客也就没有市场，产品或服务就不能实现价值，即不能成为商品，结果企业就不能生存。从事物流业务的人员应调查和研究顾客的需求和期望，真正将顾客的要求放在第一位，提出要求的顾客是每一个企业存在的基础。这个指导思想不仅要在物流企业管理者中明确，还要在全体物流从业人员中贯彻。

物流企业应当了解顾客当前和未来的需要，满足顾客的需求并努力超越顾客，以顾客为中心，做好营销工作。从市场的分析、选择，到产品开发和分销、促销和营销，这些过程无一不是为产品价值的实现服务。

（二）领导作用

领导作用是造就物流企业良好发展的根本因素。物流业务产品大多有种类杂、活动区域范围广、设备复杂、时间性强等特点，这就要求组织领导要将物流链各个节点上的人、财、物及时掌控，以保证企业方针、目标的一致性。组织的物流质量管理不仅需要最高管理者的正确领导，还有赖于全体与物流业务质量有关的人员的参与。各级物流人员是搞好质量的关键，只有他们目标一致且充分参与，才能使他们的才干为本物流企业带来最大的收益。物流运作企业的领导负责把本企业的目标和方向统一起来，通过各种方式营造便于员工充分参与和实现企业目标的内部环境，提高员工参与物流质量管理的积极性、主动性和创造性。

（三）全员参与

各级人员是物流企业经营管理之本，鼓励他们积极主动参与企业日常工作。企业的计划与制订过程要充分听取员工的意见并使其真正参与进来，充分挖掘他们的才干。

员工贡献给企业和社会的不应只是体力，除此而外，质量管理人员还应充分调动全体员工的积极性，通过授权方式发挥员工的潜在能力。物流企业只有在调动全员的基础上，才能逐渐发展具有物流特色的企业文化，建立起物流行业特有的运营管理模式，并且适应自己营造的内部、外部环境。员工可以通过质量管理专项小组的形式参与并发挥他们的创造才智。他们遇到的主要困难是与人沟通的技能和处理事务的技能方面，其中涉及人际关系、质量管理专项小组的工作效率、同各类人员共事能力、召开沟通会议的有效性，以及提出反馈意见、加快工作进程、起带头作用、听取不同的意见等，这些"软技能"都能有效运作，才能获得全员参与的预期目的。物流企业更加需要团队合作精神，在企业内部主动建立人员、业务交互合作的工作特色。

同时，培训可以使员工掌握必要的物流专业知识与技能，包括物流服务过程中的质量管理理论和实务；可以更好地完成日常业务工作，达到规定的物流质量水准。一个积极进取的物流企业应该认识到，不断开展培训，会使员工和企业充满活力，企业应该为所有员工提供各类培训。质量管理将客户划分为外部客户和内部客户。物流企业员工应该树立起内部客户和内部供应者的概念——它们分别指企业内部在物流链上直接向另一部门员工提供流转产品，或辅助服务的人员以及接受流转产品或辅助服务的员工。大多数员工都不直接同外部客户接触，要求他们持续认真对待无机会见面的客户，难度很大，也不会产生真正强烈的认识和实际效果。

（四）用过程的方法进行质量管理

在物流作业过程管理中，不仅有某些简单的过程，也存在由许多过程构成的过程网络。应按质量管理的过程方法原则，将相关的资源和活动按过程进行管理，这样可以更高效地得到期望的结果。把管理职责、资源管理、服务实现、测量以及分析和改进作为物流质量管理体系的四大主要过程，描述其相互关系，并以顾客要求为输入，提供给顾客的产品和服务为输出，通过信息反馈来测定顾客满意度，进而评价物流质量管理体系的业绩。企业通过把过程方法应用到物流运作和相关资源管理中去，从而更高效地实现物流质量管理目标。

（五）管理的系统方法

对相互联系的物流运作过程进行有效地了解和分析，将有助于实现物流企业质量目标。过程的方法强调的是质量管理体系中每个具体的过程，而管理的系统方法重点在于控制准备过程之间的相互关系。企业是一部机器，部门是齿轮，人也是齿轮，齿轮与齿轮如果不啮合，这部机器就不会运转。因此，针对设定的目标，识别、理解并管理一个由相互关联的过程所组成的体系，有助于提高组织的有效性和效率。

实施本原则组织要开展的活动有：（1）通过识别或展开影响既定目标的过程来定义体系。（2）以最有效地实现目标的方式建立体系。（3）理解体系各个过程之间的内在关联性。（4）通过测量和评价持续地改进体系。（5）在采取行动之前确立关于资源的约束条件。

（六）持续改进

持续改进是组织的永恒目标。企业与人一样有它自己的生命力，建立健全的质量管理体系可以保持组织的生命力。总体业绩的不断改进是物流企业可持续发展的永恒目标。针对物流业务系统的管理必要性，识别、理解并管理由相互关联的过程所组成的体系，有助于提高物流管理业务的有效性和效率。这种从物流管理活动自身的前提特点出发，建立和实施质量管理体系的方法，可在三方面受益：提供了基于对物流过程能力保障及产品可靠为前提的信任；为物流经营活动不断持续改进打好基础；使顾客满意，最终使组织获得成功。

物流企业都有一个永恒的目标就是持续改进，以满足顾客不断提高的要求。持续改进包括：了解现状；建立目标；寻找、评价和实施解决办法；测量、验证和分析结果，把更改作为持续改进的一项措施纳入文件管理活动中，以保证物流企业的服务质量、效率及效益的持续提高。

（七）基于事实的决策方法

信息是物流业务的基础和中心，对数据和信息的逻辑分析或直觉判断是有效决策的前提。以事实为依据做决策，可尽可能防止决策失误。在对信息和数据做科学分析时，统计技术是最重要的工具之一。统计技术可用来测量、分析和说明产品和过程的变异性，统计技术可以为物流业务持续改进提供依据。利用信息技术对物流运作和物流服务过程中产生的实时信息进行分析处理，在此基础上进行企业决策。

（八）互利的供需方关系

上下游企业的物流过程是相互依存的，这种互利共赢的关系将提高双方的创造价值和整条供应链的竞争能力。

通过互利的关系，增强本物流企业和有关物品及外包服务的提供，如运输服务、仓储服务等，保证供方创造价值的能力。供方提供的产品和服务将对本物流企业向顾客提供满意产品和服务产生重要影响，因此处理好与供方的关系，是本物流企业能否持续稳定地提供顾客满意产品和服务的关键。对供方不能只讲控制不讲合作互利，特别对关键供方，更要建立互利关系，这对物流企业及其供方都有利。物流质量管理的关键无论对社会外向物流还是企业内部物流，其运作基础都是物流数据的收集、分析和利用。随着从生产到最终消费，物流活动的进行都同时伴随着信息流的产生，其与物流过程中的运输、保管、装卸包装等各种各样功能有机结合在一起，形成现代物流的重要特征，主要表现为物品实体流通与信息流通的结合。通过使用计算机技术、通信技术、网络技术等手段，使物流活动的效率和快速反应能力得到提高。

彻底推行物流质量管理要求对企业管理文化进行大力改造，但是不可能一蹴而就。需要用数年的时间才能从中看到实质性益处，但物流的时效性又很强，很多物流企业都没有这种耐心，虽然质量管理也会很快带来某些益处，从而获得一些热情支持，但对追求持续利润的企业可能只表现为昙花一现，并不持久。事实上，质量管理是一种生活方式、一个过程、一种思维行为方式，当发现不能立即产生预期效果时，管理人员可能会迅速地选择另外一种管理模式，如果缺乏持之以恒的决心和投入，在物流质量管理上就会失败，甚至可能与物流管理的目的相违背。

以上八项质量管理原则形成了 GB/ISO 9000 族质量管理体系标准的基础。

企业若能成功运用八项管理原则，将使企业和供应链成员获益，整体物流服务质量和物流运作绩效得以提高并增强企业的竞争力。

第二节　物流质量管理的基本方法

一、物流管理质量检验的基本方法

（一）质量检验概述

1. 质量检验的相关概念

可以单独描述和考虑的事物叫作"实体"。实体可以是某产品（硬件产品或软件产品）、某项活动（如服务）或过程，或它们的任何组合。活动或过程的结果叫作"产品"。产品包括服务、硬件、流体性材料、软件或它们的组合。反映实体满足规定和潜在需要能力的特性总和叫作"质量"。这里的"需要"可以包括性能、适用性、可信性、安全性、环境要求、经济性和美学几个方面。这些需要用一组定量或定性的要求来表达，叫作"质量要求"，以使其能实现和检查。质量要求必须能完全反映用户指定的和潜在的需要。对实体的一种或多种质量特性进行诸如测量、检查、试验、度量，并将结果与规定的质量要求进行比较，以确定各个质量特性的符合性的活动叫作"质量检验"。符合规定的要求称为"合格"，不符合规定的要求称为"不合格"。

2. 质量检验的作用

（1）质量检验的结论可作为产品验证及确认的依据。通过客观证据的提供和检查，来验明已符合规定的要求叫作"验证"。在产品开发及设计中，验证是指对某项活动结果的检查过程，以确定其对该项活动输入要求的符合性。在专门指定的使用场合，通过客观证据的提供和检查，来验证某产品已符合特定要求的过程称为"确认"。

（2）质量问题的预防及把关。例如，严禁不合格的原材料、元器件、半成品投入生产、装配；尽早发现存在质量问题的零、组、部件，避免成批不合格事件的发生；禁止不合格产品出厂等。

（3）通过检验，把产品存在的质量问题反馈给有关部门，找到出现质量问题的原因，在设计、工艺生产、管理等方面采取针对性的措施，改进产品质量。

3. 质量检验的基本类型

实际的检验活动可以分成三种类型，即进货检验、工序检验和完工检验。

（1）进货检验

进货检验是对外购货品的质量验证，即对采购的原材料、辅料、外购件、外协件及配套件等入库的接收检验。为了确保外购货品的质量，进厂时的收货检验应由专职检验人员按照规定的检查内容、检查方法及检查数量进行严格地检验。进货必须有合格证或其他合法证明，否则不予验收；供方的检验证明和检验记录应符合需方的要求，至少应包括影响货品可接受性的质量特性的检验数据。进货检验有首件（批）样品检验和成批进货检验两种。进货检验应在货品入库前或投产前进行，可以在供方处，也可以在需方处进行。为了保证检验工作的质量，防止漏检或错检，应制定"入库检验指导书"或"入库检验细则"。进货物品经检验合格后，检验人员应该做好检验记录，及时通知仓库收货。对于检验不合格的应按照不合格品管理制度办理退货或其他处置。

（2）工序检验

工序检验有时称为过程检验或阶段检验。工序检验的目的是在加工过程中防止出现大批不合格品，避免不合格品流入下道工序。因此，工序检验不仅要检验在制品是否达到规定的质量要求，还要检定影响质量的主要工序因素，以确定生产过程是否处于正常的受控状态。工序检验的意义并不是单纯剔除不合格品，还应看到工序检验在工序质量控制乃至在质量改进中的积极作用。工序检验通常有以下三种形式：

①首件检验

所谓首件，是指每个生产班次刚开始加工的第一个工件，或加工过程中因换人、换料、换活以及换工装、调整设备等改变工序条件后加工的第一个工件。对于大批量生产，"首件"往往是指一定数量的样品。实践证明，首件检验的制度是一项尽早发现问题、防止系统性质量因素导致产品成批报废的有效措施。首件检验一般采用"三检制"的办法。首件检验后是否合格，应由专职检验人员认可并打上规定的质量标记，并做好首件检验的记录。无论在什么情况下，首件未经检验合格，不得继续加工或作业。检验人员必须对首件的错检、漏检所造成的后果负责。

②巡回检验

巡回检验要求检验人员在生产现场对制造工序进行巡回质量检验。检验人员应按照检验指导书规定的检验频次和数量进行检验，并做好记录。工序质量的控制点应是巡回检验的重点，检验人员应把检验结果标志在工序控制图上。

③末件检验

末件检验是指主要靠模具、工装保证质量的零件加工场合，当批量加工完成后，对最后的一件或几件进行检查验证的活动。末件检验的主要目的是为下批生产做好生产技术准备，保证下批生产时能有较好的生产技术状态。

（3）完工检验

完工检验又称最终检验，是全面考核半成品或成品质量是否满足设计规范标准的重要手段。由于完工检验是供方验证产品是否符合顾客要求的最后一次机会，所以是供方质量保证活动的重要内容。完工检验必须严格按照程序和规程进行，严格禁止不合格零件投入装配。对有检验合格标志的零件经确认后才准许装配。只有在程序中规定的各项活动已经圆满完成，以及有关数据和文件齐备后，产品才能准许发出。

4. 质量检验的职能

（1）质量把关确保不合格的原材料、元器件不投入生产；不合格的半成品不转入下一工序；不合格的产品不出厂。

（2）预防质量问题通过质量检验获得的质量信息有助于提前发现产品的质量问题，及时采取措施，制止其不良后果的蔓延，防止其再度发生。

（3）对质量保证条件的监督质量检验部门按照质量法规及检验制度、文件的规定，不仅对直接产品进行检验，还要对保证生产质量的条件进行监督。

（4）主动反馈产品质量信息不仅被动地记录产品质量信息，还应主动地从质量信息中分析质量问题、质量动态、质量趋势，反馈给有关部门作为提高产品质量的决策依据。充分发挥质量检验部门在保证产品质量上的作用，是企业领导及质保体系领导的必要职责。首先要充分认识质量检验部门职能的重要性，对保证及提高产品质量的重要作用。一个有效运行的质量检验部门可以对生产过程的各个关键环节实施有效地质量监督，及时告警，防患于未然。可以反馈产品质量信息，为领导及领导部门的决策提供依据。可以对质量问题进行预防及把关，降低不合格品带来的损失，从而降低产品成本。

（二）质量检验计划

质量检验计划是质量计划的重要组成部分，它是针对企业新开发的产品投入生产时，对检验工作进行系统筹划和安排的文件，它规定了产品投产后检验工作的措施、资源和活动。

由于产品的类别、品种和复杂程度差异很大，不可能给出一个检验计划的固定模式，只能提供基本内容作为参考：检验流程图；检验品用质量缺陷严重性分级表；检验指导书；测量和试验设备；人员调配、培训和资格认可；其他需做特殊安排的事项。

1. 检验流程图

检验流程图是以产品的工艺路线为依据，把产品的检验程序以流程图的方式表达出来。它应表示出检验活动的流程、检验点或检验站的设置、检验方式的选定以及其相互关系。

2. 检验用品质量缺陷严重性分级表

由于质量缺陷对产品的适用性及后续生产活动的影响不同，在检验计划中，需要对质量缺陷的严重性进行估计并以文件形式予以明确。

3. 检验指导书

检验指导书是产品检验规程在某些重要检验环节上的细化。至于对哪些检验活动必须编制检验指导书，则应在产品检验计划中规定。一般对新产品的特有工序的检验作业或在工序质量控制计划中设置为关键质量特征的检验，应编制检验指导书。

4. 人员的配置

新产品在试制过程中，或小批转大批时，常常会出现一些原有企业没有接触过的检验项目。许多企业的实践证明，这项工作往往成为生产技术准备活动的薄弱环节，容易被忽视，以致新产品投产后造成被动与混乱。

5. 测量试验设备的配置

检验计划的另一个重要组成部分是测量试验设备的配置。在检验计划中应对产品测量试验设备配置做出明确的规定，列出配置一览表。

二、物流管理质量控制方法

（一）物流管理质量控制的概念和特点

1. 物流管理质量控制的概念

物流管理质量控制是指为达到物流质量要求所采取的作业技术和活动。物流质量要求需要转化为可用定性或定量的规范表示的质量特性，以便于质量控制的执行和检查。质量控制贯穿于质量形成的全过程、各环节，要排除这些环节的技术、活动偏离有关规范的现象，使其恢复正常，达到控制的目的。

2. 物流管理质量控制的特点

（1）全面性关注

物流服务分为基本物流服务和增值物流服务。基本物流服务是物流活动中各作业环节基本的功能性服务，如运输、仓储、装卸、包装、流通加工、配送、信息处理等，这是物流服务最基本的内容。增值服务是为了满足关键客户的要求，向其提供个性化完备服务的承诺。物流管理质量控制涉及全面性的物流服务质量。

（2）全程性监控

物流质量与物流运作各环节、各工种、各岗位的具体工作质量密切相关，物流服务水平取决于物流运作全过程各项物流工程、物流工作质量的整体绩效。全过程监控的思想关键是把物流活动中下一道作业环节视为上一道作业环节的用户。每一道作业环节都按质量标准严格把关，树立"下道工序就是用户"的思想，不断提高物流服务质量。

（3）全员性参与

物流质量管理涉及物流系统的各类人员，各类人员都可能对最终物流质量产生影响。高质量的物流服务是全体员工共同努力的结果。物流质量在买卖双方相互作用的瞬间产生和实现，处理顾客关系以及为顾客服务的一线员工参与了服务质量的形成。但服务质量好坏又依赖于物流质量，后方支持对顾客感知的质量同样负有重要责任。

（4）综合性评价

需要物流组织、物流技术、物流管理、经营制度等各个方面集成，主观客观评价相结合。诸如，物流质量是顾客感知的对象，物流服务质量不能由企业单方面决定，它必须适应顾客的需求和愿望。物流服务质量不能完全用客观方法制定，它更多的是顾客主观上的认识。

（二）物流管理质量控制的具体方法

1. 物流质量控制图

控制图又叫管理图，它是工序质量控制的主要手段，是一种动态的质量分析与控制方法。控制图不仅对判别质量稳定性、评定作业过程质量状态以及发现和消除作业过程的失控现象、预防废品产生有着重要作用，而且可以为质量评比提供依据。

还可以根据物流企业的实际情况研究新方法。总之，质量管理的方法就是要围绕顾客的需要、社会需求，不断变换、不断发展，达到客户的需要这一基本标准。

2. 因果图分析法

（1）因果图

在物流运作过程中，导致质量问题的原因通常有很多，因果图分析法就是把导致物流质量问题产生的重要因素进行分析和归类，并在图上用箭头把因果关系表示出来的图形。通过因果图可明确物流质量问题产生的各种原因，为质量改善和控制提供帮助，因其形状如鱼刺，故又称"鱼刺图"。

物流质量控制中因果图的主要内容包括：物流质量，即物流运作和最终服务的各种质量特性，如物流运输环节中的实载率、事故率等；影响物流质量的各种因素；表示结果与原因以及原因与原因之间关系的部分称为枝干，其中，中央的为主干，可用双线箭头表示，两边依次展开的就称为大枝、中枝和细枝，并用单线箭头表示。

（2）因果图的类型

因果图按其在物流质量控制中表示的体系不同可分为以下几种类型：

①物流质量结果分解型

就是沿着产生物流质量问题的原因的思路查找各种可能的影响因素，一般在物流质量控制中应用该类型的因果图常按作业人员、物流设备、作业方法、作业对象特性、管理与环境等因素分成各大枝，再对各大枝进一步查找影响因素并细分为相应的中枝、小枝和细枝等。

②物流作业分类型

就是将物流运作过程作为因果图的大枝，然后把各作业环节中对质量结果有影响的因素细分为中枝、小枝等。例如，当把物流服务时间延迟作为结果，作因果图时采用这种类型就比较方便。其缺点是某一相同的原因可能出现多次，这样就很难表现不同原因共同对质量结果的作用情况。

③物流原因罗列型

也就是先把所有影响被考查质量结果的因素尽可能多地找出来，然后整理并根据因果关系的层次做出因果图。这种类型因果图的优点是能找出多种可能原因，从而不易漏掉主要原因，又由于原因众多可形成许多分支，使因果图的内容更加充实；其缺点也正是由于原因众多而使分支间难于连接，不易作图。

（3）因果图的作图要点及影响因素分析

在物流质量控制中作因果图时，要把握以下要点：物流质量结果要找得具体合理并具有针对性，以便于做出有实用价值的因果图；根据要达到什么目的，要改善就要对物流运作流程进行应有的优化以及具体作业的有效控制，要维持就要缩小物流质量的波动，同样达到最终对物流质量控制的目的；在查找原因时，要尽可能多地收集资料，充分听取特别是现场物流作业人员的意见，深入分析产生的质量问题；一个物流质量结果做一个因果图，多个质量结果就要做相应数量的因果图，便于有针对性地解决问题；在查找原因时，要多角度分析、发散思维，尽可能多地掌握影响质量结果的因素。

完成因果图后，要决定影响因素分析的切入点，以利于进一步地调查，各原因的顺序可采用历史数据和具体质量问题的不同侧重点确定，然后对不同影响因素进行审查，通过解决诸如原因主要在哪个作业环节产生、相关物流作业是否按规程进行、对原因可否采取措施、各种已实施措施与构想的方案对比分析情况、各种影响因素的测量方法以及是否对原因做出控制图进行分析等问题，寻求对物流质量控制的最佳途径。

3. 直方图法

在质量管理中，直方图也称质量分布图，它是由很多直方形连起来，表示质量数据离散程度的一种图形，在任何相同工艺条件下，加工出来的产品质量是不会完全相同的，总在某个范围内变动。作直方图的目的，就是把其变动的实际情况用图形反映出来，通过观察图形的形状，与公差要求相比较，来判断生产过程是否处于稳定状态，预测生产过程的不合格品率。因此，直方图是用来整理质量数据，找出规律，判断和预测作业过程中质量好坏，估算作业过程不合格率的较常用的一种工具。

三、物流管理质量改进方法

（一）物流管理质量改进的内涵和意义

1. 物流管理质量改进的内涵

质量改进与质量控制不同，质量控制是使产品保持已有的质量水平，而质量改进是对现有的质量水平在控制的基础上加以提高，使质量达到一个新的水平。

ISO 9000：2000 标准将质量改进定义为：质量改进是质量管理的一部分，致力于增强满足质量要求的能力。物流企业要提高顾客的满意程度，就必须不断地开展质量改进。通过改进过程中各环节的工作，一方面，出现了问题就应立即采取纠正措施；另一方面，通过寻找改进的机会，也可预防问题的出现。同时，持续的质量改进是质量管理的基本内容，是物流质量管理八项基本原则之一。

2. 物流管理质量改进的意义

（1）质量改进具有最高的投资收益率。

俗话说"质量损失是一座没有被挖掘的金矿"，而质量改进正是要通过各种方法把这个金矿挖掘出来。因此有些管理人员认为："最赚钱的行业莫过于质量改进。"

（2）质量改进是提高物流管理效率的根本途径

通过改变管理思路和服务方式等方法，使得质量的改进能给物流企业带来持久的高效率。

（3）质量改进是降低物流企业成本的重要手段。

通过改进物流企业管理质量，降低损失成本，提高物流管理水平。通过损失成本的降低，从而降低质量成本的效果才是长久的。

（4）质量改进有利于提高企业的竞争力。

通过提高物流服务的适用性，从而提高企业产品的市场竞争力。

（5）质量改进保证物流服务质量。

物流企业质量的改进有利于发挥企业各部门的质量职能，提高工作质量，为物流服务质量提供强有力的保证。

（三）物流管理质量改进的具体方法

物流质量改进的方法是指人们为了达到质量改进的目的，而采用的各种逻辑分析方法、数理统计方法、工程技术管理方法和其他方法。这些方法既适用于质量改进，也适用于质量控制和质量策划等活动。运用这些方法，能帮助寻求改进机会和对象。

这些方法可以分成几种：通过输入/输出分析，直接查找原因的方法，寻求改进机会；通过对需求和价值进行分析，寻求改进；通过群策群力，寻求改进机会。

1. 通过输入/输出分析，直接查找原因。

（1）因果分析法

因果分析法是分析质量问题产生原因的有效工具。当质量问题发生的时候，将原因一一列出，按其类别及层次用箭头与结果联系起来。

做图时，将要分析的问题放在图形的右侧，用一条带箭头的主线指向要解决的质量问题，一般从人（人员）、机（设备）、料（原料）、法（方法、工艺）、环（环境）等五大方面进行分析，这就是大原因。就具体问题来讲，这五方面原因不一定同时存在，要找到解决问题的办法，需要将大原因进一步分解为中原因、小原因或更小原因，它们之间的关系也用带箭头的直线表示。做因果分析图时，要注意以下几个问题：

①每个因果分析图，只针对一个质量问题，这是因果分析图的出发点。

②因果分析图一般用于一线员工，它需要集思广益，要广泛征集和采纳一线员工的意见，要召集有关人员开会商讨，才能取得好的效果。

③原因分析要尽可能地细，便于采取措施。分析时，可以沿着"为什么会发生这种问题"的主题查找原因，层层探究。也可以把前一段的相关工序作为大原因罗列出来，把各工序的影响因素作为中原因、小原因逐个查找。这种类型可作为改进过程的方法之一。

④采用因果图分析原因，必须深入到可以采取具体的纠正措施为止。这种分析是通过输入可以收集到的比较全面的反馈意见、交流经验和信息，来查出质量问题发生的原因。同时结合其他手段，例如排列图、数据分析等，进一步找出质量问题发生的主要原因，经证实后，才采取对应的纠正措施。

（2）系统检查法

系统检查法，是指对于质量改进对象系统进行包括输入、输出、过程及环境的检验和核查。这一方法着眼于系统，并对系统进行重新审视。检核时必须提高要求，并且思路不受限制，才能够识别和确定质量改进的机会。

系统检查法的主要方式有输入检核表、输出检核表、过程与环境检核表。

输入检核表主要是对过程输入进行质量改进机会的检核。输出检核表主要是针对项目的功能、功效、价值、影响力和满足顾客要求等方面的质量改进机会的检核。过程与环境检核表主要是针对系统过程及支持过程的环境质量改进机会的检核。

系统检查法的目的是进行质量改进，但是单凭检核表不可能获得改进方案，只能获得启迪和机会，这也是系统检查法的不足之处。

2. 通过需求分析和价值分析寻求改进机会。

（1）价值分析

价值分析又称价值工程，是20世纪40年代后期产生的一门新兴的管理技术。价值工程是研究如何以最少的人力、物力、财力和时间获得必要的功能的技术经济分析方法，它强调的是功能分析和功能改进，而一般的投资决策理论研究的是项目的投资效果，强调的是项目的可行性。

①价值分析的含义

价值分析的含义主要有以下三个方面：

第一，着眼于寿命周期成本。寿命周期成本是指项目在其寿命周期内所发生的全部费用，它包括生产成本和使用成本两部分。生产成本是指发生在生产过程中的成本，包括研究开发、设计、施工过程中的费用；使用成本是指顾客在使用过程中支付的各种费用的总和，它包括维修、管理、损耗等方面的费用。

第二，价值分析的核心是功能分析。功能是指研究对象能够满足某种需求的一种属性。功能可以分为必要功能和不必要功能。价值分析的目的是通过功能的分析，弄清哪些功能是必要的，哪些功能是不必要的，从而在改进方案中去掉不必要的功能，补充不足的功能，使结构更加合理，达到可靠地实现顾客所需功能的目的。

第三，价值分析的目标表现为功能与费用的比值最佳化。价值是指对象所具有的功能与获得该功能的全部费用之比。用公式表示为

$$价值（y）＝功能（F）／费用（C）$$

即价值是单位费用所实现的功能。

价值分析的目的是从技术与经济的角度去进行质量改进和创新，既要在技术上可靠实现，又要在经济上所支付费用最小，达到两者的最佳结合。应用价值分析的重点是在项目的设计研究阶段，一旦图纸设计完成并实施，价值就基本决定了。因此，必须在项目的可行性研究阶段和设计阶段就开始价值分析活动，以取得最佳的综合效果。

②价值分析的展开

根据价值分析的方法特点，可以围绕下面七个问题系统地展开：

第一，"价值分析的研究对象是什么？"

第二，"它的用途是什么？"

第三，"它的成本是多少？"

第四，"它的价值是多少？"

第五，"有无其他方法可以实现同样的功能？"

第六，"新方案的成本是多少？"

第七，"新方案能满足要求吗？"

围绕这些问题开展价值分析，明确不同阶段的工作内容。例如，在准备阶段回答了"价值分析的研究对象是什么？"在分析阶段回答了"它的用途是什么？它的成本是多少？它的价值是多少？"等问题；在创新阶段回答了"有无其他方法可以实现同样的功能？新方案的成本是多少？"等问题；在实施阶段解决了"新方案能满足要求吗？"的问题。

③价值分析的信息资料收集

信息资料的收集是价值分析过程中不可缺少的重要环节。一般在选择价值分析对象的时候，就应该收集有关的技术资料及经济信息，并为进行功能分析、创新方案和评价方案等过程准备必要的资料。对收集到的资料和信息一般需加以分析、整理，使用有效资料，以利于价值分析研究。

（2）需求分析

需求分析是站在顾客的立场上，对项目和服务的需求和期望进行分析和评价，从而识别和确认质量改进的机会。

3. 通过群体合作，寻求质量改进。

群体合作，就是通过大家一起合作，出主意，出力量，在质量改进活动中，为完成一个目标而共同发挥作用的方式。这种方式的优点体现在：群体合作造就了团队精神；群体合作带来多学科、多工种的交流合作，拓宽思路，可以获得意想不到的方案；不同学科和专业之间的交流合作、互相启迪，易于发现新的领域和渗透机会；广泛的交流与合作激发了参与者的思维潜质，拓宽了参与者的视野。这种类型的典型方式有以下几种：

（1）头脑风暴法

头脑风暴法（brain storming）又称奥斯本法，是美国人奥斯本在 1938 年创造的、用来激发集体智慧的创新方法。它通常是指一组人员通过开会方式对某一特定问题出谋献策，群策群力，以解决问题。

头脑风暴法的基本形式是召开会议。基本方法就是按照一定的步骤和要求，在轻松融洽的环境中，让与会者敞开思想，各抒己见，互相启发，从而产生大量的创造性设想。具体做法如下：

①召集会议

一般由某个主持人召集会议，他对所要讨论的问题有全面而充分地了解。议论的题目要单一，目标具体而明确。如果问题涉及面广而且复杂，则必须进行目标分解。会议的参加者一般应为熟悉该问题，或者精通该问题的专家和内行，适当吸收若干外行参加，这样有利于突破专业思维习惯的束缚，但外行需对问题进行准备，其余人员也同样应当对问题进行事先准备。

②提出问题

主持人在开会时，应全面介绍问题的内容、背景与目标要求，要让与会者完全明白会议原则。所有问题都要让与会者搞清楚、听明白。介绍问题时，可以使用"怎样……?"的句式。

③畅谈

让与会者畅所欲言，自由发表意见，是头脑风暴法的实质性阶段。在此阶段一般应遵循著名的会议四原则：

第一，自由思考原则。就是与会者可以不顾他人反应，不受传统思想框框的限制，任意发表自己的想法，甚至大胆地标新立异。

第二，禁止评判原则。就是不允许对他人的设想进行任何评判，更不允许批驳他人的发言。

第三，追求数量原则。就是在会议期间获得尽可能多的设想和方案。大量设想的收集，可以从中获得有价值的新的思路和解决办法。

第四，结合改善原则。与会者通过利用并改进他人的设想，结合自己的设想，将两者进行综合，形成新设想。

④加工整理

会议结束后，组织专人对各种设想进行分类整理和逐条评价，通过采取简化、优化、合并补充等方法，对这些设想进行加工处理，初步形成有价值的方案，最后选出可行的有价值设想和方案，提供给相关部门研究实施。

（2）专家会诊法

专家会诊法是一种由相关学科和专业的专家组成的一个小组，共同对所关注的问题进行讨论的方法。这个小组一般由项目组织内部和外部专业技术人员组成，尤其是要请外部人员当主持人。参加会议的人员从不同专业的角度，根据不同的知识基础，以及各自的专长和经验，提出各自的设想和意见，经过不断交流、评价和相互启发，进一步完善提高，获得有价值的方案。

（3）德尔菲法

德尔菲法是一种以邮寄调查表和征询专家意见的方式收集设想和方案的方法。事先设计好问卷发给各位被征询意见者，回收后分门别类，依靠专家的判断，提供决策依据。这种方法一般适用于缺乏客观数据的情况。

德尔菲法一般按如下程序开展：

①确定问题。

②确定专家。专家人选应根据专业需要和学科分布以及可能相关的范围来选择。

③设计咨询表。提出问题的形式必须围绕主题内容，设计若干针对性问题向专家咨询。它的基本要求是：简明扼要，形式简洁，不附加任何条件，数量适当，填写方便。

④循环反馈。调查征询不是一次性的，而是要经过多次调查征询、信息综合整理、整理结果反馈给专家、再次收集专家意见、再次反馈的过程，最终获得比较集中和完美的设想或方案。在此过程中，对于方案的提出者应加以匿名处理。

⑤征询结果的统计和总结。通过上述步骤，最后应提出确定的解决方案和设想，并将统计和总结尽可能地反馈给参与会诊的各位专家。

德尔菲法的特点在于：一是匿名，各位专家可以完全真实地表达自己的想法，而不受其他人或事物的影响；二是循环反馈，各位专家可以不断反复考虑他人的意见，并结合自己的设想，不断提出较为综合的方案；三是有较高的价值，有足够多的专家参与讨论，最后的意见趋于集中和统一，这样的决策可行性强，价值较高。

（4）竞赛法

这是一种群众性的合理化建议、技术革新、技术改造、质量攻关和发明创造的创新活动。在此活动中，人与人、群体与群体之间开展比赛。竞赛法体现了"全员参与"这一质量管理的基本原则。竞赛法通常可以采取以下几种形式：

①定期开展优秀评比活动。

②组织攻关组进行专题攻关。

③进行方案优选。

④创新评比。

⑤合理化建议活动。

通过以上这些活动，激发员工参与质量改进的活动，并且充分发挥个人的潜能，针对实际操作中的薄弱环节，提出攻关的办法，这样才能产生实效和取得经济效益。竞赛法取得成功的条件是项目管理层重视，目标明确，及时处理，及时奖励。

第三节 物流质量管理体系

一、物流质量管理体系概述

综观国内的物流企业，服务质量已经成为约束企业进一步发展的瓶颈，如何提高物流服务质量成为新的讨论热点。现代质量管理思想指出，质量的持续提升，需要通过企业内全面展开质量管理来获得，这就将质量管理从早期的职能管理提升到企业管理的高度。因此，良好的企业质量管理环境才能保证物流服务质量控制和改进地顺利进行，而创建这样的环境，需要引入全面质量管理的思想，构建适合物流企业发展的服务质量体系。

（一）体系

体系是指相互关联或相互作用的一组要素，其中的要素是指构成体系的基本单元，或可理解为组成体系的基本过程。

（二）管理体系

管理体系是指建立方针目标并实现这些目标的体系。

建立管理体系首先应致力于建立相应的目标方针。为实现该目标，组织应设计一组相互关联或相互作用的要素，这些相互关联或相互作用的要素应由一定的组织结构来承担物流质量管理。因此，在组织内应明确组织结构和职责，提供必要的资源和规定开展各项活动的方法和途径。一个组织的管理体系可以包括若干个不同的管理体系，如质量管理体系、环境管理体系和职业健康安全管理体系等。

（三）物流质量管理体系

物流质量管理体系是在物流质量方面指挥和控制组织的管理体系。

物流质量管理体系致力于建立质量方针和质量目标，并为实现质量方针和质量目标确定相关的过程、活动和资源。建立质量管理体系的目的是，在质量方面帮助企业持续提供产品，以满足顾客和其他相关方的要求。

物流质量管理体系要与组织的其他管理体系相融合，以方便组织的整体管理，最终目的是使顾客和其他相关方都满意。

物流质量管理体系的首要任务是制定质量方针和质量目标，质量管理的核心是建立健全质量管理体系，质量管理的主要活动是质量策划、质量控制、质量保证和质量改进。

二、现代物流企业质量管理体系的建立

（一）物流质量管理体系的总体设计

物流质量管理体系总体设计是按 ISO 9000 族标准在建立质量管理体系之初对组织所进行的统筹规划、系统分析、整体设计，并提出设计方案的过程。

物流质量管理体系总体设计的内容为：领导决策，统一认识；组织落实，建立机构；教育培训，制订计划；质量管理体系策划。

1. 领导决策，统一认识

建立和实施质量管理体系的关键是组织领导要高度重视，将其纳入领导的议事日程，在教育培训的基础上进行正确的决策，并亲自参与。

2. 组织落实，建立机构

首先，最高管理者要任命一名管理者代表，负责建立、实施和改进公司质量管理体系。然后，根据组织的规模、产品和组织结构，建立不同形式、不同层次的贯彻标准机构。

3. 教育培训，制订计划

除了对领导层的培训外，还必须对贯彻标准骨干人员（各职能部门领导和体系设计、体系文件编写人员）和全体员工分层次进行教育培训。

4. 质量管理体系策划

质量管理体系策划是资质最高管理者的职责，通过策划确定质量管理体系的适宜性、充分性和完整性，以保证体系运行结果有效。

质量管理体系的具体工作内容为：识别产品、识别顾客，并确定与产品有关的要求，制定质量方针和目标；识别并确定过程；确定为确保过程有效运行和控制所需的准则和办法；确定质量管理体系范围（对标准要求的合理删减）；合理配备资源等。

（二）物流企业质量管理体系建立的程序

物流企业进行全面质量管理是一项极为复杂的过程，它要求不仅企业的领导者，而且全体员工也必须在领导合理地组织下开展质量管理活动。物流企业质量管理的程序遵循以下几个步骤：

1. 统一认识和落实组织

（1）高层管理者统一认识和决策

物流企业高层管理者的决心和信心来源于对贯彻和实施质量体系重要性的认识。要明确，作为为了满足顾客和社会需求、以盈利为最终目的的经济组织，必须不断适应市场经济的要求，以寻求在市场中的有利地位。而贯彻执行全面质量管理正是一个组织积极参与市场竞争，提高组织经济效益、社会效益和信誉的重要手段。一个组织，通过贯彻全面质量管理，使管理上一个新台阶，为一个组织的全面发展打下良好的基础。物流企业的高层管理者，特别是一把手，应认识到全面质量管理体系的重要性，并依此做出相应的决策。最高管理层正确的认识和决策是贯彻全面质量管理体系的基本条件。

（2）组织精干的领导班子

当高层管理者界定在本组织中观测全面质量管理后，首先要解决的问题是建立并落实一个精干的领导班子。这个班子的首要任务是发动、组织、协调、控制和管理本组织的贯彻标准和质量体系工作。这个班子的人员都热心于质量工作，有一定理论修养和实践经验，有较强的综合分析问题、解决问题和组织协调能力，同时又有较强的语言和文字表达能力。

（3）教育培训

质量管理"始于教育，终于教育"。物流企业在贯彻标准和全面质量管理过程中，应强调教育培训的重要性，这是一项基础性的工作，贯彻于标准和全面质量管理的全过程。开始阶段要有计划、有系统地进行教育与培训，提高全体员工对全面质量管理的认识，了解它的目标和要求，掌握步骤和方法。而且教育培训是一个长期的过程，它伴随着企业发展的始终，企业要时刻关注员工的培训。

（4）制订工作计划

这是物流企业执行 PDCA 循环中的 P 阶段，必须认真做好，为认真贯彻标准和全面质量管理工作打下基础。

（5）制定本组织的质量方针与目标

质量方针是物流企业总的质量宗旨和质量方向，是企业精神的重要体现。由企业最高管理者亲自策划和指导，按照组织确定的质量方针和目标分析产品寿命周期的质量性能，以便确定质量职责和权限，做到质量工作人人有责，同时利用各种形式广泛宣传本组织的质量方针和目标。

2. 选择要素和开展活动

（1）深入进行现状调查

在贯彻标准和全面质量管理建设中，一个非常重要的阶段就是质量体系要素的选择和活动的确定，而其基础又在于对本组织现状的调查。只有对质量体系现状有了充分地认识，才能产生一个完善的、适合本组织需要的、有效的质量体系，因为当前存在的问题就是今后建立质量体系要重点解决的关键所在。

（2）对照标准确定选择性要素

选择质量体系要素是在充分研究 ISO 9000 系列的基础上进行的，选择时必须结合本组织现状调查的结果，对照 ISO 9000 列出的要素，分析差异，找出差距和不足，选择组织有关部门和人员集思广益，根据实际需要来确定要素，进行适当修改、删减和补充，从而更好地结合本组织的实际实施标准。同时要正确处理风险、成本和利益之间的关系。要素的数目和每个要素采用程度的选择是与顾客、本组织所承担的风险、成本和费用密切相关的，应进行统筹考虑。对顾客来讲，包括所接受产品的性能、安全性、可靠性、适用性、时间性和费用等因素；对一个组织来讲，包括市场占有、财务因素、产品责任、损失和索赔等。

（3）要素应展开为若干活动

要素的实现是通过许多活动或过程来完成的。为了满足质量体系中要素所要求的内容，必须由若干个职称要素的活动来保证。质量管理活动就是保证各种行业达到质量要求所必需的活动，这里所确定的"活动"的内涵要明确，即通过活动达到什么目的，怎样通过这个活动来保证支持的要素等。质量管理活动是非常具体的，它与组织和实施者密切相关。因此，应充分发动有关人员共同进行要素展开活动的工作，这样更能切合实际，并便于得到理解和支持，减少执行中的困难。

3. 分解职责和配置资源

（1）健全组织的组织结构

当质量体系要素已经确定并把每个要素展开为若干个活动后，就应考虑怎样把这些活动落实下去。显然，这也就必然涉及一个组织的全部组织机构及其相互关系。因此，质量职责的分解和资源的配置的先决条件就是必须健全服务与组织机构及其运作情况、工作习惯、部门和人员之间的关系等，力求在满足质量运作体系运作需求的情况下，按照本组织特点来进行重新设计或进行必要调整。与此同时，组织机构应尽量精简层次和人员，并注意各部门之间的接口关系，做到协调通畅。

（2）明确并正确的分解职责和权限

当一个组织根据质量体系运作需要，并结合本组织实际情况将组织结构确定后，就可以把开展的各项活动的职责分解到组织中去，即分解给各个部门。质量职责的分解应遵循职、责、权、利统一的原则，做到职、责、权、利清楚，使各个部门和有关人员在执行质量职责时保持清醒的头脑。质量职责的分解应考虑本组织发展的需求，从长远规划着眼，有利于本组织向更高的管理水平迈进。质量职责的分解是关系到各个部门和有关人员的切身利益的事，因此分解和确定质量职责时应让承担者参与，使职责分解更加切合实际并有利于执行。

（3）确保资源和合理配置资源

质量职责的分解和资源的合理配置是紧密联系在一起的。任何质量活动的实施都要建立在一定的人力和物力资源基础上，并消耗一定的人力和物力资源。因此，组织在满足活动需要的基础上应避免浪费，真正做到人尽其才，物尽其用。任何组织的活动都是一个有机整体，资源的配置应首先考虑到整体的利益，有时应在组织内部进行必要地调整。这时，局部应服从整体。

4. 编制质量体系文件

（1）全面和重点地编制质量手册

质量体系文件包括质量手册、质量计划、程序和质量记录，其中质量手册是质量体系文件中的统帅性文件、纲领性文件和总体性文件。质量手册的全面性体现在对质量方针和目标、要素和活动的基本要求和方法、组织结构和职责分配等有概括而准确地描述，通过质量手册可对一个组织的质量管理状况有比较清晰和全面地了解；但质量手册的内容又要重点突出、思路清晰、简明扼要、控制篇幅、避免烦琐。编制质量手册时，可用要素说明方式或程序编绘方式。前者是对选择确定的每一个要素所包含的主要活动的基本程序内容地概括和重点描述，以期对这个要素能有全面地了解；后者是把选择的每一个要素的基本程序直接汇编入质量手册。

（2）细微和协调地编制程序文件

质量体系的支撑是要素，要素的基础是活动，活动的依据是程序。因此，程序编制的优劣直接影响这一个组织质量体系的建设。程序的编制是一项涉及面广、量大的工作，因而应当有统筹的计划。在编制程序时需要做大量的调查工作，把每个程序所对应的活动进行仔细、深入地审慎剖析，并应与相关活动相衔接，协调活动之间的关系，做到既细微又协调。程序是活动的描述，它详细规定了活动的方法。一般一个活动对应一个程序。但也不排斥一个活动对应几个程序，或一个程序对应几个活动的可能性，这需要根据具体情况和分析结果来决定。程序最好由程序的实施者自己来编制，或由实施者参与编制，至少应很好地征求实施者的意见，以增强程序的可操作性。

（3）合理而慎重地确定质量记录的项目和内容

质量记录为满足质量要求程度提供客观证据，也为质量体系要素运行的有效性提供客观证据。质量记录的目的一是实现产品的可追溯性，二是为采取预防和纠正措施提供信息。因此，质量记录是质量体系文件的重要组成部分，它是质量信息及其管理的基础。

（4）根据需要制订质量计划

依据顾客和社会的需求，或一个组织对提供某项产品的需要，对某个待定的产品或项目可以编制计划。质量计划一般是针对某项产品或项目有比较大的规模、比较高的要求、比较长的过程、比较复杂的资源配置而言的。质量计划应与一个组织的质量体系相协调，其内容仅限于一个组织的质量体系中，是对某个特定产品或项目的具体要求。

三、现代物流企业质量管理体系的运行

(一) 物流质量管理体系运行的含义

物流企业质量管理工作成败的关键在于质量体系运行过程。物流质量体系文件编制完成后，质量体系将进入试运行阶段。其目的，是通过试运行，考验质量体系文件的有效性和协调性，并对暴露出的问题采取改进措施和纠正措施，以达到进一步完善物流质量体系文件的目的。在物流质量体系试运行过程中，其重点工作主要有：

(1) 有针对性地宣传物流质量体系文件，使全体职工认识到新建立或完善的质量体系是对过去质量体系的变革，是为了向国际标准接轨，要适应这种变革就必须认真学习、贯彻质量体系文件。

(2) 实践是检验真理的唯一标准。物流体系文件通过试运行必然会出现一些问题，全体职工应将从实践中出现的问题和改进意见如实反映给有关部门，以便采取纠正措施。

(3) 将体系试运行中暴露出的问题，如体系设计不周、项目不全等进行协调、改进。

(4) 加强信息管理，不仅是体系试运行本身的需要，也是保证试运行成功的关键。所有与质量活动有关的人员都应按体系文件要求，做好质量信息的收集、分析、传递、反馈、处理和归档等工作。

(二) 物流质量管理体系运行的指导思想

1. 加强统一领导，建立全面质量管理网络，严格贯彻质量责任制。

运用有效的激励措施，实行全员质量管理。企业应根据顾客需求环境的相对不确定性，运用有效的奖励和激励措施，激励员工提高学习能力和创新能力，鼓励员工承担风险，探索减少物流差错的新方法。在大多数企业里，控制导向的质量管理措施与学习导向的质量管理措施相互补充，应兼顾企业控制的需求和学习的需求。企业必须不断地改进质量管理工作，以便不断地提高物流服务的质量。

企业应根据质量管理环境的不确定的程度来确定质量管理措施。在质量管理文献中，许多学者认为所有企业都可采用全面质量管理控制措施。企业只要加强全面控制责任制，就能有效地做好质量管理工作。

2. 运用 PDCA 循环（策划—实施—检查—处置）推动整个物流质量工作系统运转。

PDCA 模式可简述如下：

P（策划）——策划是根据顾客的要求和组织的方针，建立过程的目标，确定过程的方法和准则，确定过程所需要的资源和信息。

D（实施）——按照策划的结果实施过程。

C（检查）——根据方针、目标和产品要求，对过程的参数和过程的结果进行监视和测量，并报告监视和测量的结果。

A（处置）——依据监视和测量的结果，采取纠正和预防措施，持续改进过程。

PDCA 的方法不仅适用于产品实现的过程，也应用于采购控制过程，还适用于运输过程和仓储过程等物流各环节的运作过程。PDCA 推动整个物流质量工作体系运转。它是提高产品质量、改善企业经营管理的重要方法，是物流质量管理体系运作的基本方式。

3. 推行物流质量管理业务标准化，管理流程程序化，加快物流标准化体系的建设。

物流标准化是指以物流为一个大系统，制定系统内部运作的各种机械、装备，包括专用工具、设施等的技术标准和包装、装卸、运输等各类工作标准，并形成全国以及国际接轨的标准化体系。它对于保障物流活动的通畅，最大限度地节省投资和流通费用、提高物流服务质量有重要意义。

物流标准化是物流发展的基础。我国已经加入世贸组织，为了适应国际贸易的要求，增强竞争优势，国家应尽快制定和国际接轨的关于物流技术的标准和工作的标准，如包装、托盘、货架、装卸机具、条形码、车辆、集装箱等，并在统一标准的基础上，不断改进物流技术，实现物流活动的合理化。由于物流系统的标准化比一般的标准化系统涉及的面更广泛，因而，标准种类繁多，标准化内容复杂。因此，在物流标准化体系建设中，要组织专门的班子，在充分考虑原有标准的基础上，根据物流活动的需求和国际标准，分阶段、分步骤地加以修改和制定。

4. 树立企业物流整体质量管理思想。

（1）真正形成物流整体质量管理思想

一般来说，企业物流活动就是为生产经营的服务性活动，主要包括由核心服务、辅助服务构成的基本服务组合、服务过程和企业物流服务的形象。不同的企业物流服务，物流服务功能的构成重要性不同，其质量都会影响顾客感觉中的整体服务质量和顾客满意程度。强化企业物流质量管理，就必须从企业物流发展战略高度出发，真正树立整体质量管理思想。

（2）认真做好物流服务过程的整体质量管理。

从整体质量管理出发，强调物流管理人员必须深入了解物流服务全过程，并根据顾客需求，认真做好物流服务网络设计工作和服务质量管理工作，不断创造物流价值，提高顾客的满意程度。企业物流服务过程的各个环节、各个阶段都必须进行以优秀服务组成的整体，为顾客装载更大的物流价值，增强顾客的信任感和忠诚感。

（3）整体考核企业物流服务质量管理水平。

企业要在激烈的市场竞争中取得长期优势，必须不断提高企业物流服务质量和生产效率。企业应确定物流服务质量标准，做好每一个环节的质量管理工作。从整体角度客观地衡量物流服务管理水平。积极采用高新技术加强质量管理，提升企业物流服务的整体质量水平。在物流服务实绩考核中，既应考核生产效率，更要考核服务质量和顾客满意程度。

（4）提高企业内部物流服务质量和外部物流服务质量。

提高企业内部物流服务质量，才能为企业外部提供优质服务。顾客感觉中的服务质量是由企业物流员工和顾客之间交往的结果决定的。员工的服务知识、服务技能、服务意识、服务行为对顾客感觉中的物流质量有极大的影响。顾客的消费行为也会影响服务质量。企业必须高度重视员工的物流服务行为管理，必须高度重视顾客的消费行为。

（5）建立质量信息反馈系统，不断完善质量管理的基础工作（标准化、计量、情报、责任制）。

企业建立有效的服务质量管理信息系统，能为企业提供物流服务质量改进决策所必需的各种信息，能激励企业内部员工改进物流服务工作。要建立有效的物流质量信息系统，企业应遵循的原则有：

①计量顾客对物流质量的期望

企业既应计量顾客对物流服务质量的评估，也应计量顾客对物流服务的期望。顾客对服务质量的期望是顾客评价服务质量的依据。不计量顾客的期望，企业就很难正确理解顾客对物流服务的评价。但是，增加顾客期望调查，物流服务质量工作会变得更加复杂。

②强调信息质量

企业物流质量管理信息系统强调信息质量，它是根据信息的相关性、精确性、实用性、连续性、可信性、易懂性来衡量的。企业为顾客提供优质服务，可增强顾客忠诚感，扩大市场份额，提高经济收益。物流质量管理系统是让管理者了解物流质量对企业的影响，做好有关管理工作。

③实施监控物流质量状况

在为顾客提供物流服务的过程中，由于各种因素的共同影响，导致企业物流质量的变化。加强物流质量管理需要随时了解和掌握物流质量的现状、运行过程和发展趋势，及时发现问题、改进管理，提高企业物流服务与管理质量。一般需要对物流服务质量进行广泛深入地调查研究，建立一定的评价指标体系，实现企业物流质量管理信息的实时采集、整理和传递，有效实行监督和控制，提高企业物流质量管理水平。

④运用行为科学提高员工的自检意识和效果

物流企业在调动全员的积极性、发动全员参加质量管理工作中，要有一套旨在鼓励员工重视质量的措施。例如，开展无缺陷运动，要求员工"第一次就做好"。实行轮换工种的方法，让一线上的员工去干一段时间的质量检查工作；组织员工参观用户的工厂、超市等，让员工看到自己的工作给用户带来的是帮助还是损害，如果质量不好，会给用户带来更大的麻烦等，以此提高员工的自检意识和效果。

此外，在社会性的质量监督方面，利用国家已有的法规来保障用户的利益；在产品和服务方面，实行广泛的质量认证制度；在质量管理咨询方面，除国家质量管理协会之外，设立专门的质量管理咨询公司；在开展质量教育方面，企业开展质量管理小组活动，建立、健全物流企业内部的质量管理网，必须借助现代高新技术强化物流质量管理，物流企业内部的质量管理网，必须借助现代高新技术强化物流质量管理，物流企业必须真正认识技术推动的意义，大力开展技术创新活动，从本质上提高企业质量管理水平。

第四节　物联网技术与物流质量管理

前面已经详细介绍了物联网技术以及物流质量管理的相关知识，本节主要以基于物联网的西安市果蔬冷链物流质量监控体系为例，来探讨物联网技术应用于物流质量管理。

一、果蔬的冷链物流原理及流通环节

冷链物流是果蔬采摘后保证品质安全的关键环节，运用物联网技术建立一套完善的果蔬冷链物流质量监控体系，对提升果蔬冷链物流效率、降低物流成本、提升果蔬品质安全具有重要的意义。

1. 果蔬的冷链物流原理

新鲜果蔬刚采时，气孔、皮孔尚未完全闭合，某些蔬菜的幼嫩器官表皮层尚不发达，

主要为纤维素，容易透水，愈伤或假愈合尚未形成。因而果蔬采摘后，仍然具有生命特征，会继续呼吸和进行新陈代谢活动，使果蔬特有的气味散发出来，在消费上更迎合人们的食用需求。过了这段时间，如果果蔬没有消费掉，就开始软化、解体，进入衰老阶段，需要进行冷链处理。我们了解了果蔬采收后的一系列变化规律，在冷链物流处理时就知道如何有效地控制和调节温度、湿度，达到保质保鲜，延长供应时间的目的，获得最好经济效果。

2. 果蔬冷链物流主要环节

如果果蔬在收获时温度高，则生理作用旺盛，鲜度很快下降，因此要尽快地降低品温，再进入流通环节。主要包括预冷、冷藏、冷冻运输等物流环节。每个环节始终保持果蔬所需的温湿度环境，实现冷链物流在果蔬流通的各个环节的无缝衔接，减少果蔬的腐烂和营养价值流失，达到保鲜保质，延长储藏的目的。

二、物联网技术在的果蔬冷链物流各环节的运用

1. 采摘后预冷环节

果蔬采摘后要根据每种果蔬的温湿度要求，进行预冷处理，这时通过无线传感器或有线电缆技术对果蔬预冷后的实时数据自动采集，并将所采集数据进行远程实时传送给物联网信息管理平台。通过管理平台数据系统精确指导每种果蔬适应的温湿度条件，达到果蔬在仓储和运输前最佳品质状态，保证果蔬产后的营养价值，提高果蔬市场经济利益。

2. 冷链运输环节

在果蔬冷链物流管理中，冷链运输环节是连接生产与消费的桥梁，是保证消费者能否吃上新鲜果蔬的关键环节。果蔬冷链物流运输操作与管理需要经过运输前的装车、运输过程管理、卸车三个阶段。利用物联网的 RFID、红外感应器、GPS 等技术，进行信息传递与交换到物联网信息管理平台，对每一环节的操作做好信息记录，发布到数据平台上，保证果蔬运输环节的品质和质量溯源。

3. 冷藏环节

一般的果蔬都是季节性生产、全年供应的农产品，西安市每年有 1208.4 万吨果蔬需要冷藏，高效合理的冷藏对果蔬市场供应和价格稳定起着重要的作用。目前，物联网技术已成为冷藏的关键技术，在冷藏的入库管理、出库管理、库存盘点、退换货管理和报表分析等过程中利用物联网技术，随时随地感知和控制所有的物品，实时监测果蔬在仓储中位置和周围温度、湿度、降水量环境条件。在果蔬冷藏过中，主要采用传感器、条码技术、红外线技术等感知技术对果蔬冷藏实现感知、定位、识别、计量、分拣、监控。

4. 末端消费环节

果蔬在进入流通环节前运用 EPC 技术，对每种果蔬进行标识，在用 RFID 技术、条码技术和 GPS 技术进行跟踪，到了末端零售商市场，对于仓库运送过来的果蔬用 RFID 读写机具或条形码扫描器进行信息核对验证，对于验证吻合通过的果蔬，零售商才可以进行销售，如果信息不对称，就要向管理中心发出红色预警，同时这些果蔬不能进行销售。消费者购买卖果蔬时，可以利用手里的智能手机，登录专门物联网信息管理平台，或者通过扫码查寻自己购买的果蔬相关信息，充分了解其安全性和产销状况。

三、建立物联网的果蔬冷链物流质量安全监控系统

要实现果蔬冷链物流全程信息畅通、可查询、可监控，需要建立物联网果蔬冷链物流安全监控体系，通过物联网监控体系可实现果蔬流通各环节的信息共享，减少信息不对称现象，防止冷链中断。这个体系框架采用物联网三层架构理论来分析，分别为果蔬信息感知互动层、果蔬数据传输层、果蔬应用服务层。将果蔬供应链全过程的信息串联起来，保障产品可追溯性，加强果蔬安全信息供给，并根据追溯体系提供各环节信息，明确食品相关供应商责任。

1. 果蔬信息感知互动层

果蔬的感知互动层由识别系统、定位系统和跟踪系统组成，它就像果蔬的感知器官一样观察和识别者果蔬采摘后的一切信息，主要功能是果蔬流通中数据采集，通过各个环节RFID实时定位、智能传感节点和接入网关、多媒体信息采集果蔬冷链物流不同环节信息，这些采集具有实时、自动化、智能化、信息全面的特点，对采集的信息能按照约定的方式发给监控系统，监控系统对收到的数据进行解码，获取果蔬名称、数量、保质期等数据，并根据不同需求进行分离和归类，最终存入数据库，以便后期处理和分析。

2. 果蔬数据传输层

数据传输层是进行果蔬物流信息交换、传递的数据通路。主要利用互联网技术、移动通信网技术、集群通信技术等，将感知到信息可以顺畅、可靠、安全、无误差地进行传输。通过使用3G/4G、wifi等通信技术实现"物物相连"需求，果蔬数据传输层将综合运用有线和无线、感知网和通信网等多通道结合。

3. 果蔬应用服务层

果蔬应用服务层包括数据互换平台、公共服务平台和用户服务平台，对不同用户提供多种不同类型的服务。果蔬应用服务层利用数据库设计、输入输出设计等将本系统与其他物流子系统，如企业资源计划（ERP）、仓储管理系统（WMS）、运输管理系统（TMS）、自动订货系统（EOS）等子系统连接，实现系统功能的整合，进行信息的相互交换与可视化。节省各子系统信息化投入，充分调动和发挥各子系统的作用，提高各系统信息的兼容性和共享性，避免资源的浪费和"信息孤岛"的出现。

物流网技术引入果蔬冷链中，可以提高冷链物流运作效率，实现全程可视化监控和溯源。未来西安市场果蔬供应会持续、稳定、健康地发展，使市民们全年都能享受到物美价廉的果蔬食品。

第九章 基于物联网的物流网络管理

随着世界经济一体化进程的加快和科学信息技术的飞速发展，物流网络产业将成为我国21世纪的重要产业和国民经济新的增长点。物流网络是指物流过程中相互联系的组织与设施的集合。本章重点介绍了基于物联网的物流网络管理的基本概念和内涵，同时介绍了客户关系网络管理和物流营销网络管理等内容。

第一节 物流网络管理概述

一、物流网络管理的概念

网链结构是物流运作与管理的基础，也是物流基础设施网络、组织网络和信息网络等集成管理的基础。公共型物流服务可能集中于某一点也可以辐射到某个区域，而物流却必须面对整个网络，支持整个流程，这是物流管理与一般功能性物流服务最明显的区别。

二、物流网络管理的分类

从设施网络建立依托的对象划分，物流网络分为产品型、市场型、工艺型等网络；从物流功能的运作划分，物流网络分为运输、仓储、组织和信息等网络。

（一）设施网络类型

1. 产品型设施网络

产品型设施网络是指以企业某一种或某一系列产品为中心，分别建立不同的设施体系。例如，家电公司的冰箱厂、电视机厂等，日用化学品公司的化妆品厂、洗涤用品厂等。这种类型设施的主要目的是为了能够进行大批量生产，各个厂分别面向所有的市场区域。这种类型的设施在选址时较注重接近原材料产地或供应商，在可能的条件下，也应考虑产品外运的方便和低成本。

2. 市场型设施网络

市场型设施网络是企业产品面向各个市场区域销售的设施体系。这种设置方法主要考虑的是运输问题（运费、运输时间），常用于体积、重量较大的产品。例如，造纸、塑料、玻璃、管道等制造业，这些产品在每一地区均有需求，因此对于规模较大的企业来说，往往以区域需要为中心来设置不同的生产设施。此外，为了以"快速交货"为主要竞争重点，有时也采用这种方式布置设施。

3. 工艺型设施网络

工艺型设施网络是指以企业整个生产工艺过程环节中的某一或某些环节为中心，分别建立不同的设施或工厂。每个厂有各自的生产工艺和技术，分别负责整个生产过程的某几个阶段，然后把其产品供应给装配总厂。这种设置方法使得各个不同厂的生产均可达到一定批量，以取得规模经济的效果。这种设置方法的各个设施之间的相互作用、相互依赖性最强。

（二）功能网络类型

物流经营主体在物流一体化解决方案中，涉及构筑四大功能网络以实现物流运营体系，这四大功能网络即运输网络、仓储网络、组织网络、信息网络。物流主导者应当掌握四种网络的集成运作与管理。

1. 运输网络

运输网络是由运输通道、中转枢纽（站点）、配送据点和运输车辆等构成的车辆调度、跟踪网络，包括铁路、公路、集装箱、船舶、飞机、港口、机场、管道仓库、配送中心、物流中心等，没有它们，物流就无法进行。运输是完成物流过程最重要的环节，因而畅通的运输通道，充足、完备、良好的运力车辆是保证运输质量的前提。

2. 仓储网络

仓储网络是由物流节点的仓库等物流据点通过计算机管理系统形成的库存控制网络体系。公司信息系统将通过综合物流信息系统与全国各省市的货运交易中心、货运站的仓库、专业仓储中心等信息中心合作、联盟，从而构成自身的仓储网络（包括虚拟仓库），逐步解决、实现制造商和大型零售商的零库存管理。仓储网络与运输网络的交融，诸如通过与异地货运交易中心的信息交换，可以解决加盟运输车辆的返程货源问题，提高物流资源的利用效率。

3. 组织网络

组织网络是由各经营主体通过战略联盟、动态联盟形成的业务经营、资源整合等具有经营伙伴关系的网络组织体系。通过经营组织网络可以沟通协调物流关系，整合物流资源，与具有良好的物流服务意识、高质量的服务水平、先进的物流技术、合理的物流流程的经营主体进行合作，可以实现跨区域乃至全球的物流运作。

4. 信息网络

信息网络是基于 Internet 连接的组织网络、运输网络、仓储网络的信息通道和技术手段构成的网络体系。在信息网络中主要包含两个内容：一个是基于经营主体网站的互联网服务系统，在此系统中加盟的货源单位和运输公司、仓储公司，将为其提供无偿的企业宣传、货物跟踪查询、市场调查等服务；另一个是基于物流业务的运营管理信息系统，将该系统布设在所有加盟到物流协作网的货源单位和运输单位，利用公共平台进行网络互联，通过这套系统可以完成物流货物的组织、车辆的调度、仓储的安排和管理、在线的查询和运费的结算等功能。

三、物流网络管理的核心内容

产品从生产者经物流企业，以及从销售商到达消费者手中的过程，其实是产品在物流网络上流动的过程。

将客户需求与制造商、分销商、零售商共同的需求和问题抽象出来，就构成了物流管理的核心部分及运作要件。

（一）监控整个物流上的库存

从压在零售商手里的存货是多少，每天的销售量是多少，可以知道需要补货的数量是多少。从分销商的库存可以判断他的货是不是可以补足零售商之需，是不是需要到生产厂去采购新的货物。假如有一个系统，能够让生产厂商看到商品从零售到分销的各个物流上所存在的每件商品库存的数量，动态地知道每个商品的出货情况、销售情况，他就可以比较准确地判断某项商品未来的需求是多少，什么时候会需要多少，从而适当地安排生产和供应的过程。分销商也是这样，如果他知道他的下游每天分销的情况，当然就可以适时地向供应商采购。对零售业来讲，如果他能够知道每个零售店动态的销售情况，就可以为每个零售店自动补货、配货，有计划地组织采购过程。

（二）有效控制物品流动成本

在物流的整个过程中，每一个环节都会牵扯到物品的流动，无论是从供应商到生产商的原材料、配件供应，还是从生产商的成品仓库出货，通过运输商送到分销商的库房，再由分销商的库房发送到零售商的物流中心，从零售商的物流中心发送到最终的零售店里面，甚至从零售店发送到客户的手上。如何有效地控制商品的流动过程和成本，始终是整个物流的核心内容。

（三）订单整个执行过程的管理

不论是最终客户到零售商的订货，零售商到供应商的订货，还是供应商到生产商的订货，或者是其他更直接的订货方式，这个订单将牵扯物流的指令，其处理过程决定了物流的整个过程能不能满足订单在商品数量、到货时间和质量等方面的要求。

四、构筑全球化物流网络管理

（一）构筑全球化物流网络管理的目的

全球供应网络是物流管理模式发展的一个新动向。由于世界范围内的国际贸易和投资的政策性壁垒的减少，国际运输和通信成本的持续降低，使得世界各地的市场变得更加容易进入。许多跨国公司逐渐改变了传统上集中于一国或少数几国选择原材料供应伙伴并组织生产，在全球部分范围内销售产品的跨国经营模式，放眼全球寻找合作伙伴，把他们的生产流程（尤其是制造过程）分解成不同的阶段，根据"比较优势"外包给不同的国家。例如，依托廉价的制造成本，OEM生产方式在国内已十分普遍，也出现了一些驰名企业，中国已经成为世界最大的产品制造加工基地。

（二）构筑全球化物流网络管理的方法

1. 以国际标准作为衡量服务水平的基准。
随着中国加入世界贸易组织，跨国公司进军中国市场的步伐加快。同时，我国一些实力强大的公司也在进军全球市场。现在他们把资源集中在其具有特殊优势的研究开发、市场营销、全球品牌等方面，而把物流，甚至生产部外包。在物流业务上，按国际标准要求的是第三方物流企业提供高度集约化的物流服务，而不是互相分离的粗放的仓储、货代、报关、运输服务。由国际企业所推动的各项标准化、规范化、信息化和集约化的物流服务必然成为物流业的主流方向。

2. 通过战略联盟开展和完善国际物流业务。

随着中国加入 WTO，国际贸易将会大力发展，国际物流通道将会更加完善，集装箱内陆延伸会得到进一步发展，所以，不仅处于沿海的物流企业，处于内地的物流企业也要熟悉国际物流业务，如熟悉国际货运代理、国际货物运输保险、国际集装箱多式联运、一关三检等。国际货运代理是接受进出口货物收货人、发货人的委托，以委托人或自己的名义，为委托人办理国际货物运输及相关业务，并收取劳务报酬的经济组织。

国际集装箱多式联运是指按照国际集装箱多式联运合同，以至少两种不同的运输方式，由多式联运经营人将国际集装箱从一国境内接管地点运至另一国境内指定交付的地点。国际集装箱多式联运是多式联运的主要形式之一。国际集装箱多式联运管理中，单据较为复杂。国际多式联运单据是指证明多式联运合同，以及证明多式联运经营人接管集装箱货物并负责按合同条款交付集装箱货物的单据。该单据包括双方确认的取代纸张单据的电子数据交换信息。

国际集装箱多式联运单据应当载明以下事项：货物名称、种类、件数、重量、尺寸、外表形状、包装形式；集装箱箱号、箱型、数量、标志号；危险货物、冷冻货物等特种货物的特性及注意事项；多式联运经营人名称和主营业所；托运人名称；多式联运单据表明的收货人；接收货物的日期、地点；交付货物的地点和约定的日期；多式联运经营人或其授权人的签字及单据签发日期、地点；交接方式，运费的交付，约定的运达期限，货物中转地点；以及在法律、法规约束下双方同意列入的其他事项。

目前，托盘的标准化、集装箱运输、条形码技术、自动化仓库一直到实时的全球定位系统等，大多是在跨国公司的推动下进行的，现在国内一流物流企业也是现代物流的积极推动者，全球物流成员企业是现代物流的提供者与购买者，任何第三方物流企业如不能赶上这个由跨国公司主导的潮流，就必然会淘汰。内资企业由于传统管理体制的束缚，业务面一般较窄，精通的主营业务不能满足客户物流管理需要。那么，就需要通过建立企业战略联盟的方式，将物流业各自最精通的职能集成起来，在全球化物流网络基础的支持下，以适应全球化物流的发展。

（三）构筑全球化物流网络管理的优势

许多公司也把他们在国内的特许经营扩张到国外，以寻求新的收入来源，组成更为强大的全球化物流网络体系参与全面竞争。企业采用全球化物流网络有诸多优点：

1. 节约成本

全球化物流可以选择最优的供应商、设计人员、生产企业、销售伙伴，充分利用合作伙伴在特定地区的文化和自然资源、地理位置、人力资源、设备、服务、公共关系等方面的竞争优势，降低在供应、运输、仓储、服务等方面的支出。

2. 降低风险

全球化物流可以提供多套物流过程组合，减少跨国企业经营中可能面临的政治、经济风险和自然灾害带来的损失。

3. 减少投资

跨国公司可以减少在新办企业上的巨额投入，加速资金回收，避免特定国家政府对资本市场和特殊行业的管制。全球化物流作为企业参与国际市场的新形式，符合各国企业高效、迅速地成为国际型企业的要求。由于全球化物流网络的诸多优点，可以预见它将会在未来很长时期内成为跨国公司主要的企业形态。

4. 强化国际物流效率

全球化物流网络较传统的基于特定区域内的物流管理模式更加复杂，它增加了物流内部各企业对物流、资金流和信息流的控制难度。对于跨国公司来讲，有效的国际物流设计和表现可能会成为重要的区别因素和竞争力来源。现有的物流管理技术对建立全球化物流网络的满足程度是不平衡的。其中，利用 Internet 等方面的技术建立全球物流需求信息网络，需要将商流、物流、信息流和资金流一体化运作，如使用跨国银行、国际金融市场，并通过现代信息技术完善信用制度及金融体制，从而满足企业对资金流和信息流控制的要求。

从全国物流到全球物流所增加的物流系统的特殊性，如把分销渠道发展到物流功能千差万别的国外，以及国际运输中不同国家的进出口规则、分销方式的差异等，无疑使企业对其进行有效控制的难度体现得更加突出。可以说，建立全球化物流最大的瓶颈就在于如何有效地管理复杂的物流。

第二节　客户关系网络管理

一、客户关系网络管理概述

（一）客户关系网络管理的产生

客户关系管理的概念是美国著名的研究机构 Gartner Group 最先提出的。所谓客户关系管理，就是为企业提供全方位的管理视角，赋予企业更完善的客户交流能力，最大化的客户收益率。

随着互联网的迅速发展，电子商务正在造就一个全球范围内的新经济时代，这种新经济就是利用信息技术，使企业获得新的价值、新的增长、新的商机、新的管理。而同时客户资源已成为企业最宝贵的财富。结合新经济的需求和新技术的发展，客户关系网络管理概念应运而出，面对经济全球化的趋势，客户关系网络管理已经成为企业信息技术和管理技术的核心。

具有近百年历史的美国时代华纳（Time Warner）无论是资产还是盈利规模都被不如自己的美国在线公司吞并，这就是成功的客户关系网络管理的例证。美国在线公司的最大财富就是拥有 1700 万客户，并为此投入 100 亿美元，奋斗了 10 年。

客户关系网络管理的产生条件如下：

1. 市场需求推动

客户的需求：客户的购买行为已进入"情感消费阶段"，企业提供的附加利益，企业对客户个性化需求的满足程度及企业与客户之间的相互信任，都成为影响客户的主要因素。据调查表明，西方国家中有 93% 的公司的首席执行官认为，客户关系管理是企业成功和更具有竞争力的重要因素，因此有人把"客户资源"作为 21 世纪极宝贵的资源。

企业的需求：由于新技术使新产品的生命周期越来越短，以及售后服务的易模仿性，使得拥有忠诚客户是企业能够保持竞争优势的重要资源。

2. 技术的推动

客户可通过电话、E-mail、网页、无线接入等从服务提供者那里得到相同的答复、个性化的服务。

对企业来说，客户关系网络管理采用了数据仓库、数据挖掘等数据库技术和网络技术及基于知识、智能分析处理技术等，可以便于企业对大量的数据进行及时地分析处理，分析现有客户和潜在客户相关的需求、模式、机会、风险和成本等，为决策提供依据，也更好、更及时地回应客户，最终使企业整体上赢得最大的经济效益。

3. 管理理念的更新

互联网的飞速发展使得信息的传播、交流变得前所未有的方便和快捷，信息技术和互联网不仅提供了新的手段，而且引发了企业在组织架构、工作流程的重组及整个社会管理思想等方面的变革。在这个变革的时代、创新的时代，各种新的管理理念、观念层出不穷。

(二) 客户关系网络管理的概念

客户关系网络管理（Customer Relationship Internet Management）是指利用网络等现代信息技术手段，在企业与客户之间建立一种数字的、实时的、互动的交流管理系统。客户关系网络管理是基于互联网的客户关系管理系统。通过网络接触方式，客户关系网络管理集成和简化了业务流程，使企业同客户之间自动化的、快捷的沟通成为可能。对于客户而言，完全集成化的客户关系网络管理系统可以提供快速、自动化、全天候的在线服务。对于服务提供商来讲，客户关系网络管理将前台办公系统、后台办公系统和跨部门的业务活动整合起来，有效地实现了企业在网络环境中的集成与统一。

客户关系网络管理的内涵如下：

1. 客户关系网络管理是一种新型的管理理念，是通过计算机管理企业和客户之间的关系，以实现客户价值最大化的方法。

2. 客户关系网络管理是对企业与客户间的各种关系进行全面管理，对企业与客户间的各种关系进行全面管理，将会显著提升企业的营销能力、降低营销成本、控制营销过程中可能导致客户不满的各种行为。

3. 客户关系网络管理是一种信息技术，它将数据挖掘、数据仓库、一对一营销、销售自动化及其他信息技术与最佳的商业实战紧密结合在一起。

客户关系网络管理的定义包括了管理理念、信息技术、具体实施三个层面。其中，管理理念是客户关系网络管理成功的关键，它是客户关系网络管理实施应用的基础；信息技术是客户关系网络管理技术的保障；客户关系网络管理的具体实施是决定其成功与否、效果如何的直接因素。

二、客户关系网络管理的基本内容与系统建构

(一) 客户关系网络管理的基本内容

先进的客户关系管理应用系统必须借助 Internet 工具和平台来实现与各种客户关系、渠道关系的发生同步化、精确化，符合并支持电子商务的发展战略，最终成为电子商务实现的基本推动力量。互联网的出现，将交流和达成交易的权力（或方便、自由）更多地移向客户一端，企业将不得不给予客户对于双方关系的更多控制权，如以客户需要的服务的类型、客户需要的信息等来架构交互的方式。

客户关系网络管理包括：

（1）应用网站发展客户，即通过电子邮件和网站上的促销信息来发展客户并引导他们参与在线或离线的物流订单活动；

（2）管理 E-mail 名单的质量，即从其他数据库中获取客户 E-mail 地址和信息，便于锁定目标客户；

（3）应用 E-mail 营销方法来辅助向上营销和交叉营销；

（4）运用数据挖掘技术来改善定位；

（5）提供在线个性化定制，自动向客户推荐好的产品；

（6）提供在线客户服务便利（如频繁问询、回电、聊天支持等）；

（7）保证在线服务质量，以确保首次消费的客户拥有较好的客户体验，这会促使他们再次购买；

（8）管理多渠道的客户体验，因为客户将不同媒介也作为购买体验和客户生命周期的一部分。

(二) 客户关系网络管理的系统构成

一般来说，客户关系网络管理系统由三部分构成，即前台交互中心、后台集成管理和数据挖掘分析中心（图9-1）。前台交互中心指客户和客户关系网络管理系统通过电话、传真、Web、E-mail 等多种方式互动进行沟通；后台集成管理指系统必须与 ERP、财务、生产、销售等集成；数据挖掘分析中心是指客户关系网络管理，记录交流沟通的信息并进行智能分析以便随时调入供工作人员查阅。

1. 一个有效的客户关系网络管理解决方案应该具备的要素：

（1）有效的客户交流渠道（活动平台）。在信息技术和通信技术极为丰富的时代，能否支持电话、Web、传真、E-mail、Internet 等各种方式进行交流，无疑是十分重要的；

（2）对获取的信息进行有效地智能分析（数据挖掘）；

（3）客户关系网络管理必须能与 ERP、财务、生产和销售等方面很好的集成，能及时传达到后台的财务、生产等部门，这是企业能否有效运营的关键。

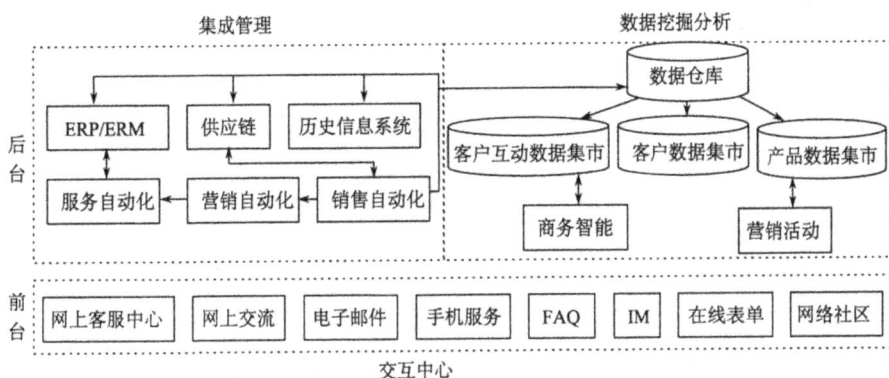

图9-1　客户关系网络管理的系统示意图

2. 客户关系网络管理系统

（1）客户服务与支持。在很多情况下，客户的保持和提高客户利润贡献度依赖于提供优质的服务，客户只需轻点鼠标或打一个电话，就可以转向企业的竞争者。因此，客户服务和支持对很多公司是极为重要的。在客户关系网络管理系统中，客户服务与支持主要是通过互动中心来实现的。在满足客户的个性化需求方面，它们的速度、准确性和效率都令人满意。系统中强有力的客户数据使得通过多种渠道（如互联网、呼叫中心）的横纵向销售成为可能，当把客户服务与支持功能同销售、营销功能比较好地结合起来时，就能为企业提供很多好机会，向已有的客户销售更多的产品。客户服务与支持的典型应用包括：客户关怀，纠纷、次货及订单跟踪，现场服务，问题及其解决方法的数据库，维修行为安排和调度，服务协议和合同，服务请求管理。

（2）计算机、电话、网络的集成。物流企业有许多同客户沟通的方法，如面对面地接触、电话、呼叫中心、电子邮件、互联网、通过合作伙伴进行间接联系等。客户关系网络管理有必要为多渠道的客户沟通提供一致的数据和客户信息。客户经常根据自己的偏好和沟通渠道的方便与否，掌握沟通渠道的最终选择权。例如，有的客户或潜在客户不喜欢那些不请自来的电子邮件，但企业偶尔打来电话却不介意，对这样的客户，企业应避免向其主动发送电子邮件，而应多利用电话这种方式。

（3）统一的渠道能给企业带来效率和利益。这些效益主要从内部技术框架和外部关系管理表现出来。就内部来讲，建立在集中的数据模型基础上，统一的渠道方法能改进前台系统，增强多渠道的客户互动。集成和维持上述多系统之间界面的费用和困难经常使得项目的开展阻力重重，而且如果缺少一定水平的自动化，在多系统间传递数据也是很困难的。就外部来讲，企业可从多渠道间的良好客户互动中获益。如客户在同企业交涉时，不希望向不同的企业部门或人提供相同的、重复的信息，而统一的渠道方法则从各渠道收集数据，这样客户的问题或抱怨就能更快、更有效地解决，提高客户满意度。

三、物流管理与客户关系网络管理的关系

1. 流通上的物流管理包含了运输、报关、配送、包装、装卸、流通加工等各个部分，每个部分都有客户和企业中的关系存在。例如，运输中有托运方和承运方，保管中有委托

保管方和保管方，而托运方和委托保管方均为客户。

2. 制造业物流管理包含了销售物流、采购物流、生产物流、回收物流和废弃物流等各个部分。其中销售物流与销售系统相配合，沟通完成产品的销售工作。市场预测和开拓、指定销售计划和策略、产品推销和服务共享活动都是销售系统的功能，显然这些活动和客户关系管理系统的销售自动化、营销自动化和客户服务与支持活动是一致的。

3. 对于第三方物流企业来说，委托承担物流管理工作的企业就是客户，因为企业购买了第三方物流企业的服务，第三方物流企业及委托方之间存在着客户关系。

4. 国际物流也包含着运输、保管、配送、包装、装卸、流通加工等各个部分，而每个部分中均有客户与服务方。

物流管理中处处都有客户关系，所以物流管理与客户关系网络管理有密切的关系。

四、客户关系管理与客户关系网络管理

就其实质而言，客户关系管理系统及流程本身构成了客户关系网络管理的基础。然而，为什么要转向客户关系网络管理而不是延续传统客户关系管理（我们把基于客户/服务方式的客户关系管理称为传统方式）？这是因为网络将会成为未来商务的主要通道。目前对客户关系网络管理的定义还没有达成明确的共识。但是，无论是专家，还是企业客户，他们都对客户关系网络管理的本质达成了一致意见，即客户关系网络管理是基于因特网和面向客户的。

1. 客户关系管理与客户关系网络管理的关系。严格地讲，客户关系网络管理是客户关系管理的一个子集。技术、客户数据、客户互动和客户价值对于客户关系管理和客户关系网络管理都是十分关键的。从本质上来说，客户关系网络管理与客户关系管理的区别在于：客户关系网络管理可以通过各种电子化接触方式来实现实时的客户互动；客户关系网络管理可以通过网络为客户提供实时的服务，同时客户也可以通过在线的方式实时地获取自助服务。这些都使客户关系网络管理和一般的客户关系管理所面临的问题、方法、技术及体系结构存在着很大差异。诸如此类差异产生的真正原因，首先来源于技术和体系结构的不同，其次与客户的互动性和客户的自助服务能力等因素也密切相关。

2. 客户关系管理与客户关系网络管理的异同。客户关系管理和客户关系网络管理的共同点在于：客户关系管理和客户关系网络管理的技术基础，都需要相关客户数据捕获、存储、清理和分配的知识来支持。但不同的是，客户关系网络管理所实现的客户数据捕获，可能主要来源于网站，而不是一个商店。其实，客户关系网络管理与一般客户关系管理在理念、方法、系统和流程方面的差异应该说是很小的，但由于通信媒介的不同，两者的体系结构与信息技术基础还是存在着一定差别的。

对于客户关系网络管理而言，其价值主要来自客户在互联网上的"完美体验"，客户可以直接访问相关界面。而在一般的客户关系管理中，客户一般无法直接访问相关界面或职能。另外，一般的客户关系管理所提供的工具，更多的是针对与客户有关的部门或独立员工而设计的，而不是针对客户并直接为实现客户职能、营销和服务智能而设计的。与此相对，客户关系网络管理的所有职能都是基于互联网重新设计的，是针对客户的。同时，客户关系网络管理是基于网络的客户关系管理的应用，它包括自助服务知识库、自动电子邮件应答、个性化的网站内容、在线产品捆绑和价格等。此外，客户关系网络管理使网络

用户可以利用自己所偏爱的沟通渠道同企业进行互动，从而使企业可以利用信息技术来取代昂贵的客户服务代理。这样，企业既可以极大地提高效率，也可以大大提高客户满意度，降低服务成本。

不过，从某种意义上讲，客户关系网络管理战略也是一把双刃剑，它可能导致客户满意度的降低。如果客户基于电子渠道的互动并没有被无缝整合到传统渠道中，客户可能会产生很强的挫败感或失望感。同时，如果提供给客户的内容并没有经过整合，客户可能也不会满意。更有甚者，出于信任和情感等方面的考虑，中国的一些顾客可能更偏好与"有生机"的服务人员打交道，而不是"冷冰冰"的机器或网络。因此，客户关系网络管理必须与一般的客户关系管理紧密结合，否则它可能带来负面影响，至少其预期的效果可能会得不到充分的展现。

五、客户关系网络管理特点

运用网络进行客户关系管理就是将客户数据库与网站结合起来，建立有目标的个性化客户关系，它具有如下特点：

1. 系统化管理。

网络的使用，改变了物流企业的客户关系管理。客户资料可以共享，不同部门不同需要的人能够在网络上相互沟通，改善了与客户打交道的方式，效率大幅度提高。系统化管理在吸引新客户、提供自助服务、资源管理等方面为物流企业增添了活力。

2. 获取大规模订制的营销信息（或产品信息）。

科技使发送订制的电子邮件的成本比直邮方式更低，而且可以给更小的客户群提供专门订制的服务。

3. 建立深度的客户关系。

网络媒介的特点是可以为客户提供其所需要的信息。例如，戴尔的顶级网就是用来为客户提供具体特定信息的。与客户的沟通越频繁，关系就可以变得更紧密。与客户沟通的频繁程度取决于客户本身，客户无论何时有需要都可以访问个性化的网页，或者公司直接通过电子邮件与客户联系。

4. 在客户整个生命周期使用不同的工具可以与客户建立学习型的关系。

网络工具可以查询在线待购的产品及这些产品被搜索过的记录；当客户索要免费信息时要求客户填写有关网站和产品的在线反馈意见表；通过表格或电子邮件的方式向在线客户进行问卷调查，在线调查问卷主要了解客户对产品的偏好和对竞争者的意见；新产品开发评估可以询问客户对新产品的建议。

5. 无所不在的用户基于因特网的软件界面是简单的、通过浏览器可以观看的页面，这使得凡是可以接触到因特网的人都可以便捷地使用。任何可以接触到网络的人，都可以通过基于因特网的软件与企业建立起某种联系。

六、客户关系网络管理的优势

基于因特网的客户关系管理应用软件是一场巨大的变革，它可以为客户带来巨大的商业利益，其显著优势可以概括为如下几点：

（一）降低管理成本

通过集中软件的实施和维护，可以节约时间和资金，降低管理成本。在基于因特网的软件系统中，软件是在中央服务器上而不是在最终用户的个人计算机和移动设备上实施和维护的。客户端只是一个 HTML 的用户界面，工作人员一般只需要在中央服务器上安装和维护软件就可以了，而不需要在众多的终端个人计算机和移动设备上去安装和修改软件。在中央服务器上，一旦软件的安装和客户化工作完成了，最终用户使用时是非常容易的。因此，它大大节省了 IT 人员的工作时间和资金成本。在这一方面，有兴趣的读者可以设想一下：在运行没有基于因特网的客户关系管理系统的情况下，如果要对由世界各地的 1000 名员工使用的销售自动化系统进行升级，需要多少时间？假设每个人的安装和测试时间都是半个小时，这就意味着 IT 部门要花费 500 个小时，销售人员也要花同样的时间。在升级过程中，新服务器软件与旧客户端软件也会存在潜在的问题，这无疑也会造成一定的损失。而如果这个系统是基于网络的，那么只需要在中央服务器上进行一次升级就可以了。

（二）增强与其他应用软件之间的"对接"

基于网络结构的另一个优势是：与其他软件的集成度大大提高。由于基于网络的应用软件只在中央服务器上安装，因此所有其他应用软件都可以直接集成在应用服务器上。显然，这要比在成百上千的机器上实现集成要容易得多。在大多数企业中，可能都要集成许多完全不同的应用软件。这时，集中的、基于因特网的应用集成优势就体现出来了。由此所获得的收益，不仅包括 IT 人员时间和成本的节约，而且还可以通过更有效率的集成来提高软件的应用价值。并且，应用软件还可以根据用户所使用的设备的差异而采用不同格式发送信息。例如，用户从网络电话发送和接收信息，与从办公室的电脑上发送和接收信息是不同的。因此，它的优势就在于可以让人们在自己所处的任何地方都得到所需要的个性化信息。从更深层面来说，由于不同用户、渠道和设备都不需要进行软件安装，所以企业的关系网络可以更加快速地发展，而随着这种关系网络的发展，企业的收入也就会不断增长。

（三）有利于提高企业的盈利能力，增加收入

实施客户关系网络管理可以降低企业的经营成本，增加一个新客户成本是维护一个老客户成本的 5~8 倍，每增加 5% 的客户报酬率将使客户净现值增加 35%~95%，使企业利润大幅增加。忠诚的客户会重复购买，增加合同份额，对价格敏感程度低，会推荐他人购买。

（四）易于使用并节约培训成本

由于人们已经普遍具备与"因特网站"互动的丰富经验，这就使得基于因特网的软件非常容易使用。事实上，用户现在已经意识到，基于客户端/服务器结构的企业资源计划（ERP）系统和销售自动化（SFA）系统是非常复杂的。之所以如此，是因为它们的用户界面由多重的服务器窗口组成，操作起来比较复杂。比较而言，如果采用浏览器方式，

软件使用起来就会比较方便，而且用户也很容易接受这种容易使用的软件，从而为企业节约了大量用户培训成本，消除了"上了系统"却无人使用的风险。

（五）可减少在客户端硬件上的投入

基于因特网的应用，对客户端的要求没有服务器结构那么高。由于不需要在客户端运行软件，也就不需要对硬件进行升级。这样，企业就不需要花费大量的资金和人力用于硬件升级。

（六）更有效地选定目标客户

网络的优势在于客户的名单是经过选择的。公司只需与那些访问过公司网站、登录了姓名和地址、并且对公司产品感兴趣的客户建立联系，因为访问并浏览网站则可以说明这个客户是公司的目标客户。这种方法同赢得新客户并与之建立联系的方法是不同的，因为它吸引了客户访问网站，还允许感兴趣的客户登记个人信息。

七、客户关系网络管理的实施和成本

（一）客户关系网络管理的实施

1. 客户关系网络管理的实施条件

实施客户关系网络管理必须对两个条件给予充分的重视：①解决管理理念问题；②为新的管理模式提供新的信息技术支持。其中，管理理念问题是客户关系网络管理成功的必要条件。这个问题解决不好，客户关系管理就失去了基础，同时，如果没有信息技术的支持，那么客户关系管理工作的效率就难以保证。一个良好的客户关系网络管理系统，往往可以从以下几个方面为企业提供帮助：

（1）对每个客户的数据进行整合，提供对每个客户的总体看法；

（2）瞄准利润贡献较高的客户，提高其对本公司的忠诚度；

（3）向客户提供个性化的产品和服务；

（4）提高每个销售员为企业带来的收入，同时减少销售费用和营销费用；

（5）更快、更好地发现销售机会，更快、更好地响应客户的查询；

（6）向高层管理人员提供关于销售和营销活动状况的详细报告；

（7）对市场变化做出及时地反应等。

2. 客户关系网络管理的实施流程

（1）确定理念。确定理念主要包括组建实施小组、确定人员和时间、项目动员和客户关系网络管理理念培训。

（2）业务梳理。业务梳理是系统实施的重要步骤和控制实施周期的关键点。

（3）流程固化。流程固化的重点是在调整和优化原有工作流程的基础上，建立基于网络的客户关系管理系统。

（4）系统部署。系统部署主要完成正式启用系统的数据准备工作。

（5）应用培训。在应用培训阶段，结合应用流程对物流企业员工提供培训。

（6）系统使用。

3. 网络客户信息收集的具体步骤

（1）对于新客户，使用搜索引擎、门户和标题广告等吸引那些可能会访问网站的优质客户。这些措施的目的是强调网站的价值，同时采用一些非常重要的激励措施，如免费信息或积分、奖励等。

（2）刺激访问者采取行动。客户第一次访问网站是非常重要的，因为他们如果找不到想要的信息或体验，以后不会再访问。将客户从被动地使用网络的模式转变为激励客户使用网络的模式，网站的质量和可靠性必须足以维持访问者的兴趣。为了促进一对一模式，产品服务和激励措施必须在主页上醒目地标注出来。将非建档客户转变为建档客户是网站主页非常重要的目标。

（3）捕捉客户信息维系客户关系。客户档案信息通常是通过在线填表的方式获得的，客户要获得产品或服务必须填写表格：①标记客户，使其放心；②关键档案信息栏；③将必须填写的部分标记出来，或仅包含必填项；④保护隐私，消除客户对信息泄露的担心；⑤"让它简单"；⑥解释赢得客户数据的原因，即客户可以获得什么好处；⑦核实电子邮件、邮编，尽可能地核实数据，以确保准确。

（4）利用在线沟通进行交流。在物流公司和客户之间建立联系，主要有三种基于网络沟通的方法：①给客户发邮件；②当客户登录网站时，显示特定的信息，这就是所谓的"个性化"；③使用促销策略为个人传递信息。

另外，其他一些方法（如邮寄广告、电话或个人拜访等）都可以作为与物流客户沟通的补充方法。例如，当客户注册了网站后，公司会给客户邮寄一些促销的产品信息和一张卡片，上面写有登录名和密码用于提醒客户登录网站。忠诚计划——客户会再次访问网站，查看他们获得了多少忠诚积分，或者将它们换成产品或服务。个性化提醒——美国的Flowers公司拥有一套提醒系统，它会自动提醒客户重要的日期。客户辅助服务的客户一个月登录到公司网站达100多万次，接受技术辅助服务、查看规则程序或下载软件。当公司通过以上这些各种各样的方法来为客户提供增值服务时，公司也在利用机会通过交叉营销和向上营销来促进销售。

（二）客户关系网络管理的成本

1. 客户关系网络管理的成本分析

在很多人看来，客户关系网络管理肯定是需要大量投资和运营费用的"投资中心"和"成本中心"。的确，在中国，客户关系网络管理还是一个比较新颖的商务管理模式，许多公司兴建的呼叫中心都是"成本中心"。但是，一个系统的真正生命力，在于给企业带来真正的效益，而不是为了展示技术或者跟随潮流，它不仅应该促进企业的实际业务、提高企业的客户服务水平，而且能够主动地出击寻找客户和稳定客户，组织呼出业务，使其成为一个利润中心。

从技术上看，客户关系网络管理成为利润中心完全没有障碍。而其能否成为利润中心，则主要取决于对客户关系网络管理的管理，好的管理能让销售（利润中心）和服务（成本中心）相辅相成。

客户关系网络管理的实现过程包括互动中心和挖掘中心两个环节。具体来说，它包含三方面的工作：一是客户服务与支持，即通过控制服务品质以赢得客户的忠诚度，如对客户快速准确的技术支持、对客户投诉的快速反应、对客户提供的产品查询等，这项业务主要是提供服务的成本中心；二是客户群维系，即通过与客户的交流实现新的销售，如通过交流赢得失去的客户等，这可以使其成为一个利润中心；三是商机管理，即利用数据库开展销售，如利用现有客户数据库做新产品推广测试，通过电话促销调查确定目标客户群等，可以看出，这又可以使其成为一个利润中心。因此客户关系网络管理完全可以实现"利润—服务/支持—利润"的循环，实现成本中心和利润中心的功能。

思科公司（CISCO）是全球因特网设备供应商，它全面实施了客户关系网络管理。客户关系网络管理不仅帮助思科公司将客户服务业务转移到因特网上，使互联网在线支持服务占了全部支持服务的 70%，还使该公司能够及时和妥善地回应、处理和分析每一个 Web、电话或者其他触发方式的客户来访。这给思科公司带来了两个奇迹：一是每年为公司省了 3.6 亿美元的客户服务费用，二是公司客户的满意度由原来的 3.4 分提高到 4.17 分（满分为 5 分），在新增员工不到 1% 的情况下，利润增长了 500%。

2. 成功实施客户关系网络管理为企业带来的利益

（1）提高客户满意度

网络环境下，客户可以随时享用电子化服务，这无疑增加了服务使用的便利性和灵活性。通常，客户关系网络管理的服务可以直接与客户的计算机平台相连接，客户可以在家中查阅物流服务的种类，选购符合自己的物流服务产品，而且所选择的产品或服务也可以得到迅速地处理和交付，从而免去了许多传统交易方式下的麻烦。事实上，网络平台还可以给客户提供在线自助服务的机会，客户可以自行设计自己需要的产品或服务，从而使产品或服务的提供与交付更为准确。同时，这也有助于保护客户的隐私。此外，客户的反馈信息也可以迅速地传递给物流企业，客户也可以及时地获得满意的答复。更为重要的是，电子化服务降低了客户的服务接触成本或时间消耗，并使更具个性化的产品或服务的创造与交付成为可能，这对于日益成熟和苛求的、繁忙的现代人而言是尤其重要的。

（2）降低物流企业的运营成本和提高运营绩效

客户关系网络管理可以帮助物流企业实现一天 24 小时的自动化运营，而运营成本却十分低廉，这无疑可以降低单位交易成本。同时，网络渠道也为企业提供了一个更为有效的、廉价的数据传输渠道，从而简化了跨部门合作的流程，提高了作业的准确度。此外，在网络环境中，物流企业可以更方便、更完整地记载客户的行为数据，从而更有效地分析客户行为和偏好，有针对性地提供定制化的产品或服务，提高客户满意度。而客户满意度的提高，则会强化客户关系，有效地促进客户挽留。

因此，可以说，相对于一般意义上的客户关系管理而言，客户关系网络管理提高了客户关系管理的自动化程度，使得物流企业对客户关系的管理更为有效。但必须指出的是，客户关系网络管理只是客户关系管理在特定环境下的一种特殊形式，它并没有改变客户关系管理的本质和特征。

第三节　物流营销网络管理

一、物流服务分销网络管理

(一) 物流服务分销网络管理的概念

物流服务分销网络是指物流服务通过交换，从生产者手中转移到消费者手中所经过的路线。物流分销网络涉及的是物流服务从生产向消费转移的整个过程。在这个过程中，起点为生产者出售物流服务，终点为消费者或用户购买、使用物流服务，位于起点和终点之间的为中间环节。中间环节包括参与从起点到终点之间物流服务流通活动的个人和机构，主要包括车站、码头和机场等站场组织，航运代理、货运代理、航空代理、船务代理及受物流公司委托建立的售票点、揽货点等代理商，铁路、公路、水路和航空运输公司等联运公司。

物流服务分销网络策略是指物流服务企业选择采用何种营销网络去销售现代物流服务的策略，包括选用自行建立直销服务网络的策略，借用他人服务营销网络的策略和建立营销战略联盟的策略等几种。其中，自行建立直销服务网络的策略是服务公司通过自己的电子商务网络或人员推销网络，将现代物流服务直接销售给客户的营销策略；借用他人服务营销网络的策略是通过他人的代理去销售自己的物流服务的策略；而建立营销战略联盟的策略是通过与同行业或其他行业的企业建立战略伙伴关系，共同推销双方的商品或服务的策略。

(二) 物流服务分销网络管理的功能

1. 提供方便的销售网络

物流服务企业设计、生产服务产品、制定价格，并辅之以广告、宣传等促销手段。当消费者对物流服务产品产生购买欲望时，他们需要在某个特定的地点方便地购买到这些产品。物流服务分销网络正是发挥了这样的作用，使顾客能及时购买产品。

2. 发布有关物流服务产品的信息

顾客对于服务产品的认识和了解需要部分地借助于服务分销网络来实现，如服务分销网络发放一些完全服务产品的印刷材料；同时，网络也可将顾客对产品的反映和感受反馈回来，供企业参考，做出适当的策略调整。从这个角度来说，分销网络充当了生产者与消费者之间的桥梁。

3. 进行咨询和协助购买

当顾客不太清楚有关物流服务的某些事宜，或在做出购买决策时仍然心存疑虑时，销售网络可以为其提供关于产品的知识，促进其购买行为的发生。

4. 其他辅助活动

除上述功能外，物流服务分销网络还能帮助企业进行一些促销活动，如受理并协助解决顾客投诉等。

（三）物流服务分销网络管理的设计

1. 物流服务分销网络的设计

物流企业在进行分销网络的设计时，必须全面考虑产品、客户、厂商控制网络的愿望与能力及竞争等影响因素，在此基础上进行分销网络的设计。

（1）分销网络模式的确定

分销网络模式的确定是指确定分销网络的长度。物流企业对分销网络进行选择时，不仅要求要保证货物及时送到目的地，同时也要求选择的分销网络必须顺畅、效率高且成本低，这样才能取得最好的经济效益。企业在对分销网络进行选择时，必须先决定采用哪种类型的分销网络，其中主要考虑是否需要通过中间商，如果需要的话，要通过的中间商属于什么类型和其规模等。

（2）中间商数目的确定

中间商数目的确定即决定网络的宽度。物流企业在决定采用中间商时，应考虑每一个分销环节应选择多少个中间商，这就要求物流企业根据所提供的物流产品、市场容量和需求面的宽窄来决定，可考虑采用以下几种策略：

①广泛分销网络。广泛分销的目的在于，通过尽可能多的中间商向客户提供物流服务，获得最大的销售量。采用该策略常常是由于竞争激烈，物流服务产品供过于求，或者在物流服务产品的需求面广、量大的情况下使用，其缺点是不便对中间商进行控制。

②专有分销网络。指在每个区域只选择一家或少数几家中间商进行分销，并要求中间商只经销本物流企业的物流产品。采用专有分销网络的目的是提高物流服务产品的市场形象，提高售价，并促使中间商积极销售，加强对中间商定价、促销等的控制。采用这种分销策略的物流企业虽然得不到广泛分销的好处，但却可以通过对物流服务质量地严格控制获得客户的信任，从而增加物流服务的质量。

③选择性分销网络。这是处于广泛分销与专有分销之间的一种分销网络。它既兼顾了广泛分销网络与专有分销网络的长处，又避免了两者的短处。其目的在于加强与中间商的联系，提高网络成员的销售量，使本物流企业的物流服务产品有足够的销售面。这种方式与广泛分销网络相比，能够降低成本，并能够加强对网络的控制。

（3）明确成员的权利和义务

物流企业确定了网络的长度与宽度后，还必须进一步明确规定网络成员之间彼此的权利与义务，涉及的内容包括：地区权利、价格政策、销售条件、每一方应提供的服务及应负的责任和义务，以及网络成员奖励措施等。

2. 物流服务营销网络设计的基本原则

（1）畅通高效的原则

合理的销售网络首先要符合畅通高效的原则，做到"物"畅其流，经济高效。尽管服务产品是无形的，但销售网络要保证信息、资金、使用权等流通顺畅，并以流通时间、流通速度和费用来衡量销售效率。畅通高效的网络应以消费者需求为导向，将服务尽快、更好地通过最合理的销售网络，以最优惠的价格送达至消费者方便购买的地点。不仅要让消费者在适当的地点以适当的价格购买到适当的产品，还要努力保证销售网络的经济效率，降低销售费用，节省销售成本，提高经济效益。

（2）适度原则

企业在设计销售网络时不能只考虑网络成本、费用及产品流程，还要考虑销售网络能否将产品销售出去，并保证一定的市场占有率。因此，单纯追求销售网络成本的降低可能导致销售量下降，市场覆盖率不足，只有在规模效应的基础上追求成本的节约才是可取的做法。当然，如果企业过度扩展分销网络，造成沟通和服务障碍，也会使得销售网络难以控制和管理。

（3）稳定可调的原则

设计和建立企业的销售网络需要花费大量的人力、物力和财力。在销售网络基本确定之后，企业一般不希望轻易地对它做出更改，如更改网络成员、转化网络模式。所以，必须保持销售网络的相对稳定，这样才能进一步提高销售的经济效益。但是由于在销售网络动作的过程中受到环境变化及各种因素的影响，销售网络难免会出现一些问题，这就需要对销售网络进行一定的调整，保持网络的生命力和适应力，以适应市场的变化。

（4）协调平衡的原则

企业在设计销售网络时考虑自身经济利益是理所应当的，但是如果为追求自身利益最大化而忽视网络成员的利益，可能会适得其反。因此，在网络设计时应注意协调、平衡各成员之间的利益。企业对于网络成员之间的合作、冲突和竞争要具备相应的控制和管理能力，有效地引导网络成员之间进行良好地合作，鼓励成员之间进行良性竞争，减少网络摩擦和冲突，确保企业目标的实现。

（5）综合权衡的原则

销售网络策略只是企业市场营销策略的一个方面。企业要在竞争中取胜，有时单一地依靠网络策略难以奏效，而是应将网络的设计与企业的其他策略，如产品策略、价格策略、促销策略结合起来，综合权衡，全面考虑，以发挥营销组合的作用。

（四）物流服务分销网络的管理

物流企业对各影响因素进行分析选择了网络模式后，就要对网络实施管理。网络工作包括对中间商的选择、激励与评价以及对分销网络的调整。

1. 中间商的选择

中间商选择的是否得当会直接影响物流企业的营销效果，因此物流企业应根据自身的情况，慎重决定对中间商的选择。物流企业考察中间商可从以下几个方面进行：①中间商的销售能力。该中间商是否有一支训练有素的销售队伍？其市场渗透能力有多强？销售地区多广？还有哪些其他经营项目？能为顾客提供哪些服务？②中间商的财务能力。中间商的财务能力包括其财力大小、资金融通情况、付款信誉如何等。③中间商的经营管理能力。这体现在其行政管理和业务管理水平上。④中间商的信誉。该中间商在社会上是否得到信任和尊敬。⑤中间商的地理位置、服务水平、运输和储存条件。

要了解中间商的上述情况，企业必须搜集大量有关信息。如果必要的话，企业还可以派人对所选的中间商进行实地调查。

2. 激励分销网络成员

中间商选定之后，还需要进行日常地监督和激励，使之不断提高业务经营水平。必须指出，由于中间商与生产商所处的地位不同，考虑问题的不同，因而必然会产生矛盾，如何处理好产销矛盾，是一个经常存在的问题。物流企业要善于从对方的角度考虑问题，要知道中间商不是受雇于自己，而是独立的经营者，有他自己的目标、利益和策略，物流企业必须尽量避免激励过分和激励不足这两种情况发生。一般来讲，对中间商的基本激励水平，以交易关系组合为基础。如果对中间商激励不足，生产商可采取两条措施：一是提高中间商的毛利率、放宽信用条件或改变交易关系组合，使之利于中间商；二是采取人为的方法来刺激中间商，使之付出更大的努力。

处理好生产商和中间商的关系非常重要，通常根据不同情况可采取三种不同的方案：

（1）与中间商建立合作关系。物流企业一方面对中间商采用高利润、特殊优惠待遇、合作推销折让、销售竞赛等方式，以激励他们的热情和工作；另一方面，对表现不佳或工作消极的中间商降低利润率，推迟装运或终止合作关系。但这些方法的缺点在于，物流企业在不了解中间商的需要、他们的长处和短处及存在问题的情况下，试图以各种方法去激励他们的工作，自然难以取得预期的效果。

（2）与中间商建立一种合伙关系，达成一种协议。物流企业明确自己应该为中间商做些什么，也让中间商明确自己的责任，如市场覆盖面和市场潜量，以及应提供的咨询服务和市场信息。企业根据协议的执行情况对中间商支付报酬。

（3）经销规划。这是一种最先进的办法，它是一种把物流企业和中间商的需要融为一体、有计划、专门管理的纵向营销系统。物流企业在其市场营销部门中设立一个分部，专门负责同中间商关系的规划，其任务主要是了解中间商的需要和问题，并做出经营水平、陈列计划、培训计划，以及广告和营业推广的方案等。

总之，企业对中间商应当贯彻"利益均沾、风险分担"的原则，尽力使中间商与自己站在同一立场，作为分销网络的一员来考虑问题，而不要使他们站在买方市场。这样，就可以缓和产销之间的矛盾，双方密切合作，共同搞好营销工作。

3. 评价网络成员

物流企业必须遵循一定的标准，定期检查和评价中间商的销售业绩，对网络的经济效益进行评估。评价的内容通常有销售额完成情况、平均库存及交货时间、今后服务及与本企业的合作状况等。对于达不到标准的，则应寻找原因及补救的方法。物流企业有时需要做出让步，因为若断绝与某中间商的关系或用其他中间商取代，可能造成更严重的后果。但若存在着比使用该中间商更为有利的方案时，物流企业就应要求中间商在所规定的时间内达到所要求的标准，否则，就要将其从分销网络中剔除。

二、物流服务公共关系网络管理

（一）物流服务公共关系网络管理的概念

物流服务公共关系网络管理是指通过各种传播媒介，与社会公众保持良好关系，从而为企业营销创造一个和谐的外部环境，其最终目的是树立物流企业及物流服务在公众中的良好形象，起到促销的作用。其着眼点不是眼前的暂时利益，而是企业长期和未来的利益。为此，企业需做好长期规划，有时还必须牺牲一些短期利益。

（二）物流服务公共关系网络管理的组成要素

由于公共关系由社会组织、公众和传播媒介三个要素构成。因此，物流企业公共关系网络管理的三个要素分别为：

（1）主体。社会组织即物流企业。

（2）客体。社会公众，是公共关系的客体。物流企业的客体是与物流企业有直接或间接联系，对物流企业的发展有实际和潜在关系和影响的所有人、群体和组织。

（3）媒介。它是物流企业与社会公众之间的桥梁、纽带。

（三）物流服务公共关系网络管理的特点及作用

1. 物流服务公共关系网络管理的特点

（1）注重长期利益

通过公共关系活动，物流企业希望与社会公众达成一致，树立企业良好形象。这不是朝夕就能实现的，需要长期规划。

（2）可信度高

大多数公众认为公共报道较为客观、真实，且可信度好。

（3）成本低

与人员推销和广告相比，公共关系活动成本低廉。假如物流企业能提供一个有趣或有意义活动，媒体会争相报道，可以不用付费。

（4）促销作用较间接

与广告、人员推销、营业推广相比，其促销作用较为间接。前三者直接向客户介绍或提供企业及服务信息，而公共关系主要通过建立良好社会形象而间接促销。

2. 物流服务公共关系网络管理的作用

（1）处理纠纷，协调各方关系

公共关系活动可以处理企业与媒介、客户、中间商的纠纷，纠正或消除外部公众对企业及其服务的不良或错误认识、看法，从而协调与媒介、客户、中间商及其他外部公众的关系。

（2）传播沟通，树立良好形象

公共关系活动，通过多种媒介，可使企业与客户、中间商及其他公众之间有良好的双向沟通。将有关企业及服务的信息传递给公众，加强了解，产生信赖、认可，从而树立良好的公众形象，促进企业的长远促销。

（3）促进销售，创造良好效益

公共关系促销借助针对性较强、权威性较高的媒体，向公众传递有关企业及服务的信息，促进了企业良好形象及企业与公众之间的良好关系的建立，促使公众对企业产生好感、认同，从而促使客户购买、重复购买和大量购买，还可以吸引部分竞争对手的客户购买。因此，公共关系能促进销售，创造良好效益。

（四）物流服务开展公共关系活动的方式及过程

1. 物流服务开展公关活动的方式

（1）借助新闻媒体传播信息

物流企业应尽量与新闻单位或有关人员建立联系。通过新闻媒介传播企业及服务的相关信息，如撰写新闻，编写企业刊物、年度报告，向有关新闻单位人员发送材料等。这样既可以节约广告成本，又可以利用新闻的权威性宣传企业及服务，且效果较好。

（2）组织专题活动

物流企业通过各种专题活动，扩大企业影响，如举办各种庆典活动、开业典礼等，开展知识竞赛、劳动竞赛等。

（3）借助公关广告

通过公关广告宣传企业，树立形象。如向公众表示节日庆贺、致谢，就某方面情况向公众介绍、宣传，或率先发起某种社会活动，提倡某种新观念等。

（4）加强与企业外部公众的关系

企业应与政府机构、中间商、客户等建立信息联系。通过赠送企业和服务的说明介绍资料、企业月报、季报、年报等资料，加强企业及服务的信誉和形象。

（5）加强与内部员工的联系

内部员工是物流企业的支柱，企业应加强与他们之间的沟通。通过组织各种文娱、体育、演讲、旅游或培训等活动，协调部门与员工的关系，培养员工的集体意识、主人翁意识，激发他们的积极性、主动性和创造性。

2. 物流服务开展公关关系活动的过程

（1）市场调查

没有调查就没有发言权，调查是企业制订计划、方案和行动的前提条件。物流企业在组织公关活动时，必须有相关人员对市场、环境做一个认真、全面的市场调查。了解企业目标是什么、为什么能或不能实现、公关活动应在什么时候通过哪一种方式进行、针对谁、效果将怎样、需要多少费用、外部环境怎样等，并应将这些信息进行总结、分类处理。

（2）确定公关关系目标

公关关系目标是公关人员经过调查分析，确定的努力方向，是形象定位过程，是公关关系活动的核心。营销型公关活动一般有以下几个目标：建立知名度、建立信誉、激励推销队伍和中间商、降低成本等。

（3）选择目标群体

选择目标群体是决定针对哪些人开展公关活动。这对公关活动的成功与否非常重要。通过对目标群体的分析，可找到适合于目标群体的媒体。

（4）确定公关信息和工具

确定公关信息和工具是指确定通过哪种媒体向目标群体传播哪些信息，物流企业应随时为企业和服务准备有趣的新闻信息。

（5）拟定公关关系计划

拟定公关关系计划主要需要确定时间、地点和参加人员等信息，计划书里特别需要注明哪些人员可以对媒体发言，哪些人员不能。

（6）评价公关关系效果

公关关系活动往往与其他促销工具配合使用，所以很难衡量其效果。对公关关系活动的评价，主要是对曝光率、知名度、态度变化程度、销售利润变化等指标的评价，其方法主要有民意测验法、专家评估法、访问面谈法、观察法、资料分析法等。

第十章　基于物联网的供应链与物流管理

在经济全球化的今天，市场的竞争日趋激烈，各企业之间的竞争已演变成为供应链与供应链之间的竞争。企业实施供应链战略的关键之处在于供应链上各企业间信息交流通透和明朗程度，物联网利用电子产品码（EPC）、无线射频识别技术（RFID）等，把所有信息与互联网实时连接起来，实现对整个供应链上的每一个元素数据跟踪的目的，从而实现产品信息及时、完整地在整个供应链之间有效传递，实现智能物流供应链管理。目前物流企业的信息系统发展较慢，无法做到对产品和货物的动态化跟踪分析，物联网技术在物流中的应用具有巨大的发展潜力和经济效益。本章就对物联网背景下的供应链以及物流管理进行研究论述。

第一节　供应链管理概述

一、供应链的概念

供应链是一种基于产品生产、供应、包装、运输、销售、购买等不同环节的功能性链式结构。在一个成熟的供应链中，其往往是依托每一环节的龙头企业，对信息流及物品传递方向进行有效把握，从原料提取到产品生产再到销售与配送，供应链通过链上各个环节之间的有效沟通，加强了企业物料信息共享、资金灵活运转等相互活动，形成了一条有效的增值链，通过企业之间的有效合作与协调，为企业带来较高的收益。[①]

二、供应链管理的内涵

从单一的企业角度来看，供应链管理是指企业通过上下游供应链管理关系整合和优化供应链中的信息流、物流、资金流，以获得企业竞争优势。[②]

供应链管理是企业的有效性管理，表现了企业在战略和战术上对企业整个作业流程的优化，它整合和优化了供应商、制造商、零售商的企业效率，是商品正确的数量、品质，在正确的地点，以正确的时间、最佳的成本进行生产和销售。

从以上定义中可以知道，供应链管理包括了企业间（上游供应商网络，下游分销渠道）和企业内部管理，所以，从宏观上看，供应链管理包括了两个主要部分：企业内供应链管理和企业间供应链管理。

---

① 李响. 浅谈物流与供应链管理的未来发展方向 [J]. 物流工程与管理，2015（11）：149-150.
② 范碧霞，饶欣. 物流与供应链管理 [M]. 上海：上海财经大学出版社，2016.

　　另外，还包含不同物流，如信息系统管理、资源管理、采购管理、生产流程、订单流程管理、存货管理、仓储管理、客户服务、售后包装、物流管理等。供应商网络包括了所有提供货物给本企业的提供商，这些货物包括原料和企业日常使用的办公用品、零件等易耗品，这些内部流程的协调运作是非常重要的，特别在大企业中更是如此。

　　供应链管理涉及企业外部的上游的各个供应商的管理，这不是对单一的供应商管理，而是对企业供应商的网络管理，重点仍是物流和信息流。例如，与供应商协作、通信，企业的电子化、采购、预测、管理等。

　　企业外部下游的供应链组成包括分销渠道和分销流程，例如物流中心运输管理等。它们确保产品流向最终部分。

　　当今世界客户的价值观已发生重大变化，客户从注重商品价格到追求商品的个性化和方便性。这种新的价值观迫使企业重新考虑供应链的反应，定义供应链管理的概念，这必然驱动了企业管理将重点放在企业内部和外部的效率上，将企业内部的业务流程、人员应用程序应用到伙伴企业，形成一个整合的供应链，这个整合供应链的原则是协作与优化，这就是现代供应链管理的思想，也称整合的供应链管理。

三、供应链管理的功能和结构

　　供应链管理的目标、功能和结构可以借用建筑房屋的结构进行形象的描述，如下图所示：

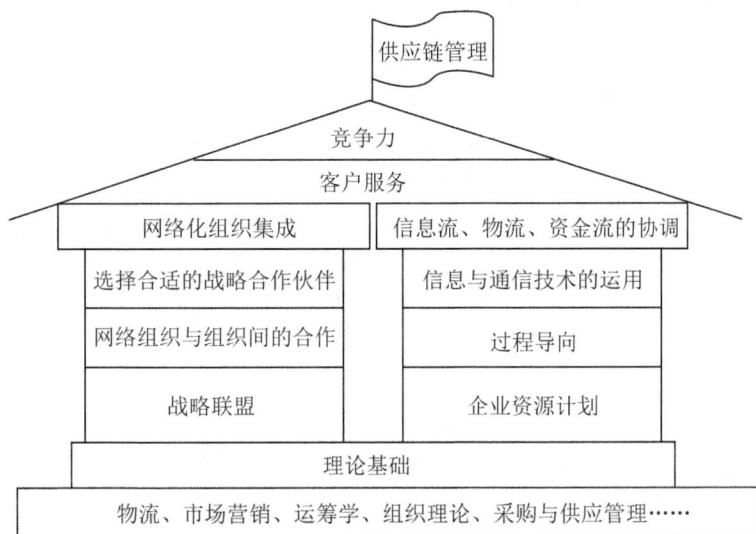

　　房屋的屋顶是供应链管理的最终目标，即提高核心竞争力。供应链管理的意义和价值在于提高客户服务水平。竞争力可以通过多种方法提高，如降低成本、增加对客户需求变化的柔性、提供高质量的产品和服务等。

　　支撑起房顶的两根立柱分别表示供应链管理的两个重要组成部分：网络化组织集成和信息流、物流、资金流的协调。两根立柱可以进一步分解为建筑块。

　　第一，构建供应链需要选择合适的战略合作伙伴，进行中长期的合作；第二，将分离的组织组合形成一个有效和成功的网络组织，寻求实际运行中的合作；第三，对于互联组织的供应链，合作者之间的战略结盟是十分必要的，它将为组织之间的集成提供支持和保障。

通过运用信息和通信技术，可以有效协调供应链中的信息流、物流和资金流，其中信息技术可以将人工执行过程变成自动化过程，尤其在两个组织间的活动可以细化，重复的活动可以合并为一个活动。过程导向是按照新的标准和要求，对流程中的活动进行重新设计和组合，形成一个新的过程。在执行客户订单的过程中，涉及物料、人员、机器、工具等多个方面，需要通过计划的方式实现。虽然生产、分销以及购买计划已经应用了几十年，但它们大多独立运作，受到规模和范围的限制。协调不同地点和组织之间的系统化计划方式成为一种新的挑战，先进的计划系统将承担起这一重任。

供应链管理注重总的物流成本（从原材料到最终产成品的费用）与客户服务水平之间的关系，要把供应链各职能部门有机地结合在一起，最大限度地发挥供应链整体的力量，达到供应链企业群体获益的目的。

四、供应链管理与传统物流管理的区别

供应链管理与传统物流管理有着明显的区别，主要表现在以下几个方面：

（一）供应链管理超越了传统物流管理

传统的物流管理主要涉及实物资源在组织内部最优化的流动，而从供应链管理的角度来看，仅有组织内部的合作是不够的。供应链管理涉及与供应链相连的所有相关企业、部门、人员。从核心企业中上游供应商直到供应链下游分销商的关系，只是供应链的一小段。供应链管理是一种垂直一体化的集成化管理模式，强调核心企业与相关企业的协作关系，通过信息共享、技术扩散、资源优化配置和有效的供应链激励机制等途径实现经营一体化。因此，供应链管理的概念不仅仅是物流的逻辑延伸，也不是企业自身的内部整合。供应链管理整合发展演化的过程分为以下几个阶段：第一阶段，每个商业功能都是独立的；第二阶段，企业开始认识到要在临近的功能之间进行整合；第三阶段，建立和实施一种"端一端"的计划框架；第四阶段，是真正的供应链整合，与第三阶段相比，将上游延伸至供应商，下游延伸至客户，这就是物流管理与供应链管理的最关键和重要的差别所在。[①]

（二）供应链管理更注重合作与信任

从本质上讲，物流是设计导向和框架，寻求在一个商业活动中制订单一的产品流和信息流计划。而供应链管理是建立在这一框架基础上，寻求在其组织与供应商和客户的过程之间实现连接和协调。因此，供应链管理是为了使供应链上的所有合作者获得更多的利润，是基于"联系"的管理。供应链管理着眼于合作和信任。

（三）供应链管理与物流管理目标不同

供应链管理的目标在于提高顾客价值。供应链管理与传统物流管理相比，其管理目标

---

① 杨国荣．供应链管理［M］．北京：北京理工大学出版社，2015．

不仅仅限于降低交易成本，还在于提高顾客价值。顾客价值是顾客已给定产品或服务中所期望得到的所有利益，包括产品价值、服务价值、人员价值和形象价值。拉动整个供应链的原动力是顾客需求，因此供应链是被顾客驱动的。通过供应链从下游企业向上游企业传递，只有生产出具有较高顾客价值的产品才能提高整个供应链的竞争力，才能维持供应链的稳定和发展，才能保证物流、信息流、资金流在供应链上的畅通，才能发挥供应链管理的优势。

（四）供应链管理与物流管理绩效评价方法不同

传统物流管理绩效评价仅限于企业内部物流绩效的评价，而供应链管理不仅要对各节点企业的绩效进行评价，还要评价整个供应链的运作绩效。传统物流管理的绩效评价专注于企业各部门各自目标的实现，较少关心本部门目标的达成对其他部门的影响。而在供应链管理中，绩效评价不仅要反映各部门、各节点企业的运营绩效，还要评价各部门、各节点企业绩效目标达成对其他部门、其他节点企业的影响。部门或企业在实现自身绩效的过程中，若存在对供应链上其他部门或企业绩效的实现造成负面影响的行为，在供应链管理中是绝对不允许的，因为这会破坏整个供应链的稳定性和凝聚力。在评价指标上，传统企业物流管理绩效评价指标主要包括利润率、资产负债率等财务指标，时间上具有滞后性，同时也不能全面、准确地反映企业的真实绩效。供应链管理是对供应链业务流程的动态评价，而不仅是对静态经营结果的考核衡量。它坚持定量和定性分析相结合、内部评价与外部评价相结合，并注意相互间的协调。

第二节　第三方物流与第四方物流

一、第三方物流

随着全球化竞争的加剧、信息技术的飞速发展，物流科学成为最有影响力的新学科之一。随着对物流的认识在理论上不断加深，企业物流管理在实践上也开始从低级阶段向高级阶段发展。其中比较明显的变化是物流功能的整合、采用第三方物流、建立物流信息系统、物流组织能力的提升等。采用第三方物流服务或把物流外包给第三方物流企业成了企业物流实践的一个重要方面。

（一）第三方物流的含义

我国《物流术语》对第三方物流所下的定义是：由供方与需方以外的物流企业提供物流服务的业务模式。有人甚至认为，第三方物流是在物流渠道中由中间商提供的服务，中间商以合同的形式，在一定期限内，提供企业所需的全部或部分物流服务。虽然第三方物流的定义表述多种多样，但是其核心含义是企业物流功能的外包。

第三方物流是通过契约形式来规范物流经营者与物流消费者之间的关系。物流经营者根据契约规定的要求，提供多功能直至全方位的一体化物流服务，并依据契约来管理提供的所有物流服务活动及其过程。不同的物流消费者存在不同的物流服务要求，第三方物流需要根据不同物流消费者在企业形象、业务流程、产品特征、客户需求特征、竞争需要等方面的不同要求，提供针对性强的个性化物流服务和增值服务。

第三方物流应具有系统的物流功能，这是第三方物流产生和发展的基本要求。第三方物流需要建立现代管理系统才能满足运行和发展的基本要求。信息技术是第三方物流发展的基础。物流服务过程中，信息技术发展实现了信息实时共享，促进了物流管理的科学化，大大地提高了物流效率和物流效益。第三方物流经营者不仅可以自己构筑信息网络和物流网络，而且可以共享物流消费者的网络资源。从事第三方物流的物流经营者也因为市场竞争、物流资源、物流能力的影响，需要形成核心业务，不断强化所提供物流服务的个性和特色，以增强物流市场竞争能力。第三方物流提供的是专业化的物流服务，从物流设计、物流操作过程、物流技术工具、物流设施到物流管理，都必须体现专门化和专业化。

（二）第三方物流的类型

专业化、社会化的第三方物流的承担者是物流公司。第三方物流常有以下两种分类方法：

按照物流公司完成的物流业务范围的大小和所承担的物流功能，可将物流公司分为综合性物流公司和功能性物流公司。功能性物流公司，也叫作单一物流公司，仅仅承担和完成某一项或几项物流功能。按照其主要从事的物流功能，可将其进一步分为运输公司、仓储公司、流通加工公司等。而综合性物流公司能够完成和承担多项甚至所有的物流功能。综合性物流公司一般规模较大、资金雄厚、并且有良好的物流服务信誉。

按照物流公司是自行完成和承担物流业务，还是委托他人进行操作，可将物流公司分为物流自理公司和物流代理公司。物流自理公司就是平常人们所说的物流公司，它可进一步按照业务范围进行划分。物流代理公司同样可以按照物流业务代理的范围，分成综合性物流代理公司和功能性物流代理公司。功能性物流代理公司，包括运输代理公司（货代公司）、仓储代理公司（仓代公司）和流通加工代理公司等。

（三）第三方物流的价值分析

第三方物流是一种专业化的物流组织，具有很强的经济效益和社会效益，第三方物流的发展给社会和企业带来了巨大的价值。随着第三方物流的发展，它的价值会发挥得更加充分。[①]

1. 第三方物流的成本价值

在竞争激烈的市场上，降低成本、提高利润率是企业追求的首选目标。物流成本通常被认为是企业经营中较高的成本之一，控制了物流成本，就控制了企业总成本。

企业以支付服务费用的形式获得第三方物流服务，专业的第三方物流利用规模生产的专业优势和成本优势，提高各环节的利用率，节省费用，使企业能从分离费用结构中获益；第三方物流精心策划物流计划，提高运送手段，最大限度地盘活库存，改善企业现金流量，减少企业资本积压和库存。第三方物流是企业挖掘的第三利润源，随着信息化的发展及电子商务的应用，最终的结果是企业在降低物流成本中实现根本性的突破。

第三方物流企业的利润是从工商企业降低物流成本、提高利润率中得到的，或是物流

---

① 刘胜春，李严锋．第三方物流［M］．沈阳：东北财经大学出版社，2006.

增值服务中产生的，这样既可以在不增加资本投入的情况下，提高物流业的效益，又可以为协作企业创造"第三利润源"。

2. 第三方物流企业的服务价值

在专业化分工越来越细的时代，企业自身资源有限，只有利用第三方物流，扬长避短，专注于提高核心竞争力，才有助于企业的长远发展。企业采用第三方物流后，将更多精力投入到生产经营中。第三方物流企业，站在比单一企业更高的角度上处理物流问题，通过物流系统开发设计和信息技术能力，将供应链上下游的各相关企业的物流活动有机衔接起来，增加了企业的竞争优势。

此外，企业利用第三方物流信息网络和节点网络，能够加快对顾客订货的反应能力，加快订单处理，缩短订货到交货的时间，实现货物的快速交付，提高顾客满意度。第三方物流通过其先进的信息和通信技术，加强在途货物监控，及时发现、处理配送过程中的意外事故，尽可能实现对顾客的承诺，保证企业为顾客提供稳定、可靠的高水平服务，提高了顾客价值，提升了企业形象。

因此，第三方物流本身具有强大的市场需求和合理的产出机制，对其他相关产业具有明显的带动作用，第三方物流将成为新的经济增长点。

3. 第三方物流的风险分散价值

企业自己运作物流面临两大风险，一是投资的风险，二是存货的风险。一方面，企业自营物流需要物流设施、设备及运作等的巨大投资，企业物流管理能力相对较弱，易造成企业内部物流资源的闲置浪费，致使物流效率低下，这部分在物流固定资产上的投资将面临无法收回的风险。另一方面，企业由于自身配送、管理能力有限，为了能对顾客订货及时做出反应，防止缺货，快速交货，往往采取高水平库存的策略。在市场需求高度变化的情况下，安全库存量占到企业平均库存的一半以上，对于企业来说就存在着很大的资金风险。而且存货要占用大量资金，随着时间的推移，变现能力会减弱，将造成巨大的资金风险。

如果企业利用第三方物流的运输、配送网络，通过其管理控制能力，可以提高顾客响应速度，加快存货的流动周转，从而减少内部的安全库存量，降低企业的资金风险，或者把这种风险分散一部分给第三方物流企业来共同承担。

4. 第三方物流的竞争力提升价值

企业通过将物流外包给第三方物流公司，可以专注于核心业务，提高自身核心竞争力。采用第三方物流以后，由原来的直接面对多个客户的一对多关系变成了直接面对第三方物流的一对一关系，便于将更多精力投入自身的生产经营中。作为第三方物流企业，通过其具有的物流系统再设计能力、信息技术能力，将原材料供应商、制造商、批发商、零售商等处于供应链上下游的相关企业的物流活动有机地协调起来，使企业能够形成一种更为强大的供应链竞争优势，这是个别企业无法实现的工作。

5. 第三方物流的社会价值

在经济发展速度日益加快的今天，第三方物流除了其独特的经济效益外，其社会价值越来越引起社会的重视。

第一，第三方物流将社会上众多的闲散物流资源有效整合、利用起来。第三方物流专业的管理控制能力和强大的信息系统，对企业原有物流资源进行统一管理运营，组织共同存储、共同配送，将企业物流系统社会化，实现信息资源共享，促进社会物流资源的整合和综合利用，提高整体物流效率。

第二，第三方物流有助于缓解城市交通压力。通过第三方物流的专业技能，加强运输控制，通过制定合理的运输路线，采用合理的运输方式，组织共同配送、货物配载，减少城市车辆运行数量，减少车辆空驶迂回运输等现象，解决由于货车运输无序化造成的城市交通混乱堵塞问题，缓解城市交通压力。城市车辆运输效率的提高，能够减少能源消耗、减少废气排放量和噪声污染等，有利于环境的保护与改善，促进经济的可持续发展。

二、第四方物流

（一）第四方物流的概念与功能

第四方物流（Fourth Party Logistics，4PL）的概念是由美国埃森哲公司的 Dow Bauknight 率先提出的，他甚至注册了该术语的商标，并定义为"一个调配和管理组织自身的及具有互补性的服务提供商的资源、能力与技术，来提供全面的供应链解决方案的供应链集成商"。它实际上是一种虚拟物流，是依靠业内最优秀的第三方物流供应商、技术供应商、管理咨询顾问和其他增值服务商，整合社会资源，为用户提供独特和广泛的供应链解决方案。[①]

第四方物流的基本功能主要有三个方面：一为供应链管理功能，即管理从货主/托运人到用户/顾客的供应全过程；二为运输一体化功能，即负责管理运输公司、物流公司之间在业务操作上的衔接与协调问题；三为供应链再造功能，即根据货主/托运人在供应链战略上的要求，及时改变或调整战略战术，使供应链高效率地运作。

（二）第四方物流的运作模式

按照国外专家的观点，第四方物流存在 3 种基本的运作模式：

1. 协同运作模型

第四方物流和第三方物流共同开发市场，第四方物流向第三方物流提供一系列的服务，包括技术、供应链策略、进入市场的策略和项目管理的专业策略。第四方物流往往会在第三方物流公司内部工作，其思想和策略通过第三方物流这样一个具体实施者来实现，以达到为客户服务的目的。第四方物流和第三方物流一般会采用商业合同的方式或者战略联盟的方式合作。

2. 方案集成商模型

在这种模式中，第四方物流为客户提供运作和管理整个供应链的解决方案。第四方物流对本身和第三方物流的资源、能力和技术进行综合管理，借助第三方物流为客户提供全面的、集成的供应链方案。第三方物流通过第四方物流的方案为客户提供服务，第四方物流作为一个枢纽，可以集成多个服务供应商的能力和客户的能力。

3. 行业创新者模型

第四方物流为多个行业的客户开发和提供供应链解决方案，以整合整个供应链的职能

---

① 陈子侠，蒋长兵．现代物流管理教程［M］．北京：中国物资出版社，2007.

为重点，将第三方物流加以集成，向上下游的客户提供解决方案。在这里，第四方物流的责任非常重要，因为它是上游第三方物流的集群和下游客户集群的纽带。行业解决方案会给整个行业带来最大的利益，第四方物流会通过卓越的运作策略、技术和供应链运作实施来提高整个行业的效率。

第四方物流无论采取哪一种模式，都突破了单纯发展第三方物流的局限性，能做到真正的低成本、高效率、实时运作，实现最大范围的资源整合。第四方物流可以不受约束地将每一个领域的最佳物流提供商组合起来，为客户提供最佳物流服务，进而形成最优物流方案或供应链管理方案。而第三方物流缺乏跨越整个供应链运作以及真正整合供应链流程所需的战略专业技术，他们要么独自，要么通过与自己有密切关系的转包商来为客户提供服务，所以不太可能提供技术、仓储与运输服务的最佳结合。

（三）第三方物流与第四方物流的区别

1. 从服务范围看

第四方物流与第三方物流相比，其服务的内容更多，覆盖的地区更广，对从事货运物流服务的公司要求更高，要求其必须开拓新的服务领域，提供更多的增值服务。第四方物流最大的优越性在于它能够保证产品更快、更好、更廉价地送到需求者手中。因此，第四方物流不只是在操作层面上借助外力，而且在战略层面上也需要借助外界的力量，以提供更快、更好、更低廉的物流服务。

第四方物流公司可以提供简单的服务，即帮助客户安排一批货物运输；也可以提供复杂服务，即为一个公司设计、实施和运作整个分销和物流系统。第四方物流可以看成物流业进一步分工的结果，即进一步将企业的物流规划能力外包。

2. 从服务职能看

第四方物流侧重于在宏观上对企业供应链进行优化管理，第三方物流则侧重于实际的物流运作。第三方物流在物流实际运作能力、信息技术应用、多客户管理方面具有优势，第四方物流在管理理念创新、供应链管理方案设计、组织变革管理指导、供应链信息系统开发、信息技术解决方案等方面具有较大的优势。

3. 从服务目标看

第四方物流面对的是整个社会物流系统的要求，通过电子商务技术将整个物流过程一体化，最大限度地整合社会资源，将一定区域内甚至全球范围内的物流资源根据客户的要求进行优化配置，选出最优方案。第三方物流面对的是客户需求的一系列信息化服务，将供应链中的每一环节的信息进行比较、整合，力争达到满足客户需求的目的。

4. 从服务的技术支撑看

实际上，网络经济的发展使第四方物流成为可能。首先，通过国际互联网网络平台可以达到信息充分共享。网络平台在信息传递方面具有及时性、高效性、广泛性等特点，通过互联网很容易达成信息共享的目的。其次，通过国际互联网网络平台减少了交易成本，实现了物流资源的最大整合。网络平台信息共享的优势减少了信息不对称，使中小物流企业也能够获益。另外，网络平台是一个虚拟的空间，不受物理空间的限制，也没有企业自身的利益面，容易组成第三方物流企业和其他物流企业都认可的形式，如联盟形式，最终实现物流产业整合。

第三节　基于物联网的供应链管理系统

一、基于物联网的供应链管理

随着供应链管理理论地不断进步和不断完善，企业对供应链战略的具体实施提出了更高的要求，也面临着一些瓶颈。在当前的市场环境下，供应链管理主要面临着市场结构全球化、不可控风险管理、供应链有效可视性、用户需求反应速度、供应链成本控制五方面的挑战，随着物联网技术在供应链领域的应用，它将成为供应链管理的有效工具，为供应链的管理带来新机遇和新挑战。

基于物联网所形成的智能供应链强调供应链的数据智慧性、网络协同化、决策系统化。物联网使企业之间的供应链的管理由"物—人—物"的基本模式转变成为"物—物"模式，通过物与物的直接沟通，减少对人为因素的依赖，并且还能实现对供应链中产品的实时跟踪，凭借物联网上的各种信息共享，为企业提供系统化的决策，优化整个供应链管理。智能供应链管理使供应方到最终的客户之间的信息流、资金流、物流等方面实现无缝衔接，使企业以产品为焦点转变成为以客户为关注点，通过客户的反馈信息来指导企业的产品规划、采购、增值销售等，加速企业进入新的供应链时代。[①]

二、物联网技术在供应链系统中的工作原理

基于物联网的供应链管理系统包括（Electronic Product Code. EPC）网络系统和电子商务平台两大部分。EPC 网络系统由 RFID（射频识别）系统、Savant（神经网络软件）系统、ONS（对象名解析服务系统）、PML（物理标记语言）系统和企业信息系统组成。基于 EPC 的网络系统是利用 Savant 系统通过应用程序接口（API）与企业的应用系统相连接，这样，Savant 系统就可以将从 PML 服务器上读取的产品信息自动地传递到企业应用系统，或存储到相应的数据库中，通过互联网实现信息共享。企业内部系统通过与电子商务平台集成，以及与物流配送系统和结算系统协调运作，可以实现对产品供应链的物流、资金流、信息流进行高效地控制和管理。

针对物流行业，物联网实现了物流企业所有供应链上的产品从供应商到客户的全方位管理和流动。通过电子商务平台，生产商及用户可以进行原材料和产品的电子采购，供应商可以及时掌握生产商的需求，物流服务商负责整个供应链上原材料的存储、运输等物流服务。零售商及消费者可以及时获取产品的生产、运输信息，政府部门也可以上网监管。

利用 RFID 技术，通过 RFID 阅读器获取 RFID 电子标签中的唯一电子物品代码。将读取的电子物品代码经过 Savant 系统传送到 ONS 目标名字服务器，获取对应的 PML 服务器的 IP 地址。通过 PML 服务器 IP 地址获得所查询的物品电子代码所在的 PML 服务器，查询指定物品的全部信息，这些物品信息也可以通过网络回传给 Savant 系统，进而存储到企业内部信息系统中。企业内部管理系统则在获取信息后对物品进行进、销、存自动化处理，最终实现存储信息的识别和数据的交换，它对供应链中商品的流通进行科学地优化，

---

① 周敏，师源，徐祯炜，张华. 基于物联网的供应链管理应用研究 [J]. 价值工程，2010，29（26）：37-38.

对资源进行合理地配置，在物流过程中做到实时监控，提高了整个供应链管理的效率。

三、基于物联网的供应链管理系统功能分析

物联网基于 EPC/RFID 技术，在实际应用中对供应链影响体现在生产环节、仓储环节、输送环节、销售环节。供应链相关的生产商、批发商、运输商、零售商通过基于物联网智能物流系统，动态跟踪产品状态，对市场快速反应，使企业能够实现零存货、高收益。企业内部信息系统结合数据仓库技术，通过 OLAP 分析、数据挖掘技术、人工智能分析等，实现产品管理、库存管理、运输管理、生产采购管理、销售管理。

1. 产品管理

当产品经过供应链的节点时，RFID 解读器会自动捕获产品的电子代码，并且通过 Savant 系统自动收集此时的状态信息。状态信息包括供应链成员的角色、公司名称、仓库号、读写器号、时间、地点等，这些信息可以供制造商、零售商、批发商和运输企业实时查询，而且这些信息也是防伪管理中重要的信息依据。

2. 库存管理

实现快速、准确管理。出入库产品通过物联网技术的应用，实现货物的实时盘点，实现准确发货、及时补货、降低库存。仓储产品自由放置，提升空间利用效率。自动化管理降低人力成本，同时减少盗窃、损害、送错等损耗。

3. 运输管理

实现运输流程化。通过物联网技术，在运输车辆上贴上 RFID 标签，在运输路线关键节点安装 RFID 接收器，能够全程跟踪车辆运输状态，了解货物所处位置和预计到达时间，及时做出反应。同时，当车辆在运输途中出现故障时，也能及时采取补救措施。

4. 生产采购管理

实现自动化运作。通过 EPC 技术，能够在产品繁多的库存中精准地找到生产最终产品所需的原材料、零部件。对整个线上的原材料、零部件、半成品和产品进行识别跟踪，自动化处理过程有效地减少了人为管理可能出现的误判和人工管理成本。通过及时反馈的信息，生产管理员能够合理安排生产和进度，使流水线稳定工作，产品质量得以保证。

5. 销售管理

快速响应消费者需求。物联网技术的使用，使得产品能够及时补货，减少顾客排队等待时间，提升顾客满意度。同时顾客能够通过智能秤获取产品的生产日期、外观、性能等全面的信息，从而保证消费者在完全了解产品信息的情况下买到合格的产品，避免产品过期等问题，减少法律纠纷，无论对商场还是顾客都是双赢局面。

6. 消费者

通过互联网平台，消费者可以随时掌握产品的相关信息。通过个人电脑、其他终端查询或读取标签内存储的数据信息来验证该产品的真伪，保证产品的质量安全，对有质量问题的产品及时进行责任追溯和索赔退货处理。

7. 退货/回收环节

当库存的产品或市场流通的产品超出使用期限时，传感器能自动发出预警信号，或者利用读写器通过读取产品标签中的信息进行查验，然后传入网络，相关企业就会采取相应措施，进行回收处理。当产品被运到回收中心时，RFID 读写器将产品自动分拣，把它们

归入各自的类别，而不必进行高成本的人工分拣。甚至有些产品可以直接被回收再次利用，实现产品的绿色供应链管理，比如饮料、酒水等商品的易拉罐或玻璃瓶可以直接运回各自厂家，做相关处理后再次进行灌装。

第四节　电子商务下的供应链与物流管理

作为一种新的商务交易模式，电子商务的兴起与发展为传统的运作管理领域带来了新的发展契机。伴随着交易的发生，同时有物流、信息流、资金流、商流的产生，因此在运作领域，供应链与物流管理充当着重要的角色。

一、电子商务与供应链管理

(一) 电子商务的概念

电子商务 (Electronic Commerce，EC) 是经济和信息技术发展并相互作用的必然产物。顾名思义，其内容包含两个方面，一是电子方式，二是商贸活动，即利用电子方式或电子信息技术来进行商务活动。电子商务是在网络环境下特别是在 Internet 网上所进行的商务活动。其目的是充分提高商务活动的效率。

1. 狭义的电子商务

狭义的电子商务也称作电子交易，一般是指基于数据 (可以是文本、声音、图像) 的处理和传输，通过开放的网络 (主要是 Internet) 进行的商业交易。它主要是利用 Web 提供的通信手段在网上进行的交易活动，包括通过 Internet 买卖产品和提供服务。产品可以是实体化的，如汽车、电视；也可以是数字化的，如新闻、录像、软件等。此外，还可以提供各类服务，如安排旅游、远程教育等。总之，电子商务并不仅仅局限于在线买卖，它将从生产到消费各个方面影响商务活动的方式。除了网上购物，电子商务还大大改变了产品的订制、分配和交换的手段。而对于顾客，查找和购买产品乃至享受服务的方式也大为改进。①

2. 广义的电子商务

广义的电子商务是指一种全新的商务模式，是包括电子交易在内的利用 Web 进行的全部商务活动，如市场分析、客户联系、物资调配等。这些商务活动包括企业内部的业务活动，如生产、管理、财务等，以及企业间的商务活动，利用网络方式，将顾客、销售商、供应商和企业员工连在一起，将有价值的信息传递给需要的人们。它不仅仅是硬件和软件的结合，还是把买家、卖家、厂家和合作伙伴在 Internet、Intranet 和 Extranet 上利用 Internet 技术与现有的系统结合起来进行商贸业务的综合系统。②

有人把广义的电子商务系统称为企业电子商务系统，这个电子商务系统是以实体企业的基本职能和业务模块为背景构造和运行的。

---

① 郭士正，卢震．供应链与物流管理 [M]．北京：机械工业出版社，2008.
② 郭士正，卢震．供应链与物流管理 [M]．北京：机械工业出版社，2008.

(二) 电子商务的概念模型

电子商务概念模型是对现实世界中电子商务活动的一般抽象描述。它由电子商务实体、电子市场、交易事务和信息流、商流、资金流、物流等基本要素构成。

在电子商务概念模型中，电子商务实体是指能够从事电子商务的客观对象，可以是企业、银行、商店、政府机构和个人等。电子市场是指电子商务实体从事商品和服务交换的场所。它由各种各样的商务活动参与者，利用各种通信装置，通过网络连接成一个统一的整体。交易事务是指电子商务实体之间所从事的具体的商务活动的内容，例如询价、报价、转账支付、广告宣传、商品运输等。①

电子商务中的任何一笔交易，都包含着几种基本的"流"，即信息流、商流、资金流、物流。其中，信息流既包括商品信息的提供、技术支持、售后服务等内容，也包括诸如询价单、报价单、付款通知单、转账通知单等商业贸易单证，还包括交易方的支付能力、支付信誉等。商流是指商品在购、销之间进行交易和商品所有权转移的运动过程，具体是指商品交易的一系列活动。资金流主要是指资金的转移过程，包括付款、转账等过程。在电子商务下，以上 3 种流的处理都可以通过计算机和网络通信设备实现。物流，作为四流中最为特殊的一种，是指物质实体（商品或服务）的流动过程，具体包括运输、储存、配送、装卸、保管、物流信息管理等各种活动。对于少数商品和服务来说，可以直接通过网络传输的方式进行配送，如各种电子出版物、信息咨询服务、有价信息软件等。而对于大多数商品和服务来说，物流仍要经由物理方式传输，但由于一系列机械化、自动化工具的应用，准确、及时的物流信息对物流过程的监控，将使物流的流动速度加快、准确率提高，能有效地减少库存，缩短生产周期。②

在电子商务概念模型的建立过程中，强调信息流、商流、资金流和物流的整合。其中，信息流最为重要，它在一个更高的位置上实现对流通过程地监控。

(三) 供应链与电子商务

为了加快供应链中物流、信息流、资金流的流动，精确、可靠、快速地采集和传送信息，供应链必须运用电子商务，采用先进的技术优化业务流程、降低运行成本和费用。

电子商务的高速发展必将促进和优化供应链管理的实现。优化供应链管理，不仅需要高效、高速的物流、资金流，更需要快速、正确的信息流，否则，优化供应链管理只能成为一句空话。而电子商务的发展，将为信息流的快速和准确传递提供了保证。假设有一条包括制造商、配送中心、批发商、零售商的供应链，且整个供应链内部都建立了 Intranet，实行信息共享。那么，零售商的客户消费数据、某个产品的市场销售情况等，都会通过网络尽快地反馈到制造商，制造商再对产品进行合理地改进，必将提高产品的市场份额和市场占有率，从而使整个供应链对市场需求做出快速反应，给供应链带来极大的利益。

另外，供应链上的各家企业应有效地利用互联网，寻求新的增长点。电子商务使企业可以在更大范围内开展跨行业的经营活动，获得可观的经济效益。

---

① 刘敏. 电子商务物流管理 [M]. 北京：中国铁道出版社，2011.
② 明均仁. 电子商务概论 [M]. 武汉：华中科技大学出版社，2008.

（四）电子商务供应链管理的优势

作为网络时代的产物，电子商务能够帮助企业在决策和组织间的运营管理中搜索并得到信息。电子商务在供应链管理中提供了以下信息：市场需要什么产品，仓库能够提供什么样的产品，什么样的产品正在生产的过程中，什么产品正在进入市场或退出市场。因此，电子商务对供应链的作用主要体现在以下方面：动态联盟的系统化管理、生产两端的资源优化管理、不确定性需求的信息共享管理以及生产的敏捷化管理。

基于电子商务的供应链管理是供应链管理与电子商务的有机结合。它以客户为中心，综合整个供应链的全过程，充分利用企业外部资源，加强企业间的合作，实现快速敏捷的反应能力，并极大地降低库存水平，使成本最小化达到最优，具有相当大的优势：

1. 有利于实现企业与客户"双赢"的目标。

基于电子商务的供应链管理不仅有利于企业维持与现有客户的关系，而且有利于企业发展新的客户，开拓新的业务，扩大企业规模。这种供应链管理模式使得供应链管理过程中各个节点的企业与客户之间能够进行直接地沟通与联系，以开放的对话平台为介质，与客户进行直接地对话，从而直接了解客户的需求，为客户提供更加便捷、成本更低的商业运作模式，留住了现有的客户群，同时也吸引了新客户的加入，带来了新的业务，从而实现了企业与客户的"双赢"。

2. 有利于保持现有业务不断增长以及可持续发展，提高企业的整体运营绩效。

基于电子商务的供应链管理有利于实现整个供应链系统内各个节点的企业对客户需要的产品和业务的网络化、电子化的管理，还有利于所有企业资源和全球市场在整个供应链系统内的共享，缩短供应循环、内部交流以及应对市场变化的时间，减少流通环节，降低成本，提高运营绩效，实现供应链内所有企业最大化的价值增值。

3. 有利于有价值的信息在供应链内各个企业之间的共享，促进供应链系统内信息流的改善。

基于电子商务的供应链管理涉及信息流、物流和资金流。企业可以在电子商务平台上实现部分或全部的供应链交易，实现跨企业交流，及时了解客户需求及供应商供货情况，信息在供应链中各个节点之间的传递从单纯的横向传递发展成网状传递。供应链的下游成员可以通过互联网了解供应链上游成员的库存信息和生产能力，上游成员可以了解下游成员的需求和库存情况，及时制定购销计划，使商业运转中各个环节更加协调一致。

二、电子商务与物流管理

（一）电子商务对物流的影响

从总体上来说，电子商务的发展要求物流更加适应电子商务和供应链管理的模式和环境。具体而言，电子商务对物流的影响突出体现在以下几方面：

1. 对物流观念的影响

应该说，在传统商务模式下，物流作为企业内部生产销售的辅助功能，其作用是长时间被忽视的。正是由于电子商务、供应链管理的兴起，商务活动被理解为信息流、商流、资金流、物流的有机统一，物流活动才真正被业界所重视。而第三方物流、第四方物流等物流形式的产生，更是与电子商务的影响分不开的。另一方面，由于电子商务、虚拟经济已经成为一种大的环境，物流系统的管理也从对有形资产存货的管理转为对无形资产（信息或知识）的管理。

2. 对物流系统结构的影响

电子商务对物流系统结构的影响，主要表现在以下几个方面：

（1）由于网上客户可以直接面对制造商并可获得个性化服务，故传统物流渠道中的批发商和零售商等中介将逐渐淡出，但是区域销售代理将受制造商的委托，逐步加强其在渠道和地区性市场中的地位，作为制造商产品营销和服务功能的直接延伸。但是，渠道中的中间商并非完全消失，它们面临的是功能的转换，即从传统的商品转售发展为提供附加价值。

（2）由于商流的加速，导致企业交货速度的压力变大，因此，物流系统中的港、站、库、配送中心、运输线路等设施的布局、结构和任务将面临较大地调整。在企业保留若干地区性仓库以后，更多的仓库将改造为配送中心。由于存货的控制能力变强，物流系统中仓库的总数将减少，而配送活动将更加专业化和社会化，配送的服务半径也将加大。

（3）对那些能够在网上直接传输的有形产品来讲，其物流系统逐渐隐形化。这类产品主要包括软件等数字化商品以及电子杂志等传统物质商品的电子化形式。

3. 对物流效率的影响

电子商务作为一种先进的商务模式，对商务活动的效率有飞跃性地提高。物流作为商务活动的一种，自然也受其影响。电子商务的技术和手段使物流活动的效率得到了提高，如降低了采购成本、加快了运输速度、提高了配送的及时性和准确性等，从而也在整体上提高了物流业的客户服务水平，促进了物流业的发展。

4. 对存货的影响

从某种意义上来说，物流的对象就是库存。一般认为，由于电子商务提高了物流系统各环节对市场变化反应的灵敏度，可以减少存货，节约成本，甚至实现零库存。但从物流的观点来看，这实际是借助于信息分配对存货在供应链中进行了重新安排。存货在供应链中的总量是减少的，但结构上将沿供应链向下游企业移动。即经销商的库存向制造商转移，制造商的库存向供应商转移，成品的库存变成零部件的库存，而零部件的库存将变成原材料的库存等。

（二）电子商务下物流的优势

1. 物流配送反应速度快。电子商务下的物流服务提供者对上游需求的反应速度越来越快，前置时间、配送时间越来越短，商品周转次数越来越多。

2. 物流配送功能集成化。电子商务下的物流配送着重于将物流与供应链的其他环节进行集成，包括物流渠道与商流渠道的集成、物流渠道之间的集成、物流功能的集成、物流环节与制造环节的集成等。

3. 物流配送服务系列化和配送作业规范化。电子商务的物流强调物流配送服务功能的恰当定位与完善化、系列化，除了传统的存储、运输、包装、流通加工等服务外，还在外延上扩展到市场调查与预测、采购及订单处理，向下延伸至物流配送咨询、物流配送方案的选择与规划、库存控制策略建议、贷款回收与结算、教育培训等增值服务，在内涵上提高了以上服务对决策的支持作用。电子商务物流强调功能作业流程、作业、运作的标准化和程序化，使复杂的作业变成简单的易于推广与考核的运作。

4. 物流配送目标系统化。新型物流配送从系统角度统筹规划一个公司整体的各种物流配送活动，处理好物流配送活动与商务活动及公司目标之间、物流配送活动与物流配送活动之间的关系，不求单个活动的最优化，但求整体活动的最优化。

5. 物流配送网络化和手段智能化。为了保证对产品促销提供快速、全方位的物流支持，新型物流配送要有完善、健全的物流配送网络体系，网络上点与点之间的物流配送活动保持系统性、一致性，这样可以保证整个物流配送网络有最优的库存总水平及库存分布，运输与配送快捷既能铺开又能收拢。电子商务的新型物流配送使用先进技术、设备与管理为销售提供服务，生产、流通、销售规模越大、范围越广，物流配送技术、设备及管理越现代化。

6. 物流配送经营市场化。新型物流配送的具体经营采用市场机制，无论是企业自己组织物流配送，还是委托社会化的物流配送企业承担物流配送任务，都以"服务—成本"的最佳配合为目标。

7. 物流配送流程自动化。物流配送流程自动化是指运送规格标准、仓储、货箱排列、装卸、搬运等按照自动化标准作业，商品按照最佳配送路线流转等。

(三) 电子商务环境下现代物流的特点

随着科技水平的不断进步，企业规模与营销范围不断扩大，销售方式及消费者购买方式不断转变，送货上门等成为重要的服务业务，专门从事物流服务的企业开始出现。这类服务企业通过提供完整的物流机能服务，通过运输配送、仓储保管、分装包装、流通加工等来收取服务报酬。企业通过物流外包，将物流业务交由专业物流企业，把精力集中到产品生产与成本降低上，极大地提高了企业的竞争力。电子商务下的物流克服了传统物流管理模式的缺点，呈现出以下新特点：

1. 信息化

在电子商务时代，信息化是核心。信息化不仅体现在商品选择与电子支付方面，也充分体现在整个物流过程中。为了向客户提供最佳的物流服务，物流系统必须拥有良好的信息处理与传输系统。大型物流企业通常设立信息处理中心，接受来自全国各地的订单。有了信息处理中心，就可以做到客户需要什么就生产什么，而不是生产出来之后再等待客户购买。客户通过信息系统能够清楚了解货物到达的准确时间及位置，使收货人及各仓储公司、运输公司及早做好准备，在商品几乎不停留的情况下，及时、快速、准确地到达目的地。通过信息处理中心，还可以从零售商处得到销售的反馈信息。良好的信息系统实现了物流信息表达的数字化、信息处理的计算机化、信息搜索的自动化、信息管理的系统化、信息传递的网络化、信息查询的个性化等，能够节约货物流通中交接的停滞时间，改善传统物流模式信息流通速度慢的缺点，提高物流效率，与传统物流相比取得了巨大的突破。

2. 网络化

物流网络化一方面表现为物流信息传送与储存的网络化，另一方面表现为订货、生产、运输等整个商务过程中物质流动的网络化。企业的内部网、外部网以及因特网等共同组成了物流信息网。物流信息网是将企业与上下游厂商和客户联系在一起的纽带，是物流信息化及物流过程网络化实现的基础。

3. 多功能化

随着电子商务的发展，现代物流不断向集约化发展。这就要求物流企业不仅仅要提供仓储、运输等服务，还必须开展配货、配送以及各种能够提高附加值的流通加工服务项目，并根据客户的需要提供其他相关服务。现代物流不断向多功能化方向发展，不断追求全面、系统的综合效果，以使物流服务达到最优化。

4. 人性化

物流管理的人性化是指，为适应电子商务生产、流通及消费方面的需求，现代物流根据顾客需求以及生产、流通、消费的特点，灵活地组织并实施物流作业。电子商务的发展，使需求由大批量向小批量、个性化及快速化方向转变。企业的生产活动需要根据客户与市场的实际需求来进行，在生产时间上也呈现出快速化的趋势。物流管理模式也不断向人性化方向发展，坚持以人为本，使物流管理充满生机与活力。

5. 科技化

电子商务时代，现代物流需要实时反映商品的状态信息，因此物流企业在其电子商务活动中需要借助现代高新技术进行大量的数据交换。通过可移动、便携式的数据终端或全球定位系统信号接收机采集商品数据，并将所得数据存储或传输到物流电子商务服务器，使用地理信息系统和全球定位系统传递货物与运输工具信息，运用射频和条码技术采集货物信息等。

（四）电子商务环境下物流管理创新的基本途径

1. 逐步加强政府引导和行业立法。

我国的电子商务物流刚刚起步，各方面尚不完善，成熟的电子商务物流体系尚未建立，相应的法律法规还不健全，这对现代物流的发展是非常不利的。政府应当在政策与资金方面扶持电子商务物流企业的发展，制定正确的政策与行业发展战略，加强电子商务网络安全技术研究以及法律法规的制定。比如，尽快制定物流信息技术标准和信息资源标准，建立物流信息采集、处理和服务的交换共享机制；建设电子商务物流配送系统，推动电子商务物流业蓬勃发展；积极推进企业物流管理信息化，促进信息技术的广泛应用，引导企业加大对电子商务物流业的投资力度；科学合理建设物流基础设施，建立我国物流实体网络，为物流业不断发展奠定良好基础；推动区域物流信息平台建设，鼓励城市间物流平台进行信息共享；加快行业物流公共信息平台建设，建立全国性公路运输信息网络和航空货运公共信息系统以及其他运输与服务方式的信息网络；有效整合商流、物流、资金流和信息流，形成面向全国与全球市场的交易平台等。

由于有关电子商务的政策和立法政出多门，多头管理，综合效率低下，难以从根本上解决电子商务发展中存在的重大问题，建议尽快制定《电子商务促进法》，并将之作为我国发展电子商务的根本大法，统一思想，解决多头执政、政出多门的现状，有效规范网络交易市场，保护合法的电子商务行为，促进电子商务与国民经济更快更好发展。

2. 加快物流组织结构转变，将信息化与先进管理理念相结合。

我国物流企业以中小型企业为主，具有决策圈子小、组织机构灵活以及信息路径短等优点。传统的物流活动是分散式的物流组织结构，随着企业规模的扩大、业务范围的增大、物流网络复杂性的不断增加，会带来物流目标冲突和物流作业效率低下等问题。考虑到我国物流企业规模较小的特点，物流职能一体化的组织结构更适合我国物流企业的发展，即在高层物流经理领导下，将企业所有的物流功能统一起来，实现采购、储运、配送以及物料管理运作一体化的组织单元，形成企业内部物流一体化的模式，这样更有利于整合物流资源和协调物流运作，提高企业物流作业的效率。

要将信息化与先进的管理理念相结合，打造智能物流。比如，电子仓储管理系统从根本上实现了先入先出管理，解决了手工台账查询慢、易出错等弊端；运输配送管理系统将优化车辆配载、选择运输路径，保证将正确的货物于正确的时间和地点交付给客户。此外，还要采用国外先进管理经验，如零库存（即在必要的时间提供必要数量的产品）等。未来的竞争是供应链的竞争，而不仅仅是一个物流的概念，是如何将产品从厂商送到消费者手中，如何实现最快捷、最高效、成本最低的竞争。

3. 借鉴发达国家经验，完善电子商务物流活动的规划与控制体系。

美国建有基于互联网的物流信息平台，拥有成熟的标准化物流软件，用信息技术整合物流信息，拟订物流方案，优化物流过程的各个阶段，使物流管理更加科学化、规范化，能快速准确运作，提高效率和增加效益。比如，沃尔玛公司正是通过信息流对物流与资金流的整合、优化和及时处理，实现了有效的物流成本控制。因此，为实现物流管理创新，我国物流企业必须坚持以"为客户服务"为中心这一基本原则，将服务质量与顾客需求放到首要位置。这就要求企业根据市场的灵活性与顾客的导向性，对物流活动制定战略性规划，并预测可能出现的问题，提前采取防范措施。在物流规划实施过程中，应根据绩效目标对企业内外部物流活动进行合理监控，适时调整执行效果与预期目标之间的偏差，以达到让客户满意的目标。商务部原部长陈德铭坦言："如果我们实行信息化覆盖下的现代流通体系的话，在流通领域我们还有一半左右的费用可以降下来。"因此，完善物流活动规划与控制体系，还有助于随时更新物流成本及效率信息，方便对物流成本进行核算，以达到降低成本、提高企业竞争力的目的。①

4. 重视对电子商务与物流经营管理专业人才的培养。

电子商务物流对企业物流人员的素质提出了更高的要求。高素质的物流管理人才是确保客户服务质量、物流运作效率和企业竞争力的重要前提。在人才培养方面，可依靠政府、高校、科研院所等对电子商务物流人才进行培训，使物流一线员工和管理人员通过培训更新物流专业知识，并将财务管理、信息技术、数据处理及国际物流管理知识等结合起来。物流企业还可通过大力引进先进技术与优秀人才，借此学习国外先进的技术与管理理念，也可把对电子商务物流感兴趣的人才送到国外进行培训，加强引进先进管理理念，不断提高物流技术型人才与复合型人才的综合素质。

学习引进现代化的物流管理理念与管理方式，其目的是迅速扭转国内运输市场运能低、效率低、服务水平低的落后局面。首先，要对物流服务公司的资质进行严格管理；其次，要以大中型运输企业为主导，以市场为导向，引领运输企业走上规模化、集约化、专业化经营的道路，让分散经营的小物流公司逐步走上正轨，走规模化发展的道路，为实现现代物流信息管理奠定基础；最后，要打破区域界限，建立全国性服务网络，形成高效、

---

① 周长青，付蕾. 电子商务物流 [M]. 重庆：重庆大学出版社，2017.

及时、准确的物流信息网络。

5. 大力发展物流金融。

物流金融对现代物流业发展起着至关重要的作用。一是拓宽物流企业和上下游企业的融资渠道，融资能力的增强能为物流链条中的各方带来发展机遇；二是提高资金使用效率，在资金紧张的情况下，缩短上游企业的应收账款周期，盘活下游企业暂时闲置的原材料和产成品资金占用；三是降低物流企业的资金风险；四是提高物流公司服务能力，增强物流公司与上下游企业的凝聚力，实现物流公司、上下游企业与银行的多方共赢。当然，开展物流金融要慎重选择客户，慎重选择并妥善保管质押物，更要重视债务违约及资金风险，应与合作企业建立共管账户，有效监管资金流向。

第五节　物流与供应链管理的发展

在世界经济一体化程度不断加深的背景下，各国的物流行业开始随着电子商务、交通运输等行业的发展而逐渐蓬勃起来。在物流行业之中，供应链物流是在供应链管理中最重要、最难控制，也是内容最为丰富的部分，更是供应链管理的核心。随着各类物流行业参与国际竞争愈加频繁，当前国际范围内的大部分物流行业都面临着人力资源成本高、竞争冲击大的发展现状。基于这种整体发展背景，物流相关行业只有在与供应链管理的结合之下才能实现有效发展，才能真正地在策略方面指向未来。

一、物流与供应链管理的未来发展方向

（一）传统物流行业的国际化进程

随着时代的进步、经济社会的不断发展，各大公司开始逐渐推崇除了产品生产者和消费者之外的第三家物流企业，来为公司物流进行服务的方式，而第三方物流发展的多样性和市场契合程度亦开始呈现出不断提升的整体趋势。然而，值得注意的是，在国际范围内，很多专业化的物流企业国际化程度相对较低，一体化服务只是停留在较为肤浅的表面上。因此，新经济社会条件下的物流企业应当积极探究，不断丰富业务类型，真正依托市场需求，对物流过程中价格、内容、效率以及服务水平等方面进行有效改进，实现链上各类企业的相互协作，协同发展。

（二）优化供应链内部服务不断优化

当前，很多物流企业在计划与组织方面缺乏统一规程依托，弊端频现，在对外界市场环境和满足消费者的需求方面能力相对较低，长久以来，导致了市场资源的不合理的资源配置。在今后的发展过程中，企业要不断从实际出发，运用供应链的集成思想对企业内部发展进行有效指导，进而提升其整体服务水平，为客户提供更加优质的服务，进而实现物流行业高效率、高收益的战略目标。

（三）有效供应链信息交换平台建立

供应链管理下的物流行业，对于信息的需求量极大。因此，相关企业要不断提升自身

技术水平，搭建高效、准确、人性化的物流数据信息交换平台，并为用户提供注册、查询等服务，满足其个性化的需求，提升以消费者为导向的服务式供应链发展。

二、物流与供应链管理的具体发展

（一）发展绿色物流

随着经济社会的不断进步，我国正逐步开展资源节约型和环境友好型社会建设，以此探索在资源、环境、人口压力日益加大趋势下的经济发展模式。"两型社会"对现代物流发展提出了新的命题——绿色物流，它要求现代物流具备绿色理念，以实现人与环境、资源的可持续和协调发展，今后的物流发展将把有效利用资源和维护地球环境放在发展的首位，建立全新的绿色物流系统，以实现从生产到废弃全过程的效率化、信息流与物质流的循环化。

1. 绿色物流的概念

绿色物流的概念最早出现于 20 世纪 90 年代中期。绿色物流（environmental logistics）是指在抑制物流活动各环节对环境造成危害的同时，实现对物流环境地净化，使物流资源得到最充分地利用。[①] 其特征表现在以下几个方面：

（1）环境共生型物流。绿色物流注重从环境保护与可持续发展的角度，求得环境与经济发展共存，并通过先进的管理与技术，减少或消除物流活动对环境的负面影响。

（2）资源节约型物流。绿色物流不仅注重物流过程对环境的影响，而且强调对资源的节约。

（3）低熵型物流。低熵型物流首先要求低能耗，其次要求物品存放有序、搬运灵活性高。

（4）循环型物流。它包括原材料及副产品再循环、包装物再循环、废品回收、资源垃圾的收集和再资源化等。

2. 我国绿色物流的发展现状与不足

绿色物流是社会可持续发展的一个重要保证，对社会经济的发展和人们生活质量的提高具有重要的意义。我国是发展中国家，正处于国民经济快速增长的发展时期，各方面与发达国家都有一定的差距。在物流方面，虽然绿色物流引起了我国业界的注意，并被认为是中国物流业未来发展的趋势之一，但绿色物流至今还停留在观念的层面，与具体的实施还有相当大的距离，且存在明显的差距。具体来说，主要存在以下几个方面的问题：

（1）绿色物流观念还没有普及，甚至还十分陌生。

我国对绿色物流的观念模糊，这对发展存在两个方面的障碍：第一，政府决策部门对绿色物流不了解，难以制定出绿色物流的整体发展战略；第二，经营者对绿色物流的认识不够，只注重产品本身，比如生产绿色产品、要有绿色标识、实施绿色营销等，而忽略了绿色物流的真正意义。

（2）相关法律制度缺失，导致绿色物流发展无章可循、无法可依。

20 世纪 90 年代以来，虽然我国制定、颁布了不少治理环境污染方面的政策和法规，

---

① 范碧霞，饶欣. 物流与供应链管理 [M]. 上海：上海财经大学出版社，2016.

但针对物流行业的政策和法规还很少。另外，由于物流还包含许多流程，每个流程都有相应的职能部门进行管理，多方管理也容易造成物流行业发展混乱。同时，各级政府在制定物流规划时只考虑本辖区的短期利益，忽略了长期利益，导致物流行业无序发展，造成资源的巨大浪费，也为以后物流运作中的环境保护增加了过多的负担。

（3）物流行业发展滞后，没有形成规模。

物流基础设施的现代化程度有待提高。物流行业的发展离不开道路、信息化、码头、物流配送场所等一系列基础设施的建设，而设施的建设不是一朝一夕能够完成的，是一个渐进的过程。同时，物流业存在规模效益，数量多可以降低单个商品在物流中的费用。

（4）物流管理人员匮乏。

有资料表明，现阶段从事物流管理工作的人员大多没有经过专业的学习和培训，多由计算机和管理专业的人员从事相关工作。高层次、经验丰富的物流管理人员缺乏的问题在我国物流发展实践中非常突出。

3. 发展绿色物流的措施

绿色物流是经济可持续发展的必然结果，对社会经济的不断发展和人类生活质量的提高具有重要意义。要实施和发展绿色物流，必须从政府政策的角度出发，对现有物流体制进行管理，构建绿色物流的发展框架。

（1）进一步解放思想，提高认识，树立现代绿色物流的全新运作观念。

绿色物流刚刚兴起，人们对它的认识还非常有限。政府、企业、消费者基本上还处于仅有物流思想而没有绿色化概念的阶段，甚至存在着"环保不经济，绿色等于花费""对环境的污染主要来自生产企业，与流通企业的关系不大"等思想。也有观点表明，物流只要能适应生产和消费的要求，为其提供相适应的服务便是尽职尽责。其实这只是对物流运行的最基本要求，仅仅如此是不能满足现代社会可持续发展的需要的。现代物流不仅要树立服务观念，更应自始至终贯彻绿色理念。良好的物流服务离不开高效节能和安全优质。如果没有绿色物流的建立和发展，生产和消费就难以有效衔接，"绿色革命"和"绿色经济"就是一句空话。因此，在发展现代物流的同时，要加强绿色物流教育，在全社会树立绿色物流理念，把绿色物流作为全方位"绿色革命"的重要组成部分，确认和面向绿色物流的未来。

（2）加快立法建设

要严格实施《中华人民共和国环境保护法》《中华人民共和国固体废物污染环境防治法》和《中华人民共和国环境噪声污染防治法》等，并借鉴发达国家的实践经验，不断完善有关环境法律法规。政府可以从以下三个方面制定政策法规，对物流体制进行宏观控制：①控制物流活动中的污染发生源。政府应该采取有效措施，从源头上控制物流企业发展造成的环境污染。②限制交通量。通过政府的指导作用促进企业选择合适的运输方式，通过有限的交通量提高物流效率。③控制交通流。通过道路与铁路的立体交叉，建设都市中心环状道路，制定道路停车规则以及实现交通管制系统的现代化等措施，减少交通堵塞，提高配送效率。

（3）加强对物流绿色化的研究和对物流人才的培养

我国物流较发达国家落后，尤其与"绿色"的理念相悖，除了认识有限和科技水平落后外，还与相关人才的缺乏有关。绿色物流作为新生事物，对营运筹划人员和各专业人员要求面广，要求层次高，各大专院校和科研机构必须有针对性地开展专业培训，才能为绿色物流业输送更多的合格人才；也只有这样，现代物流才能在绿色的轨道上健康发展。

（4）加强物流产业的标准化和信息化建设

随着通信技术和网络技术的发展，应将全球定位系统引入物流活动，结合公路、铁路、海运和空运信息，合理安排物流的路线和车辆，实现物流快速、准确运行。我国物流作业环节所使用的设备以及包装、运输、装卸等流通环节都缺少必要的行业标准和规范，导致物流效率普遍不高，要实现绿色物流，这方面的建设是必不可少的。

（二）发展逆向物流

传统经济生活中的废品收购，如空桶、空瓶、废旧钢铁、纸张等的重复利用是一种司空见惯的社会生活现象，因此，服务于废品回收再用的逆向物流并不是什么新东西。过去十年中人们对环境保护的高度重视，使得逆向物流有了更广泛的对象，如耐用产品和耐久消费包装。后来，新的资源再生利用技术的研究与推广，使逆向物流不仅仅意味着成本的增加，而且它能带来资源节约所影响的经济效益、社会效益和环境效益的共同增加。

1. 逆向物流的概念

20世纪80年代以来，随着产品更新换代速度地加快，被消费者淘汰、丢弃的物资日益增多。同时，社会对环保的日益关注，土地掩埋空间的减少和掩埋成本的增加，可利用的资源日益匮乏，引起了人们对物料循环再利用、循环再生、物料增值的日益重视，这就是逐渐受到关注的逆向物流。逆向物流作为物流活动的重要组成部分，早已存在于人们的经济活动中。但长期以来，学者和企业管理者更多关注的是产品的"正向"流动，即供应商——生产商——批发商——消费者，而对这些物品沿供应链的反向流动却不太关注。逆向物流和正向物流方向相反，而且总是相伴发生的。

关于逆向物流内涵的说法有多种，为了表述方便，这里借助河流中水的运行趋势的顺流和逆流，把从最初的供应源"供应"到最终消费者的一切物质称为顺流物，从最终消费者"返回"到最初的供应源的一切物质称为逆流物。那么，正向物流就是对顺流物的处理，而逆向物流就是对逆流物的处理。

中华人民共和国国家标准《物流术语》（GB/T 18354-2006）对逆向物流的定义如下：逆向物流也称反向物流（reverse logistics），是指物品从供应链下游向上游的运动所引发的物流活动。

2. 逆向物流的构成

逆向物流由回收物流和废弃物流构成。逆向物流的物资中，一部分可回收并再生利用，称为再生资源，形成回收物流；另一部分在循环利用过程中，基本或完全丧失了使用价值，形成无法再利用的最终排泄物，即废弃物。废弃物经过处理后，返回自然界，形成废弃物流。

3. 逆向物流的特点

逆向物流和正向物流方向相反，而且总是相伴发生的。逆向物流具有以下特点：

（1）输入的多元性

正向物流的原材料供应主要由供应商实现，而逆向物流的来源来自多方：

一是制造商，主要是生产过程中产生的次品和废品。

二是经销商，主要包括过量存货、过季存货以及有质量缺陷的产品。

三是消费者，主要指终端使用过的返回产品、报废产品等。

逆流物的分布广泛，对于某一企业而言，其产品可能针对某一区域或某一市场，这样数据收集起来相对容易。而逆流物的产生不可避免，即使是一定区域或特定市场的产品进入消费者手中以后，也会由于各种原因流通到不同的地区。

（2）产生的难以预见性

废弃和回收物流产生的时间、地点、数量是难以预见的。正向物流系统一般只涉及市场需求的不确定性，而逆向物流系统中的不确定性要高得多，不仅要考虑市场对再生产品需求的不确定性，而且还要考虑废品回收供给和处理的不确定性。逆向物流的不确定性可以大致分为两个方面：内部不确定性和外部不确定性。内部不确定性如产品质量水平、再制造的交货时间、处理的产出率等；外部不确定性是指处理过程之外的因素，如逆流物返回的时间、数量和质量、需求的时间和水平等。这些将导致不稳定的库存、不准确的生产计划、市场竞争力的缺失等不确定性。

（3）发生地点的分散性

逆向物流可能产生于生产领域、流通领域或生活消费领域，涉及任何领域、任何部门、任何个人，在社会的每个角落都在日夜不停地发生。正是这种多元性使其具有分散性。而正向物流则不然，按量、准时和指定发货点是其基本要求。这是由于逆向物流发生的原因通常与产品的质量或数量的异常有关。

（4）预测的复杂性

由于顺流物是新产品或供应原材料的全部或一部分，那么对某一个产品而言，如果是作为整体出售，只需对其需求进行预测即可。而该产品一旦解体或报废成为逆流物，就会产生一倍或几倍的逆流物种类或数量，这样需要对每一种逆流物进行预测，就增加了预测的复杂性。

（5）价值的递减性

逆向物流具有价值递减性。即产品从消费者流向经销商或生产商，其中产生的一系列运输、仓储、处理等费用都会冲减回流产品的价值。即报废产品对于消费者而言，没有什么价值。

（6）喇叭形供应链结构

与前向供应链结构相反，逆向供应链是由多到少的结构，使用过的产品是逆向物流供应链的开始，众多产品的消费者都是逆向供应链的供应者，汇集到企业是逆向供应链的终点，所以表现为供应链从源到汇，从下游到上游，数量由多到少，呈现喇叭形结构。逆向物流产生的地点较为分散、无一定规则且数量小，不能集中一次向接收地转移。

4. 逆向物流的意义

逆向物流包含回收物流与废弃物流。逆向物流虽不能直接给企业带来效益，但其对环境保护和资源可持续利用来说，意义十分重大，也非常有发展潜力。

一方面，逆向物流处理得好，可以增加资源的利用，降低能源的消耗，降低经济成本，有效减少环境污染，提高经济效益。例如，目前全世界生产的金属产品中，约45%的钢、40%的铜、50%的铅等，都是由回收的废金属经加工冶炼后而获得的。

另一方面，逆向物流如果处理不当，则会造成许多公害。例如：把有毒物质弃入江河，对饮用水的人的健康有害；将废电池随意丢弃，对土壤损害性极大；等等。一些有毒有害的废弃物已经对土壤、地下水、大气等造成现实或潜在的严重污染。

对逆向物流的处理程序是将逆向物流的物资中可再利用价值的部分加以分拣、加工、分解，使其成为有用的物质，重新进入生产和消费领域。另一部分基本或完全丧失了使用价值的最终排泄物或焚烧，或送到指定地点堆放掩埋，对含有放射性物质或有毒物质等一类特殊的工业废物，还要采取特殊的处理方法，返回自然界。

第十一章　基于物联网的智能物流系统集成与管理

21 世纪，人类社会正迎来一场以物联网为核心的新技术革命。物联网提供了全面感知物质世界的能力，同时为技术创新与产业发展创造了前所未有的机遇。应用是物联网发展的重要基础，要将物联网技术与相关行业、相关学科更进一步地紧密结合、相互渗透、深度融合，实现促进生产力发展、提高人们生活质量、支持经济与社会全面发展的目标。

智能物流是物联网技术最具现实意义的应用领域之一，积极探索物联网在智能物流领域的应用模式十分必要。随着我国经济、社会的高速发展，物流行业对信息化、智能化水平的要求越来越高，传统的物流服务已经不能满足市场需求，物联网在智能物流领域的应用势在必行。在智能物流领域内应用物联网技术，一方面可以对物流全过程中的物品信息实现自动快速、并行、实时、非接触式的智能化处理，并通过物联网实现信息共享与远程控制，从而实现对供应链与服务链高效智能化管理的效果。在物流领域利用物联网平台进行信息增值业务的拓展，主要体现在通过获取准确、全面和及时的信息来提供独一无二的服务，因此，提高信息获取能力将是物联网在智能物流领域应用中的重要任务。另一方面，物联网贯穿了物流的各个业务环节，使得物流供应链各个环节的联系更紧密、更智能化，将会形成高度集成的智能物流服务链。

第一节　基于物联网的智能物流系统集成需求分析

智能物流系统的集成化将有效解决我国物流行业所面临的困境，极大地降低物流成本，提高物流效率。集成化的智能物流系统能将动态的、多变的、目标不同的各个企业或者部门有机地结合在一起，是一个非常复杂的综合系统。智能物流系统集成是以信息为主导，通过信息集成、物流全过程及资源优化，将原材料、半成品和产成品的生产供应销售结合成有机整体，将物流、商流、信息流、资金流有机集成并优化成为实时、高效、合理的物流服务体系，能为物流上下游中的参与者提供物流信息和服务的综合系统。

智能物流系统集成化实现了采购、生产和分销的协同运作，减少物料在流通过程中的阻碍，降低整个系统的成本，增强企业的核心竞争力。智能物流系统的优势不言而喻，但该系统涉及条码识别技术、射频识别技术、电子数据交换技术、全球定位系统、地理信息系统技术、无线通信技术、系统优化技术等，系统中的信息量巨大、涉及范围广、实时性要求严格。物联网技术的产生与发展成为智能物流系统集成的必不可少的支撑条件和技术手段，是推动现代物流集约化管理的核心源泉。目前，不少发达国家许多大型物流企业、制造企业、零售企业的物流系统已经具备了信息化、数字化、网络化、集成化、智能化、柔性化、敏捷化、可视化、自动化等先进技术特征，很多物流系统和网络采用了最新的红外、激光、无线、编码、认址、自动识别、定位、无接触供电、光纤、数据库、传感器、RFID、卫星定位等高新技术，而这种集光、机、电、信息等技术于一身的新技术在物流系统中的集成应用，就是物联网技术在物流业应用的体现。

基于物联网技术，以高度信息化、智能化、自动化和便利化为特征的物流系统的集成将能够实现物流各项活动之间的信息无缝衔接，各物流企业接入物流物联网信息网络，能够做到信息共享和互动，达到状态即时沟通、动作即时协作，提供物流全过程所需的智能化服务模式。智能物流系统集成以物品状态信息作为流动主体的物联网技术为主，协调统一物流过程的各个子系统，形成覆盖完整物流活动过程的流程智能物流系统集成平台，这将成为我国实现高效物流的根本凭证，降低物流成本的重要途径。基于物联网的智能物流系统集成是未来智能物流系统发展的大方向，是实现现代物流的必然趋势。

第二节　基于物联网的安全管理系统

一、物流的安全需求

RFID 在零售、物流业中的应用前景毋庸置疑，在这两个领域，RFID 能做的不仅仅是取代条码，而且能深刻地改变其中的安全业务流程，并使这两个领域的商业模式和运营效率与安全监控发生翻天覆地的变化。

（一）物联网安全威胁

随着 RFID 技术的快速推广应用，其数据安全问题在某些领域甚至已经超出了原有计算机信息系统的安全边界，成为一个广为关注的问题，主要原因如下：

1. 标签计算能力弱

RFID 标签在计算能力和功耗方面具有特有的局限性，RFID 标签的存储空间极其有限，如最便宜的标签只有 64～128 位的 ROM，仅可容纳唯一的标识符。由于标签本身的成本所限，标签自身较难具备足够的安全能力，极容易被攻击者操控，恶意用户可能利用合法的阅读器或者自行构造一个阅读器，直接与标签进行通信，读取、篡改甚至删除标签内所存储的数据。在没有足够可信任的安全机制的保护下，标签的安全性、有效性、完整性、可用性、真实性都得不到保障。

2. 无线网络的脆弱性

标签层和读写器层采用无线射频信号进行通信，在通信的过程中没有任何物理或者可见的接触（通过电磁波的形式进行），而无线网络固有的脆弱性使 RFID 系统很容易受到各种形式的攻击。这在给应用系统数据采集提供灵活性和方便性的同时，也使传递的信息暴露于大庭广众之下。

3. 业务应用的隐私安全

在传统的网络中，网络层的安全和业务层的安全是相互独立的，而物联网中网络连接和业务使用是紧密结合的，物联网中传输信息的安全性和隐私性问题也成为制约物联网进一步发展的重要因素。

根据 RFID 的物联网系统结构，把物联网的威胁和攻击分为两类：一类是针对物联网系统中实体的威胁，主要是针对标签层、读写器层和应用系统层的攻击；另一类是针对物联网中通信过程的威胁，包括射频通信层以及互联网层的通信威胁。

这类攻击与传统意义上的互联网中的攻击基本一致，可以用现有成熟的安全技术和密码机制来解决，此处不作详细解释。

（二）物联网安全需求

基于以上对安全威胁的分析，可以确定基于 RFID 的物联网中需要保护的对象有标签、读写器、应用系统，以及射频通信层、互联网层的通信。因此，可以认为构建一个安全的物联网系统还必须从信息安全的四大基本要求（机密性、可用性、完整性、可审计性）出发，来综合考虑物联网系统中的实体安全和通信安全。

1. 标签层

标签中的被保护数据包括四种类型：标签标识、用于认证和控制标签内数据访问的密钥、标签内的业务数据和标签的执行代码。

（1）机密性

机密性是指标签内的数据不能被未授权的用户所访问。特别是标签标识，由于其相对固定并与物理世界中的物体（包括人）发生紧密关联，因此标签标识的机密性作为隐私问题而被特别关注。在保护标签机密性的时候，除了传统安全领域的安全策略以外，在实现时又需要考虑标签的低成本、低性能特性。换句话说，由于标签往往非常小而且成本低廉，因此其计算能力非常重要，在考虑引入传统的加密机制、认证机制和访问控制的时候，必须充分考虑其实现时的计算能力问题。

（2）完整性

完整性是指标签内的数据不能被未授权的用户所修改。这里完整性主要用于保护标签内的业务数据不受恶意用户修改，因为这些数据往往包括大量业务相关的信息。尤其是当标签用于金融支付系统中，这些数据往往有着直接的经济意义。而标签标识、标签内的密钥、标签执行代码的完整性保护由于可以采用一些常规硬件保护措施实现而没有被重点研究。

（3）可用性

可用性是指标签内的数据和功能可以进行正常读取和响应。标签或粘贴在物品的表面，或嵌在物品里面，粘贴在物品上的标签和标签的芯片很容易被毁坏。此外，EPCglobal 规定标签中的 kill 命令可以删除标签里部分或者全部数据使之永久失效，kill 命令是为了隐私的目的而制定的，攻击者可以利用这一命令毁坏标签，甚至永久毁坏标签。所以要保证标签的可用性，使之能够正常响应阅读器的请求。

（4）可审计性

可审计性是指对标签的任何读写操作都能被审计追踪，保障标签的可审计性。

2. 读写器层

读写器中被保护的数据包括三种类型：与标签进行相互认证的密钥、与标签相关的数据和读写器的执行代码。

（1）机密性

机密性是指读写器内的数据只能被授权用户访问。尤其是与标签进行相互认证的密钥，密钥信息一旦泄露，攻击者很可能假冒读写器与标签进行通信，因此必须保证读写器内密钥的机密性。与标签不同的是，读写器不需要严格考虑成本、性能问题，因此可以通过传统的加密机制来保护其机密性。

（2）完整性

完整性是指读写器内的数据只能被授权用户修改。尤其要保护与标签相关的信息不被攻击者修改，因为这些信息往往与业务相关。

（3）可用性

可用性是指读写器可以正常发送请求并响应标签的回复。攻击者可能利用或毁坏读写器，因此需要保障读写器的可用性。

（4）可审计性

可审计性是指读写器对标签的任何操作，包括读与写都可以被监测、追踪和审计。

3. 应用系统层

应用系统中与 RFID 相关的被保护数据包括 3 种类型：与标签相关的数据、与用户相关的数据和与业务应用相关的数据（如购物记录、银行交易等）。

（1）机密性

机密性是指应用系统中的数据不能被非授权用户访问。特别是与标签相关和与用户相关的信息，这些信息往往牵涉到用户的隐私，一般存在后台数据库中，一旦被攻击者获取，用户的隐私权将无法得到保障。另外，还必须保障与业务应用相关的数据的机密性，因为攻击者很可能通过分析这些数据来跟踪用户的行踪，甚至分析用户的消费习惯。

（2）完整性

完整性是指应用系统中的数据不能被非授权用户修改。尤其是与用户相关的数据和业务应用数据，一旦被攻击者修改，可能会造成很大的经济损失。

（3）可用性

可用性是指保证应用系统正常运转，满足用户的需求。

（4）可审计性

可审计性是指保证应用可被监测、追踪和审计。

4. 射频通信层

射频通信层被保护的对象包括通信数据和通信信道。

（1）机密性

机密性是指保护射频通信层通信数据的机密性。射频通信层是通过无线射频信号进行通信，攻击者可以通过采用窃听技术，分析微处理器正常工作过程中产生的各种电磁特征，来获得标签和读写器之间或其他 RFID 通信设备之间的通信数据。而且，由于从读写器到标签的前向信道具有较大的覆盖范围，因而它比从标签到读写器的后向信道更不安全。所以，射频通信层的通信数据的机密性显得尤为重要。

（2）完整性

完整性是指保护射频通信层通信数据不被非授权修改。攻击者可利用射频通信层无线网络固有的脆弱性来篡改或重放消息，来破坏读写器与标签之间的正常通信，因此需要采取加密、哈希或 CRC 校验码等方式来保证通信数据的完整性。

（3）可用性

可用性是指保护通信信道能正常通信。射频信号很容易受到干扰，恶意攻击者可能通过干扰广播、阻塞信道等方法来破坏射频通信信道，因此需要保障射频通信层的可用性。

5. 互联网层

互联网层在机密性、完整性和可用性方面的需求与传统互联网的需求基本一致，此处不再赘述。

二、物联网安全管理系统分析

（一）移动存储载体安全管理系统

1. 系统工作原理

RFID 无线标识系统是针对近距离或接触式系统的缺点而发展出来，其基本原理是利用射频信号和空间耦合（电磁或电磁耦合）的传输特性，实现对被识别物体所携带信息的自动化提取和识别。RFID 无线标识系统在实际应用中将无线标识附着在待识别物体的表面，无线标识中保存有约定格式的电子数据，识别基站通过天线发送出一定频率的射频信号，当无线标识进入磁场时产生感应电流从而获得能量，发送出自身编码等信息，被识别基站读取并解码后送至电脑主机进行相关处理，从而达到自动识别物体的目的。

移动存储载体安全管理系统通过在笔记本电脑、优盘、移动硬盘等载体上粘贴射频标签，在重要场所和出入位置设置无线识别基站、门禁检测设备，在中心服务器上安装管理信息系统和数据库，对携带有射频标签的各类移动存储载体进行识别、报警和记录，对移动存储载体使用管理情况进行在线查询和统计，随时了解掌握移动存储载体底数，较好地实现了移动存储载体从注册、登记、使用管理到销毁的全过程管理，有效解决移动存储载体随意传递、随意存放、随意携带外出等问题，确保移动存储载体的使用安全。

2. 系统硬件结构

整个系统由数据库系统、门禁系统和移动存储载体发行中心三大模块组成。其中，数据库系统包括中心数据库、Web 应用服务器、管理终端；门禁系统包括门禁控制终端计算机和识别基站；移动存储载体发行中心包括 PC 服务器、打印机和发行器。各模块通过 TCP/IP 协议局域网实现相互之间，以及各模块与移动存储载体安全管理系统之间的互联互通，整个系统的硬件组成和组网结构如图 11-1 所示。

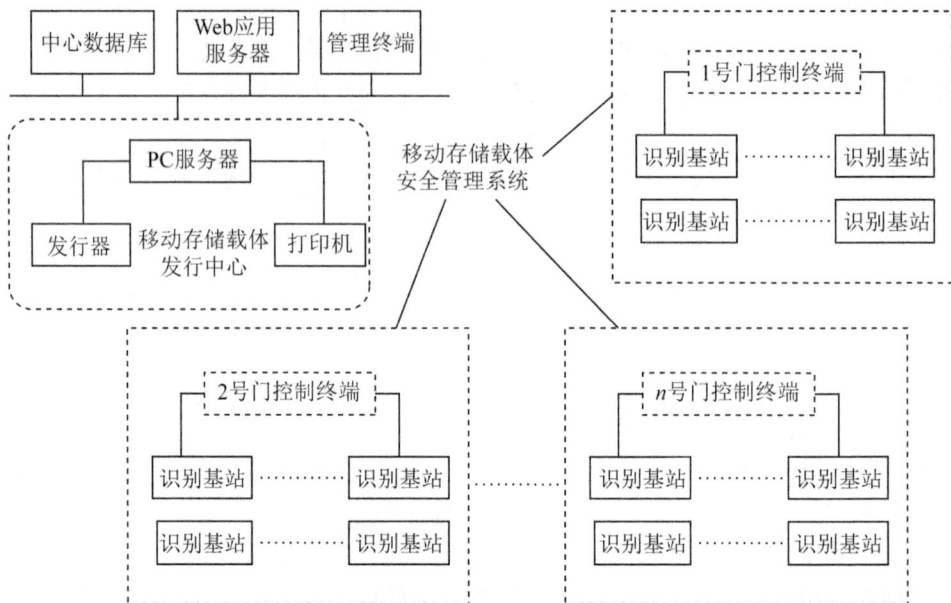

图 11-1　移动存储载体安全管理系统硬件结构

3. 系统软件结构

移动存储载体安全管理系统软件主要由系统维护管理、存储载体日常管理、存储载体查询统计、存储载体授权管理和存储载体监控管理五大模块组成。其中，系统维护管理模块用于对用户、识别基站参数配置、系统数据和集成接口进行管理；移动存储载体信息管理用于管理存储载体注册、登记和标识捆绑；存储载体查询统计模块提供对系统记录的存储载体信息的组合查询，并汇总生成打印报表；存储载体监控管理模块提供存储载体出入报警设置、出入日志查询和出入汇总报表生成功能。移动存储载体安全管理系统软件结构如图 11-2 所示。

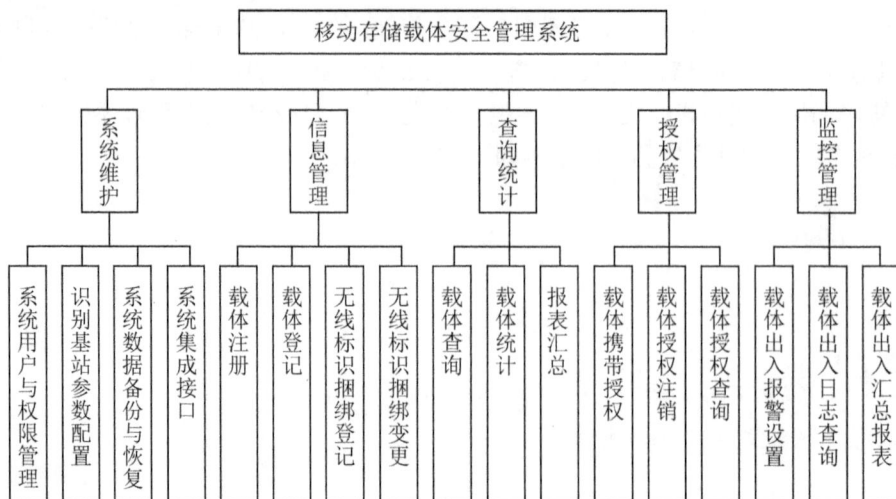

图 11-2　移动存储载体安全管理系统软件结构

（二）防伪物流管理系统

建立防伪物流数字化监管方案可最大限度优化企业资源配置，有效提升企业的管理水平和经济效益，保护企业和消费者的权益。

1. 系统工作原理

RFID 射频识别是一种非接触式的自动识别技术，它通过射频信号自动识别目标对象并获取相关数据，整个识别工作无需人工干预，可工作于各种环境。基于 RFID 的防伪物流系统工作原理是：根据数据加密算法原理，将产品代号、生产批号、有效日期和其他变量数据进行加密运算处理，生成一种全球唯一的数字化监管编码，把该编码写入电子标签，当电子标签进入读写器发射电磁波的磁场后，接受无线射频信号，凭借感应电流所获得的能量发送出存储在芯片中的数据信息，读写器读取信息并解码后，送至中央信息系统进行数据处理。

最终通过网络与防伪物流管理系统建立的基础数据库进行数据交换。数字化监管编码与 RFID 读取技术可连接各种信息，满足企业管理各环节数字信息的共享，建立从生产商、物流到客户间完备的防伪物流数字化监管方案，并能实现与现存的企业内部互联网和数据库兼容。该系统主要由电子标签、RHD 阅读器（固定式和手持式）、工作站、一定数量的应用服务器、RFID 中间件服务器、Web 服务器和数据库服务器组成，具体如图 11-3 所示。

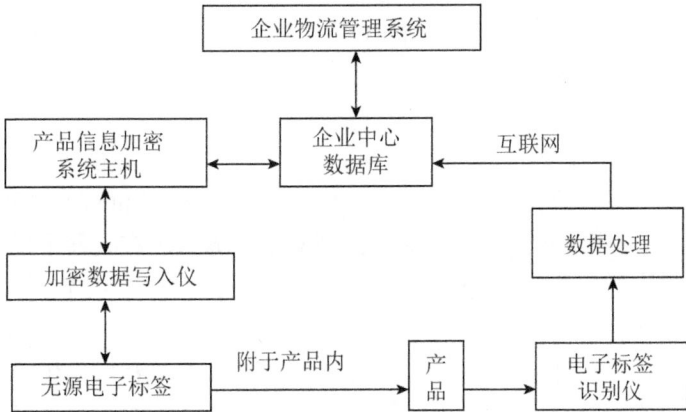

图 11-3　防伪物流监管系统

2. 系统硬件设计

（1）RFID 标签设计

RFID 标签（Tag，应答器）用于标识目标对象，由耦合元件及芯片组成。RFID 标签芯片基于 "RF+Logic Controller+EEPROM" 架构，芯片可划分为谐振回路、射频接口电路、数字控制和数据存储体 4 部分，其内部结构如图 11-4 所示。

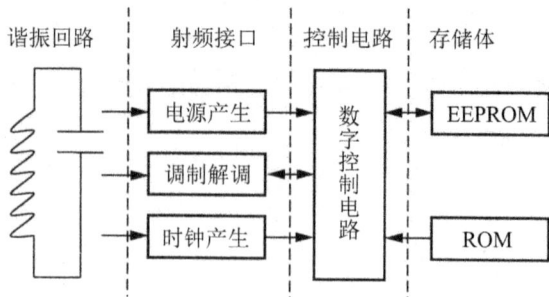

图 11-4　RFID 标签内部结构

在 RFID 标签内含有内置天线，能够和读写器的射频天线进行通信。在使用中按照能量供给方式的不同，RFID 标签分为有源、无源和半有源 3 种类型。按照 RFID 标签存储内容是否可写入分为可读写、一次写入多次读出和只读类型。RFID 标签的工作频率也是一个很重要的参数，标签的工作频率直接决定了 RFID 系统应用的各方面特性。按照工作频率的不同，RFID 标签可分为低频、高频、超高频和微波频段标签。低频标签主要应用于动物识别、容器识别、工具识别，车辆门禁系统等领域；高频标签主要应用于图书管理、固定资产管理、智能货架管理等领域；超高频标签主要应用于生产线自动化的管理、物流管理、集装箱管理和高速公路收费等领域；微波标签也开始在某些领域使用。系统主要是靠全球唯一的数字化监管编码来进行防伪，每个数字化监管编码都由产品生产厂家提供，并建立有相应的数据库。为了降低企业的生产成本并节约资源，使标签再次利用，RFID 防伪物流数字化监管系统采用超高频可读写标签。

（2）RFID 读写器设计

阅读器（Reader）是读取标签信息的设备，阅读器包括高频模块（发送接收器）、控制模块以及与标签连接的耦合元件（收发天线）。天线在标签和阅读器间传递射频信号，能够对 RFID 标签的内容进行读、写操作。读写器主要分为固定式和手持式读写器，可根据不同的情况选择使用。在实际应用中，把读写器和计算机系统相连接，计算机对读写器收集到的数据进行进一步地分析和处理，从而辨别产品的真伪和对产品的销售情况进行实时跟踪，帮助企业做出及时、有效的决策。根据对 RFID 标签和数据传输等功能考虑，如果选用 PUR3000 系列读写器，其工作频段范围为 902～928 MHz。读写器与电子标签之间可通过硬件、软件和固件实现全自动、高速、双向数据传输，无需任何人工干预，大大节省人工工作量。标签中保存的信息可直接传输到主机或用户的数据库中，且有蜂鸣器发出声，可使用户轻松了解 PUR3000 系列读写器的工作状态是否正常。

3. RFID 读写器软件接口设计

RFID 防伪物流数字化监管系统软件主要包括读写器数据采集、数据网络传输、服务器应用系统 3 部分。在这里，主要是对 PUR3000 系列读写器软件进行介绍。

读写器的软件接口定义了管理软件向读写器发送命令并获取返回信息的格式，系统使用 RS-232 串口实行通信，读写器以被动方式工作，即仅在接收到来自串口的控制命令后才进行各种操作。从计算机发往读写器的一组数据串称为命令包，从读写器发往控制中心的一组数据串称为返回包。

命令包由以下 5 部分组成。

（1）BootCode 引导码，1 个字节，固定为 FFH。

（2）Length 包有效长度，1 个字节，该长度为后三个部分的总字节数。

（3）Command 命令码，1 个字节。

（4）CommandParam 命令参数，其长度随命令而变化。

（5）CheckSum 校验码，1 个字节，为从引导码（Boot Code）开始到命令参数（Command Param）全部字节总和、丢弃进位后的字节补码。

返回包也由以下的五部分组成。

（1）BootCode 引导码，1 个字节，命令正确执行时，返回包引导码为 FOH；命令执行失败时，返回包引导码为 F4H。

（2）Length 包有效长度，1 个字节，该长度为后三个部分的总字节数。

（3）Command 命令码，1 个字节，与接收到命令码相同，表示该返回包是对该命令的响应。

（4）Return Data 返回数据，返回命令执行结果，其长度随命令而变化。

（5）CheckSum 校验，1 个字节，为从引导码（Boot Code）开始到返回数据（Return Data）全部字节的总和、丢弃进位后的字节补码。

第三节　基于物联网的农产品物流管理

一、农产品物流概述

（一）农产品物流的定义

农产品物流是为了让农产品顺利到达消费者手中，利用先进的计算机网络和信息技术、先进的物流设备和物流技术，对农产品进行运输、储存、装卸、搬运、包装、加工、销售等活动，其核心是运用供应链管理的思想，对农产品的整个流通过程实施集中统一的供应链管理，提高农产品的流通效率。

（二）农产品物流的特征

1. 季节性与周期性明显

与工业品相比，农产品受自然条件制约较大，加上农产品一般处于不同的生长阶段，因此，其物流具有很强的季节性和周期性特征，表现为在农产品成熟期出现短时、集中、强大的物流量，而在其成熟季节过后，物流量则迅速减小甚至为零，这种情况一直要持续到下一个成熟期的到来才会有所好转，并迎来新一轮物流高潮，这一特点在农作物方面表现得尤为明显。

2. 对技术要求高、物流难度大

工业品物流一般关注的是如何高效地将产品运到目的地，而农产品同时还必须保证自身的卫生与安全。对于鲜活农产品而言，更加大了物流过程中对仓储、包装、加工、运输等环节的技术要求；农产品价格普遍偏低，相互之间可替代产品较多，因而很难有较强的市场竞争力，这就要求农产品物流必须在包装、运输、储藏及装卸等环节上统筹考虑，尽最大可能降低物流成本。所以，与工业品相比，农产品在物流过程中存在着包装难、仓储难、装卸难、运输难等现象。

3. 加工增值是重要内容

一般来说，工业品物流主要关注的是保值销售，而农产品更多的则是关注增值收益。农产品大部分都要经过初加工或深加工处理后才能满足消费者的需要，比如对蔬菜水果等进行分类、清洁、包装、贴标签等，加工过程不仅是便于流通、延长保存时间、提高工作效率必不可少的环节，更是使农产品增值的重要手段。据相关资料显示，原料性农产品加工成成品性商品可以成倍增值，如水产品新增价值可达 2~3 倍，而烟叶能增值 10 倍以上。

4. 具有较大的风险

农产品由于自身的生化特性，具有较短的保鲜保质期。与工业品相比，农产品的保质期要短得多，如果工业品的保质期以年或月为单位来计算的话，农产品的保质期则要以月、天甚至是以小时为单位来计算。由于保鲜保质期短，所以农产品物流对时效性要求很高。对于农产品物流的从业人员来说，如果不能在特定时期内顺利将农产品销售出去，大部分甚至全部农产品都会腐烂变质，给从业者带来经济损失。

(三) 农产品物流业务体系

农产品物流经过物流活动把农产品从无法销售或售价很低的地区运到其他地区，扩大了销路，增加了农产品的价值。由于农产品物流具有数量大、品种多、要求高等特点，因此，农产品物流业务多种多样。农产品物流业务体系分为基础业务、核心业务、一般业务和专用业务，如图 11-5 所示。

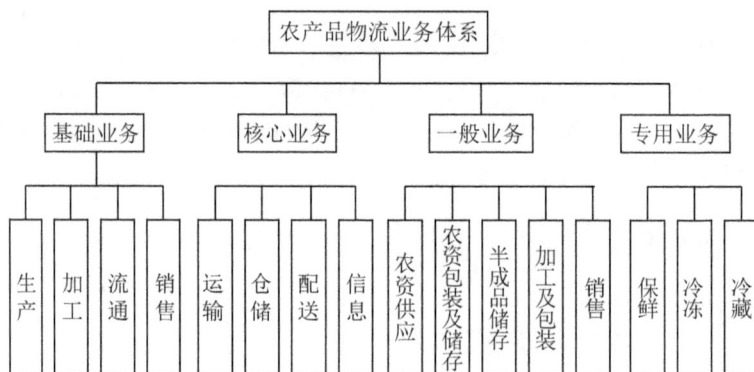

图 11-5　农产品物流业务体系

1. 基础业务

农产品物流的基础业务包括生产、加工、流通和销售等业务，是农产品物流中最基本的业务。这些业务贯穿了整个农产品物流的全过程，都是农产品物流必不可少的业务。

2. 核心业务

农产品物流作为物流的重要组成部分，其核心业务与物流的基本业务相似，主要包括运输、仓储、配送和信息 4 项业务。

3. 一般业务

农产品物流的一般业务包括农资供应、农资包装及储存、半成品储存、加工及包装和销售等业务。这些业务贯穿于农产品供应链中，为农产品完成生产、加工、流通和销售等作业提供支持。

4. 专用业务

农产品由于自身的特殊性，使农产品物流有着和其他物流不同的专用业务，主要用于保持农产品的生化特性，用于冷链物流中，主要包括保鲜、冷冻、冷藏。

（四）农产品物流技术应用

农产品物流的发展需要物流技术的支撑，农产品物流技术的创新和发展，是推动农产品物流业发展的重要动力。现代农产品物流有别于传统农产品物流的最显著的特征之一，就是各种现代物流技术的采用，尤其是现代信息技术的广泛应用。

农产品物流技术是指农产品物流活动中所采用的自然科学与社会科学方面的理论方法，以及设施、设备、装置与工艺的总称。农产品物流中生产、加工、流通和销售等业务中应用的农产品物流技术如图 11-6 所示。

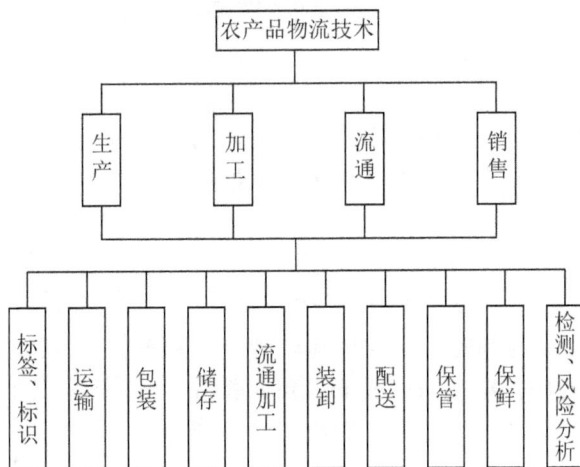

图 11-6　农产品物流技术

1. 标签、标识

物流信息标识是指对物流过程中的实体按照一定的规则进行统一表示的代码，以便能够迅速、准确地采集信息。

2. 运输

运输技术主要是指与运输相关的设施设备和组织技术，主要分为铁路运输、公路运输、水路运输、航空运输、集装箱运输和多式联运。每种运输方式都有各自的设施设备和组织技术，比如铁路设施由铁路线路、车站以及其上的信号设备等构成，铁路组织技术有车流组织、列车编组计划等技术。

3. 包装

包装是指在物品流通过程中为保护物品，方便储运作业，促进销售，按一定技术方法而采用容器、材料及辅助物等进行加工的物流活动。主要技术包括无菌包装、防潮包装、缓冲包装和集合包装等。

4. 储存

储存是农产品物流技术中很重要的一门技术，主要包括各种库存管理组织技术等。

5. 流通加工

流通加工是为了弥补生产过程加工的不足，更有效地满足用户或本企业的需要，使产需双方更好地衔接，将这些加工活动放在物流过程中完成，而成为物流的一个组成部分。

6. 装卸

装卸搬运是农产品物流正常工作的重要组成部分，农产品物流的每个环节都离不开装卸搬运。装卸搬运设施主要有起重设备、叉车等。

7. 配送

配送几乎包括了所有物流的功能要素，集装卸、包装、仓储、流通加工和运输于一体，是一种用多种技术组合起来的现代物流服务方式。主要技术有车辆集装技术、配送运输技术等。

8. 保管

保管是物流业的重要功能，保管不仅仅能给消费者带来方便，而且对生产者来说也是有重大意义的。在物流系统中，保管和运输是同等重要的构成要素。联结生产和消费的是运输，产生时间功效的是保管。

9. 保鲜

保鲜是在农产品的运送过程中，需要保证农产品的新鲜度而采用的技术，主要有保鲜、冷冻、冷藏运输车厢，冷藏集装箱等设施和技术。

10. 检测、风险分析

农产品物流检测设备主要用于检测物流过程中环境状况和设备的工作情况，常见的有紫外线耐气候试验箱等。农产品物流风险分析是指在找出农产品物流行动方案的不确定性（主观上无法控制）因素的基础上，分析其环境状况和对方案的敏感程度，估计有关数据，包括行动方案的费用，在不同情况下得到的收益，以及不确定性因素各种机遇的概率，计算各种风险情况下的经济效果，做出正确判断等等，主要的方法有故障树分析法（FTA）等。

二、物联网在农产品物流中的应用领域

随着物联网技术的发展，物联网的应用已经贯穿于农产品整个产业链，从农产品的生产培育到最后对农产品的溯源，无线射频识别技术、无线传感器和无线数据传输技术等物联网技术都已经为农产品物流的发展提供了技术基础。

（一）生产监控

物物互联在农业和农村信息化领域已经有了初步应用，如传感技术在精准农业、智能化专家管理系统、远程监测和遥感系统、生物信息和诊断系统、食物安全追溯系统等的应用。通过物联网的实时传感采集和历史数据存储，可实现农业生产环境信息的实时采集，组织职能物联网可以对采集数据进行远程实时报送。采用不同的传感器节点构成无线传感网络，来测量土壤湿度、土壤成分、pH 值、降水量、温度、空气湿度、气压、光照度和

二氧化碳浓度等物理量参数，同时，将生物信息获取方法应用于无线传感网络，通过各种仪器、仪表实时显示或作为自动控制的参变量参与到自动控制中，为农作物大田生产和温室精准调控提供科学依据，优化农作物生产环境，不仅可获得作物生长的最佳条件，提高产量和品质，还可以提高水资源、化肥等农业投入品的利用率和产出率，从而实现生产的智能化、科学化及集约化。通过智能分析与联动控制功能，能够及时、精确地满足植物生长对环境各项指标的要求，达到高幅度增产的目的；通过光照和温度的智能分析与精确干预，能够使植物，特别是名贵花卉的花期完全遵循人工调节。

目前，关于农业物联网应用的发展项目有很多，比如：①土壤养分、墒情监测，为作物选择和耕种方式提供指导。在土壤检测阶段，通过采用高精度土壤温湿度传感器，依据土壤墒情和农作物用水情况实施精准灌溉，不但能有效提高农业灌溉用水使用率，缓解水资源日趋紧张的矛盾，而且为作物提供了更好的生长环境，充分发挥现有节水设施的作用，优化调度、提高效益，使灌溉更加简约有效。②粮情信息监测，为监管部门科学决策保护粮食安全提供有效数据。③农业大棚温室监控、田间自动化管理，通过连续监测土壤湿度数据，实现多点同时滴灌补水。有线或无线网络可以将温室内温度、湿度、光照度、土壤含水量等数据传递给数据处理系统，如传感器上报的参数超标，系统将出现阈值告警，并自动控制相关设备进行智能调节。④二维码动物溯源，通过食品追溯标签使消费者全面了解产品信息，确保食品安全。

下面以物联网温室为例，阐述物联网在农产品生产监控领域的应用。

1. 物联网温室

所谓物联网温室，简单的理解就是引用了物联网技术的温室。物联网是指在计算机互联网的基础上，利用射频识别技术、无线数据通信技术等构建一个实现实时共享的实物互联网，简称物联网，它是现代信息技术发展到一定阶段后出现的一种聚合性应用与技术的提升。既然物联网是将各种感知技术、现代网络技术和人工智能与自动化技术聚合与集成应用，那么，它跟现代化温室就有了千丝万缕的联系。

温室内部空气温湿度、土壤温湿度、二氧化碳浓度及光照等农业环境信息的采集，对生产至关重要，而这不是纯粹依赖人所能实现的。在温室环境里，单栋温室就可利用物联网技术，成为无线传感器网络一个测量控制区，采用不同的传感器节点和具有简单执行机构的节点，如风机、低压电机、阀门等工作电流偏低的执行机构，构成无线网络，来测量基质湿度、成分、pH 值、温度以及空气湿度、气压、光照强度、二氧化碳浓度等，再通过模型分析，自动调控温室环境，控制灌溉和施肥作业，从而获得植物生长的最佳条件。

对于温室成片的农业园区，物联网也可实现自动信息检测与控制。通过配备无线传感节点，每个无线传感节点可监测各类环境参数。通过接收无线传感会聚节点发来的数据，进行存储、显示和数据管理，可实现所有基地测试点信息的获取、管理和分析处理，并以直观的图表和曲线方式显示给各个温室的用户，同时根据种植植物的需求提供各种声光报警信息和短信报警信息，实现温室集约化、网络化远程管理。

2. 物联网温室基本结构硬件系统

该智能大棚采用 MSP430 为主控制器，用来总体协调控制整个系统，对内部 A/D 采集的数据进行处理，与内部设定的数据库比较，根据设定的各参数发出指令控制采光、照明、热循环、喷淋子系统，来改变大棚内部的环境。同时，还可利用 MSP430 来驱动液晶屏，实时地显示大棚内外的各环境参数。由于本系统主电源提供的是 5 伏直流电，而 MSP430 最大工作电压是 3.3 伏，所以本系统利用 TPS70302 来给单片机供电。本系统采用两块 TMP275 温度传感器，来采集大棚内外的温度值。系统的体系结构如图 11-7 所示。

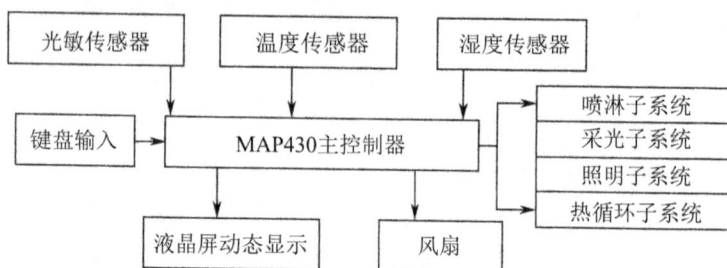

图 11-7　物流网温室的硬件体系结构

3. 物联网温室的业务

（1）全面监控和精准调控农产品生长过程

在大棚控制系统中，物联网系统的温度传感器、湿度传感器、pH 传感器、光传感器、离子传感器、生物传感器、二氧化碳传感器等设备检测环境中的温度、相对湿度、pH 值、光照强度、土壤养分、二氧化碳浓度等物理量参数，通过各种仪器、仪表实时显示或作为自动控制的参变量参与到自动控制中，保证农作物有一个良好的、适宜的生长环境。远程控制的实现使技术人员在办公室就能对多个大棚的环境进行监测控制。采用无线网络进行测量以获得作物生长的最佳条件，可以为温室精准调控提供科学依据，达到增产、改善品质、调节生长周期、提高经济效益的目的。

（2）提高用水效率

利用传感器感应土壤中水分，并控制灌溉系统，以实现自动节水节能，可以构建高效、低能耗、低投入、多功能的农业节水灌溉平台。长期以来，由于技术、管理水平落后，导致灌溉用水浪费十分严重，农业灌溉用水的利用率仅为 40%。如果根据监测土壤墒情信息，实时控制灌溉时机和水量，可以有效提高用水效率。而人工定时测量墒情，不但耗费大量人力，而且做不到实时监控；采用有线测控系统，则需要较高的布线成本，不便于扩展，而且给农田耕作带来不便。而由低功耗无线传感网络节点通过 ZigBee 自组网方式构成的、基于无线传感器网络的节水灌溉控制系统，避免了布线的不便、灵活性较差的缺点，实现土壤墒情的连续在线监测，农田节水灌溉的自动化控制，既提高灌溉用水利用率，缓解我国水资源日趋紧张的矛盾，也为作物生长提供良好的生长环境。

（二）安全监管

我国农产品安全方面事故频发，其中一个很重要的原因是从生产到销售缺乏监管。加大对农产品从生产到流通整个流程的监管，则可以将农产品安全隐患降到最低，而物联网可在这方面发挥重要的作用。根据对物联网信息追踪，国内已有多个地区把农产品安全监管作为物联网产业应用的突破口。

目前，国内已出现"安全追溯系统"。以猪肉安全为例，进入农贸市场的猪肉安装上电子芯片，以跟踪猪肉产品的生产、加工、批发，以及零售等各个环节。具体来说，即在农贸市场的猪肉经营店配备电子溯源秤，消费者在购买猪肉时可索取含有食品安全追溯码的收银条，凭借收银条上的追溯码查询生猪来源、屠宰场、质量检疫等多方面的信息。这种做法目前在成都、青岛等地区已经展开。

下面以生猪质量监控为例，分析物联网在安全监控方面的应用。

1. 基于电子射频与远程监控相结合的生猪质量安全监控

采用电子射频与远程监控相结合的方式，对养殖、检疫、屠宰各环节质量安全信息进行管理，保障生猪质量安全信息的可信，实现监管部门对供应基地、定点屠宰场等生猪质量安全信息的互联网同步查询；实现对生猪信息的获取与跟踪，以及对问题生猪产地、批次、数量等信息的溯源及监控视频的查证。

2. 追溯数据与视频数据的对接

通过利用物联网的生猪质量安全监控关键技术，研究追溯技术与视频技术相结合的生猪质量安全信息管理技术，通过视频终端数据库提供数据对接接口，为消费者进行视频信息查询提供视频资源，解决生猪产运销电子射频追溯信息与远程视频监控信息的数据管理与对接问题。

3. 基于物联网的质量安全监控技术集成

在已有远程视频监控功能和视频数据库的基础上，开发基于物联网的生猪质量安全追溯平台，实现生猪信息的获取与跟踪。通过物联网技术建立了质量安全数据库、动态跟踪数据库、视频数据库，对养殖、检疫、屠宰各环节的质量安全信息（包括追溯信息、视频信息）进行管理，完成动态跟踪和识别，保证运输到屠宰每一个环节的安全性。生猪质量安全追溯系统技术集成应用功能如图 11-8 所示。

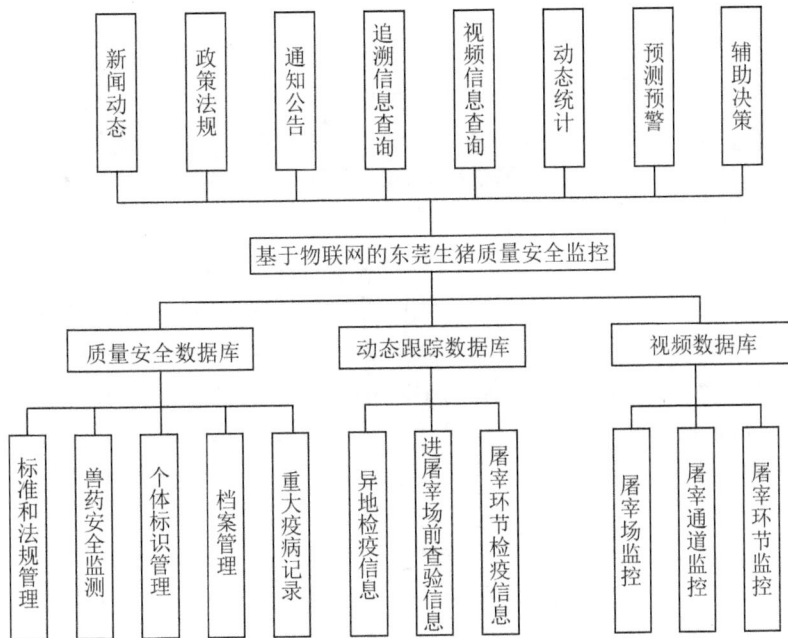

图 11-8　生猪质量安全追溯系统技术集成应用功能图

4. 系统初步应用效果

东莞生猪质量安全追溯系统推进了东莞生猪质量安全监控物联网关键技术的突破，提升了物联网应用价值，进而实现了保障农产品质量安全，为政府管理和公众服务，项目的技术成果将为农产品的安全卫生管理和公众健康卫生管理带来正面影响。

该系统在不断摸索生猪质量安全追溯系统建设的基础上，逐渐探索出一套符合地方特色的生猪质量安全监测的物联网技术应用模式。在推广应用中，提升了生猪质量安全监控的管理能力，降低了生猪质量安全问题出现的风险。

（三）追踪与溯源

近年来，国内在追溯系统的研究和应用方面投入了大量的资源，多个省市开始尝试对肉类等农产品进行溯源。

下面具体阐述基于物联网的蔬菜可追溯系统。

随着物联网的发展，其技术也被广泛应用到农业生产的各个环节中去，通过物联网的途径，消费者可以通过应用安装在厨房中的点菜机，把所需的蔬菜信息发送给生产厂家，厂家会把最新鲜的蔬菜送上门；蔬菜送到家后，消费者可以通过上网查询蔬菜包装上的条码，就能了解这棵蔬菜从选种到采摘的全过程。基于物联网的蔬菜可追溯系统，具有高度自动化的特点，受到国内外蔬菜种植企业的青睐。

基于物联网的蔬菜可追溯系统主要应用如 RFID 电子标签编码、RFID 中间件的设计、RFID 的数据采集过滤方法等诸多物联网技术，来实现对蔬菜产品的自动化处理、信息化管理、实时化监测与跟踪。

1. 蔬菜可追溯系统概述

智能农业产品通过实时采集室内温度、土壤温度、二氧化碳浓度、温度信号及光照、叶面湿度、露点湿度等环境参数，自动开启或者关闭指定设备。可以根据用户的需要随时进行处理，为设施农业综合生态信息自动监测、对环境进行自动控制和智能化管理提供科学依据。通过模块采集温度传感器等信号，经由无线信号收发模块传输数据，实现对大棚温湿度的远程控制。

为了提高蔬菜追溯系统的效率、降低蔬菜跟踪、监控成本，通过对蔬菜生产企业进行现有蔬菜生产、定位、跟踪、监控、销售全过程，物联网提供的 RFID 技术和网络技术为蔬菜可追溯系统的革新提供了理论依据和技术基础。

新型的蔬菜可追溯系统是基于物联网中的 RFID 系统、中间件和手机或是无线 PDA 等应用部件，在 Internet 基础上实现蔬菜可追溯功能。物联网作为新兴的物品信息网络，为实现供应链中物品自动化的跟踪和追溯提供了基础平台。在蔬菜物流中对蔬菜进行跟踪和追溯对于实现高效的物流管理和商业运作具有重要的意义。

基于物联网的蔬菜可追溯系统，在每颗蔬菜上都贴上二维码，如图 11-9 所示。不管蔬菜卖到哪里，消费者都可以查到蔬菜的来源、施肥及用药情况，让消费者明明白白地放心消费。蔬菜生产企业可以实时监控蔬菜生产馆内的空气及土地的温度、湿度及气压、二氧化碳浓度等与种植息息相关的数据。除此之外，通过物联网的传感器和网络后，通风、浇水、施肥、打开遮阳网等人力劳动，就可以逐渐被安装在网络中的设施，通过分析系统中的各种数据，从而实现高效自动化的管理。

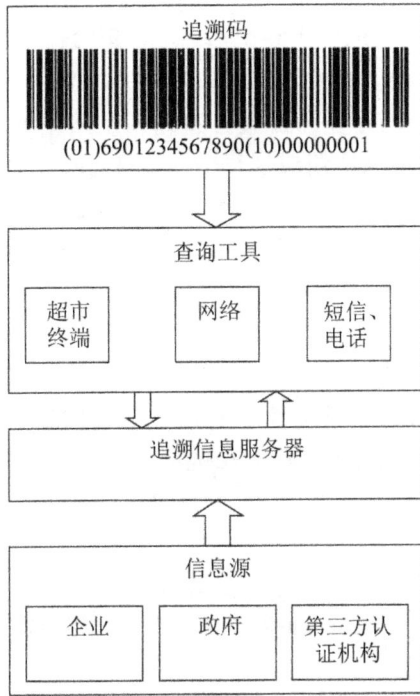

图 11-9　蔬菜追溯码的应用

2. 基于物联网的蔬菜可追溯系统的构架

基于物联网的蔬菜可追溯系统采用无线射频识别技术（RFID）和二维码技术，每棵蔬菜上都贴上二维码，这样，消费者就能通过物联网对所需蔬菜进行实时跟踪。基于物联网的蔬菜可追溯系统主要由蔬菜识别、信息处理/控制/跟踪、PML 服务器、本地数据库服务器、业务系统等部分组成。图 11-10 为蔬菜可追溯系统结构图。

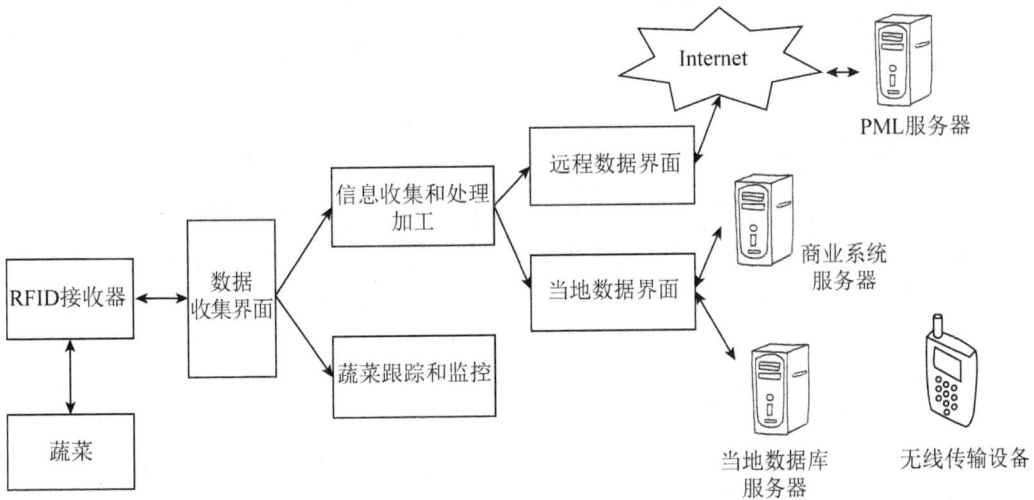

图 11-10　蔬菜可追溯系统结构图

（1）蔬菜识别系统

蔬菜识别系统的核心是蔬菜的编码和识别，由于每棵蔬菜的条码都有唯一编码，不管蔬菜是怎样的现有状态，只要通过网络输入该蔬菜的编号，就可以对蔬菜进行跟踪和监控。所以，基于 RFID 或二维码标签的蔬菜可追溯系统采用 EPC 码作为蔬菜的唯一标识码，标签由芯片和天线（Antenna）组成，每个标签具有唯一的产品电子码。

EPC（Electronic Product Code）产品电子码为每个物流目标分配唯一可查询的标识码，其内含的一串数字可代表蔬菜类别和蔬菜 ID、生产日期和生产地等信息。同时，随着蔬菜的销售转移或变化，这些数据可以实时更新。通常，EPC 码可以存入硅芯片做成的电子标签内，并附在被标识的蔬菜上，以被信息处理软件识别、传递和查询。

（2）信息模块

信息处理、控制、跟踪是蔬菜可追溯系统的核心功能模块，它通过数据采集接口、信息处理、蔬菜跟踪和监控三个接口同其他功能模块进行交互，从而实现蔬菜的自动化处理。

（3）专用服务器

专用服务器主要是指由蔬菜生产厂家创建并维护的服务器，它可以提供蔬菜的详细信息，如蔬菜类别和 ID、生产日期和产地等信息，并允许通过蔬菜的 EPC 码对蔬菜信息进行查询。

（4）数据库服务器

本地的数据库服务器主要用于数据的存储、采集和处理所获得的蔬菜信息，以便在业务系统中查询和维护。例如，消费者可以通过手机或无线 PDA 或 Web 客户端随时随地查询蔬菜的当前状态。

应用了物联网技术之后，可以提供绿色蔬菜的远程在线订购，这样可以及时地将绿色蔬菜送到消费者手中，保证了蔬菜的新鲜程度。同时使消费者能上网通过商品码查询，了解所购买的蔬菜生产的全过程，保证蔬菜的绿色、有机，让消费者放心购物。

第四节　基于物联网的国际物流管理系统

一、物联网与国际物流

由于以新经济、网络经济为代表的电子商务的出现，促进了国际贸易的发展，加速了全球经济一体化，致使更多的物流企业开展国际物流，物流活动的全球化日益加深。供应链观念的形成，新技术及金融、运输等行业中管制的逐渐解除，促进物流全球化的发展。在国际贸易活动不断加强和世界经济一体化的今天，国际物流服务量亦迅速增加，已有众多的物流商能够进行全球物流资源的配置和物流功能的整合。在物流配送、货物储存及流通加工等方面提供系统综合的物流服务。

所谓国际物流，就是组织货物在国际的合理流动，也就是发生在不同国家之间的物流。国际物流的实质是按国际分工协作的原则，依照国际惯例，利用国际化的物流网络、物流设施和物流技术，实现货物在国际的流动与交换，以促进区域经济的发展和世界资源优化配置。

国际物流的总目标是为国际贸易和跨国经营服务，即选择最佳的方式与路径，以最低的费用和最小的风险，保质、保量、适时地将货物从某国的供方运到另一国的需方。国际物流是为跨国经营和对外贸易服务的，因而与国内物流系统相比，具有国际性、复杂性和风险性等特点。

目前，国际物流的发展已向着国际信息化时代迈进，国际物流信息就是国际物流作业过程中产生的信息，主要包括进出口单证作业信息、支付方式信息、客户资料信息、市场行情信息及供求信息等。在整个国际物流过程中，双向流动的信息流贯穿并且渗透国际物流的每一个环节。国际物流信息是连接国际物流各个系统的纽带，国际物流各个系统和环节的顺利开展，都要依赖于国际物流信息的顺畅流动。

信息时代，网络技术和通信技术的发展和应用，使不同企业、特别是不同国家的企业之间的信息交换和交流变得十分便利。随着物联网的不断发展，国际物流可以通过各种信息传感设备，实时采集任何需要监控、连接、互动的物体或过程等各种需要的信息，与互联网结合形成的一个巨大网络。最终目标是实现国际范围内的物与物、物与人，所有的物品与网络的连接，方便识别、管理和控制。随着国际贸易的发展和国际物流量的不断增加，国际物流信息化也必将在国际物流管理系统实现自动数据采集及各系统间的数据交换与分享，实现国际物流信息资源共享，从而促进国际物流活动的社会化、合理化，在国际物流实践中做到"货畅其流"。

下面以东北亚物流信息服务网络为例来具体阐述基于物联网的国际物流管理系统。

二、东北亚物流信息服务网络

东北亚物流信息服务网络是基于中国物流信息系统、韩国海运港湾物流信息中心和日本集装箱物流信息系统而建立的跨国物流信息服务网络，同时也是国际上第一个在物流信息化方面成立的政府间合作机制。

2010年12月2日，中国交通运输部、日本国土交通省和韩国国土海洋部在杭州签署了《东北亚物流信息服务网络合作机制谅解备忘录》，并举行了揭牌及网站开通仪式，这标志着中日韩三国在物流信息互联互通、基本信息共享、物流信息标准化合作方面取得了实质性进展。

（一）东北亚物流信息服务网络的发展成效显著

东北亚物流信息服务网络（NEAL-NET）是基于中国物流信息系统、韩国海运港湾物流信息中心和日本集装箱物流信息系统而建立的跨国物流信息服务网络，同时也是国际上第一个在物流信息化方面成立的政府间合作机制。

东北亚经济圈是继欧盟、北美自由贸易区、东盟、非盟、APEC、OECD等之后的又一新兴的国际区域经济一体化发展地区。这一地区拥有亚洲最长的贸易链、物流链和运输链，中国已成为韩国、日本的最大贸易伙伴，日本和韩国则分别为中国第三、第四大贸易伙伴。区域经济与贸易的发展，有赖于物流业发展的推动力，而跨国建立物流服务共享平台，长期以来一直是一个国际物流领域的难点课题，东北亚物流信息服务网络在这一方面创造性地迈出了第一步，走在了全球众多区域经济合作组织或一体化区域的前列。东北亚信息服务网络的发展成效体现在三个方面。

（1）东北亚物流信息服务网络合作快速发展，为今后三国间物流信息联网服务及提高效益奠定了基础。

在中日韩三国物流协作中，浙江牵头努力打造的交通物流公共信息共享平台成为重要的纽带。该平台目前实现了技术开发、数据交换、软件成果展示、运行动态监测等功能。全国拥有道路营运货车 906 万辆、水上运输船舶 17.7 万艘，平台建成并在全国范围内推广后，能有效提高运输工具的组织水平，提高运输效率，节约能源。平台每年可给浙江省带来物流效益 20 亿元、社会效益 600 亿元，远期建设充分共享后全国可减少物流总费用有望达到上千亿元，产生社会效益近万亿元。平台已上升为国家交通物流公共信息共享平台，并为我国"东北亚物流信息服务网络（NEAL-NET）"的建设打下基础。

（2）东北亚物流信息服务网络具有实质性合作内容，并建立了相关的保障机制。东北亚物流信息服务网络是国际性、非营利的物流信息互联、交换和共享技术交流与应用的合作机制，它的实质是一个信息交换的枢纽，同时也是三国间构建区域物流枢纽的重要组成部分，其目标与内容非常明确，即共享三国的船舶进出港信息和港湾之间集装箱运输信息，并推动物流信息标准化、开展技术研发、促进技术交换、教育和物流信息系统的推广。

目前三国正在推动集装箱货物跟踪合作项目，中国港口协会、青岛港和宁波港，韩国釜山、仁川和光阳港，以及日本东京港务局、横滨港务局、博多港和下关港参与该项目。合作以试点的形式，货物跟踪项目将首先覆盖日本东京港和中国宁波港，并确定了其他 7 条试点运行线路。网络成员由各国物流行业管理部门、协会、港口、物流企业、IT 企业、研究机构及大专院校等单位组成，中、韩方各 20 家左右，日方 15 家。三方建立密切的合作交流机制，以技术文件交换、专家讨论会等形式，不断推动合作项目向前发展。

（3）东北亚物流信息服务网络是三国政府间合作的成果，并成为服务网络未来发展的强大推动力。在东北亚地区建立一个信息交换与共享的服务网络，是中日韩三国交通与物流部长级会议商定的重大举措，也是落实三国政府间协议的具体行动。目前东北亚地区仍是全球最具经济活力的地区，经济规模在全球仅次于欧盟和北美，中日韩三国经贸活动又是东北亚、亚洲乃至世界经济活动的重要组成部分。东北亚物流信息服务网络是在后危机时期发展背景下，通过建设的物流公共信息平台，促进各种运输方式有效衔接，逐步实现货运"无缝衔接"，形成一个便捷、通畅、高效、安全的无缝物流体系。

（二）东北亚物流信息服务网络合作发展的利弊

政府的政策、资金支持形成了网络建设的良好环境。国务院发布了物流业调整与振兴规划，明确要以物流业的发展来服务和支撑其他产业的调整与发展，进而促进整个产业结构调整、转变经济发展方式。提出重点构筑大宗商品交易平台、海陆联动集疏运网络、金融和信息支撑的"三位一体"港口物流服务体系，以传统港口向现代港口特别是港口物流方向转型，推进港航强省、海洋经济发展。

东北亚物流信息服务网络是一个政府重视、定位准确、方向明确的公共信息平台，其建设任务繁重，下一步主要工作是中日韩之间信息的互联互通及国内的辐射，其中涉及十分复杂的技术工作、组织工作和协调工作，国内要实现从现有的 16 个省份的联网扩展到 30 个省份，要与水运、铁路、航空等其他运输行业的物流信息系统联网，整合各种类型的大型物流园区、物流企业的信息系统，还要考虑今后的运行体制、机制和信息运行规则等。

从投入机制上看，目前平台的投入主要依靠部省共建项目，还没有固定的、常态的投入机制，资金来源存在不稳定性。从运行机制上看，由于三国物流信息化发展具体情况千差万别，还需要进一步协调完善相关的运行机制。

（三）加强相关体制机制的配套，为东北亚物流信息服务网络的发展创造有利条件

信息化是物流的灵魂，物流信息化，即物流信息公共平台的建设和应用，具有加快多式联运发展、提升运输安全、整合供应链、强化行业联合、区域合作、降低物流成本、推动经济转型、改善和保护环境、实现节能减排等作用，网络合作机制的发展潜力巨大、前景广阔。

为实现东北亚地区物流信息的交换和共享，达到提升中日韩乃至东北亚地区物流信息化整体水平的目标，当务之急是建立一个稳定的资金投入机制。为确保网络的正常运转，还应在机构设置、人员编制上予以加强，解决办公室场所等实实在在的问题。东北亚物流信息服务"网络"与"合作机制"都是中性的名称，若使用类似"合作机构"或"合作组织"，将面临复杂的报批程序及至少 3 年的组建时间。中方支持 NEAL-NET 的 LOGINK 也是虚拟的，尚处于应用服务的起步阶段，长此以往将不利于网络合作机制的健康发展。

东北亚物流信息服务网络是一个跨国界的物流公共服务平台，是信息服务枢纽，因此从体制上更需要一个公共的、非营利的、实体的事业机构来支撑发展。

该网络具有非营利性、公共服务的特点，还要进一步制定完善物流公共信息运行保障机制。应建立一个加快实现项目合作"行动线路图"及互联互通标准对接的运行机制，如项目组机制、例会机制等；需要建立一个确保网络发展方向性的运行机制，保证所提供的信息服务公正、及时、免费、安全、高效；需要进一步完善理事会规则框架下的一系列运行制度，如轮值制度、报告制度、费用承担制度、成果共享制度等。

东北亚物流信息服务网络能在短时间完成构建并成为第一个此类的政府间合作机制，得益于各方对物流信息化作用及发展规律的认识，也是各方政府及相关部门全力推进、企业及各类其他机构通力协作的结果，相信在今后的发展过程中，以完善的协调机制、充分的保障机制、合理的运营机制为基础，东北亚物流信息服务网络必将在促进我国物流信息化的对外交流与合作、国内物流信息化能力与水平的提升、传统交通运输业向现代物流业转型等方面起到良好的推动作用。

参考文献

［1］安明，杨志东，朱军，许方晨．基于物联网技术的应急电力物资智能仓储与调配管理研究［J］．中国市场，2018（4）：136-137.

［2］毕新华，顾穗珊．现代物流管理［M］．北京：科学出版社，2004.

［3］蔡启明，张庆．现代物流管理［M］．上海：立信会计出版社，2004.

［4］曹翠珍．现代物流管理［M］．北京：经济科学出版社，2008.

［5］曹桂银，郑晓奋．现代物流管理［M］．合肥：中国科学技术大学出版社，2013.

［6］岑丽阳．现代物流管理［M］．长春：吉林人民出版社，2006.

［7］陈长彬，钟祖昌，王珍珍．供应链与物流管理［M］．北京：清华大学出版社，2012.

［8］陈昊平．基于物联网的物流管理系统设计［J］．机械设计与制造工程，2016，45（11）：50-53.

［9］陈晖．现代物流管理［M］．郑州：郑州大学出版社，2010.

［10］陈利，袁蓉，刘永刚．基于物联网的智能物流供应链管理研究［J］．商品与质量·理论研究，2011（5）：238-239.

［11］陈廷斌，吴赜书．供应链与物流管理［M］．北京：清华大学出版社，2008.

［12］程艳霞．现代物流管理概论［M］．武汉：华中科技大学出版社，2013.

［13］崔瑞玲．基于物联网的蔬菜冷链物流配送体系构建［J］．内蒙古科技与经济，2016（11）：18-19.

［14］崔涛．物联网现代物流与供应链管理的新工具［J］．中国商论，2017（21）：1-2.

［15］代湘荣，刘宁．物联网：智能物流发展的助推器［J］．大家，2012（2）：347.

［16］戴定一．物联网与智能物流［J］．中国科技投资，2010（10）：22-23.

［17］单泪源．现代物流管理［M］．长沙：湖南大学出版社，2003.

［18］董航宇．物联网在物流仓储管理中的运用探究［J］．全国商情·理论研究，2016（3）：31.

［19］窦坤芳．现代物流管理［M］．北京：国防工业出版社，2011.

［20］范学谦，李建丽．现代物流管理［M］．南京：南京大学出版社，2011.

［21］方圆．物联网模式下农产品物流成本效益分析［J］．时代金融，2016（15）：229，243.

［22］费娟，石艳，闵笛，刘桂英．基于物联网的农产品智慧物流系统设计［J］．物联网技术，2018，8（6）：78-81.

［23］冯惠英，邱荣祖．基于物联网的木材物流追踪与监管［J］．林业经济，2015，37（10）：74-79.

［24］弓永章，刘逢，庞瑞琪，储雪俭．基于物联网技术的供应链金融物流监管［J］．中国科技论坛，2017（6）：131-136，152.

［25］郭士正，卢震．供应链与物流管理［M］．北京：机械工业出版社，2008.

［26］何开伦．现代物流管理［M］．北京：北京交通大学出版社，2011.

［27］何晓光．基于物联网的物流仓储管理分析［J］．湖北经济学院学报（人文社会科学版），2016（2）：67-68.

［28］洪家祥，高阔．现代物流管理［M］．北京：北京交通大学出版社清华大学出版社，2011.

［29］胡建森．物联网背景下我国连锁企业物流成本管理研究［J］．物流技术，2015（6）：63-65.

［30］黄福华．现代物流管理［M］．北京：清华大学出版社，2010.

［31］黄莉，王雅蕾，安小风．物流信息与物联网技术［M］．北京：清华大学出版社，2013.

［32］黄兴建，黄殿辉，骆武伟．现代物流管理［M］．成都：西南交通大学出版社，2008.

［33］黄中鼎．现代物流管理［M］．上海：复旦大学出版社，2009.

［34］黄祖庆，汤易兵．现代物流管理［M］．北京：科学出版社，2007.

［35］贾平．现代物流管理［M］．北京：清华大学出版社，2011.

［36］姜雨雪．基于物联网的物流仓储管理研究［J］．环球市场信息导报，2017（38）：58.

［37］金润圭．现代物流管理［M］．上海：立信会计出版社，2006.

［38］雷花妮．物联网智能物流系统基础研究［J］．科技视界，2012（21）：139-140.

［39］李东贤．现代物流管理［M］．北京：清华大学出版社，2011.

［40］李静芳．现代物流管理［M］．北京：北京交通大学出版社，2009.

［41］李静．基于物联网的智能物流系统设计［J］．新技术新工艺，2016（5）：26-28.

［42］李锴．基于物联网背景下物流经济管理的思考［J］．现代经济信息，2018（19）：379，381.

［43］李强，缪秋杰，李金，傅鹏飞．基于物联网的校车安全管理系统［J］．电子制作，2016（1）：25-26.

［44］李瑞吉，郭翮，赵春杰．现代物流管理［M］．西安：西安交通大学出版社，2014.

［45］李葵．供应链与物流管理［M］．北京：电子工业出版社，2006.

［46］李婷．基于物联网技术的物流仓储配送系统设计［J］．物流工程与管理，2018（6）：100-101.

［47］李巍．网络背景下的物流管理创新探析［J］．现代经济信息，2015（6）：50-51.

［48］李卫东，徐金钰，郭鹏．基于物联网铁路仓储管理信息跟踪设计［J］．电子设计工程，2017，25（7）：61-65.

［49］李严峰．现代物流管理［M］．沈阳：东北财经大学出版社，2009.

［50］李严锋，张丽娟．现代物流管理［M］．大连：东北财经大学出版社，2013.

［51］李艳．现代物流管理［M］．北京：北京交通大学出版社，2010.

[52] 李业伟. 基于物联网的智能仓储管理系统 [J]. 邮电设计技术, 2018 (7)：79-82.

[53] 李真, 余善恩, 陈张平, 孙伟华. 基于物联网的实验室安全管理系统 [J]. 实验科学与技术, 2018, 16 (3)：171-174.

[54] 梁琳娜, 姚建银. 现代物流管理 [M]. 哈尔滨：哈尔滨工程大学出版社, 2009.

[55] 林君暖. 基于物联网环境的智能物流系统设计研究 [J]. 企业科技与发展, 2016 (2)：38-40.

[56] 凌鲲青. 现代物流管理中的信息网络化及其实施对策 [J]. 现代经济信息, 2018 (28)：84.

[57] 刘军, 阎芳, 杨玺. 物联网与物流管控一体化 [M]. 中国财富出版社, 2017.

[58] 刘萍, 杨威. 物联网在供应链物流管理中的应用 [J]. 北方经贸, 2013 (3)：67.

[59] 刘一君, 刘子玥, 王琪. 物联网发展背景下连锁经营企业物流成本管理研究 [J]. 物流技术, 2014 (10)：436-437, 446.

[60] 卢庆光. 基于物联网技术电力物资仓储管理系统设计 [J]. 自动化与仪器仪表, 2016 (11)：117-118.

[61] 罗剑. 面向物联网的智能物流系统设计 [J]. 自动化仪表, 2013 (10)：48-50.

[62] 马贵平, 谢家贵. 现代物流管理 [M]. 成都：西南交通大学出版社, 2017.

[63] 马贵平, 张异, 李晖秋. 现代物流管理 [M]. 武汉：中国地质大学出版社, 2011.

[64] 缪兴锋. 物联网技术应用实务 [M]. 武汉：华中科技大学出版社, 2014.

[65] 缪兴锋. 物流管理专业物联网及智慧供应链实训室建设的探索 [J]. 电脑与电信, 2016 (4)：43-45.

[66] 牛娜. 物联网应用在智慧物流管理中的研究 [J]. 明日风尚, 2018 (5)：340.

[67] 牛艳莉. 现代物流管理 [M]. 北京：中央广播电视大学出版社, 2014.

[68] 潘翔. 区域交通物流物联网 GIS 技术服务体系研究 [M]. 成都：电子科技大学出版社, 2015.

[69] 潘尤兴. 现代物流管理 [M]. 北京：机械工业出版社, 2011.

[70] 彭云飞. 现代物流管理 [M]. 北京：机械工业出版社, 2009.

[71] 钱廷仙. 现代物流管理 [M]. 南京：东南大学出版社, 2003.

[72] 秦立公. 现代物流管理 [M]. 北京：北京理工大学出版社, 2006.

[73] 邱剑峰. 物联网背景下多维度协同物流管理框架 [J]. 经营与管理, 2016 (1)：78-79.

[74] 任海艳. 基于物联网的物流供应链体系建设研究 [J]. 中国市场, 2017 (9)：172-173.

[75] 任敏, 任英. 基于物联网的物流管理系统的分析与设计 [J]. 微型电脑应用, 2018, 34 (1)：64-67.

[76] 汝宜红. 现代物流管理 [M]. 北京：国防工业出版社, 2005.

[77] 尚晋. 物联网环境下多维度协同物流管理研究 [J]. 物流工程与管理, 2014 (5)：13-14.

[78] 邵海龙, 敖勇, 吴谆谆, 马勇超, 盛启杰, 宋炎哲, 孙彦辉. 基于 RFID 的物联网技术在物流仓储管理中的应用 [J]. 物流技术与应用, 2018, 23 (6)：139-141.

[79] 沈默，李承霖．现代物流管理［M］．北京：中国林业出版社，2007．

[80] 施丽华，刘娜．现代物流管理［M］．北京：清华大学出版社，2014．

[81] 石德华．基于云配送模式的电子商务物流发展研究［J］．商业经济研究，2016（17）：85-87．

[82] 宋华，苟彦忠．现代物流管理［M］．北京：中国人民大学出版社，2008．

[83] 宋琳．基于"物联网"架构的危化品智慧物流信息平台建设［J］．化工管理，2015（19）：97-98．

[84] 苏万益．物联网概论［M］．郑州：郑州大学出版社，2014．

[85] 苏雪林，夏凌云．基于物联网技术的智慧物流发展现状分析［J］．数码世界，2017（7）：256．

[86] 孙浩．现代物流管理［M］．上海：复旦大学出版社，2014．

[87] 孙静．基于物联网技术的汽车供应链物流管理系统设计与实现［J］．自动化与仪器仪表，2016（12）：119-121．

[88] 覃勤．基于物联网的逆向物流管理信息系统构建［J］．物流工程与管理，2018，40（9）：66-67．

[89] 滕华，刘敏．基于物联网的智能物流仓储系统研究［J］．数字技术与应用，2017（6）：80．

[90] 仝新顺．供应链与物流管理［M］．南京：南京大学出版社，2009．

[91] 同宇，徐均，邵琦，赵峰．基于物联网的食品质量追溯管理系统［J］．软件，2015，36（2）：27-30．

[92] 汪佑民．现代物流管理［M］．北京：中国财政经济出版社，2010．

[93] 王凤洲，胡雪琪．物联网对物流系统成本的影响［J］．商业会计，2015（1）：70-72．

[94] 王利，许国银，黄颖．现代物流管理［M］．北京：机械工业出版社，2008．

[95] 王陆庄．供应链与物流管理［M］．杭州：浙江大学出版社，2007．

[96] 王婷婷．基于物联网的物流仓储管理研究［J］．知识经济，2015（9）：119．

[97] 王喜富．物联网与物流信息化［M］．北京：电子工业出版社，2011．

[98] 王喜富．物联网与智能物流［M］．北京：清华大学出版社；北京：北京交通大学出版社，2014．

[99] 王潇．网络时代下物流管理的创新举措［J］．财经界（学术版），2015（12）：122．

[100] 王晓东，胡瑞娟等．现代物流管理［M］．北京：对外经济贸易大学出版社，2001．

[101] 王之泰．现代物流管理［M］．北京：中国工人出版社，2001．

[102] 吴旻昊．基于物联网技术的企业仓储管理系统研究［J］．商场现代化，2015（5）：102-104．

[103] 吴晓波，耿帅．供应链与物流管理［M］．杭州：浙江大学出版社，2003．

[104] 夏文汇．现代物流管理［M］．重庆：重庆大学出版社，2008．

[105] 肖瑞．基于物联网的物流仓储管理分析［J］．现代经济信息，2018（12）：95．

[106] 徐小鹏．基于物联网、区块链增信的化工供应链物流管理创新［J］．中国物流与采购，2018（14）：42．

[107] 徐勇谋，郭湖斌．现代物流管理［M］．上海：上海大学出版社，2014．

[108] 许金惜，庄洁宁．基于物联网的分布式药品仓储管理应用研究［J］．中国卫生产业，2015，12（35）：162-164．

[109] 许淑君．现代物流管理［M］．上海：上海财经大学出版社，2013．

[110] 薛磊，窦德强．基于物联网技术的甘肃省农产品冷链物流体系设计［J］．物流科技，2017，40（2）：74-75，78．

[111] 杨博涵．物联网技术在物流领域的应用［J］．全国流通经济，2018（14）：16-17．

[112] 杨建华，王为人．供应链物流管理教程［M］．北京：清华大学出版社，2016．

[113] 杨磊．物流信息系统与物联网［M］．西安：西安电子科技大学出版社，2015．

[114] 杨咪，王明宇，刘淑贞．基于物联网的智能物流研究［J］．中国商论，2013（4X）：113-114．

[115] 杨申燕．物联网环境下物流服务的创新与定价策略研究［M］．北京：人民出版社，2016．

[116] 杨塬，罗勇．物联网技术概论［M］．西安：西安电子科技大学出版社，2015．

[117] 杨语焉．基于物联网的智能物流供应链管理研究［J］．中国市场，2015（28）：29，37．

[118] 尹衍波．现代物流管理［M］．北京：北京交通大学出版社，2015．

[119] 应玉萍．基于物联网的智能物流供应链管理［J］．物流工程与管理，2015（10）：54-55．

[120] 张诚，周湘峰．现代物流管理［M］．南昌：江西人民出版社，2008．

[121] 张建明．现代物流管理［M］．武汉：武汉大学出版社，2013．

[122] 张开生，阮明明．基于物联网的仓储管理系统研究［J］．电脑知识与技术，2018（12）：287-289．

[123] 张令荣．现代物流管理［M］．北京：清华大学出版社，2013．

[124] 张梦馨．物联网在供应链物流管理中的应用［J］．物流工程与管理，2014（12）：62-63．

[125] 张平亮．现代物流管理［M］．北京：机械工业出版社，2012．

[126] 张强．现代物流管理［M］．北京：北京理工大学出版社，2006．

[127] 张秋岚．基于物联网技术的智慧仓储管理系统的开发［J］．企业科技与发展，2015（C2）：7-10．

[128] 张永华．基于物联网的现代物流及供应链管理工具研究［J］．现代营销（下旬刊），2018（2）：140．

[129] 张余华．现代物流管理［M］．北京：清华大学出版社，2010．

[130] 张余华．现代物流管理［M］．武汉：华中科技大学出版社，2006．

[131] 张泽建，王晓东．基于物联网和云计算架构的物流园区供应链管理平台研究［J］．物流技术，2017，36（1）：69-72，76．

[132] 章瑾，孙玉昕．基于物联网的仓储管理系统设计［J］．武汉船舶职业技术学院学报，2012（5）：61-63．

[133] 赵林度．供应链与物流管理理论与实务［M］．北京：机械工业出版社，2003．

［134］赵林度，王海燕．供应链与物流管理［M］．北京：科学出版社，2011.

［135］郑冰欣．基于物联网的智能仓库安全管理系统设计［J］．无线互联科技，2018，15 （8）：22-23.

［136］郑称德．供应链物流管理［M］．南京：南京大学出版社，2014.

［137］郑志军．物联网物流供应链管理研究与实训系统设计［J］．物流技术（装备版），2013（9）：406-408.

［138］周杰，席兵，张治中，范云珂．基于物联网的物流车辆管理系统的设计［J］．信息通信，2018（3）：61-64.

［139］周苏，孙曙迎，王文．大数据时代供应链物流管理［M］．北京：中国铁道出版社，2017.

［140］周兴建，蔡丽华．现代物流管理概论［M］．北京：中国纺织出版社，2016.

［141］朱桂平，李怀政．物流企业分销网络战略管理［M］．北京：中国物资出版社，2003.

［142］朱建国．基于物联网技术的电梯安全管理系统的研究与设计［J］．内燃机与配件，2018（7）：184-185.

［143］朱应春，尹凯．基于物联网的车辆运输管理系统研究与实现分析［J］．信息记录材料，2018，19（6）：47-48.

［144］邹辉霞．供应链物流管理［M］．北京：清华大学出版社，2004.

［145］邹生．物流信息化与物联网建设［M］．北京：电子工业出版社，2010.

［146］邹志贤．物联网技术在物流行业中的应用［J］．科技传播，2018（3）：164-165.

［147］祖巧红．物流信息系统［M］．武汉：武汉大学出版社，2011.